U0738017

普通高等教育电工电子基础课程系列教材

电路基础

主 编 张 涛 张 锐 单 薏
参 编 陈 才 陈 雯 赵立萍

机械工业出版社

本书根据实际教学要求，采用阶梯方式对电路基本知识进行编写，共分 8 章，内容包括：电路的基本概念和基本定律、线性电路的基本分析方法、正弦交流电路、互感电路、三相电路、非正弦周期电流电路、动态电路以及二端口网络。为了便于读者学习，本书在部分章节配有视频二维码，读者可以扫码观看。此外，各章习题后也附有习题答案二维码，可扫码查看答案详解。

本书适合作为普通高等院校电气、电子、通信技术、自动化、机电、计算机等电类相关专业的电路课程教材或教学参考书，也适用于现代产业学院的教学，还可作为从事电类相关工作的工程技术人员的自学用书。

图书在版编目（CIP）数据

电路基础/张涛，张锐，单薏主编. —北京：机械工业出版社，2024.7
（2025.7重印）
普通高等教育电工电子基础课程系列教材
ISBN 978-7-111-75697-2

Ⅰ. ①电… Ⅱ. ①张… ②张… ③单… Ⅲ. ①电路理论 – 高等学校 –
教材 Ⅳ. ①TM13

中国国家版本馆 CIP 数据核字（2024）第 086129 号

机械工业出版社（北京市百万庄大街22号　邮政编码100037）
策划编辑：张振霞　　　　　　　责任编辑：张振霞　王　荣
责任校对：马荣华　陈　越　　　封面设计：马若濛
责任印制：刘　媛
天津市光明印务有限公司印刷
2025年7月第1版第2次印刷
184mm×260mm · 18印张 · 443千字
标准书号：ISBN 978-7-111-75697-2
定价：55.00 元

电话服务　　　　　　　　　　　网络服务
客服电话：010-88361066　　　　机 工 官 网：www.cmpbook.com
　　　　　010-88379833　　　　机 工 官 博：weibo.com/cmp1952
　　　　　010-68326294　　　　金 书 网：www.golden-book.com
封底无防伪标均为盗版　　　机工教育服务网：www.cmpedu.com

前　言

电路课程是理工科电类专业必修的专业基础课之一。之所以将其称为专业基础课，是因为它兼顾了基础和专业的双重身份，是学生从基础课程向专业课程过渡的第一门工程类基础课程。电路课程要求学生具有一定的数学和物理基础，通过分析电路中的电磁现象、研究电路的基本规律，为后续的专业课程学习提供电路理论基础知识及电路分析方法。对于刚刚接触本课程的学生来说，在学习和应用电路基础知识及其相关分析方法时，会感觉步履艰难。本书本着循序渐进的原则，以解决学生心中疑惑为目的，以培养适应当代社会发展需要的多样化人才为目标，依据电路课程的教学大纲对电路课程的教材进行编写。本书具有以下特点：

（1）采用知识点模块化的阶梯分层方式编写。学习目标明确，实现靶向学习。适当添加与电路相关的数学和物理知识的讲解及推导过程，以避免在学习过程中产生概念模糊、理解困难的问题。

（2）力求夯实理论基础，提高分析问题和解决问题的能力。由于电路课程的基本概念、基本公式较多，所以，本书按照认知的基本规律，通过例题的方式引出电路的基本概念、基本原理及基本的分析方法，并在每一个知识点之后配以相应的例题，强化对所学内容的理解。本书由浅入深、过程详尽、语言简洁、主次分明，使阅读和理解过程更加流畅，让学生在有限的时间内能够得到最大的收获。

（3）考虑了系统思维特征，强调在思考和解决问题时，把事物放在普遍联系的系统中来认识，避免在学习电路时进入"只见树木，不见森林"的学习误区。通过例题，学生在学习过程中能够通晓前后知识点之间的相互联系，并自主构建自己的知识体系，从而形成灵活处理问题的思维方式。

本书由张涛、张锐、单薏负责全书写作大纲的拟定和主要的编写工作。具体编写分工如下：第1、2章由单薏、陈才、陈雯、赵立萍编写；第3~5章由张涛编写；第6~8章由张锐编写。

本书具备鲜明的整体性、关联性和层次结构性。由于编者水平有限，书中不当之处在所难免，敬请读者不吝赐教，以便今后修订提高，在此深表谢意。

编　者

目　录

第1章

电路的基本概念和基本定律

现代生活中，电的应用非常广泛。这是因为"电"不仅是一种能量，也是最易于实现与其他形式能量转换的枢纽和信息的载体。电的应用通过电路实现。

本章包含三个部分：

第一部分为电路的基本概念。内容包括电路及电路模型、电流和电压的参考方向、电能和电功率。

第二部分为电路的基本定律。内容包括基尔霍夫电流定律和基尔霍夫电压定律。这两个定律概括了电路上的电流和电压应遵循的规律。

第三部分为电路基本元件的伏安关系。内容包括三个基本的无源元件即电阻、电感、电容的伏安关系以及电源元件的伏安关系。

本章的内容既是学习电路分析的起点，也是形成电路分析思维的起点，只有概念明确，才能恰当地做出判断，给出符合逻辑的推理和选择。因此，掌握好本章的内容是学习电路分析的重要基础。

学习目标：

1. 掌握电流、电压参考方向的概念。
2. 掌握元件和支路功率的计算。
3. 理解并能应用基尔霍夫定律。
4. 掌握电阻、电源（独立源和受控源）、电感和电容的概念及伏安特性。

1.1 电路模型

1.1.1 电路的组成和作用

首先来看三个例子。例子1：手电筒电路。用两根导线、一节干电池、一个小灯泡和一个开关就构成了一个简单的手电筒电路，如图1-1所示。按下开关，电池通过导线将电能传递给灯泡,灯泡发光,实现了照明的功能。电池将其他形式的能量转换成电能,在电路中提供电能;灯泡将电能转换成光和热,在电路中消耗电能;导线和开关连接了电池和灯泡,在电路中起到传输电能的作用。

例子 2:电力系统。发电厂的发电机将其他形式的能,如风能、化学能、核能等非电形式的能量转化为电能,通过变压器和输电线将电能传输到用电设备以供使用,实现电能的传输、分配和转换,满足生产和生活需要。在电力系统的电路中,发电机将其他形式的能量转化为电能,在电路中起到提供电能的作用;用电设备如洗衣机、电视机等,在电路中将电能转换为非电能,起到消耗电能的作用;变压器和输电线连接在发电机与用电设备之间,在电路中起到传输电能的作用。

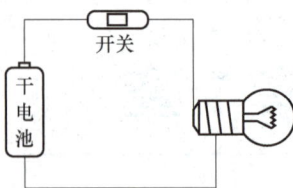

图 1-1　手电筒电路

例子 3:信号系统。收音机通过天线接收电信号,经调谐电路进入检波电路,被检波电路分离出来的音频信号进入收音机的各级放大电路,最后被送到扬声器(喇叭),还原声音。天线接收电信号,为电路提供电信号;扬声器将电信号转换为声音信号,即将电信号转成非电信号;电信号经过调谐、检波、放大等环节,在天线与扬声器之间进行传输、转换和处理。

在电路中,为电路提供电能的部分称为电源,如电池、发电机和天线;在电路中,消耗电能的部分称为负载,如灯泡、洗衣机和扬声器;在电路中,连接电源和负载的部分称为中间环节,起着传输和处理电能或电信号的作用,如导线和开关、变压器和输电线以及调谐电路、检波电路和放大电路。

实际工作中,电路的结构形式多种多样,但无论是简单的电路(如手电筒电路)或是复杂的电路(如信号系统电路),都离不开电源、负载和中间环节这三个必要的组成部分。通常把电源的电流或电压称为激励;把负载的电流或电压称为响应。很显然,响应是由激励产生的,有时把激励称为输入,把响应称为输出,如图 1-2 所示。

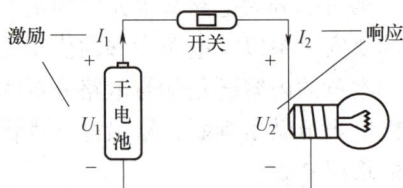

图 1-2　激励与响应

综上所述,电路是由若干电气元件连接而成的电流通路,用来实现能量的传输、分配和转换,以及电信号的传递、转换和处理。

1.1.2　电路模型

随着电技术的发展,使电路的种类和功能越来越多,电路也变得越来越复杂。实际的电气设备和电路器件在工作过程中所涉及的物理现象非常广泛,如声、光、电、热、磁等,直接对实际电路进行研究,会使问题变得非常复杂。这就需要构建能反映实际电路器件主要物理本质的理想化模型,使问题得到简化。

实际电路器件在电流的作用下一般包含三种基本电磁效应,即消耗电能的电磁效应、建立磁场的电磁效应和建立电场的电磁效应。这些基本效应以不同的强度交织在一起,决定了一个实际电路器件的物理特性,这一点与用红、黄、蓝三原色来调配颜色类似。以灯泡发光为例,灯泡通电后会发光、发热,灯泡将电能转换为其他形式的能(光能和热能),体现的是消耗电能的电磁效应;灯丝线圈建立磁场,将电能转换为磁场能量存储起来,体现的是建立磁场的电磁效应;在高频情况下,灯丝线圈匝间形成电场,将电能转换成电场能量存储起来，体现的是建立电场的电磁效应。但是，灯泡通电后，由于其磁场效应和电场效应远远小于其消耗电能的发光、发热效应，因此在分析电路时，一般只会考虑其主要消耗电能的电磁效应，而忽略其次要的磁场和电场效应。

为了便于分析实际电路主要的电磁特性和功能，需要对实际电气装置或电气元件进行理想化处理，即只考虑其主要的电磁效应，忽略其次要的电磁效应，分别对每种电磁效应建立物理模型和数学模型，构建出三个理想化元件对其进行表示，即凡是在实际电路中消耗电能的电气装置或电气元件都用电阻元件表示，其图形符号如图 1-3a 所示，电阻元件集中体现实际器件消耗电能的电磁效应；凡是在实际电路中能储存磁场能量的电气装置或电气元件都用电感元件表示，其图形符号如图 1-3b 所示，电感元件集中体现实际器件的磁场效应；凡是在实际电路中能储存电场能量的电气装置或电气元件都用电容元件表示，其图形符号如图 1-3c 所示，电容元件集中体现实际器件的电场效应。

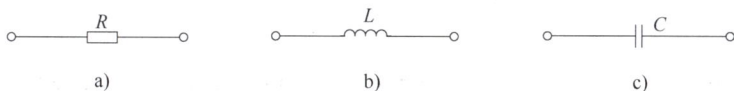

图 1-3　理想电路元件
a）理想电阻元件　b）理想电感元件　c）理想电容元件

理想化元件即理想电路元件，是为了电路分析，由物理现象抽象而成的假想模型。模型只反映了一种电磁现象，并具有人为规定的图形符号和精确的数学定义。由于假定每个这样的理想元件都集中的体现一种电磁过程，因此理想电路元件也称为集中参数元件。对于一个实际的电路器件或电路，可以用理想电路元件或理想电路元件的组合来描述。例如，灯泡用理想电阻元件表示，反映的是消耗电能的电磁效应，其数学表达式为 $u=Ri$，图形符号如图 1-3a 所示。通过以上分析，把由理想电路元件构成的电路称为电路模型，在电路理论中通常把电路模型称为电路。

在一定条件下，对于具有相同主要电磁特性的实际电路，可以用同一个电路模型表示，如灯泡和电暖气都将电能转换为非电能，反映的是消耗电能的电磁特性，可以用电阻元件表示。对于一个实际的电路器件，在不同的条件下，电磁性能不同，电路模型的表示形式也不同。例如，一个实际的电感线圈，当电流恒定不变时，电感的感应电压为零，由于绕线电阻的存在，电感存在压降，电感自身表现为短路，因此电感线圈可用一个电阻元件表示，如图 1-4a 所示；当电路中电流发生变化时，线圈周围存在磁场，需要考虑其电感的作用，这时可用电感元件和电阻元件的串联组合表示，如图 1-4b 所示；当频率较高时，要考虑线圈匝间的电场效应，此时的模型如图 1-4c 所示。电路模型越精确，对实际电路的电磁特性反映得也越准确；当抽象出的电路模型精度不够高时，将会给实际电路的分析带来较大误差。

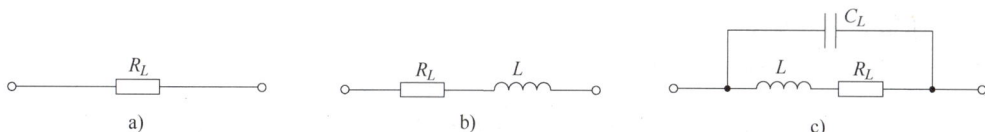

图 1-4　电感线圈的电路模型

3

由于电路课程的主要任务是根据已建立的电路模型来学习电路共同遵循的基本规律，因此，本书的内容是在已知电路模型的基础上，对电路的分析和计算方法进行叙述，并不涉及建立电路模型的过程。

将理想电路元件通过理想导线按照实际电路的连接情况连接组成的图形称为电路图，图中元件符号的大小、连线的长短、形状都是无关紧要的，只要能正确表明各电路元件之间实际的连接关系即可。图 1-5 所示电路为手电筒电路的电路模型。

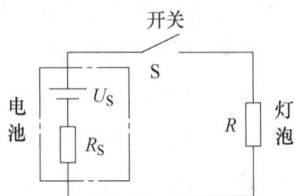

图 1-5　手电筒电路的电路模型

1.1.3　电路的分类

在电路分析中，虽然理想电路元件的数量有限，但是，由理想电路元件组合而成的电路却是多种多样的。在此仅给出电路常见的划分方法。

1. 直流电路和交流电路

根据电路中电源种类的不同，电路可分为直流电路和交流电路。如果电路中电源提供的电压或电流不随时间变化，则称为直流电路，否则为交流电路。

2. 非时变电路和时变电路

根据电路中元件的参数是否和时间有关，可将电路分为非时变电路和时变电路。若电路中所有元件的参数和时间无关，则此电路为非时变电路，否则为时变电路。

3. 简单电路和复杂电路

根据电路结构的不同，可将电路分为简单电路和复杂电路。如果电路能直接用串联或并联的方法简化为无分支的电路，则称为简单电路，否则为复杂电路。

4. 线性电路和非线性电路

根据电路中元件的参数是否和电流、电压有关，可将电路分为线性电路和非线性电路。若电路中所有元件的参数和电流、电压无关，此电路为线性电路，否则为非线性电路。工程上大部分电路可作为线性电路来分析，即使是非线性电路，有时也可以用线性电路方法处理，所以线性电路更具有基础性。

5. 集中参数电路和分布参数电路

根据电路的几何尺寸和电路工作时最小波长的相对大小关系，可将电路分为集中参数电路和分布参数电路。电信号的传播速度接近光速，如果电路在物理结构上足够小，假定电信号可以瞬间贯穿整个电路，则可以认为电信号同时影响电路中所有的点，称这种电路为集中参数电路，此时可以认为消耗电能、磁场储能和电场储能是分别集中在电阻元件、电感元件和电容元件中进行的；当电路的几何尺寸大于电路工作时的最小波长或二者属于同一数量级时，电路应作为分布参数电路处理，在分析电路时要考虑电阻、电感和电容的分布现象。

【例 1-1】　我国的电力输电线，其工作频率 f 为 50Hz，那么，对于 30km 长的输电线是否可以看作集中参数电路？

解：电路工作时的波长为

$$\lambda = \frac{c}{f} = \frac{3 \times 10^8}{50} \text{m} = 6000 \text{km}$$

30km≪6000km，所以 30km 长的输电线可以看作是集中参数电路。但远距离输电线长达数百乃至数千千米，就不能看作是集中参数电路。

【例1-2】 设微波炉的工作频率为2450MHz，判断该电路是否是集中参数电路。

解：微波炉工作时的波长为

$$\lambda = \frac{c}{f} = \frac{3 \times 10^8}{2450 \times 10^6} m = 0.12m$$

设微波炉的尺寸为0.5m×0.3m×0.25m，则0.5m和0.12m相比在同一数量级上，因此微波炉电路不能看作集中参数电路。

1.1.4 如何学习电路课程

电路原意为电气回路，是实际电气系统特性的近似数学模型。电路理论包含电路分析和电路综合两方面内容。电路分析是在已知电路结构及元件参数的条件下，找到输出与输入之间的关系；电路综合是根据提出的对电路性能的要求，确定适合的电路结构和元件参数，实现所需的电路性能，即网络的综合与设计。

本书所述内容为线性非时变元件构成的集中参数电路。根据已建立的电路模型，分析电路对外部呈现的电磁现象，并用电压、电流、电荷和磁通链等物理量描述其中的过程，学习这些电磁现象必须遵循的基本规律及电路的基本分析方法，一般不涉及内部发生的物理过程。

由于电路课程理论严密、逻辑性强、工程背景广阔，因此在学习时，要具备相关的数学和物理基础，同时应把学习重点放在电路的基础知识和电路分析的基本方法上，注重这些方法的实际应用。通常，学习电路课程需要遵循的一般原则如下：

1）审题：确定要解决的问题，明确解决这个问题的条件。

2）建立模型：将解决问题的条件，通过模型或方程的形式表达出来。

3）选择分析方法：考虑几个解决方案并从中挑选一个适合自己的解决方案。

4）计算：计算答案，并检测答案是否正确、合理。

5）习题：习题是学习本课程的重要环节，既可以深化和扩展对学习内容的理解，也可以提高分析解决问题的能力。

1.1.5 单位和词头

本书采用国际单位制（SI）单位，基本单位见表1-1。本书用到的SI单位见表1-2。国际单位制中规定的用来构成十进制倍数关系和分数倍数关系的常用词头见表1-3。

表1-1 国际单位制（SI）的基本单位

量的名称	长度	质量	时间	电流	热力学温度	物质的量	发光强度
单位名称	米	千克	秒	安[培]	开[尔文]	摩[尔]	坎[德拉]
单位符号	m	kg	s	A	K	mol	cd

表1-2 本书用到的SI单位

量的名称	电荷	电流	电压	能量	功率
单位名称	库[仑]	安[培]	伏[特]	焦[耳]	瓦[特]
单位符号	C	A	V	J	W

表 1-3　国际单位制常用词头

因数	10^9	10^6	10^3	10^{-3}	10^{-6}	10^{-9}	10^{-12}
词头名称	吉［咖］	兆	千	毫	微	纳［诺］	皮［可］
词头符号	G	M	k	m	μ	n	p

1.2　主要物理量及其参考方向

描述电路性能的物理量可以分为基本变量和复合变量两类。基本变量有电流、电压、电荷和磁通（或磁通链）；复合变量有电能和电功率。通常把任意时刻的物理量用小写字母表示，如 $u(t)$、$i(t)$，亦可简写为 u、i；恒定量（大小和方向均不随时间而变的量）用大写字母表示，如 U、I。运用这些物理量以及各物理量之间的关系，描述电路元件的特性和电路性能。在电路分析中，根据已建立的电路模型，学习各元件或电路中电流和电压以及它们所形成的电功率之间的关系。

1.2.1　电流及其参考方向

导体内电荷的定向移动形成电流，在数值上，将单位时间内通过导体横截面积的电荷量定义为电流，用 $i(t)$ 表示，数学表达式为

$$i(t) = \frac{\mathrm{d}q}{\mathrm{d}t}$$

电流及其参考方向

式中，电流的单位为安培，简写为安（A），1 安 = 1 库/秒，辅助单位有微安（$1\mu A = 10^{-6}A$）、毫安（$1mA = 10^{-3}A$）、千安（$1kA = 10^3A$）等。

电流按其大小和方向是否随时间变化分为两类：一类是恒定电流，其电流的大小和方向都不随时间而变，也称为直流电流，用大写字母 I 表示，测量仪表上标志为 DC（Direct Current）；另一类是交变电流，其电流的大小和方向都随时间而变，也称为交流电流，用小写字母 i 表示，测量仪表上标志为 AC（Alternating Current）。

习惯上把正电荷移动的方向规定为电流的方向。电流的方向有两种表示方法，第一种是"箭号"表示法，"箭号"的方向表示电流的方向，"箭号"可以标在电路上或电路旁，如图 1-6a、b 所示；第二种是"双下标"表示法，如图 1-6c、d 所示，下标字母中，电流由左侧字母端流向右侧字母端。对于同一段电路，有 $i_{ab} = -i_{ba}$。

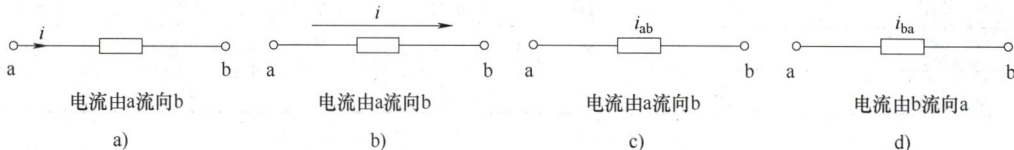

a)	b)	c)	d)
电流由a流向b	电流由a流向b	电流由a流向b	电流由b流向a

图 1-6　电流方向的表示方法

电路中电流的方向常常随时间变化，即使不随时间变化，对于较为复杂的电路，其电流的实际方向有时也难以判断。因此，很难在电路中标明电流的实际方向。但是，不论电流实际方向如何，无非有两种可能，如图 1-7 所示，电流的方向要么从 a 流向 b，要么从 b 流向 a。

在分析电路时，先任意指定某一方向为电流方向，若计算的电流值为正，则说明任意指定的方向与实际方向相同；若计算的电流值为负，则说明任意指定的方向与实际方向相反。我们把这种人为任意指定的方向称为参考方向。在指定了电流的参考方向后，电流的数值就会有正负之分，电流便为代数量，电流的正或负是对参考方向而言的，反映的是电流的实际方向与参考方向的关系，离开了参考方向的概念，电流数值的正负没有意义。在电路中，电流的参考方向不一定要与实际方向一致，因此，在以后的电路分析中，所使用的电流方向均指参考方向。

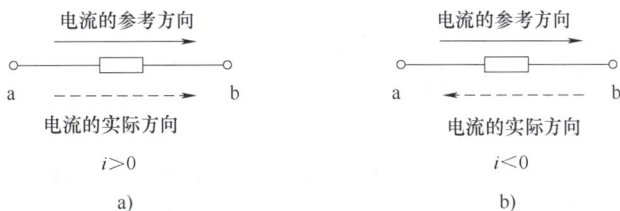

图 1-7 电流的参考方向

1.2.2 电压及其参考方向

把正电荷在电路中某点所具有的能量叫作正电荷在该点的电势能。电势能与其电荷量的比值，称为该点的电势，用 φ 表示，电路中任意一点 a 的电势为 φ_a。国际单位制中，电势的单位为伏特。物理学中指出，无限远处或大地的电势为零，若所研究的电路有接地点，则认为该点电势为零。电势比此点高者为正，比此点低者为负。如果电路没有接地点，则为了说明电路中各点电势的高低，可以指定电路中任意一点（只能指定一点）的电势为零，称这个零电势点为参考点，用符号"⊥"表示（一般仪器设备都有一个公共端连至机壳，这个端点习惯上叫作"地"，通常选择这个"地"为电势的参考点）。参考点选定后，电路中各点的电势便都有一定的数值。

定义电场力将单位正电荷从一点移到另一点所做的功为这两点之间的电压。电压是表征电场性质的物理量之一，它反映了电场力移动电荷的能力，用 $u(t)$ 表示，其数学表达式为

$$u(t) = \frac{dw}{dq}$$

式中，电压的单位为伏特，简写为伏（V），1 伏 = 1 焦/库，辅助单位有微伏（$1\mu V = 10^{-6}V$）、毫伏（$1mV = 10^{-3}V$）、千伏（$1kV = 10^3V$）等。

电压按其大小和方向是否随时间变化分为两类：一类是恒定电压，其电压的大小和方向都不随时间而变，也称为直流电压，用大写字母 U 表示，测量仪表上标志为 DC；另一类是交变电压，其电压的大小和方向都随时间而变，也称为交流电压，用小写字母 u 表示，测量仪表上标志为 AC。

电路中，若正电荷由 a 点移动到 b 点电路吸收电能，则电势降低；若正电荷由 a 点移动到 b 点电路发出电能，则电势升高。习惯上把电势降低的方向规定为电压的方向。电压的方

7

向有三种表示方法，第一种是"箭号"表示法，"箭号"标在电路旁，如图 1-8a 所示，"箭号"的方向为高电势指向低电势，即电势降低的方向；第二种是"双下标"表示法，如图 1-8b 所示，下标字母中，左侧字母表示高电势，右侧字母表示低电势；第三种是"双极性"表示法，如图 1-8c 所示，"+"表示高电势，"–"表示低电势。

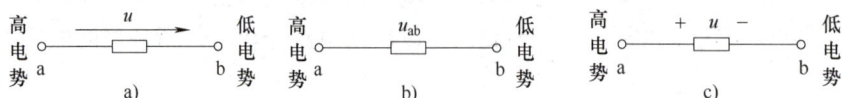

图 1-8　电压方向的表示方法

与电流类似，在电路中，任意两点之间实际电势的高低很难判断，但不论电压的方向如何，无非有两种可能，要么 a 点的电势高，b 点的电势低；要么 b 点的电势高，a 点的电势低。在分析电路时，先任意指定某一方向为电压方向，若计算的电压值为正，则说明任意指定的方向与实际方向一致；若计算的电压值为负，则说明任意指定的方向与实际方向相反。把这种人为任意指定的方向称为参考方向。在指定了电压的参考方向后，电压的数值就会有正负之分，电压便为代数量，电压的正或负是对参考方向而言的，反映的是电压的实际方向与参考方向的关系，离开了参考方向的概念，电压数值的正负没有意义。在电路中，电压的参考方向不一定要与实际方向一致，因此，在以后的电路分析中，所使用的电压方向均指参考方向。

【**例 1-3**】　计算图 1-9a 所示电路中 a 点、b 点和 c 点的电势 φ_a、φ_b 和 φ_c。

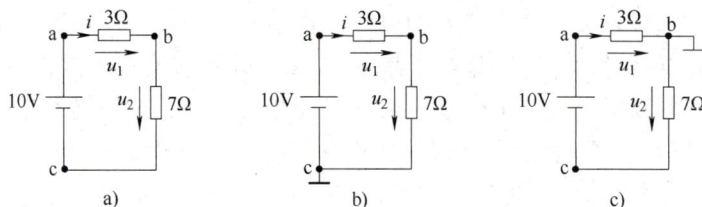

图 1-9　例 1-3 图

解： 由图 1-9a 可知

$$i=\frac{10}{3+7}A=1A$$

所以

$$u_1=3i=3V,\ u_2=7i=7V$$

若以 c 点为参考点，如图 1-9b 所示，则 $\varphi_c=0V$，因为

$$u_2=\varphi_b-\varphi_c$$

所以

$$\varphi_b=7V$$

又因为

$$u_1=\varphi_a-\varphi_b$$

所以

$$\varphi_a = 10V$$

若以 b 点为参考点，如图 1-9c 所示，则

$$\varphi_a = 3V, \quad \varphi_b = 0V, \quad \varphi_c = -7V$$

显然参考点选择不同，电路中各点电势不同，但电路中任意两点的电势差（即电压）不变。

1.2.3 电动势

在电路中，正电荷由电源的高电势点流向低电势点，为了维持电路中的电流，电源把低电势点的正电荷经电源内部不断地搬运到电源的高电势点，如图 1-10 所示，在电源内部非静电力做功（如电池中化学能转换为电能），提高了正电荷的电势能（这与抽水机增加水的重力势能相似，当不同的抽水机工作时，水能够被举起的高度有所不同，类似地，在不同的电源中，非静电力做功的本领也不同）。把非静电力做功与其电荷量的比值称为电动势，用 $e(t)$ 表示，数学表达式为

$$e(t) = \frac{dw_s}{dq}$$

式中，$e(t)$ 为电源电动势，单位为伏特（V）；w_s 为电源非静电力做功，单位为焦耳（J）；q 为电荷量，单位为库仑（C）。如果忽略电源内部还可能有的其他形式的能量转换，电源开路，则电源电动势在数值上与其两端的电压相同，但方向为电势升高的方向，与电压相反，所以有

$$e(t) = -u(t)$$

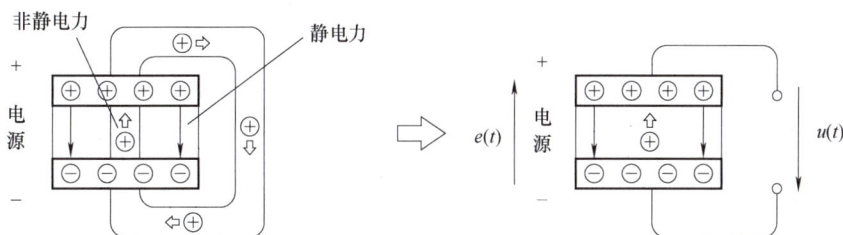

图 1-10 电源示意图

1.2.4 关联参考方向和非关联参考方向

在同一段电路上，电流和电压的参考方向彼此相互独立。但为了方便电路分析，引入关联参考方向和非关联参考方向的概念。当电流由电压的高电势点流向低电势点时，称电流与电压的参考方向一致，为关联参考方向；当电流由电压的低电势点流向高电势点时，称电流与电压的参考方向不一致，为非关联参考方向，如图 1-11 所示。

在无任何说明的情况下，认定电流和电压为关联参考方向，因此在标注时，只标注电流或电压的方向即可。

特别注意：

1）对任何电路进行分析、计算前，都应先指定电流和电压的参考方向，并在图中相应

关联参考方向和
非关联参考方向

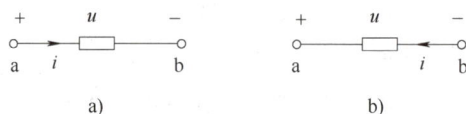

图1-11 关联参考方向和非关联参考方向

a) 关联参考方向 b) 非关联参考方向

位置标注（包括方向和符号）。

2）虽然参考方向的选择是任意的，但参考方向一旦指定，以后的分析乃至对分析结果的解释都必须以此选取方向为准。

3）参考方向选择不同时，其表达式相差一个符号，但电流和电压的实际方向不变。

【例1-4】 判断图1-12所示电路中电压的参考方向和电流的参考方向是关联参考方向还是非关联参考方向。

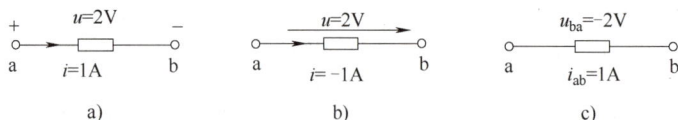

图1-12 例1-4图

解：图1-12a所示电路电流的参考方向是由参考电压的高电势点流向低电势点，所以，图1-12a所示电路的电压和电流为关联参考方向。

图1-12b所示电路中的电流为负值，但其方向仍然是由参考电压的高电势点流向低电势点，所以图1-12b的电压和电流为关联参考方向。注意，参考方向与电压或电流数值的正负无关。

图1-12c所示电路中，b点为参考电压的高电势点，a点为参考电压的低电势点，而电流的参考方向是由a点流向b点，所以图1-12c所示电路的电压和电流为非关联参考方向。

【例1-5】 判断图1-13所示电路中，网络A和网络B的电压参考方向和电流参考方向是否为关联参考方向。

解：对于网络A而言，电流是由电压的参考负极流向参考正极，所以，电压和电流的参考方向为非关联参考方向；对于网络B而言，电流从电压的参考正极流向参考负极，所以，电压和电流的参考方向为关联参考方向。

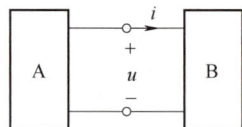

图1-13 例1-5图

1.2.5 电能和电功率

1. 电能

在电力系统及电力设备中所需要的并不是电流、电压本身，而是伴随电流、电压的电磁场的能量，我们称之为电能。由电压的定义可知，正电荷 dq 受电场力作用从高电势点 a 移向低电势点 b，电场力做正功。电荷减少的电能为 $dw = u_{ab}dq$，这就意味着电路吸收电能。那么在时间 $t_0 \sim t$ 内，元件吸收的电能为

$$w(t) = \int_{q(t_0)}^{q(t)} u(\zeta)\,dq(\zeta) = \int_{t_0}^{t} u(\zeta)i(\zeta)\,d\zeta$$

单位为焦耳（J）。反之，正电荷从低电势点移到高电势点是克服电场力做功（外力对电荷做功）的结果，是其他形式的能转换为电能，电路发出电能。

2. 电功率

电功率是用来衡量电能转换速率的物理量。单位时间内电场力所做的功，称为电功率，用 $p(t)$ 表示，有

$$p(t) = \frac{\mathrm{d}w(t)}{\mathrm{d}t} = \frac{u\mathrm{d}q(t)}{\mathrm{d}t} = u(t)i(t) \tag{1-1}$$

单位为瓦特（W）。

3. 功率与电流、电压参考方向的关系

在指定电流和电压参考方向后，由于电流和电压都是代数量，所以功率和电能也都是代数量。随着所选取的电流和电压参考方向的不同，$p=ui$ 表示的含义也不同。

1）当电流和电压的参考方向为关联参考方向时，$p=ui$ 表示吸收功率。如果 $p=ui>0$，说明电路实际在吸收功率；如果 $p=ui<0$，说明电路实际在发出功率。

2）当电流和电压的参考方向为非关联参考方向时，$p=ui$ 表示发出功率。如果 $p=ui>0$，说明电路实际在发出功率；如果 $p=ui<0$，说明电路实际在吸收功率。

【例 1-6】　判断图 1-14 所示电路是吸收功率还是发出功率。

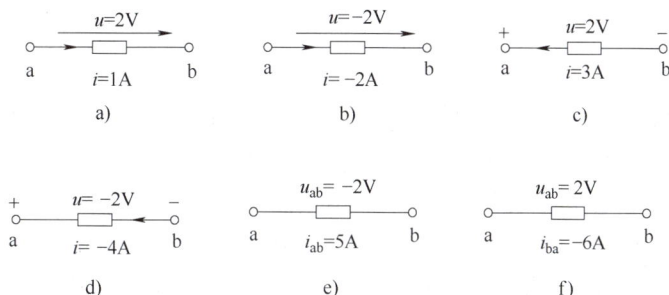

图 1-14　例 1-6 图

解：图 1-14a 所示电路的电压和电流为关联参考方向，所以该段电路吸收功率为 2W。

图 1-14b 所示电路的电压和电流为关联参考方向，所以该段电路吸收功率为 4W。

图 1-14c 所示电路的电压和电流为非关联参考方向，所以该段电路发出功率为 6W。

图 1-14d 所示电路的电压和电流为非关联参考方向，所以该段电路发出功率为 8W。

图 1-14e 所示电路的电压和电流为关联参考方向，所以该段电路吸收功率为 -10W。

图 1-14f 所示电路的电流和电压为非关联参考方向，所以该段电路发出的功率为 -12W。

【例 1-7】　电路如图 1-15 所示，计算电源发出的功率及电阻吸收的功率。

解：电路中的电流

$$i = \frac{-10}{5}\mathrm{A} = -2\mathrm{A}$$

对电源来说，电压和电流为非关联参考方向，$p=ui$ 表示发出功率，有

$$p_{(-10\mathrm{V})} = (-10) \times (-2)\mathrm{W} = 20\mathrm{W}$$

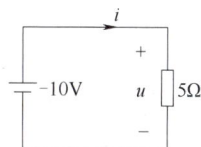

图 1-15　例 1-7 图

对电阻来说，电压和电流为关联参考方向，$p=ui$ 表示吸收功率，有

$$p_{(R)}=(-10)\times(-2)\,\mathrm{W}=20\,\mathrm{W}$$

电路中吸收的功率等于发出的功率，称作功率平衡。对于一个完整的电路，总是满足发出的功率等于吸收的功率。

1.3　基尔霍夫定律

集中参数电路是由集中参数元件通过理想导体连接而成。当电路开始工作时，电路中就会有电流流过，并在元件的两端产生电压，电路中的电流和电压就会受到元件本身特性的约束和元件之间相互连接的约束。

由元件特性给电压和电流带来的约束，称为元件的电压和电流关系，简称伏安关系（Voltage Current Relationship，VCR）。由电路元件之间的连接给电压和电流带来的约束，称为结构约束，也称拓扑约束，这种约束是由基尔霍夫给予概括的，称为基尔霍夫定律。该定律概括了集中参数电路中电流和电压应遵循的规律，解决了复杂电路中电流和电压求解的难题。基尔霍夫定律分为电流定律和电压定律，为了更好地表达这个基本规律，先介绍几个电路名词。

1.3.1　电路名词

1. 支路和节点

一般地，电路中每个二端元件视为一条支路（branch），支路的端点称为节点（node），图 1-16 所示电路有 8 个二端元件，所以有 8 条支路，6 个节点。但从分析电路的角度看，由于元件 5 和元件 6 是串联，电流相同，

电路名词

在表达该段电路的电流时，用一个电流就可以了，因此，往往把电路中流过同一电流的每一分支定义为一条支路，用 b 表示。按照这种对支路的定义，元件 5 和元件 6 看成一条支路，元件 7 和元件 8 也看成一条支路。元件 5 和元件 6 之间的连接点⑤、元件 7 和元件 8 的连接点⑥就不再是节点了，所以，图 1-16 所示电路中有 6 条支路，4 个节点。按照以电路的每一分支作为支路，节点定义为 3 条或 3 条以上支路的连接点，用 n 表示。如支路 1、支路 2、支路 3 这 3 条支路连接为一个节点。节点在电路中通常用①、②、③这样的形式表示。

2. 路径

在电路中，两个节点之间由若干支路和若干节点依次连接而成的一条通路，称为路径（path）。如图 1-17 所示，从节点①出发→支路 3→节点②→支路 4→节点③，这是从节点①到节点③的一条路径，当然从节点①到节点③的路径还可以是从节点①出发→支路 3→节点②→支路 5→节点④→支路 6→节点③。也就是说在同一电路中，任意两节点间存在多条不同的路径。

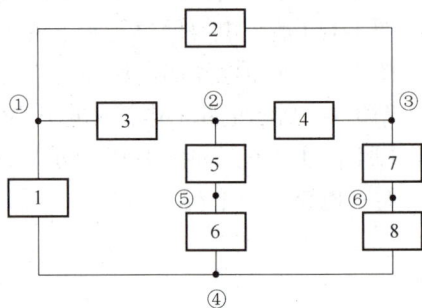

图 1-16　支路和节点

3. 回路

由若干支路和节点组成一条不重复的闭合路径称为回路（loop），用 l 表示。如图 1-18

所示，支路 1、3、5 和节点①、②、④构成了一个回路，表示为 l_1。回路有顺时针和逆时针两个绕行方向，如回路 1（l_1）的绕行方向为逆时针方向，回路 2（l_2）和回路 3（l_3）的绕行方向为顺时针方向。图 1-18 中有 7 个回路，如图 1-19 所示。

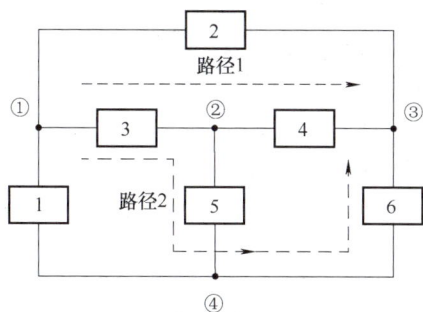

图 1-17　路径

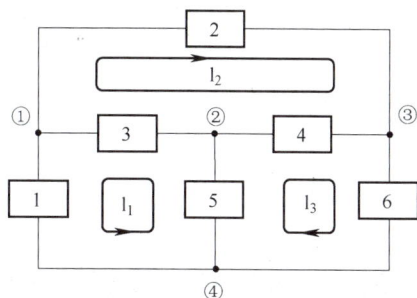

图 1-18　回路

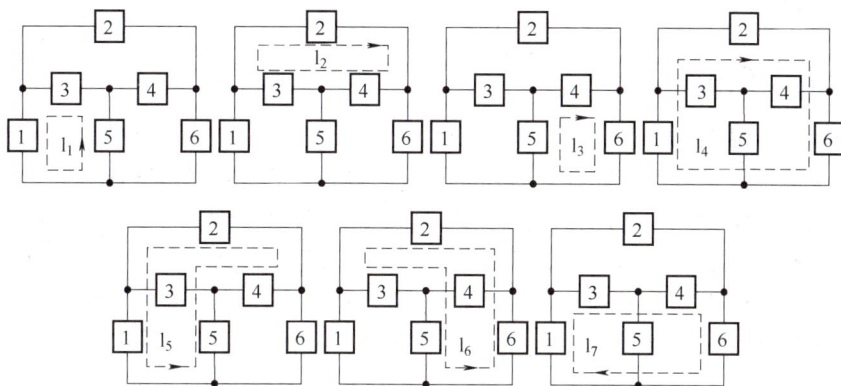

图 1-19　图 1-18 所示电路的 7 个回路

4. 平面电路

将电路展开后，所有的支路和节点都在一个平面上，而没有任何支路相交叠的现象，这样的电路称为平面电路（planar circuit），如图 1-20a 所示。图 1-20b 所示为非平面电路。

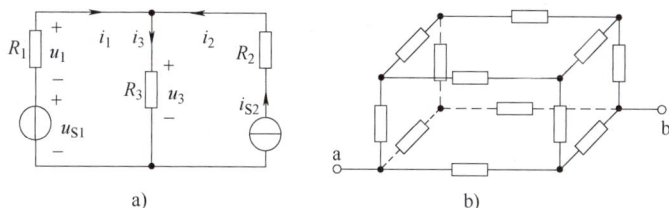

图 1-20　平面电路和非平面电路
a）平面电路　b）非平面电路

5. 网孔

平面电路中的单孔回路，即在回路内部不含支路的回路称为网孔（mesh），用 m 表示。如图 1-18 所示电路有 3 个网孔，可以用 m_1、m_2 和 m_3 表示。

【例 1-8】 试判断图 1-21a 所示电路的支路数、节点数和网孔数。

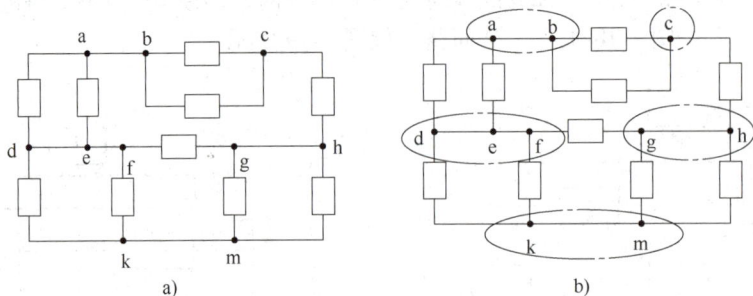

图 1-21 例 1-8 图

解： 由于电路中元件与元件的连接线为理想导线（理想导线是指当电流流过时没有损耗的导线，导线上各点电势相等），所以 a 和 b 视为一个节点，如图 1-21b 所示，d、e、f 视为一个节点，g 和 h 视为一个节点，k 和 m 视为一个节点。因此，图 1-21a 所示电路有 10 条支路，5 个节点，6 个网孔。

1.3.2 基尔霍夫电流定律

1. 基尔霍夫电流定律

基尔霍夫电流定律（Kirchhoff's Current Law，KCL）是用来确定连接在同一节点上各支路电流之间关系的定律。根据电荷守恒原理，当电荷流经节点时，由于节点是理想导线的汇合点，不能积累电荷，因此，在任意时刻，流入节点的电流之和等于流出该节点的电流之和。这一点与水管类似，当把几根水管连接部分视为一个节点时，每秒流入节点的水量一定等于每秒流出该节点的水量。图 1-22 所示电路的电流关系为

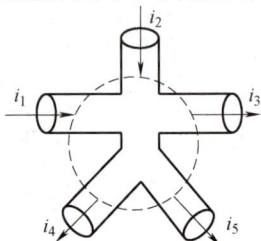

图 1-22 电流示意图

$$i_1 + i_2 = i_3 + i_4 + i_5$$

基尔霍夫电流定律表述为：在集中参数电路中，任意时刻，对电路中的任意节点而言，流入节点的电流之和等于流出该节点的电流之和。约束方程为

$$\sum i_入 = \sum i_出$$

显然，基尔霍夫电流定律是对与节点相连的各支路上电流的一种约束。如图 1-23 所示电路，对每条支路都指定了电流的参考方向，各支路上的电流分别用 i_1、i_2、i_3、i_4、i_5、i_6 表示。

根据 KCL 列写各节点方程为

节点①：$i_1 + i_3 = i_2$

节点②：$i_4 + i_5 = i_3$

节点③：$i_2 + i_6 = i_4$

节点④：$0 = i_1 + i_5 + i_6$

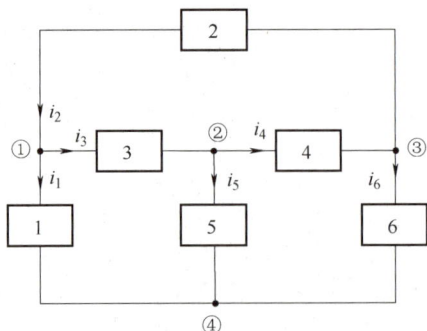

图 1-23 KCL 电路举例

如果把上述 4 个节点方程等式右侧的各项移到等式左侧，则有

$$节点①：i_1-i_2+i_3=0 \tag{1-2}$$

$$节点②：-i_3+i_4+i_5=0 \tag{1-3}$$

$$节点③：i_2-i_4+i_6=0 \tag{1-4}$$

$$节点④：-i_1-i_5-i_6=0 \tag{1-5}$$

以上 4 个 KCL 表达式为等式左侧是与节点相连各支路电流的代数和，等式右侧为零。据此，基尔霍夫电流定律也可以表述为：在集中参数电路中，任意时刻，对电路中的任意节点而言，所有与之相连的各支路电流代数和恒为零。若设流出节点的电流为正，则流入节点的电流为负，反之亦然。约束方程为

$$\sum i=0$$

【例 1-9】 电路如图 1-24a 所示，列写节点①和节点②的 KCL 方程。

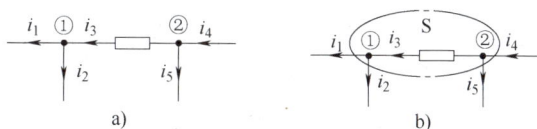

图 1-24　广义节点

解：节点①的 KCL 方程为

$$i_1+i_2-i_3=0 \tag{1-6}$$

节点②的 KCL 方程为

$$i_3-i_4+i_5=0 \tag{1-7}$$

将式（1-6）和式（1-7）相加得

$$i_1+i_2-i_4+i_5=0 \tag{1-8}$$

i_3 未在式（1-8）中出现，这是因为 i_3 所在支路为联系节点①和节点②的支路，i_3 流出节点②而流入节点①，在两个节点的 KCL 方程中都有出现，一正一负，即电流在电路中流动，一定是从一个节点流出而流入另外一个节点，两式相加便相互抵消了。在分析电路时，可以想象有一个闭合面 S 将节点①和节点②包围，如图 1-24b 所示虚线部分，式（1-8）表达的就是穿过闭合面 S 的所有电流代数和恒为零。因此可将 KCL 推广至包括数个节点的闭合面上去，称这个闭合面为广义节点。

由此，基尔霍夫电流定律还可以表述为：在集中参数电路中，任意时刻，穿过任意一个闭合面的各支路电流代数和恒为零，即

$$\sum i=0$$

【例 1-10】 列出图 1-25 所示电路的 KCL 方程。

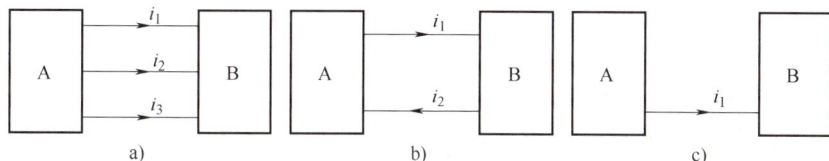

图 1-25　例 1-10 图

解：图 1-25a：由 KCL 得 $i_1+i_2+i_3=0$。

图 1-25b：由 KCL 得 $i_1 = i_2$。

图 1-25c：因两部分电路只有一条导线连接，由 KCL 得 $i_1 = 0$。

2. KCL 方程的独立性

图 1-26 所示电路节点 a 的 KCL 方程可写为

$$-i_1 - i_2 + i_3 = 0$$

节点 b 的 KCL 方程可写为

$$i_1 + i_2 - i_3 = 0$$

KCL 方程的独立性

两个节点电流方程仅差一个负号，移项后，这两个方程完全相同。这是因为汇集到节点 b 的 3 条支路与汇集到节点 a 的 3 条支路相同。在分析电路时，这两个方程任选其一即可，也就是说未被选中的方程用选中的方程替代了，像这种可以用其他方程替代的方程称为不独立方程，列写不独立方程是没有意义的。被选取的方程称为独立方程，对应的节点称为独立节点，独立节点与独立方程是一一对应关系。图 1-26 所示电路有两个节点，可列写一个独立方程，即独立节点数为 1。

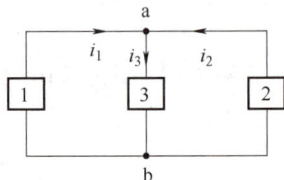

图 1-26 独立节点

同理，由图 1-23 所示电路列写的 4 个 KCL 方程为式（1-2）~ 式（1-5），这 4 个方程相加会出现 0=0 的情况，4 个方程中，任意选择 3 个方程相加都等于第 4 个方程，或者说 4 个方程中有一个方程可以用其他 3 个 KCL 方程表示。因此，图 1-23 所示电路有 4 个节点，可列写 3 个独立的 KCL 方程，独立节点数为 3。由此可推得，一般情况下，具有 n 个节点的电路，含有 $n-1$ 个独立节点，任意 $n-1$ 个独立节点可列写 $n-1$ 个独立 KCL 方程。

同样，也可以通过与各节点相连的各支路来判断所列写的 KCL 方程是否独立。对于图 1-23 所示电路，与节点①相连的支路有支路 1、2、3；与节点②相连的支路有支路 3、4、5；与节点③相连的支路有支路 2、4、6；与节点④相连的支路有支路 1、5、6，若选取节点①、②、③为独立节点，则与节点④所连接的支路电流已被其他节点方程用过了，该节点列写的方程必然是不独立的。因此在列写 KCL 方程时，要使方程独立，方程中至少要包含一条新的支路电流。

应用 KCL 的几点说明如下：

1）KCL 方程只适用于集中参数电路。

2）若设流出节点的电流为"+"，则流入节点的电流为"-"。

3）"流入""流出"均对电流的参考方向而言。

4）KCL 是电荷守恒原理在电路中的体现，而与节点上所连接的元件的性质无关。

1.3.3 基尔霍夫电压定律

1. 基尔霍夫电压定律

基尔霍夫电压定律（Kirchhoff's Voltage Law，KVL）是用来确定每个回路中各支路电压之间关系的定律。电荷在电路中流动，必然有能量的交换。电荷在电路的某些部分获得能量，在另外一些部分就会失去能量，整个电路始终保持能量平衡，这就是能量守恒定律。图 1-27 所示电路各元件端子的电压和电流为关联参考方向，如果设各元件获得的能量分别用 w_1、w_2、$\cdots$、w_6 表示，则有

$$w_1+w_2+w_3+w_4+w_5+w_6=0 \qquad (1\text{-}9)$$

如果式（1-9）对时间求导可得

$$u_1i_1+u_2i_2+u_3i_3+u_4i_4+u_5i_5+u_6i_6=0 \qquad (1\text{-}10)$$

根据 KCL 可知

$$i_3=-i_1+i_2$$
$$i_4=i_2+i_6$$
$$i_5=-i_1-i_6$$

将这 3 个表达式代入式（1-10）中得

$$(u_1-u_3-u_5)i_1+(u_2+u_3+u_4)i_2+(u_4-u_5+u_6)i_6=0$$

因为 i_1、i_2 和 i_6 不满足 KCL，所以它们是线性无关的，要想让等式成立，这 3 个电流的系数应为零，即

$$u_1-u_3-u_5=0 \qquad (1\text{-}11)$$
$$u_2+u_3+u_4=0 \qquad (1\text{-}12)$$
$$u_4-u_5+u_6=0 \qquad (1\text{-}13)$$

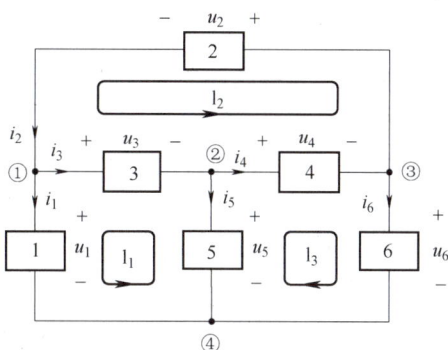

图 1-27 KVL 电路举例

以上这 3 个电压等式中，支路 1、3 和 5 构成一个回路，支路 2、3 和 4 构成一个回路，支路 4、5 和 6 构成一个回路，这表明对任意回路而言，各支路电压代数和为零。

基尔霍夫电压定律表述为：在集中参数电路中，任意时刻，沿任意回路绕行一周，各元件上电压的代数和等于零，即

$$\sum u=0 \qquad (1\text{-}14)$$

显然，式（1-14）中的电压是有正负之分的，规定：支路电压的参考方向与回路的绕行方向一致（均为电压降低的方向）时，取正号，否则取负号。

若将式（1-11）~式（1-13）改写为

$$u_1=u_3+u_5$$
$$u_2+u_3+u_4=0$$
$$u_4+u_6=u_5$$

则等式左边为电压降低，等式右边为电压升高。因此，基尔霍夫电压定律也可以表述为：在集中参数电路中，任意时刻，沿任意回路绕行一周，电压降低之和等于电压升高之和，即

$$\sum u_降=\sum u_升$$

【例 1-11】 求解图 1-28 所示电路中节点①和节点④之间的电压 u_{14}。

解：根据图 1-28 所示电路中回路的绕行方向，列写 KVL 方程为

$$u_1+u_2-u_3+u_4=0 \qquad (1\text{-}15)$$

也可将式（1-15）改写为

$$u_1+u_2=u_3-u_4$$

所以

$$u_{14}=u_1+u_2=u_3-u_4$$

可见，u_{14} 可以由支路 1、2 的电压求得，也可以由支路 3、4

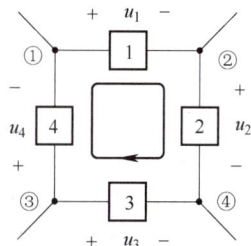

图 1-28 例 1-11 图

的电压求得。这说明，电路中任意两点之间的电压是确定的，与路径无关。

【例 1-12】 求解图 1-29 所示电路的电压 u_{ab}。

解： 由于图 1-29 所示电路不构成一个回路，要想列写 KVL 方程，应先假设在 a 和 b 两节点之间存在一条支路，支路电压为 u_{ab}，与原电路构成一个回路，再列写 KVL 方程为

$$u_{ab} = u_1 - u_2$$

通常把这种不闭合的回路称为广义回路。由此，基尔霍夫电压定律还可以表述为：在集中参数电路中，任意时刻，沿假想回路绕行一周，各元件上电压的代数和等于零，即

$$\sum u = 0$$

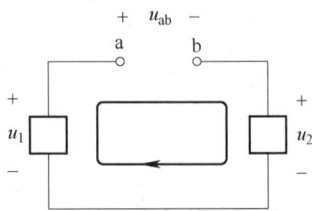

图 1-29　例 1-12 图

【例 1-13】 计算图 1-30 所示电路的电压 u_2、u_3、u_4 和 u_7。

解：

$$回路 1：u_4 = (4+6)\,V = 10V$$
$$回路 2：u_7 = (9+6)\,V = 15V$$
$$回路 3：u_2 = 2V - u_4 = -8V$$
$$回路 4：u_3 = -9V + u_2 = -17V$$

当然在计算 u_3 时，也可以根据已知条件直接计算，即选择支路 1、6、5 和支路 3 构成的回路列写 KVL 方程为

$$-u_3 - 9V - 6V - 4V + 2V = 0 \Rightarrow u_3 = -17V$$

在应用 KCL 和 KVL 计算电路时，应仔细观察电路选取合适的节点和回路列写方程。

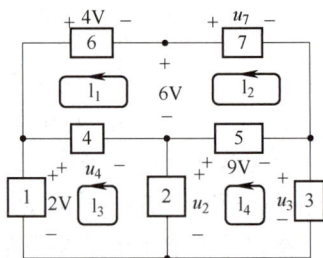

图 1-30　例 1-13 图

2. KVL 方程的独立性

电路如图 1-31 所示，图中电路共有 7 个回路，回路 1、2、3 为 3 个网孔，回路 4 包含支路 1、2、6，根据图示各回路的绕行方向，它们的 KVL 方程分别为

$$回路 1：-u_1 + u_3 + u_5 = 0 \qquad (1\text{-}16)$$
$$回路 2：u_2 - u_3 - u_4 = 0 \qquad (1\text{-}17)$$
$$回路 3：u_4 - u_5 + u_6 = 0 \qquad (1\text{-}18)$$
$$回路 4：-u_1 + u_2 + u_6 = 0 \qquad (1\text{-}19)$$

KVL 方程的独立性

将式（1-16）~式（1-18）相加，刚好得到回路 4 的方程。这是因为回路 1 是由支路 1、3、5 构成，回路 2 是由支路 2、3、4 构成，回路 3 是由支路 4、5、6 构成。其中支路 1 仅属于回路 1，支路 2 仅属于回路 2，支路 6 仅属于回路 3，而支路 3 既属于回路 1，又属于回路 2，支路 4 既属于回路 2，又属于回路 3，支路 5 既属于回路 1，又属于回路 3，像这种存在于多个回路中的支路称为公共支路。公共支路的电压 u_3、u_4 和 u_5 在方程中都出现两次，一次为正，另一次为负，在这 3 个 KVL 方程求和时，相互抵消。方程中只出现一次的支路电压 u_1、u_2 和 u_6 刚好是构成回路 4 的各支路电压。这说明回路 4 的 KVL 方程可以由回路 1、2、3 的 KVL 方程组合替代，因此，回路 4 的 KVL 方程不独立。实际上，在上述 4 个方程中任意取 3 个方程组合便可以得到第 4 个方程，即回路 1、2、3 组合构成回路 4，回路 1、2、4 组合构成回路 3 等。在运用 KVL 列写回路方程时，如果所选的回路至少包含了一条新的支

路，则新的支路电压便不会与已选回路 KVL 方程中的支路电压抵消，因此方程是独立的。一般情况下，电路的独立回路数等于电路的网孔数。对于具有 b 条支路、n 个节点的电路，电路独立回路数是 $l=b-(n-1)$。

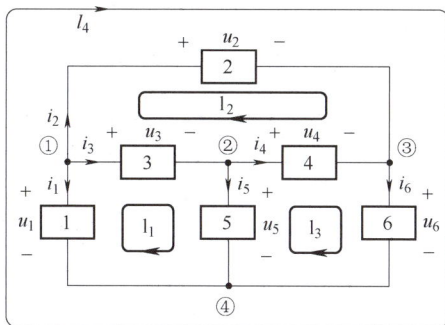

图 1-31　KVL 方程的独立性

应用 KVL 的几点说明如下：

1）KVL 只适用于集中参数电路。

2）绕行方向可以是顺时针方向，也可以是逆时针方向。

3）KVL 也适用于假想回路。

4）KVL 是能量守恒定律在电路中的体现，与回路中元件的性质无关。

1.4　电路基本元件

电路元件是理想基本电路元件的简称，也称为集中参数元件。它是电路最基本的组成单元。电路元件定义为只反映一种电磁现象，具有精确的数学定义且具有规定的图形和符号的元件。元件的特性可用参数、特征方程、特性曲线来描述。元件的参数表示元件电磁特性的量值，显然，不同特性的元件参数不同，如 $R=5\Omega$、$C=1F$、$L=6H$ 等。虽然实际的电路器件种类繁多，但用以表示这些电路器件主要电磁特性的理想化元件的种类却不多。在此介绍 4 种基本电路元件，即电阻元件、电源元件（独立源元件和受控源元件）、电感元件、电容元件。

1.4.1　电阻元件

电阻元件是实际电阻器的理想化模型，电阻器（resistor）的主要用途是限制电流和产生热量。如果一个理想的二端元件，任意时刻，在电路中描述的是消耗电能的电磁特性，则其特性可以用 u—i 平面的一条曲线来描述，这样的二端元件称为电阻元件。描述电阻两端电压和电流关系的曲线称为特性曲线，如图 1-32 所示。若曲线是过原点的直线，则称为线性电阻，否则为非线性电阻；若曲线不随时间变化，则称为非时变电阻，否则为时变电阻。电阻元件的电压与电流的代数关系称为伏安关系（VCR），其关系式为

$$f(u,i)=0$$

电阻的图形符号如图 1-33 所示。由于本书学习的是线性非时变的集中参数元件，所以在未加任何说明时，电阻元件通常是指线性非时变电阻元件，简称电阻。

电阻元件

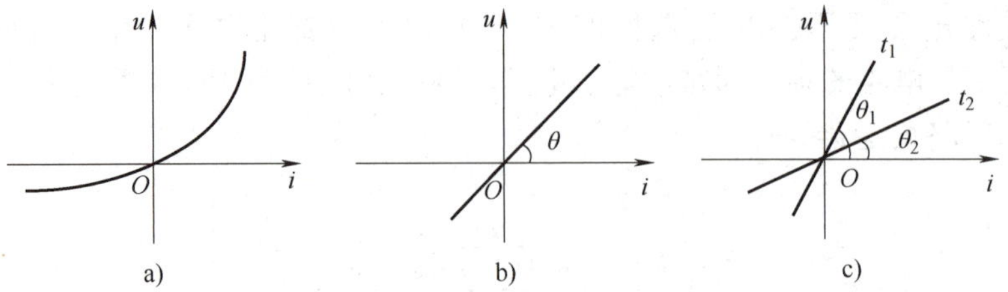

图 1-32　电阻的特性曲线
a）非线性电阻　b）线性非时变电阻　c）线性时变电阻

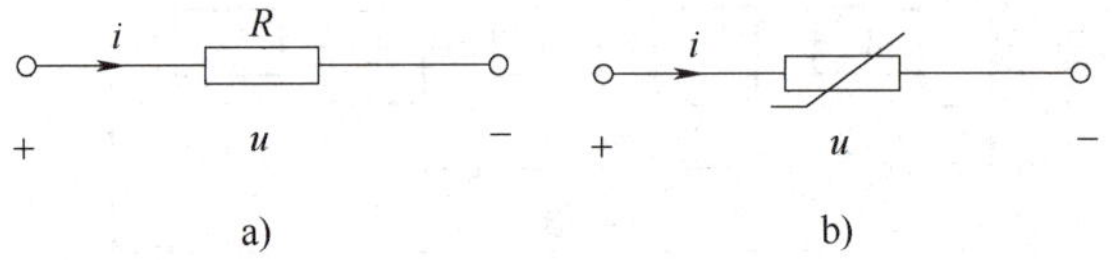

图 1-33　电阻的图形符号
a）线性非时变电阻　b）非线性电阻

1. 线性非时变电阻元件

在图 1-34 所示曲线上任取一点 A，从 A 点向两坐标轴作垂线，得

$$\frac{u_A}{i_A} = \tan\theta$$

此比值为常数，若在曲线上再取一点 B，同样从 B 点向两坐标轴作垂线，与两个坐标轴的交点分别为 u_B、i_B，则有

$$\frac{u_B}{i_B} = \tan\theta$$

显然，在曲线上所有的点都满足关系式

$$\frac{u}{i} = \tan\theta$$

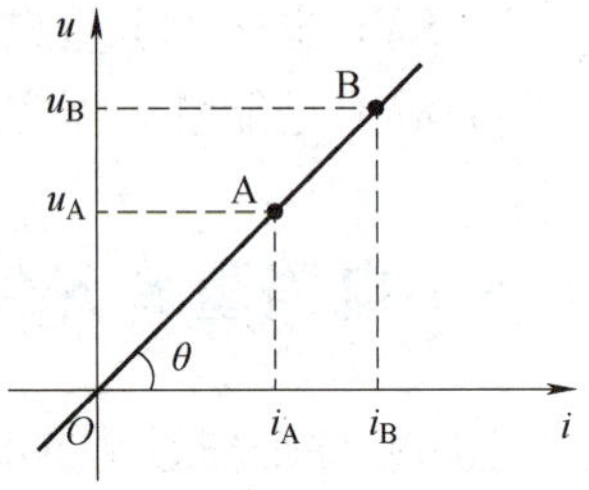

图 1-34　线性非时变电阻

当电压一定时，该常数与电流成反比，反映的是物质阻碍电流（电荷）流动的能力，称之为线性电阻，用 R 表示，即

$$R = \frac{u}{i} \tag{1-20}$$

式中，电阻的单位为欧姆，简写为欧（Ω），是以德国物理学家欧姆的名字命名的。对于给定的导体，其两端的电压与通过的电流之比恒定不变，这个关系称为欧姆定律。欧姆定律体现了电阻对电流呈阻力作用的本质。电阻对电流有阻力，电流要流过，就必然要消耗能量，因此，沿电流流动方向必然出现压降，关系式为

$$u = Ri$$

由式（1-20）可知

$$\frac{i}{u} = \frac{1}{R}$$

也为一个常数，当电压一定时，该常数与电流成正比，反映的是物质对电流的传导能力，称为电导，用 G 表示，即

$$G = \frac{i}{u}$$

式中，G 的单位为西门子，简称西（S）。电导 G 与电阻 R 互为倒数，即

$$G = \frac{1}{R}$$

电阻元件的特征是当电流流过元件时，自由电子与原子发生碰撞，使电子的运动受限，这种限制由元件的材料决定而与元件端子的电压和电流没有关系，电阻 R 和电导 G 是从不同角度反映电阻元件性能的参数。

2. 线性非时变电阻元件的伏安关系

1）当电阻的特性曲线位于 Ⅰ、Ⅲ 象限时，其两端的电压和流过其中的电流同号。电压和电流为关联参考方向，如图 1-35 所示，其伏安关系方程为

$$u = Ri \text{ 或 } i = Gu$$

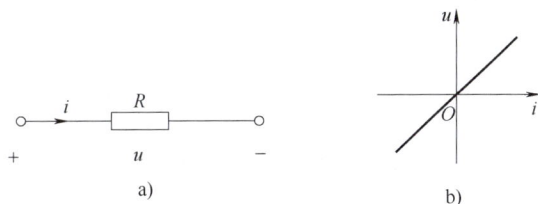

图 1-35　关联参考方向时电阻的特性曲线
a）电压和电流为关联参考方向　b）电阻的特性曲线位于 Ⅰ、Ⅲ 象限

2）当电阻的特性曲线位于 Ⅱ、Ⅳ 象限时，其两端的电压和流过其中的电流异号。因此，电压和电流为非关联参考方向，如图 1-36 所示，其伏安关系方程为

$$u = -Ri \text{ 或 } i = -Gu$$

可见，元件的伏安关系应与参考方向配套使用。

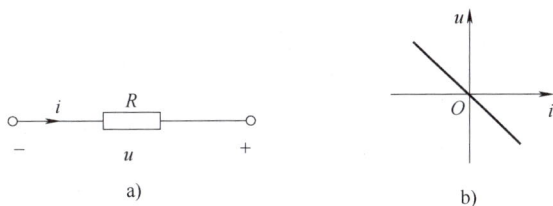

图 1-36　非关联参考方向时电阻的特性曲线
a）电压和电流为非关联参考方向　b）电阻的特性曲线位于 Ⅱ、Ⅳ 象限

3）当电阻的特性曲线位于 u 轴上时，若电压为有限值，则电流为零，电阻趋近于无穷大（$R \to \infty$），称此时的电路为"开路"状态，如图 1-37 所示。

4）当电阻的特性曲线位于 i 轴上时，若电流为有限值，则其电压为零，电阻趋近于零（$R \to 0$），称此时的电路为"短路"状态，如图 1-38 所示。

3. 线性非时变电阻元件的功率

电阻元件在电压和电流取关联参考方向时，任意时刻 t 电阻吸收的功率为

$$p = u(t)i(t) = Ri(t)^2 = Gu(t)^2 > 0 \tag{1-21}$$

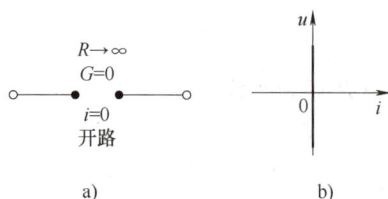

图 1-37　电阻趋近于无穷大时的
电路状态及其特性曲线

a) 电路开路　b) 曲线位于 u 轴上

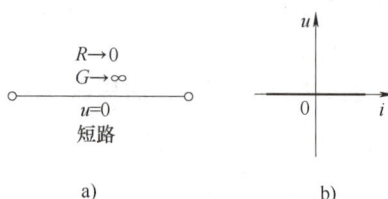

图 1-38　电阻趋近于零时的电路
状态及其特性曲线

a) 电路短路　b) 曲线位于 i 轴上

在电压和电流取非关联参考方向时，任意时刻 t 电阻吸收的功率为

$$p = -u(t)i(t) = Ri(t)^2 = Gu(t)^2 > 0 \tag{1-22}$$

式（1-21）和式（1-22）说明电阻元件在任意时刻总是吸收功率的，它将吸收的能量以其他形式的能量耗散，所以电阻元件是耗能元件。

【例 1-14】　电路如图 1-39 所示。

（1）写出两个电阻元件的电导。

（2）计算 u_1、u_2 和 i。

（3）计算电源发出的功率及两个电阻元件吸收的功率。

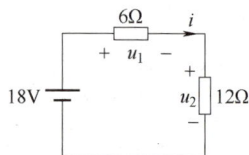

图 1-39　例 1-14 图

解：（1）$G_1 = \dfrac{1}{6}\text{S}$，$G_2 = \dfrac{1}{12}\text{S}$

（2）$i = \dfrac{18}{6+12}\text{A} = 1\text{A}$，$u_1 = R_1 i = 6\text{V}$，$u_2 = R_2 i = 12\text{V}$

（3）电源发出的功率为 $p_{18V} = ui = 18\text{W}$

电阻吸收的功率为 $p_R = (R_1 + R_2)i^2 = 18\text{W}$

1.4.2　电源元件

电源在电路中通过电压或电流为电路提供电能或电信号，为了方便电路分析，将其抽象为两个理想化模型，一个叫理想电压源，另一个叫理想电流源。如果电源提供的电压或电流不依赖电路中其他部分的电压或电流，称为独立电源，否则为非独立电源。通常情况下把独立的理想电压源称为理想电压源或电压源，把独立的理想电流源称为理想电流源或电流源。非独立电源称为受控源。

1. 理想电压源元件

理想电压源是一种理想的二端元件，其两端总是对外提供确定的电压，而与通过它的电流无关。理想电压源元件简称为电压源，其图形符号如图 1-40a 所示，图中 $u_S(t)$ 表示电压源对外电路提供的源电压值，也称为源电压或电压源的激励电压。电压源的特性可用 u-i 平面上一条平行 i 轴的直线来描述，如图 1-40b 所示。

理想电压源

当 $u_S(t)$ 为常数时，源电压不随时间而变，称该电压源为直流电压源或恒定电压源，常用大写字母 U_S 表示，即 $u_S(t) = U_S$。如果 $u_S(t)$ 随时间而变，则称为交流电压源，如 $u_S(t) = \cos\omega t$。源电压波形如图 1-41 所示。

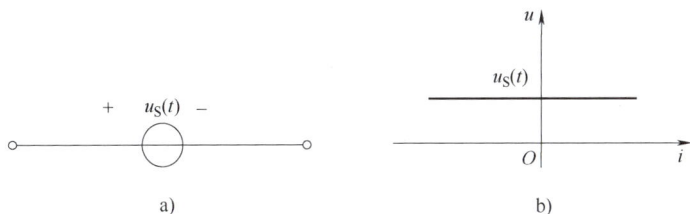

图 1-40 理想电压源

a）理想电压源的图形符号 b）理想电压源的特性曲线

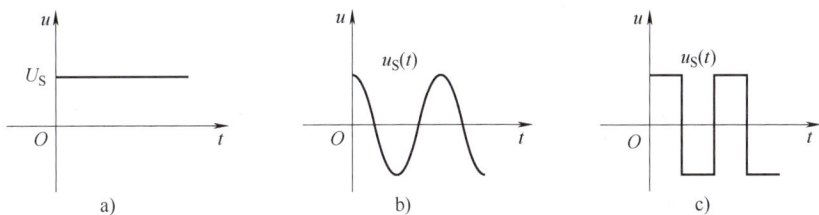

图 1-41 源电压波形

a）直流电压源波形 b）、c）交流电压源波形

　　将理想电压源接上外电路，设外电路为一个电阻元件，电路如图 1-42 所示。设 $u_S = 10V$，当 $R = 10\Omega$ 时，$i = 1A$；当 $R = 5\Omega$ 时，$i = 2A$；当 $R \to \infty$ 时，电路相当于开路，$i = 0$；当 $R = 0$ 时，电路相当于短路，$i \to \infty$。显然，无论外电路如何，电压源的电压不随外电路的变化而变化；流过电压源的电流由电压源的电压和外电路共同决定。如果将电压源两端断开，则 a、b 端子的电压 $u = u_S$；当电压源的两端短接时，电

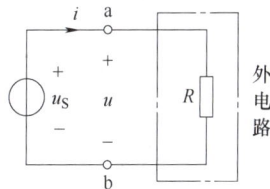

图 1-42 理想电压源外接电路

路中的电流趋近于无穷大，此时电源输出的功率趋近于无穷大，所以，理想电压源不允许短路。如果电压源的源电压等于零，即 $u_S = 0$，称为零值电压源，该电压源实际上是短路，可以用"短路"线替代，此时它的特性曲线与 i 轴重合。

　　在图 1-42 所示电路中，理想电压源的参考电流从参考电压的正极流出、负极流入，因此电压源的电压和电流为非关联参考方向，此时电压源发出的功率为

$$p_S = u_S i$$

　　如果计算结果 $p_S > 0$，说明理想电压源对外电路实际发出功率，作为电源供电；如果计算结果 $p_S < 0$，说明理想电压源对外电路实际吸收功率，在电路中相当于负载用电。

　　理想电压源是理想电源元件，它并不能准确地代表任何实际的电路器件。以电池为例，电池总是有内部消耗的，当电池带上负载后，电池的输出电压 u 将低于电压源的定值电压 u_S。如图 1-43 所示，当 $i < i_0$ 时，u 和 i 的关系为一条直线；而当 $i > i_0$ 时，u 和 i 的关系为曲线。因此，在一定范围内，实际电压源外部电压和电流为一条直线，此时，可以用一个理想电压源与一个电阻的串联支路作为实际电压源模型，称为有伴电压源。

　　由 KVL 可得其端口的 VCR 为

$$u = u_S - R_S i$$

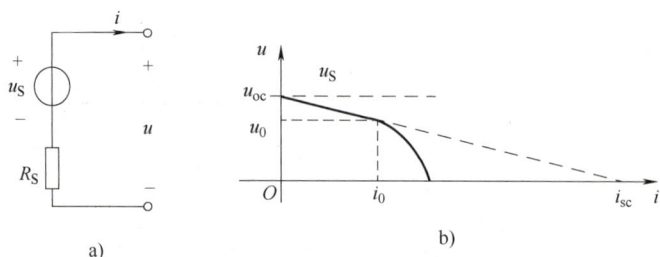

图 1-43　理想电压源构成的实际电压源模型及其特性曲线
a）实际电压源模型　b）实际电压源特性曲线

当实际电压源不接负载时，处于开路状态，此时 $i=0$，$u=u_S$，称此时的电压 u 为开路电压，用 u_{oc} 表示；如果负载被短路，则 $u=0$，$i=u_S/R_S$，称此时的电流 i 为短路电流，用 i_{sc} 表示。实际电压源内电阻 R_S 越大，输出电压 u 就会越小。反之，内电阻越小，电压源内部分压越少，实际电压源就越接近理想电压源。

理想电压源的特点如下：

1）无论外电路如何，电压源的源电压不随外电路变化而变化。

2）电压源的电流由电压源和与它相连的外电路共同决定。

3）电压源内阻为零。

2. 理想电流源元件

理想电流源是一种理想的二端元件，其两端总是对外提供确定的电流，而与其端子间的电压无关。理想电流源元件简称为电流源，其图形符号如图 1-44a 所示，图中 $i_S(t)$ 表示电流源对外电路提供的源电流值，也称源电流或电流源的激励电流。电流源的特性可用 u-i 平面上一条平行 u 轴的直线来描述，如图 1-44b 所示。

理想电流源

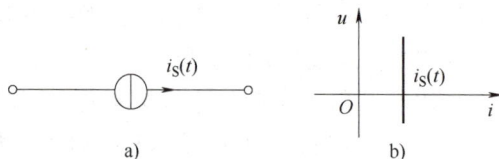

图 1-44　理想电流源
a）理想电流源的图形符号　b）理想电流源的特性曲线

当 $i_S(t)$ 为常数时，源电流不随时间而变，称该电流源为直流电流源或恒定电流源，常用大写字母 I_S 表示，即 $i_S(t)=I_S$。如果 $i_S(t)$ 随时间而变，则称为交流电流源，如 $i_S(t)=\cos\omega t$。源电流波形如图 1-45 所示。

将理想电流源接上外部电路，设外电路为一个电阻元件，电路如图 1-46 所示。设 $i_S=1A$，当 $R=10\Omega$ 时，$u=10V$；当 $R=5\Omega$ 时，$u=5V$；当 $R=0$ 时，电路相当于短路，$u=Ri_S=0$；当 $R\to\infty$ 时，电路相当于开路，$u=Ri_S\to\infty$。显然，无论外电路如何，电流源的电流不随外电路的变化而变化；电流源两端子之间的电压由电流源的电流和外电路共同决定。如果将电流源两端短接，则 a、b 端子的电流 $i=i_\mathrm{S}$；当电流源的两端断开时，电路中的电压趋近于无穷大，此时电源输出的功率趋近于无穷大，所以，理想电流源不允许开路。如果电流源的源电流等于零，即 $i_\mathrm{S}=0$，称为零值电流源，该电流源实际上是与外电路断开的，可以用"开路"替代，此时它的特性曲线与 u 轴重合。

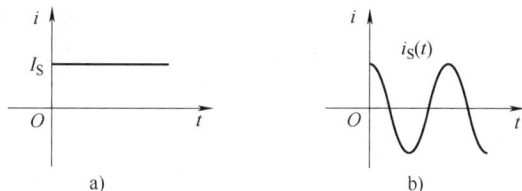

图 1-45　源电流波形
a）直流电流源波形　b）交流电流源波形

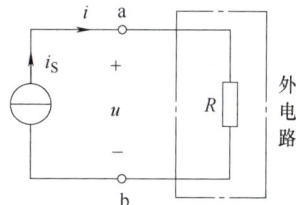

图 1-46　理想电流源外接电路

在图 1-46 所示电路中，理想电流源的参考电流从参考电压的正极流出、负极流入，因此电源的电压和电流为非关联参考方向，此时电流源发出的功率为

$$p_\mathrm{S}=ui_\mathrm{S}$$

如果计算结果 $p_\mathrm{S}>0$，说明理想电流源对外电路实际发出功率，作为电源供电；如果计算结果 $p_\mathrm{S}<0$，说明理想电流源对外电路实际吸收功率，在电路中相当于负载用电。因此，理想电流源的功率特性与理想电压源一样，可以作为电源供电，也可以作为负载用电，并非一定发出功率。

理想电流源实际上也是不存在的，它至多也只是在一定电压范围内对实际电路器件的合理近似。当电源接上负载后，其输出的电流 i 低于电源提供的电流 i_S。此时，可以用理想电流源与电导的并联支路构成实际电流源模型，称为有伴电流源，如图 1-47 所示。

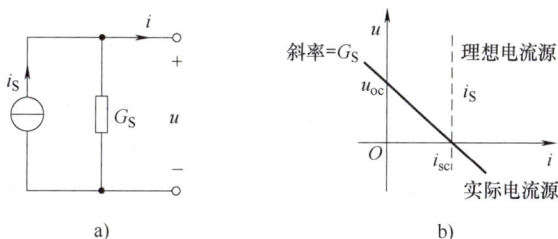

图 1-47　理想电流源构成的实际电流源模型及其特性曲线
a）实际电流源模型　b）实际电流源特性曲线

由 KCL 可得其端口的 VCR 为

$$i=i_\mathrm{S}-G_\mathrm{S}u$$

当实际电流源不接负载时，处于开路状态，此时 $i=0$，$u=u_\mathrm{oc}=i_\mathrm{S}/G_\mathrm{S}$；如果负载被短路，则 $u=0$，$i=i_\mathrm{sc}=i_\mathrm{S}$。实际电流源内电导 G_S 越大，输出电流越小；反之，内电导越小，电源内部分流越少，就越接近理想电流源。

理想电流源的特点如下：

1）无论外电路如何，电流源的源电流不随外电路变化而变化（源电流与外电路无关）。

2）电流源端子间的电压由电流源和与它相连的外电路共同决定。

3）电流源内电导为零（或内阻为无穷大）。

3. 受控源元件

受控源

受控源（Controlled Source）也称非独立源，是由某些电子器件如晶体管、运算放大器等抽象出来的理想化模型。受控源描述了电路中某一部分的电压或电流取决于电路中另一部分的电压或电流的现象，所以受控源的电路模型包含两条支路，如图 1-48 所示，一条是受控量所在支路，称为受控支路，这条支路或用一个受控电压源表示该支路的电压受到控制，或用一个受控的电流源表示该支路的电流受到控制；另一条是控制量所在支路，称为控制支路，这条支路或为开路或为短路。

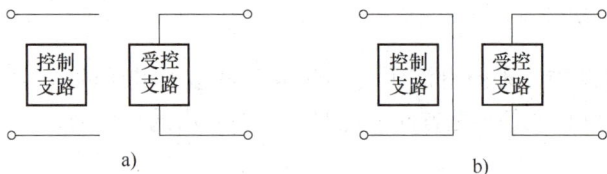

图 1-48　受控源模型的两条支路

a）控制量为电压　b）控制量为电流

因为受控的被控量和控制量都是电压或电流，所以受控源可分为 4 种类型，它们分别是电压控制电压源、电流控制电压源、电压控制电流源、电流控制电流源。因为受控源不同于独立源，所以把独立源的圆形符号换为菱形符号。

（1）电压控制电压源

电压控制电压源（Voltage Controlled Voltage Source，VCVS）的电路模型如图 1-49 所示。受控源输出的电压 u_2 取决于电路中另一位置的电压 u_1，即受控量为 u_2，控制量为 u_1，其中 μ 是没有量纲的控制系数。

被控支路：受控源的被控支路对外提供的电压或电流随着控制量的变化而变化，而与所接的外电路无关。因此，可以说受控源的受控支路体现为电源性质，为电路提供电能。图 1-49 所示电路对外提供的源电压为 $u_2 = \mu u_1$，其电流 i_2 由源电压 u_2 和与受控源相连的外电路共同决定。

控制支路：受控源的控制支路仅体现为受控源受电压或受电流控制的性质，不能对外提供能量，也不能吸收能量，所以控制支路的功率为零。当电压为控制量时，控制端的电流为零，控制支路为开路；当电流为控制量时，控制端的电压为零，控制支路为短路。图 1-49 所示电路的控制量是电压 u_1，所以控制支路为开路，其特征方程为

$$\begin{cases} i_1 = 0 \\ u_2 = \mu u_1 \end{cases}$$

（2）电流控制电压源

电流控制电压源（Current Controlled Voltage Source，CCVS）的电路模型如图 1-50 所示。受控源输出的电压 u_2 取决于电路中另一位置的电流 i_1，即受控量为 u_2，控制量为 i_1，其中 r

是控制系数，单位为欧姆，所以称 r 为控制电阻。

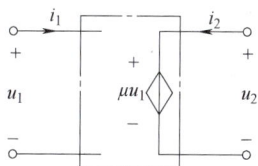

图 1-49 VCVS 电路模型

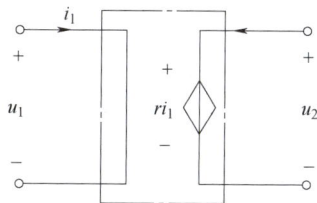

图 1-50 CCVS 电路模型

因为控制电路只体现控制作用，所以当控制量为电流时，控制电路的电压只能为零，控制支路为短路，其特征方程为

$$\begin{cases} u_1 = 0 \\ u_2 = ri_1 \end{cases}$$

（3）电压控制电流源

电压控制电流源（Voltage Controlled Current Source，VCCS）的电路模型如图 1-51 所示。受控量为电流 i_2，控制量为电压 u_1，控制系数 g 具有电导的量纲，称为控制电导。

特征方程为

$$\begin{cases} i_1 = 0 \\ i_2 = gu_1 \end{cases}$$

（4）电流控制电流源

电流控制电流源（Current Controlled Current Source，CCCS）的电路模型如图 1-52 所示。受控量为电流 i_2，控制量为电流 i_1，β 为没有量纲的控制系数。

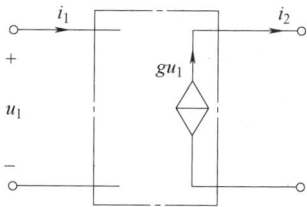

图 1-51 VCCS 电路模型

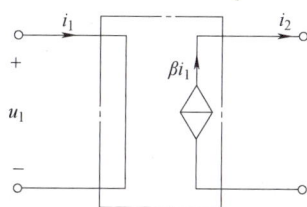

图 1-52 CCCS 电路模型

特征方程为

$$\begin{cases} u_1 = 0 \\ i_2 = \beta i_1 \end{cases}$$

如果受控源的控制系数为常数，则称该受控源为线性受控源。本书只学习线性受控源。

【例 1-15】 电路如图 1-53 所示，计算图中两个受控源的输出功率。

解：要求受控源的功率，应确定受控源的端电压和流过受控源的电流。

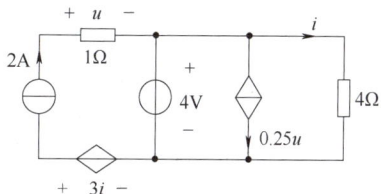

图 1-53 例 1-15 图

（1）计算受控源的控制量

$$u = 1 \times 2\text{V} = 2\text{V}, \quad i = \frac{4}{4}\text{A} = 1\text{A}$$

（2）计算受控源的功率

因电流控制电压源的电压与电流为非关联参考方向，所以该受控源的输出功率为

$$p_{受控电压源} = 2 \times 3i = 2 \times 3 \times 1\text{W} = 6\text{W}$$

因电压控制电流源的电压与电流为关联参考方向，所以受控源的输出功率列式应为 $p = -ui$，则

$$p_{受控电流源} = -(4 \times 0.25u) = -(4 \times 0.25 \times 2)\text{W} = -2\text{W}$$

说明：由于控制电路要么开路，要么短路，所以在计算时控制电路无须画出，只要找到控制量所在位置即可。

对于理想电源来说，不论是独立电压源还是受控电压源，对其以外的电路提供的电压是确定的，其电流由源电压和外电路确定，内阻为零；同样不论是独立电流源还是受控电流源，对其以外的电路提供的电流是确定的，其电压由源电流和外电路确定，内阻趋近于无穷大。但独立源与受控源又是不同的，独立源在电路中起着"激励"的作用，在电路中产生"响应"；而受控源反映的是电路中的一种控制现象，当控制量（电压或电流）为零时，受控量（电压或电流）也为零，当控制量的参考方向发生改变时，受控量的参考方向也随之改变，受控源在电路中不直接起"激励"的作用，它只表明电路中电压或电流的转移关系，如 $i_2 = gu_1$，表示入口的电压 u_1 转移为出口的电流 i_2，转移的比例系数为 g。在分析含受控源电路时，有时可以把受控源作为独立源来处理，但由于受控源受控制量控制，所以不能随意去掉控制量所在支路。

1.4.3 电感元件

电感元件是实际电感器的理想化模型。电感器（inductor）通常是用导线绕制而成的线圈。当导线中通过电流后，在导线周围形成磁场感应，电流的变化将引起磁通的变化，磁通的变化形成的感应电动势会产生电流，用来抵制通过线圈中电流的变化，这种电流与线圈的相互作用关系称为电

电感元件

的感抗，也就是电感。电感是电子设备中大量使用的电子元件之一，广泛应用于调谐、变压、滤波等方面。如果电感器只考虑存储磁场能量的作用而不考虑其他作用，则可以用只表征储存磁场能量的电感元件作为它的模型。

如果一个理想二端元件，在电路中任意时刻描述的是储存磁场能量的电磁特性，其特性可以用 Ψ—i 平面上的一条曲线来描述，这样的二端元件称为电感元件，其特性曲线如图1-54所示。

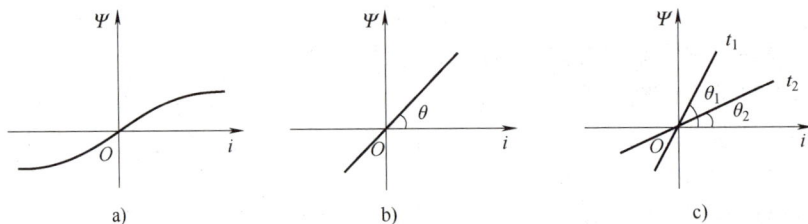

图1-54 电感元件的特性曲线
a）非线性电感 b）线性非时变电感 c）线性时变电感

若曲线是过原点的直线，则称为线性电感，否则为非线性电感；若曲线不随时间变化，则为非时变电感，否则为时变电感。电感元件的磁链与电流的代数关系，称为韦安关系，其关系式为

$$f(\Psi, i) = 0$$

电感元件的图形符号如图1-55所示。在未加任何说明时，我们学习的电感元件通常是指线性非时变电感元件，简称电感。

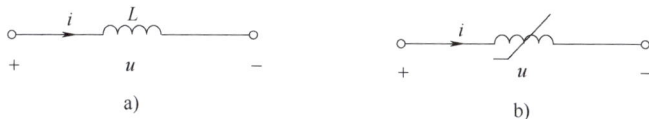

图1-55 电感元件的图形符号

a) 线性非时变电感 b) 非线性电感

1. 线性非时变电感元件

在图1-56所示曲线上任取一点A，从A点向两坐标轴作垂线，与两坐标轴的交点分别为 Ψ_A、i_A，则

$$\frac{\Psi_A}{i_A} = \tan\theta$$

此比值为常数，用 L 表示，即

$$L = \frac{\Psi}{i}$$

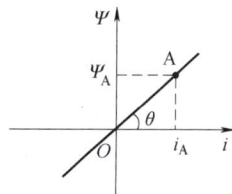

图1-56 线性非时变电感

称为自感系数，简称自感，有时也直接称为电感。电感的单位为亨利，简称亨（H），是以美国科学家约瑟夫·亨利的名字命名的。常用的辅助单位有毫亨（$1\text{mH} = 10^{-3}\text{H}$）、微亨（$1\mu\text{H} = 10^{-6}\text{H}$）等。

从物理学中已经知道，一个单匝线圈回路通过电流时，在此线圈中形成磁通。磁通是连续闭合的，电流也是连续闭合的，磁通和电流像链条的环节那样互相链接，磁通的方向与电流的方向满足右手螺旋定则，如图1-57所示。当线圈中的电流发生变化时，磁通也发生变化，在线圈自身中便会产生感应电动势，这种现象称为自感现象。通常为了加强磁效应，线圈采用多匝结构，设穿过每匝线圈的磁通都是 Φ，则穿过具有 N 匝线圈的磁通总和为

$$\Psi = N\Phi$$

式中，Ψ 为磁链。磁通和磁链的单位为韦伯（Wb）。

法拉第电磁感应定律描述了感应电动势与磁通量之间的定量关系，内容为穿过线圈的感应电动势等于线圈的匝数乘以磁通量的变化率。楞次定律则定义了感应电动势的极性，由磁通量的变化引起的感应电动势，总是力求产生一个电流，并利用该电流产生的磁通去阻止原磁通的变化，即

$$e = -N\frac{\mathrm{d}\Phi}{\mathrm{d}t} = -\frac{\mathrm{d}\Psi}{\mathrm{d}t} \tag{1-23}$$

式中，负号表示感应电动势总是反抗磁通的变化。当 $i > 0$，且 $\frac{\mathrm{d}i}{\mathrm{d}t} > 0$ 时，$\Phi > 0$，且 $\frac{\mathrm{d}\Phi}{\mathrm{d}t} > 0$，由

楞次定律可知，感应电动势产生的电流 i' 与 i 反向，用以阻止线圈中电流 i 的增加，此时，$e<0$，感应电动势与电流方向相反，如图 1-57a 所示；当 $i>0$，且 $\dfrac{\mathrm{d}i}{\mathrm{d}t}<0$ 时，$\varPhi>0$，且 $\dfrac{\mathrm{d}\varPhi}{\mathrm{d}t}<0$，由楞次定律可知，感应电动势产生的电流 i' 与 i 同向，用以阻止线圈中电流 i 的减小，此时 $e>0$，感应电动势与电流方向相同，如图 1-57b 所示。当电流和磁通为负值时，也可做类似的分析，在此不再叙述。

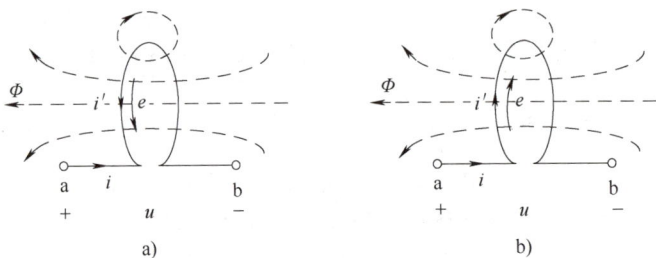

图 1-57 感应电动势与磁通变化方向

a) $\varPhi>0$，且 $\dfrac{\mathrm{d}\varPhi}{\mathrm{d}t}>0$ b) $\varPhi>0$，且 $\dfrac{\mathrm{d}\varPhi}{\mathrm{d}t}<0$

2. 线性非时变电感元件的伏安关系

虽然电感元件是定义在 $\varPsi$—i 平面上的，但在电路分析中，二端元件的基本特性是用电压-电流关系表示的，所以我们需要根据给定的韦安关系得出电感元件的伏安关系。

1）当规定磁通和磁链的参考方向与电流的参考方向之间符合右手螺旋定则时，曲线位于 Ⅰ、Ⅲ 象限，如图 1-58 所示，在任意时刻，磁链与电流的关系为

$$\varPsi(t) = Li(t) \tag{1-24}$$

将式（1-24）代入式（1-23），有

$$e = -L\frac{\mathrm{d}i}{\mathrm{d}t}$$

如果选定电压和电流为关联参考方向，如图 1-57 所示，则当 $e<0$ 时，a 点的电势高于 b 点的电势，$u>0$；当 $e>0$ 时，b 点的电势高于 a 点的电势，$u<0$，故

$$u = -e$$

即

$$u = \frac{\mathrm{d}\varPsi}{\mathrm{d}t} = L\frac{\mathrm{d}i}{\mathrm{d}t} \tag{1-25}$$

式（1-25）是电感元件电压和电流的微分关系式，该式表明电感的电压与其电流的变化率成正比。若 $\dfrac{\mathrm{d}i}{\mathrm{d}t}=0$，则 $u=0$，电感相当于短路；若 $\dfrac{\mathrm{d}i}{\mathrm{d}t}\neq0$，则 $u\neq0$，电流变化越快，感应电压越高；电流变化越慢，感应电压越低。鉴于电感的电压与电流具有上述动态关系，所以称电感元件是一种动态元件。

对式（1-25）在 $-\infty\sim t$ 上积分，可得电感元件电流与电压的积分关系为

$$\int_{-\infty}^{t}\mathrm{d}i(\zeta) = \int_{-\infty}^{t}\frac{1}{L}u(\zeta)\mathrm{d}\zeta$$

$$i(t) - i(-\infty) = \frac{1}{L}\int_{-\infty}^{t} u(\zeta)\,\mathrm{d}t$$

如果 $t = -\infty$ 时，$i(-\infty) = 0$，则

$$i(t) = \frac{1}{L}\int_{-\infty}^{t} u(\zeta)\,\mathrm{d}t$$

该式表明任意时刻电感的电流不仅与该时刻电感的电压有关，而且与该时刻以前所有的电压均有关，这说明电感对其电压的全部"历史"有记忆功能，因此称电感为记忆元件。

我们在研究问题时总要有一个起点，如果设 $t = t_0$ 为计时起点，则

$$i(t) = \frac{1}{L}\int_{-\infty}^{t_0} u(\zeta)\,\mathrm{d}\zeta + \frac{1}{L}\int_{t_0}^{t} u(\zeta)\,\mathrm{d}\zeta$$

如果 t_0 之前的电压情况，即上式第一项，对未来（$t > t_0$）产生的效果用 $i(t_0)$ 表示，则

$$i(t) = i(t_0) + \frac{1}{L}\int_{t_0}^{t} u(\zeta)\,\mathrm{d}\zeta$$

式中，$i(t_0)$ 为电感电流的初始值。

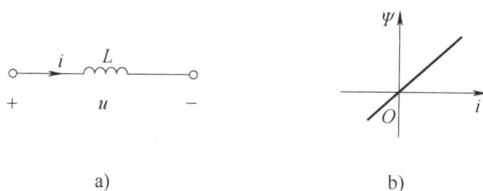

图 1-58 关联参考方向时电感元件的特性曲线
a）电感的电压和电流为关联参考方向 b）电感的特性曲线位于 Ⅰ、Ⅲ 象限

2）当线性电感的特性曲线位于 Ⅱ、Ⅳ 象限时，有

$$\mathit{\Psi}(t) = -Li(t)，\quad u(t) = -L\frac{\mathrm{d}i(t)}{\mathrm{d}t}$$

电压与电流为非关联参考方向，如图 1-59 所示。

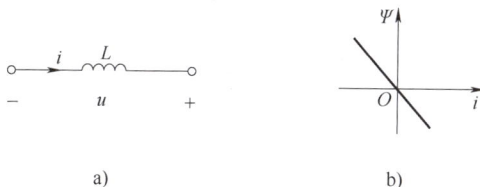

图 1-59 非关联参考方向时电感元件的特性曲线
a）电感的电压和电流为非关联参考方向 b）电感的特性曲线位于 Ⅱ、Ⅳ 象限

3. 线性非时变电感元件的功率和储能

当电感元件电压和电流为关联参考方向时，电感元件吸收的功率为

$$p(t) = u(t)i(t) = i(t)L\frac{\mathrm{d}i(t)}{\mathrm{d}t}$$

上式两边同时从 $-\infty \sim t$ 对时间积分，得

$$\int_{-\infty}^{t} p(t)\,\mathrm{d}t = L\int_{-\infty}^{t} i(t)\frac{\mathrm{d}i(t)}{\mathrm{d}t}\mathrm{d}t$$

$$w(t)-w(-\infty)=\frac{1}{2}Li^2(t)-\frac{1}{2}Li^2(-\infty)$$

在时间趋近于负无穷时，认为 $w(-\infty)=0$，$i(-\infty)=0$，则在任意时刻 t，电感吸收的能量为

$$w_L(t)=\frac{1}{2}Li^2(t)$$

上式说明，电感在任意时刻存储的磁场能量只与该时刻的电流有关，与电流的建立过程无关。当电流的绝对值增加时，电感从电路中吸收电能，储能增加；当电流的绝对值减小时，电感将存储的能量送回电路，储能减少，所以电感是一种储能元件。因为电感元件不会释放出多余它吸收或储存的能量，所以它和电阻一样是一种无源元件。

【例 1-16】 图 1-60a 所示电路的电流波形如图 1-60b 所示。（1）画出电感电压在 $t>0$ 时的变化曲线；（2）写出 $t>0$ 时的电感能量表达式。

解：（1）因为 $u_L(t)=L\dfrac{\mathrm{d}i_L(t)}{\mathrm{d}t}$，所以有：

当 $t<0$ 时，因为 $i=0$，所以 $u(t)=0\mathrm{V}$；

当 $0<t<3\mathrm{s}$ 时，因为 $i=3t$，所以 $u(t)=6\mathrm{V}$；

当 $3\mathrm{s}<t<5\mathrm{s}$ 时，因为 $i=-4.5t+22.5$，所以 $u(t)=-9\mathrm{V}$；

当 $t>5\mathrm{s}$ 时，因为 $i=0$，所以 $u(t)=0\mathrm{V}$。

电感电压的波形如图 1-60c 所示。

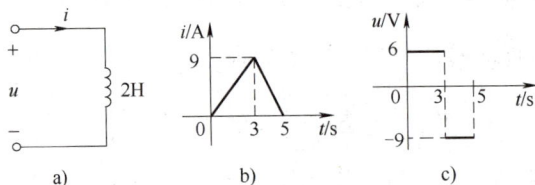

a)   b)   c)

图 1-60 例 1-16 图

（2）当 $t<0$ 时，$w_L(t)=0$；

当 $0<t<3\mathrm{s}$ 时，$w_L(t)=9t^2$；

当 $3\mathrm{s}<t<5\mathrm{s}$ 时，$w_L(t)=20.25t^2-202.5t+506.25$；

当 $t>5\mathrm{s}$ 时，$w_L(t)=0$。

电容元件

1.4.4 电容元件

电容元件是实际电容器的理想化模型。电容器（capacitor），顾名思义，是"存储电荷的容器"，由被绝缘材料隔开的两块导体组成。当在电容两端加上电源时，在两块导体上会聚集等量异性电荷，当电源移去后，电荷不会消失，在导体间形成电场。当然，不是电容也可以形成电场，如输电线，一个电路的各部分之间也存在电容。电容是电子设备中大量使用的电子元件之一，广泛应用于隔直、耦合、旁路、滤波、调谐电路、能量转换、抑制噪声等

方面。如果电容器只考虑存储电场能量的作用而不考虑其他作用，则可以用只表征储存电场能量的电容元件作为它的模型。

如果一个理想二端元件，任意时刻，在电路中描述的是储存电场能量的电磁特性，其特性可以用 $q—u$ 平面上的一条曲线来描述，这样的二端元件称为电容元件，其特性曲线如图 1-61 所示。若曲线是过原点的直线，则称为线性电容，否则为非线性电容；若曲线不随时间变化，则为非时变电容，否则为时变电容。电容元件的电荷与电压的代数关系，称为库伏关系，其关系式为

$$f(q,u)=0$$

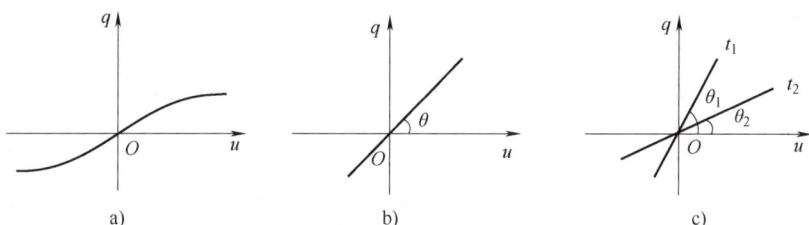

图 1-61　电容元件的特性曲线

a）非线性电容　b）线性非时变电容　c）线性时变电容

电容元件的图形符号如图 1-62 所示。在未加任何说明时，我们学习的电容元件通常是指线性非时变电容元件，简称电容。

1. 线性非时变电容元件

在图 1-63 所示曲线上任取一点 A，从 A 点向两坐标轴作垂线，与两坐标轴的交点分别为 q_A、u_A，则

$$\frac{q_A}{u_A}=\tan\theta$$

此比值为常数，用 C 表示，称为电容元件的电容，即

$$C=\frac{q}{u}$$

式中，电容的单位为法拉，简称法（F），是以英国物理学家迈克尔·法拉第的名字命名的。常用的辅助单位有微法（$1\mu F=10^{-6}F$）、皮法（$1pF=10^{-12}F$）等。

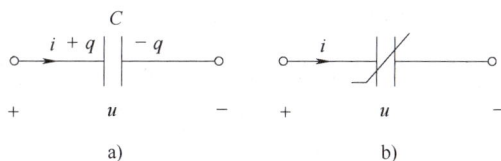

图 1-62　电容元件的图形符号

a）线性非时变电容　b）非线性电容

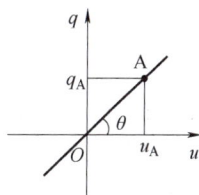

图 1-63　线性非时变电容

2. 线性非时变电容元件的伏安关系

虽然电容元件是定义在 $q—u$ 平面上的，但在电路分析中，二端元件的基本特性是用电压-

33

电流关系表示的，所以我们需要根据给定的库伏关系得出电容元件的伏安关系。

1）当电容的特性曲线位于 Ⅰ 、Ⅲ 象限时，如图 1-64 所示，有

$$q = Cu$$

根据电流的定义式

$$i = \frac{\mathrm{d}q}{\mathrm{d}t}$$

若指定电流的参考方向是流进正极板，则电流与电压为关联参考方向，有

$$i = C\frac{\mathrm{d}u}{\mathrm{d}t} \tag{1-26}$$

式（1-26）是电容元件电流和电压的微分关系式，该式表明电容的电流与其电压的变化率成正比。若 $\frac{\mathrm{d}u}{\mathrm{d}t}=0$，则 $i=0$，电容相当于开路；若 $\frac{\mathrm{d}u}{\mathrm{d}t}\neq0$，则 $i\neq0$。随着加在电容两端电压的变化，两极板上存储的电荷也发生变化。电荷增加的过程称为充电，电荷减少的过程称为放电。在充、放电的过程中，电荷移动形成了在电容电路中的电流。鉴于电容的电压与电流具有上述动态关系，所以称电容元件是一种动态元件。

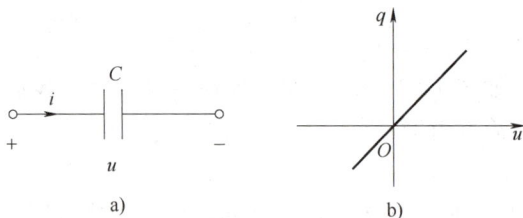

图 1-64　关联参考方向时电容的特性曲线

a）电容的电压和电流为关联参考方向　b）电容的特性曲线位于 Ⅰ 、Ⅲ 象限

对式（1-26）在 $-\infty\sim t$ 上积分，可得电容元件电压与电流的积分关系为

$$\int_{-\infty}^{t}\mathrm{d}u(\zeta) = \int_{-\infty}^{t}\frac{1}{C}i(\zeta)\,\mathrm{d}\zeta$$

$$u(t) - u(-\infty) = \frac{1}{C}\int_{-\infty}^{t}i(\zeta)\,\mathrm{d}\zeta$$

如果 $t=-\infty$ 时，$u(-\infty)=0$，则

$$u(t) = \frac{1}{C}\int_{-\infty}^{t}i(\zeta)\,\mathrm{d}\zeta$$

该式表明任意时刻电容的电压不仅与该时刻电容的电流有关，而且与该时刻以前所有的电流均有关，这说明电容对其电流全部"历史"有记忆功能，因此称电容为记忆元件。

如果设 $t=t_0$ 为计时起点，则

$$u(t) = \frac{1}{C}\int_{-\infty}^{t_0}i(\zeta)\,\mathrm{d}\zeta + \frac{1}{C}\int_{t_0}^{t}i(\zeta)\,\mathrm{d}\zeta$$

如果 t_0 之前的电流情况，即式中的第一项，对未来（$t>t_0$）产生的效果用 $u(t_0)$ 表示，则

$$u(t) = u(t_0) + \frac{1}{C}\int_{t_0}^{t}i(\zeta)\,\mathrm{d}\zeta$$

式中，$u(t_0)$ 为电容电压的初始值。

2）当电容的特性曲线位于 II、IV 象限时，有

$$q(t) = -Cu(t)，i_C = -C\frac{\mathrm{d}u}{\mathrm{d}t}$$

电压与电流为非关联参考方向，如图 1-65 所示。

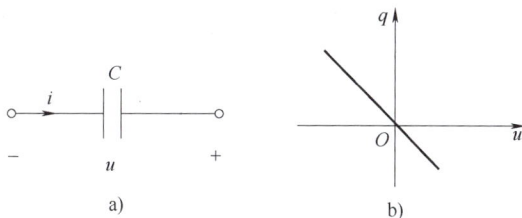

图 1-65　非关联参考方向时电容的特性曲线

a）电容的电压和电流为非关联参考方向　b）电容的特性曲线位于 II、IV 象限

3. 线性非时变电容元件的功率和储能

当电容元件电压和电流为关联参考方向时，电容吸收的功率为

$$p(t) = u(t)i(t) = u(t)C\frac{\mathrm{d}u(t)}{\mathrm{d}t}$$

对上式两边同时从 $-\infty \sim t$ 对时间积分，得

$$\int_{-\infty}^{t} p(t)\mathrm{d}t = C\int_{-\infty}^{t} u(t)\frac{\mathrm{d}u(t)}{\mathrm{d}t}\mathrm{d}t$$

$$w_C(t) - w_C(-\infty) = \frac{1}{2}Cu^2(t) - \frac{1}{2}Cu^2(-\infty)$$

在时间趋近于负无穷时，认为 $w(-\infty) = 0$，$u(-\infty) = 0$，则任意时刻 t，电容吸收的能量为

$$w_C(t) = \frac{1}{2}Cu^2(t) \tag{1-27}$$

式（1-27）说明，电容在任意时刻存储的电场能量只与该时刻的电压有关，与电压的建立过程无关。当电压的绝对值增加时，电容从电路中吸收电能，储能增加；当电压的绝对值减小时，电容将存储的能量送回电路，储能减少，所以电容是一种储能元件。因为电容元件不会释放出多余它吸收或储存的能量，所以它也是一种无源元件。

【例 1-17】　图 1-66a 所示电路的电流波形如图 1-66b 所示。（1）若电容在 $t<0$ 时，存有 1 库仑的电荷，画出电容电压在 $t>0$ 的变化波形；（2）计算 $t=4\mathrm{s}$ 时的电压 $u(t)$；（3）计算在 $0<t<4\mathrm{s}$ 期间电容存储的能量。

解：（1）因为 $u_C(t) = u_C(t_0) + \frac{1}{C}\int_{t_0}^{t} i_C(\zeta)\mathrm{d}\zeta$，$u_C(t_0) = \frac{q}{C} = \frac{1}{2} = 0.5\mathrm{V}$，所以有：

当 $0<t<1\mathrm{s}$ 时，$u(t) = 0.5 + \frac{1}{2}\int_0^t 1\mathrm{d}\zeta = \left(\frac{1}{2}t + 0.5\right)\mathrm{V}$

当 $1\mathrm{s}<t<2\mathrm{s}$ 时，$u(t) = u(1) + \frac{1}{2}\int_1^t 0\mathrm{d}\zeta = 1\mathrm{V}$

当 2s<*t*<4s 时，$u(t)=u(2)+\dfrac{1}{2}\int_{2}^{t}(-0.3)\,\mathrm{d}\zeta=\left(-\dfrac{3}{20}t+1.3\right)\mathrm{V}$

电容电压的波形如图 1-66c 所示。

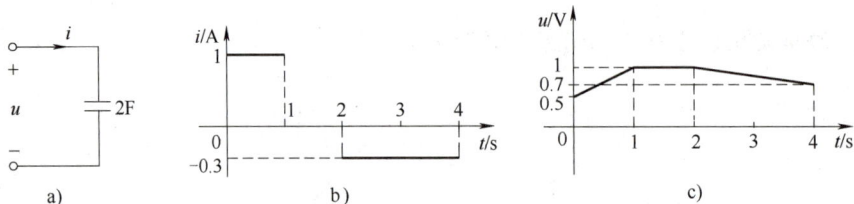

图 1-66　例 1-17 图

（2）$u(4)=0.5+\dfrac{1}{C}\int_{0}^{4}i(t)\,\mathrm{d}t=0.5+\dfrac{1}{2}\int_{0}^{1}i(t)\,\mathrm{d}t+\dfrac{1}{2}\int_{2}^{4}i(t)\,\mathrm{d}t=(0.5+0.5-0.3)\,\mathrm{V}=0.7\mathrm{V}$

（3）由式（1-27）可得电容在 0<*t*<4s 期间存储的能量为

$$w_C(t)=\frac{1}{2}Cu^2(t)-\frac{1}{2}Cu^2(t_0)=\frac{1}{2}\times2(0.7^2-0.5^2)\,\mathrm{J}=0.24\mathrm{J}$$

习题

1-1　试确定图 1-67 所示电路的电压和电流的参考方向是否为关联参考方向。

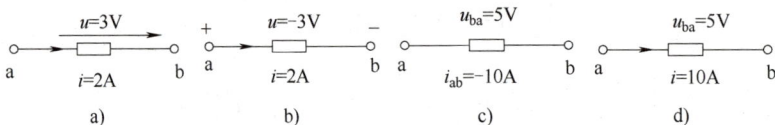

图 1-67　题 1-1 图

1-2　试求图 1-67 所示电路中各段电路吸收或发出的功率。

1-3　电路如图 1-68 所示，已知 $i_1=2\mathrm{A}$，$i_3=-3\mathrm{A}$，$u_1=10\mathrm{V}$，$u_4=-5\mathrm{V}$，计算元件 2 吸收的功率。

1-4　计算图 1-69 所示电路的电压 U_{AB}。

1-5　计算图 1-70 所示电路的电流 I_1、I_2 及电压 U_{CD}。

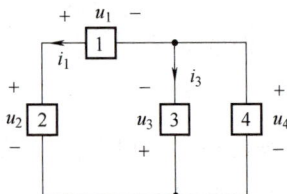

图 1-68　题 1-3 图

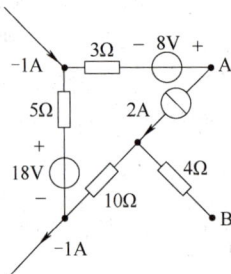

图 1-69　题 1-4 图

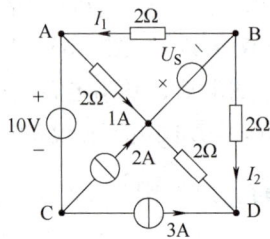

图 1-70　题 1-5 图

1-6　电路如图 1-71 所示，已知 $i_1=2\mathrm{A}$，$r=0.5\Omega$，计算源电流 i_S。

1-7　电路如图 1-72 所示，计算当 $R=5\Omega$ 时的电压 u_2。

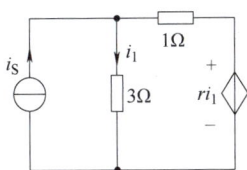

图 1-71　题 1-6 图

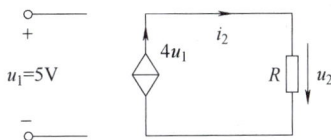

图 1-72　题 1-7 图

1-8　计算图 1-73 所示电路中的电压 U_1、U_2 和 U_3 及电流 I_1 和 I_2。

1-9　电路如图 1-74 所示，已知 $u_S = \cos\omega t\,\mathrm{V}$，计算图中所有的未知电流和电压及受控电源发出的功率。

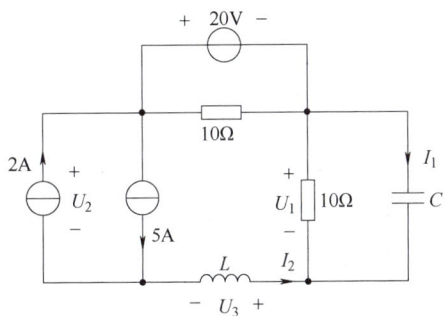

图 1-73　题 1-8 图

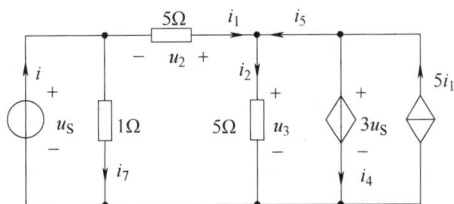

图 1-74　题 1-9 图

1-10　计算图 1-75 所示电路中全部未知的电压和电流。

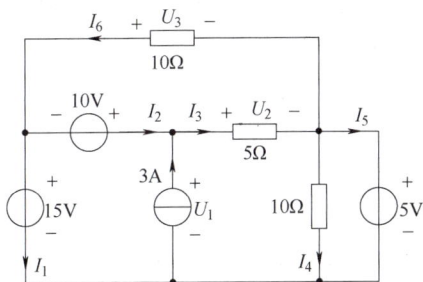

图 1-75　题 1-10 图

答案详解 1

第 2 章

线性电路的基本分析方法

在明确了电路理论研究的对象和任务、电路中电压和电流遵循的规律后，本章学习线性电路的基本分析方法。线性电路是指由线性元件、线性受控源和独立源构成的电路。如果线性电路的无源元件均为电阻元件，则称为线性电阻电路，简称电阻电路。

本章包含三个部分：

第一部分为用等效变换的方法求解电路。内容包括电阻的等效变换和电源的等效变换。

第二部分为选取一组特定的电路变量作为待求量，根据 KCL、KVL 和 VCR 列写独立的电路方程求解这组电路变量，进而求解电路的方法。这种分析方法是在基本不改变电路结构的情况下直接求解电路，具有很强的规律性、普遍性和系统性，因此也称为电路的一般分析方法，内容包括 $2b$ 法和支路电流法、回路电流法和节点电压法。一般分析方法与等效变换的方法相比较，等效变换的方法更适合求解结构简单、待求量较少的电路。当一个电路结构相对复杂或者待求量较多时，用等效变换的方法逐一计算，就会使计算变得繁琐，此时采用电路的一般分析法对电路进行求解。

第三部分为利用能反映线性电路性质的定理分析求解电路的方法。内容包括齐性定理和叠加定理、替代定理、戴维南定理、诺顿定理以及最大功率传输定理。运用这些定理能使分析已知或部分未知电路结构或参数的电路得以简化。

虽然这三部分介绍的分析方法的分析和计算过程相对简单，但随着课程的深入，会逐步看到这些分析方法具有的普遍性，因此本章内容是分析电路的重要基础。

学习目标：

1. 理解等效的概念。
2. 掌握等效变换的分析方法。
3. 掌握线性电路的一般分析方法。
4. 掌握利用线性电路定理分析电路的方法。

2.1　电阻的等效变换

2.1.1　等效的概念

如果一个电路向外引出两个端子与外电路相连，则不论这个电路的内部结构如何，都称之为二端网络（或二端电路）。图 2-1 所示电路为二端网络，若从一个端子流入的电流 i 等于从另一个端子流出的电流 i'，则这样的二端网络（电路）称为一端口网络（电路）。端子上的电流 i 称为端口电流，两个端子之间的电压 u 称为端口电压。

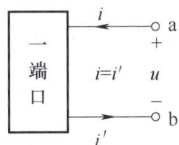

图 2-1　一端口网络

【引例 2-1】　电路如图 2-2 所示，图 2-2a、b 两个电路中，虽然点画线部分的电路结构、元件参数不同，但对于 10V 电压源与 1Ω 电阻组成的串联支路来说，端口 ab 的电流均为 1A，端口 ab 的电压均为 9V。也就是说，10V 电压源与 1Ω 电阻组成的串联支路无论与图 2-2a 的点画线部分相连，还是与图 2-2b 的点画线部分相连，对该支路不会产生任何影响，这种情况下，称两个电路点画线部分对 10V 电压源与 1Ω 电阻的串联支路是等效的。

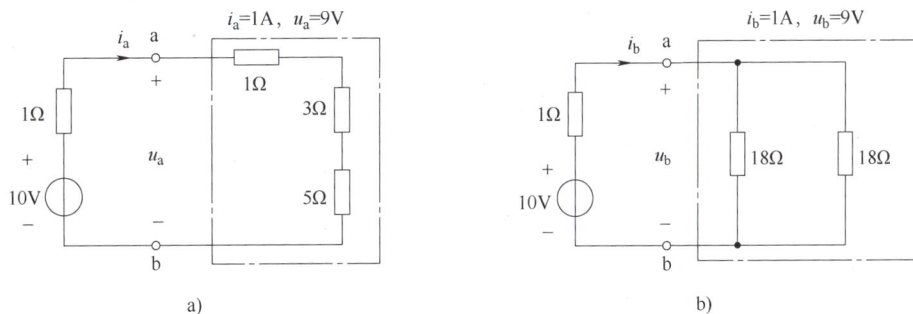

图 2-2　等效的例子

若 10V 电压源与 1Ω 电阻的串联支路视为一端口网络 A，图 2-2a 点画线部分视为一端口网络 B，图 2-2b 点画线部分视为一端口网络 C，如图 2-3 所示，则称一端口网络 B 与一端口网络 C 等效。

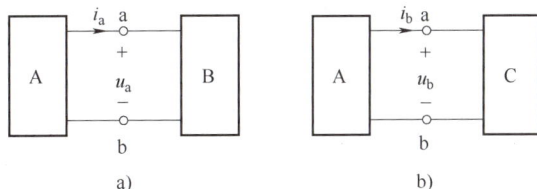

图 2-3　等效的一端口网络

对于结构、元件参数完全不同的两个一端口网络 B 和 C，若两个一端口网络在端口处具有完全相同的伏安关系，则称这两个一端口网络等效。等效的两个一端口网络可以相互替代，替代前后，对任意外部一端口网络 A 的端口电压、电流、功率保持不变，这种替代关系称为等效变换。为了方便记忆，将等效的概念归纳为以下 3 点：

1）等效的条件：相互替换的两部分电路端口具有完全相同的 VCR，完全相同是指端口的电压相同、电流相同，即 $u_a = u_b$，$i_a = i_b$。

2）等效的对象：对等效的两部分电路外部的电压、电流和功率适用，内部不适用。

3）等效的目的：简化电路。

2.1.2 电阻串联的等效电路

两个或两个以上电路元件首尾依次相连，且通过同一个电流，称这种联结为串联。图 2-4a 所示电路为两个电阻串联，由 KVL 得

$$u = u_1 + u_2$$

代入元件的伏安关系得

$$u = R_1 i + R_2 i = (R_1 + R_2) i$$

令 $R_{eq} = R_1 + R_2$，如图 2-4b 所示，则

$$u = R_{eq} i$$

对于电源来讲，外接 R_{eq} 或外接 R_1 和 R_2 串联电路，在端口 a、b 的伏安关系完全相同，称 R_{eq} 为电阻 R_1 和 R_2 串联的等效电阻。

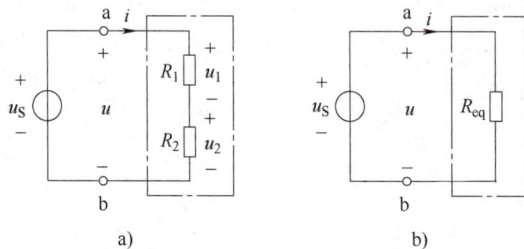

图 2-4 两个电阻串联及其等效电路

a）两个电阻串联的电路 b）两个电阻串联的等效电路

电阻串联时，两个电阻上的电压分别为

$$u_1 = \frac{R_1}{R_1 + R_2} u, \quad u_2 = \frac{R_2}{R_1 + R_2} u$$

如果有 n 个电阻串联，如图 2-5a 所示，由 KVL 得

$$u = u_1 + u_2 + \cdots + u_n$$

代入元件的伏安关系得

$$u = R_1 i + R_2 i + \cdots + R_n i = (R_1 + R_2 + \cdots + R_n) i$$

令 $R_{eq} = R_1 + R_2 + \cdots + R_n$，如图 2-5b 所示，则

$$u = R_{eq} i \tag{2-1}$$

式中，R_{eq} 为 n 个电阻串联的等效电阻。

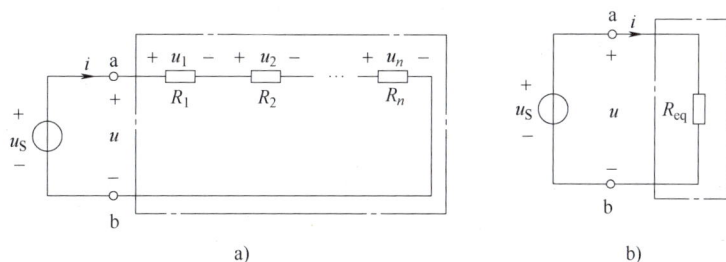

图 2-5　n 个电阻串联及其等效电路

a）n 个电阻串联的电路　b）n 个电阻串联的等效电路

串联电阻常用来分压，由欧姆定律可知

$$i = \frac{u_1}{R_1} = \frac{u_2}{R_2} = \cdots = \frac{u_n}{R_n} = \frac{u}{R_{eq}}$$

则串联的每一个电阻上的分电压为

$$u_k = \frac{R_k}{R_{eq}} u \quad (k = 1, 2, \cdots, n) \tag{2-2}$$

式中，u_k 为第 k 个电阻 R_k 上的电压。由式（2-2）可知，各串联电阻上的电压与其阻值成正比，电阻越大，其两端的电压越大，式（2-2）称为分压公式。

在电压和电流为关联参考方向的前提下，有

$$p = ui = (R_1 i + R_2 i + \cdots + R_n i) i = R_1 i^2 + R_2 i^2 + \cdots + R_n i^2 = R_{eq} i^2$$

该式表明各串联电阻吸收的功率之和等于它们的等效电阻吸收的功率。

【例 2-1】　一串彩灯由阻值相等的 10 个小灯泡串联组成。当接到 220V 电源上时，通过彩灯的电流是 0.11A。计算彩灯的等效电阻及每个灯泡的电压。

解：由式（2-1）可知

$$R_{eq} = \frac{220}{0.11} \Omega = 2k\Omega$$

由于每个小灯泡的阻值相等，所以一个小灯泡的阻值为 200Ω，每个小灯泡分得的电压相同，为

$$u' = \frac{200}{2000} \times 220V = 22V$$

当然，由于每个小灯泡阻值相同，所以灯泡的电压也可以直接用 220V 除以 10 等于 22V 计算。

2.1.3　电阻并联的等效电路

两个或两个以上电路元件跨接在同一个电压上，这种联结方式称为并联。图 2-6a 所示电路为两个电阻并联，由 KCL 得

$$i = i_1 + i_2$$

代入元件的伏安关系得

$$i = \frac{u}{R_1} + \frac{u}{R_2} = \left(\frac{1}{R_1} + \frac{1}{R_2} \right) u = \frac{R_1 + R_2}{R_1 R_2} u$$

如令 $R_{eq}=\dfrac{R_1R_2}{R_1+R_2}$，如图 2-6b 所示，则有

$$i=\dfrac{u}{R_{eq}}$$

对于电源来讲，外接 R_{eq} 或外接 R_1 和 R_2 并联电路，在端口 a、b 的伏安关系完全相同，称 R_{eq} 为电阻 R_1 和 R_2 并联的等效电阻。

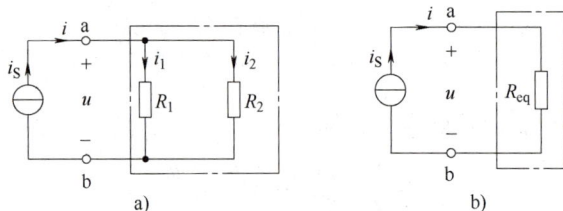

图 2-6　两个电阻的并联及其等效电路

a) 两个电阻并联的电路　b) 两个电阻并联的等效电路

电阻并联时，两个电阻支路的电流分别为

$$i_1=\dfrac{u}{R_1}=\dfrac{R_{eq}i}{R_1}=\dfrac{R_2}{R_1+R_2}i,\quad i_2=\dfrac{u}{R_2}=\dfrac{R_{eq}i}{R_2}=\dfrac{R_1}{R_1+R_2}i$$

如果有 n 个电阻并联，如图 2-7a 所示，由 KCL 得

$$i=i_1+i_2+\cdots+i_n$$

代入元件的伏安关系得

$$i=\dfrac{u}{R_1}+\dfrac{u}{R_2}+\cdots+\dfrac{u}{R_n}=\left(\dfrac{1}{R_1}+\dfrac{1}{R_2}+\cdots+\dfrac{1}{R_n}\right)u$$

若令 $\dfrac{1}{R_{eq}}=\dfrac{1}{R_1}+\dfrac{1}{R_2}+\cdots+\dfrac{1}{R_n}$，则等效电阻 R_{eq} 的倒数等于并联在一起的各个电阻倒数之和。如果用电导表示这种关系，如图 2-7b 所示，即

$$G_{eq}=G_1+G_2+\cdots+G_n$$

则

$$i=G_1u+G_2u+\cdots+G_nu=(G_1+G_2+\cdots+G_n)u=G_{eq}u$$

式中，G_{eq} 为 n 个电阻并联的等效电导，如图 2-7c 所示。显然，电阻并联时用电导 G 表示比用电阻 R 表示更为方便。

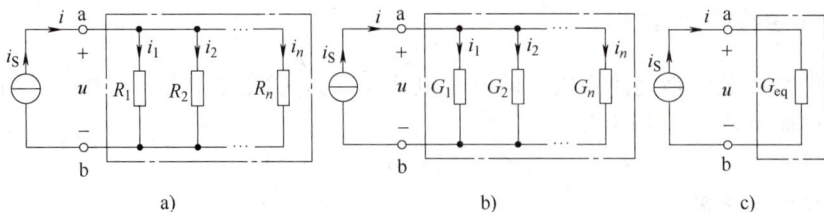

图 2-7　n 个电阻并联及其等效电路

a) n 个电阻并联的电路　b) n 个电导并联的电路　c) n 个电阻并联的等效电路

并联电阻常用来分流，由欧姆定律可知

$$u = \frac{i_1}{G_1} = \frac{i_2}{G_2} = \cdots = \frac{i_n}{G_n} = \frac{i}{G_{eq}}$$

则并联的每一个电阻上的分电流为

$$i_k = \frac{G_k}{G_{eq}} i \quad (k = 1, 2, \cdots, n) \tag{2-3}$$

式中，i_k 为第 k 个电导 G_k 上的电流。由式（2-3）可知，各并联电阻上的电流与其电导成正比，电导越大，分得的电流越大，式（2-3）称为分流公式。

在电压和电流为关联参考方向的前提下，有

$$p = ui = u(G_1 u + G_2 u + \cdots + G_n u) = G_1 u^2 + G_2 u^2 + \cdots + G_n u^2 = G_{eq} u^2$$

该式表明各并联电阻吸收的功率之和等于它们的等效电阻吸收的功率。

【例 2-2】　电路如图 2-8 所示，若 $i = 1A$，计算 R 值及电路的等效电导 G_{eq}。

解： 由分流公式得

$$i = \frac{3\Omega}{3\Omega + R} \times 5A = 1A$$

所以

$$R = 12\Omega$$

电路的等效电导为

$$G_{eq} = \left(\frac{1}{3} + \frac{1}{12} \right) S = \frac{5}{12} S$$

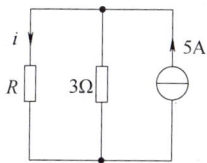

图 2-8　例 2-2 图

2.1.4　电阻串并联电路的等效变换

电阻串联和并联相结合的电路连接方式称为电阻的串并联电路。在分析计算时，只要对电路的串联或并联逐次进行化简，即可得到最简单的等效电路。

【例 2-3】　计算图 2-9 所示电路的等效电阻。

解： 图 2-9 所示电路结构为 R_3 与 R_4 串联，再与 R_2 并联，最后与 R_1 串联的电路。计算步骤如下：

（1）R_3 与 R_4 串联的等效电阻为

$$R_{34} = R_3 + R_4$$

（2）R_{34} 与 R_2 并联的等效电阻为

$$R = \frac{R_{34} R_2}{R_{34} + R_2} = \frac{(R_3 + R_4) R_2}{(R_3 + R_4) + R_2}$$

（3）R 与 R_1 串联的等效电阻为

$$R_{eq} = \frac{(R_3 + R_4) R_2}{(R_3 + R_4) + R_2} + R_1$$

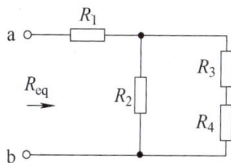

图 2-9　例 2-3 图

2.1.5　电阻星形联结和三角形联结的等效变换

【引例 2-2】　图 2-10 所示电路为电桥电路，R_1、R_2、R_3 和 R_4 为桥臂电阻。Ⓖ是检流计（内阻不计），如果检流计的指示为零，确定 R_1、

电阻的星角变换

R_2、R_3 和 R_4 的关系。

解： 图 2-10 所示电路 4 个电阻的联结，既不是串联也不是并联，所以不能用串并联电路简化的方法求解。由已知条件可知，检流计的指示为零，所以支路 bd 没有电流，因此可以将支路 bd 视为开路，有

$$i_1 = i_2, \quad i_3 = i_4$$

因为检流计的内阻不计，b、d 两节点等电势，所以又可以将支路 bd 视为短路，有

$$R_1 i_1 = R_3 i_3, \quad R_2 i_2 = R_4 i_4$$

因此，有

$$\frac{R_1 i_1}{R_2 i_2} = \frac{R_3 i_3}{R_4 i_4}$$

约去电流后得

$$R_1 R_4 = R_2 R_3$$

当电桥电路满足条件 $R_1 R_4 = R_2 R_3$ 时，支路 bd 上没有电流，且节点 b 与节点 d 等电势，此时电路称为电桥平衡。若检流计所在支路换为电阻 R_5，如图 2-11 所示，如果不满足 $R_1 R_4 = R_2 R_3$，电桥不再平衡，则电路不能直接用电阻的串并联方法化简。

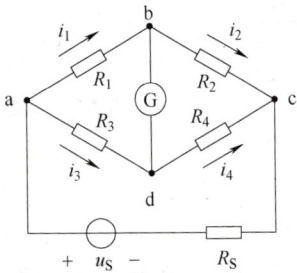

图 2-10　电桥电路

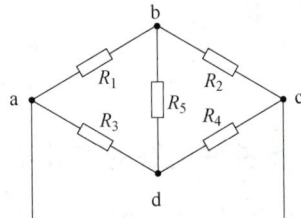

图 2-11　检流计支路用电阻支路替代

观察图 2-11 所示电路，与节点 b 相连的 R_1、R_2 和 R_5 3 条支路形如星形，像这样 3 条支路一端连在一起形成一个公共节点，另一端分别接到电路的 3 个节点（a、c、d）与外电路相连，称这种联结方式为星形联结，如图 2-12 所示，星形联结也称 Y 联结或 T 形联结。图 2-11 中与节点 d 相连的电阻 R_3、R_4 和 R_5 所在支路也是星形联结。电阻 R_2、R_4 和 R_5 所在支路构成的回路形如三角形，像这样 3 条支路首尾相连，在节点（b、c、d）处引出端线与外电路相连，称这种联结方式为三角形联结，如图 2-13 所示，三角形联结也称 △ 联结或 Π 形联结。图 2-11 中由 R_1、R_3 和 R_5 所在支路构成的回路也是三角形联结。

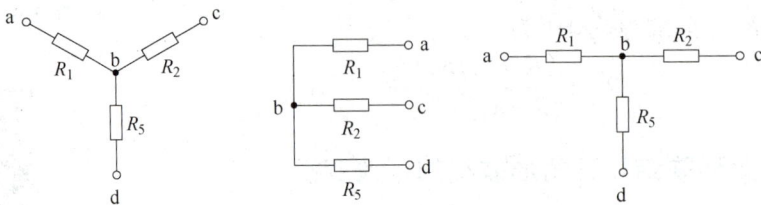

图 2-12　星形联结

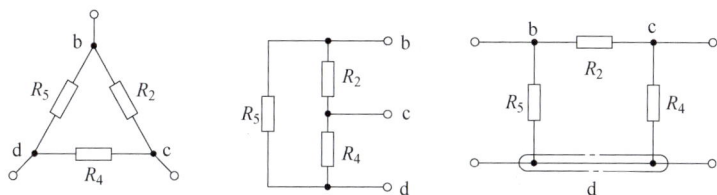

图 2-13　三角形联结

　　如果把三角形联结的电路等效变换为星形联结的电路或是把星形联结的电路等效变换为三角形联结的电路，就能用电阻串并联的方法来简化电路分析。图 2-14 所示为三角形（△）联结电路变换为星形（丫）联结电路示意图，等效变换时，在三角形联结中加入一个节点 N，将 3 个电阻 r_a、r_b 和 r_c 分别与节点 N 和三角形 3 个节点 a、b、d 相连，便变换成了星形连结，即减少一个回路，增加一个节点。这样变换后的电路便可以直接通过电阻串并联方法进行等效化简。

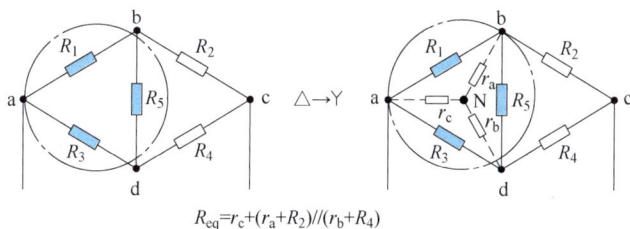

$$R_{eq}=r_c+(r_a+R_2)//(r_b+R_4)$$

图 2-14　△联结电路变换为丫联结电路
注：符号"//"表示并联。

　　图 2-15 所示为星形联结电路变换为三角形联结电路示意图，变换时，去掉星形联结的 3 个电阻，3 个节点 a、c、d 两两之间分别联结一个电阻 r_a'、r_b' 和 r_c'，便变换成了三角形联结，即减少一个节点，增加一个回路。这样变换后的电路便可以直接通过电阻串并联方法进行等效化简。

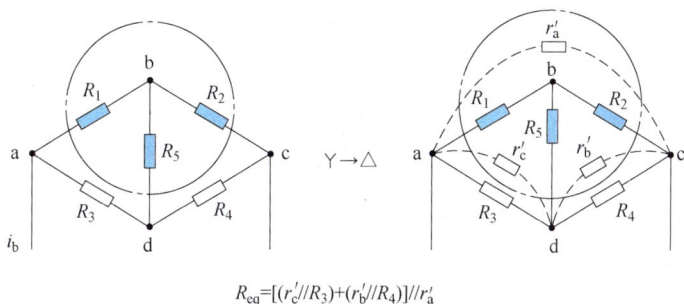

$$R_{eq}=[(r_c'//R_3)+(r_b'//R_4)]//r_a'$$

图 2-15　丫联结电路变换为△联结电路

　　现在推导星形-三角形变换阻值的等效关系。星形联结和三角形联结都是通过 3 个节点与外部相连。两种联结方式之间进行等效变换时，应保证对电路其他部分的电流、电压没有影响，即要求它们的外特性相同，这一点与串、并联等效化简的原则相同。图 2-16a、b 分别为星形联结和三角形联结电路，二者进行等效变换时，要求 3 个端子对应的电压相同，流

入 3 个对应节点的电流也分别相同，即

$$u_{12}=u_{1'2'}、u_{23}=u_{2'3'}、u_{31}=u_{3'1'}、i_1=i_{1'}、i_2=i_{2'}、i_3=i_{3'}$$

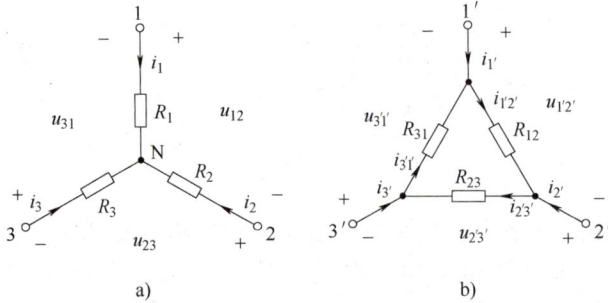

图 2-16 Ｙ 联结电路和 △ 联结电路

a) Ｙ 联结 b) △ 联结

在图 2-16a 所示星形联结电路中，根据 KCL 和 KVL 可列写如下电路方程：

$$\begin{cases} i_1+i_2+i_3=0 \\ R_1i_1-R_2i_2=u_{12} \\ R_2i_2-R_3i_3=u_{23} \\ R_3i_3-R_1i_1=u_{31} \end{cases}$$

整理得

$$\begin{cases} i_1=\dfrac{R_3}{R_1R_2+R_2R_3+R_3R_1}u_{12}-\dfrac{R_2}{R_1R_2+R_2R_3+R_3R_1}u_{31} \\[3mm] i_2=\dfrac{R_1}{R_1R_2+R_2R_3+R_3R_1}u_{23}-\dfrac{R_3}{R_1R_2+R_2R_3+R_3R_1}u_{12} \\[3mm] i_3=\dfrac{R_2}{R_1R_2+R_2R_3+R_3R_1}u_{31}-\dfrac{R_1}{R_1R_2+R_2R_3+R_3R_1}u_{23} \end{cases} \tag{2-4}$$

在图 2-16b 所示三角形联结的电路中，根据 KCL 和元件的 VCR 可列写如下电路方程：

$$\begin{cases} i_{1'}=i_{1'2'}-i_{3'1'}=\dfrac{1}{R_{12}}u_{1'2'}-\dfrac{1}{R_{31}}u_{3'1'} \\[3mm] i_{2'}=i_{2'3'}-i_{1'2'}=\dfrac{1}{R_{23}}u_{2'3'}-\dfrac{1}{R_{12}}u_{1'2'} \\[3mm] i_{3'}=i_{3'1'}-i_{2'3'}=\dfrac{1}{R_{31}}u_{3'1'}-\dfrac{1}{R_{23}}u_{2'3'} \end{cases} \tag{2-5}$$

比较式（2-4）和式（2-5）得

$$\begin{cases} R_{12}=\dfrac{R_1R_2+R_2R_3+R_3R_1}{R_3} \\[3mm] R_{23}=\dfrac{R_1R_2+R_2R_3+R_3R_1}{R_1} \\[3mm] R_{31}=\dfrac{R_1R_2+R_2R_3+R_3R_1}{R_2} \end{cases} \tag{2-6}$$

式（2-6）为用已知的星形联结电阻表示等效三角形联结电阻的关系式。

由式（2-6）解得

$$\begin{cases} R_1 = \dfrac{R_{12}R_{31}}{R_{12}+R_{23}+R_{31}} \\[2mm] R_2 = \dfrac{R_{23}R_{12}}{R_{12}+R_{23}+R_{31}} \\[2mm] R_3 = \dfrac{R_{31}R_{23}}{R_{12}+R_{23}+R_{31}} \end{cases} \tag{2-7}$$

式（2-7）为用已知的三角形联结电阻表示等效星形联结电阻的关系式。

于是将式（2-6）和式（2-7）关系归纳为：

$$R_{\curlyvee} = \frac{\text{与 }\curlyvee\text{ 联结电阻相邻的两个}\triangle\text{联结电阻之积}}{\triangle\text{联结电阻之和}}, \quad R_{\triangle} = \frac{\curlyvee\text{ 联结电阻两两乘积之和}}{\text{与}\triangle\text{联结电阻不相邻的}\curlyvee\text{联结电阻}}$$

当 $R_{12}=R_{23}=R_{31}=R_{\triangle}$ 或 $R_1=R_2=R_3=R_{\curlyvee}$ 时，$R_{\triangle}=3R_{\curlyvee}$ 或 $R_{\curlyvee}=\dfrac{1}{3}R_{\triangle}$。

【例 2-4】　计算图 2-17 所示电路的等效电阻 R_{ab}。

解法 1：　$\triangle \to \curlyvee$，如图 2-18a 所示。

$$r_a = \frac{10\times30}{10+10+30}\Omega = 6\Omega, \quad r_b = \frac{10\times10}{10+10+30}\Omega = 2\Omega, \quad r_c = \frac{10\times30}{10+10+30}\Omega = 6\Omega$$

$$R_{ab} = r_a + (r_c+2\Omega) /\!/ (r_b+6\Omega) = 10\Omega$$

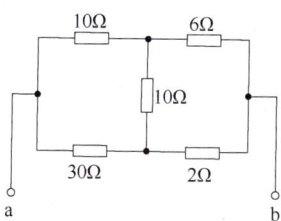

图 2-17　例 2-4 图

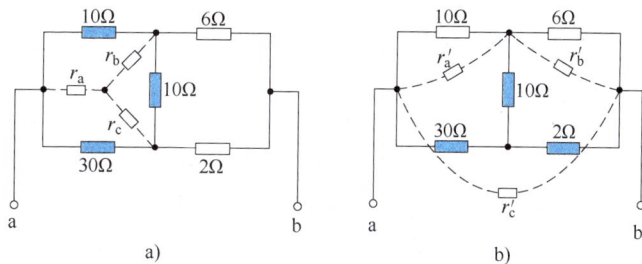

图 2-18　例 2-4 解图

解法 2：　$\curlyvee \to \triangle$，如图 2-18b 所示。

$$r_a' = \frac{10\times2+2\times30+30\times10}{2}\Omega = \frac{380}{2}\Omega = 190\Omega$$

$$r_b' = \frac{10\times2+2\times30+30\times10}{30}\Omega = \frac{38}{3}\Omega$$

$$r_c' = \frac{10\times2+2\times30+30\times10}{10}\Omega = \frac{380}{10}\Omega = 38\Omega$$

$$R_{ab} = r_c' /\!/ (r_a' /\!/ 10\Omega + r_b' /\!/ 6\Omega) = 10\Omega$$

2.2 电源的等效变换

2.2.1 理想电压源串联和并联的等效电路

1. 理想电压源串联的等效电路

图 2-19a 所示电路为 n 个理想电压源串联的电路，对外电路而言，可以用一个理想电压源等效替代，如图 2-19b 所示。等效的理想电压源的源电压 u_S 等于 n 个串联的理想电压源源电压的代数和，即

电源的等效变换

$$u_S = \sum_{k=1}^{n} u_{Sk}$$

式中，u_{Sk} 为第 k 个电压源的源电压，当 u_{Sk} 的参考方向和 u_S 的参考方向一致时，u_{Sk} 前取"+"，否则 u_{Sk} 前取"−"。

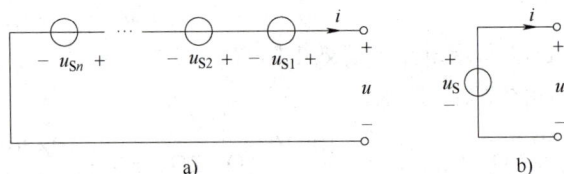

图 2-19 n 个理想电压源串联及其等效电路

2. 理想电压源与电阻串联的等效电路

图 2-20a 所示电路为两个理想电压源与两个电阻串联的支路，根据 KVL 及电阻元件的 VCR 可知

$$u = u_{S1} - R_1 i + u_{S2} - R_2 i = (u_{S1} + u_{S2}) - (R_1 + R_2) i = u_S - R_{eq} i$$

得到的等效电路如图 2-20b 所示。当电路中有 n 个理想电压源与 n 个电阻串联的支路时，其等效电路仍为一个等效的理想电压源与一个等效电阻的串联支路，其中等效的理想电压源的源电压为串联的各个理想电压源源电压的代数和，等效电阻的阻值等于串联的各个电阻之和。

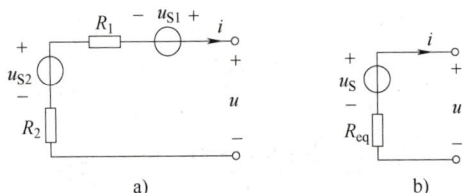

图 2-20 理想电压源与电阻串联及其等效电路

3. 理想电压源并联的等效电路

当电路中有两个或两个以上理想电压源并联时，如图 2-21a 所示，由于集中参数电路需满足 KVL，因此并联在一起的理想电压源需要大小相同、方向一致，其等效电路为并联的

理想电压源之一，如图 2-21b 所示。当电压不等的多个理想电压源并联时，不满足 KVL，元件的约束与拓扑约束矛盾，因而无解。

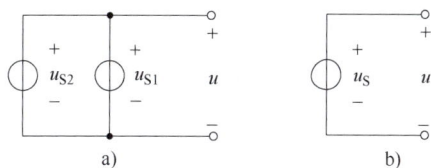

图 2-21　理想电压源并联及其等效电路

4. 理想电压源与非理想电压源电路并联的等效电路

图 2-22a 所示电路为理想电压源与任意非理想电压源电路并联，其端口电压 u 是确定的，即 $u = u_S$，端口电流 i 由 u_S 和外电路共同决定，端口特性与所接非理想电压源电路无关，这正是理想电压源的端口特性，故此一端口网络的对外作用可用该电路的理想电压源替代，如图 2-22b 所示。

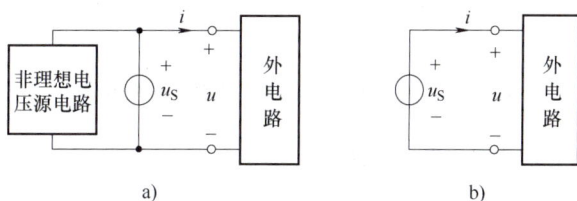

图 2-22　理想电压源与非理想电压源电路并联及其等效电路

例如，理想电流源或电阻是非理想电压源支路，如图 2-23 所示，理想电流源 i_S 或电阻 R 与理想电压源并联后，对外电路 R_L 而言，可以用这个理想电压源支路等效替代。图 2-23 所示电路端口的电压均为 $u = u_S$，端口电流均为 $i = u_S / R_L$，而图 2-23a、b 所示电路，流过理想电压源支路的电流 i_1 和 i_2 并不相等，显然等效只对端口以外的电路成立，对端口内部这种等效不成立。

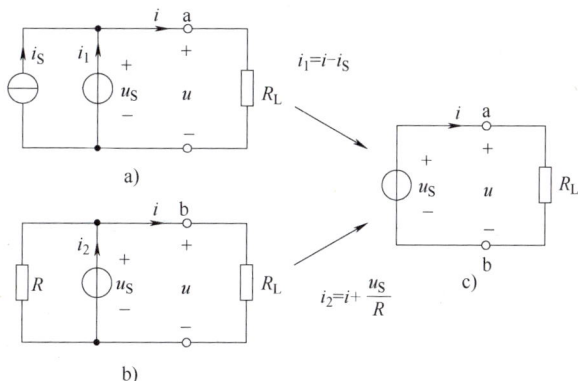

图 2-23　理想电压源与理想电流源或电阻并联及其等效电路

2.2.2 理想电流源串联和并联的等效电路

1. 理想电流源并联的等效电路

图 2-24a 所示电路为 n 个理想电流源并联的电路，对外电路而言，可以用一个理想电流源等效替代，如图 2-24b 所示。等效的理想电流源的源电流 i_S 等于 n 个并联的理想电流源源电流的代数和，即

$$i_S = \sum_{k=1}^{n} i_{Sk}$$

式中，i_{Sk} 为第 k 个电流源的源电流，当 i_{Sk} 的参考方向和 i_S 的参考方向一致时，i_{Sk} 前取 "+"，否则 i_{Sk} 前取 "–"。

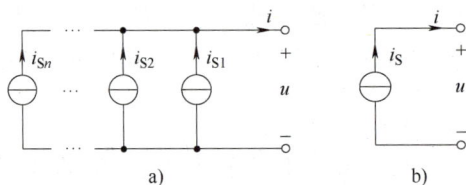

图 2-24 n 个理想电流源并联及其等效电路

2. 理想电流源与电阻并联的等效电路

图 2-25a 所示电路为两个理想电流源与两个电阻并联的支路，根据 KCL 及电阻元件的 VCR 可知

$$i = i_{S1} - G_1 u + i_{S2} - G_2 u = (i_{S1} + i_{S2}) - (G_1 + G_2) u = i_S - G_{eq} u$$

得到的等效电路如图 2-25b 所示。当电路中有 n 个理想电流源与 n 个电阻并联的支路时，其等效电路仍为一个等效的理想电流源与一个等效电阻的并联支路，其中等效的理想电流源的源电流为并联的各个理想电流源源电流的代数和，等效电阻的电导值等于并联的各个电阻支路的电导之和。

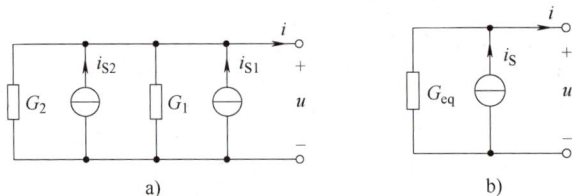

图 2-25 理想电流源与电阻并联支路及其等效电路

3. 理想电流源串联的等效电路

当电路中有两个或两个以上的理想电流源串联时，如图 2-26a 所示，由于集中参数电路需满足 KCL，因此串联在一起的理想电流源需要大小相同、方向一致，其等效电路为串联的理想电流源之一，如图 2-26b 所示。当电流不等的多个理想电流源串联时，不满足 KCL，元件的约束与拓扑约束矛盾，因而无解。

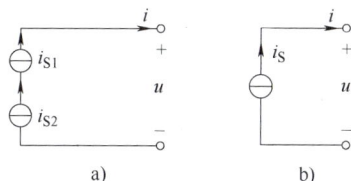

图 2-26 理想电流源串联及其等效电路

4. 理想电流源与非理想电流源电路串联的等效电路

图 2-27a 所示电路为理想电流源与任意非理想电流源电路串联，其端口电流 i 是确定的，即 $i=i_S$，端口电压 u 由 i_S 和外电路共同决定，端口特性与所接非理想电流源电路无关，这正是理想电流源的端口特性，故此一端口网络的对外作用可用该电路的理想电流源替代，如图 2-27b 所示。

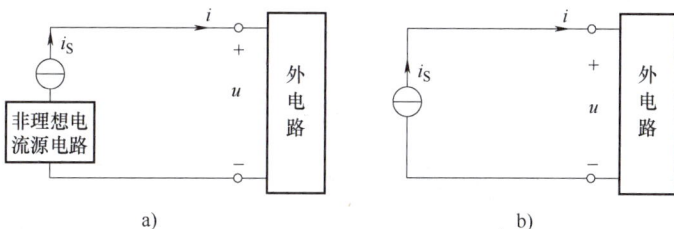

图 2-27 理想电流源与非理想电流源电路串联及其等效电路

例如，理想电压源或电阻是非理想电流源支路，如图 2-28 所示，理想电压源 u_S 或电阻 R 与理想电流源串联后，对外电路 R_L 而言，可以用这个理想电流源支路等效替代，图 2-28 所示电路端口的电流均为 $i=i_S$，端口电压均为 $u=R_L i_S$，而图 2-28a、b 图所示电路，理想电流源的端电压 u_1 和 u_2 并不相等，显然等效只对端口以外的电路成立，对端口内部这种等效不成立。

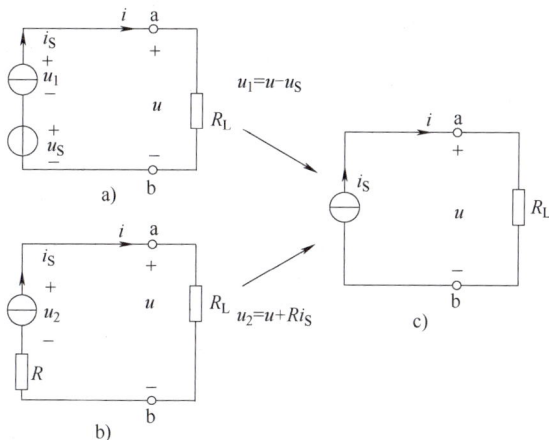

图 2-28 理想电流源与理想电压源或电阻串联及其等效电路

【例 2-5】 计算图 2-29a 所示电路中的 i、u 和 i_1。

解：在求解电流 i 时，可将电路等效为图 2-29b 所示电路，则有

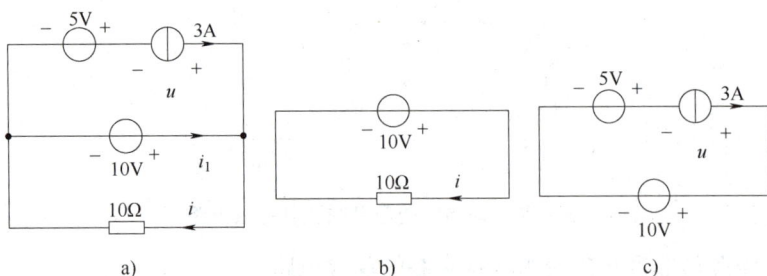

图 2-29　例 2-5 图

$$i = \frac{10}{10}\mathrm{A} = 1\mathrm{A}$$

在求解 u 时，可将电路等效为图 2-29c 所示电路，则由 KVL 得

$$u = (10-5)\mathrm{V} = 5\mathrm{V}$$

根据 KCL，由图 2-29a 可得

$$i_1 = i-3\mathrm{A} = (1-3)\mathrm{A} = -2\mathrm{A}$$

两种实际电源
之间的等效变换

2.2.3　实际电源两种模型之间的等效变换

实际电源的两种模型如图 2-30a、b 所示，根据等效变换的定义，若图 2-30a、b 中所示两个一端口网络的端口电压相等，端口电流相等，即

$$u = u',\ i = i'$$

则两个一端口网络等效。等效的两种电源模型的特性曲线重合，如图 2-30c 所示。

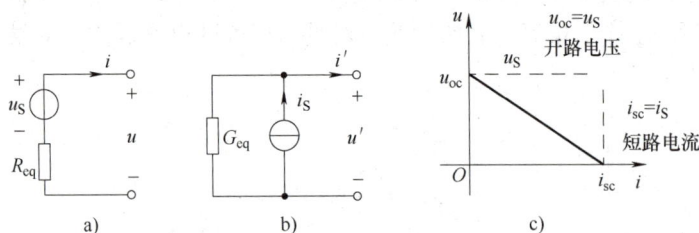

图 2-30　实际电源的两种电路模型及其特性曲线

a）实际电压源模型　b）实际电流源模型　c）两种模型的特性曲线

图 2-30a 所示电路的端口伏安关系为

$$u = u_{\mathrm{S}} - R_{\mathrm{eq}}i \qquad\qquad (2\text{-}8)$$

图 2-30b 所示电路的端口伏安关系为

$$i' = i_{\mathrm{S}} - G_{\mathrm{eq}}u' \qquad\qquad (2\text{-}9)$$

因 $i = i'$，将式（2-9）代入式（2-8）中得

$$u = u_{\mathrm{S}} - R_{\mathrm{eq}}(i_{\mathrm{S}} - G_{\mathrm{eq}}u') = u_{\mathrm{S}} - R_{\mathrm{eq}}i_{\mathrm{S}} + R_{\mathrm{eq}}G_{\mathrm{eq}}u'$$

要使 $u = u'$，需满足的条件是

$$\begin{cases} u_{\mathrm{S}} - R_{\mathrm{eq}}i_{\mathrm{S}} = 0 \\ R_{\mathrm{eq}}G_{\mathrm{eq}} = 1 \end{cases}$$

因此，有

$$\begin{cases} u_S = R_{eq} i_S \\ R_{eq} = \dfrac{1}{G_{eq}} \end{cases} \quad 或 \quad \begin{cases} i_S = \dfrac{u_S}{R_{eq}} \\ G_{eq} = \dfrac{1}{R_{eq}} \end{cases} \tag{2-10}$$

下面以实际电压源模型等效变换为实际电流源模型为例，给出实际电源两种模型之间进行等效变换的步骤，如图 2-31 所示。

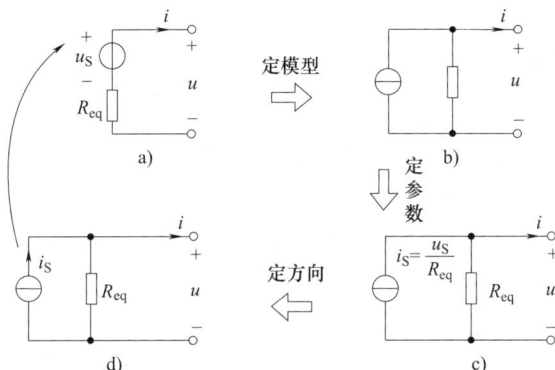

图 2-31　实际电源两种模型之间等效变换示意图

1）定模型：画出电流源与电阻（或电导）的并联支路，如图 2-31b 所示。

2）定参数：根据等效变换条件确定等效电流源和电阻的参数值，电阻在等效变换前后数值不变，参数可以根据式（2-10）确定，如图 2-31c 所示。

3）定方向：等效的电流源源电流的流出端对应电压源的正极端，如图 2-31d 所示。

关于实际电源两种模型之间的等效变换，需要注意以下几点：

1）等效变换是端口对外部特性而言，端口内部并不等效。

2）在完成等效变换时需要特别注意电流源极性与电压源极性的对应关系。

3）理想电压源和理想电流源之间不能进行等效变换。

【例 2-6】　计算图 2-32 所示电路中的电流 I。

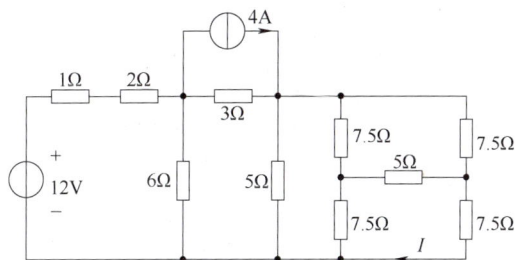

图 2-32　例 2-6 图

解：图中，将 1Ω 电阻和 2Ω 电阻的串联用 3Ω 电阻等效，将 4A 电流源和 3Ω 电阻的并联电路用 12V 电压源和 3Ω 电阻的串联支路等效，可得等效电路如图 2-33a 所示。再将图 2-33a 所示电路作图 2-33b、c、d、e、f 所示的等效变换：

在图 2-33f 所示的电路中，点画线框内的部分为电桥。此电桥各桥臂上的电阻相等，电桥处于平衡状态，因此 5Ω 电阻两端的电压为 0V，5Ω 电阻所在支路的电流为 0A，此时与 5Ω 电阻相连的两个节点若视为开路，则图 2-33f 所示的电路可等效成图 2-33g 所示的电路。根据图 2-33g，应用分流公式，得

$$I = \cfrac{10}{2.5 + \cfrac{(7.5+7.5) \times (7.5+7.5)}{(7.5+7.5) + (7.5+7.5)}} \times \frac{1}{2} A = 0.5A$$

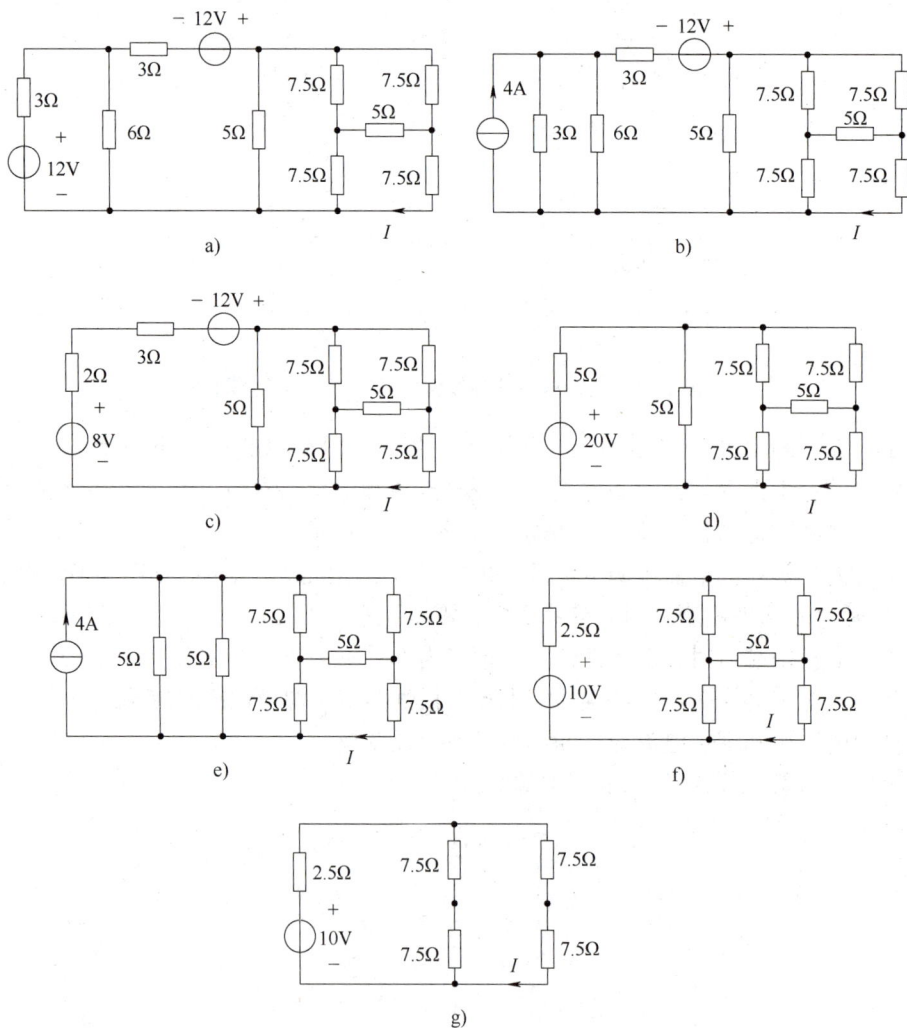

图 2-33 例 2-6 等效变换过程图

2.2.4 有伴受控源之间的等效变换

有伴受控电压源和有伴受控电流源之间也可以进行等效变换，其变换条件与实际电压源和实际电流源之间的等效变换条件相同，只是将独立电源换成了受控源。但要注意在变换过

程中控制量必须保持完整而不被改变，受控源支路可以进行等效变换，控制支路一般不宜进行等效变换，如图 2-34 所示。

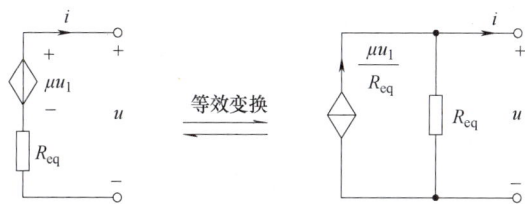

图 2-34　有伴受控源之间的等效变换

【例 2-7】　用等效变换的方法计算图 2-35a 所示电路中的电流 i。

解： 将受控电流源与 3Ω 电阻并联的电路等效变换为受控电压源与 3Ω 电阻串联的电路，如图 2-35b 所示，得

$$(2+3+5)i - 6i = 10V$$

$$i = \frac{5}{2}A$$

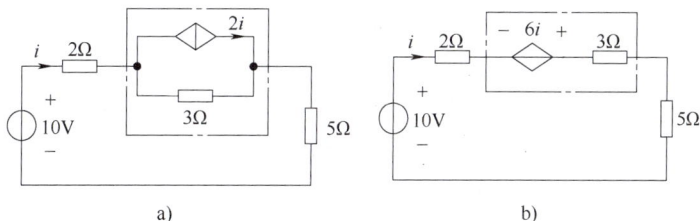

a)　　　　　　　　　　　　　　b)

图 2-35　例 2-7 图

2.2.5　无独立源一端口网络的输入电阻

如果一个一端口网络内部仅含电阻元件，则应用电阻等效变换的方法可将一端口网络等效成一个阻值为 R_{eq} 的电阻；如果一端口网络内部除了电阻以外还含有受控源，则称这样的一端口网络为无独立源一端口网络。设无独立源一端口网络端处的电压和电流对端口而言为关联参考方向，则端口电压与端口电流之比称为该一端口网络的输入电阻，用 R_{in} 表示，即

$$R_{in} = \frac{u}{i}$$

电路如图 2-36a 所示，若将 2A 独立电流源与电路的其余部分划分开，则图 2-36a 中点画线框为线性无独立源一端口网络，如图 2-36b 所示。

根据 KCL 和 KVL，由图 2-36a 可得端口 ab 的伏安关系式为

$$\begin{cases} i = 0.5i_1 + i_1 \\ 2i + (1+3)i_1 = u \end{cases}$$

得

$$R_{in} = \frac{u}{i} = \frac{14}{3}\Omega$$

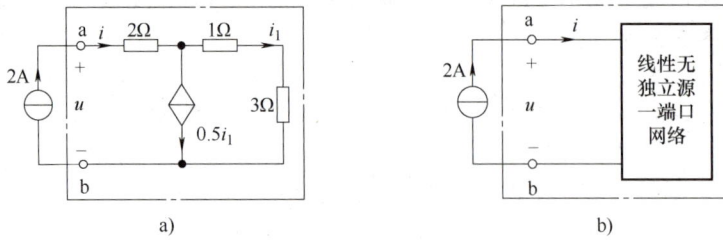

图 2-36　无独立源一端口网络

这个结果说明，无独立源一端口网络与一个 $(14/3)\,\Omega$ 的电阻在端口 ab 处具有相同的伏安关系，若用一个电阻表示此一端口网络，则端口的输入电阻等于端口的等效电阻，即 $R_{in}=R_q$。

【例 2-8】　计算图 2-37 所示电路的输入电阻。

解：根据输入电阻的定义，可以假定端口电压和电流对端口而言为关联参考方向，列写端口的伏安关系式，即可求得输入电阻。像这样通过输入电阻的定义求解电路的等效电阻的方法称为外加电压法或加压求流法。为此，对图 2-37 所示电路外加电压 u，电路如图 2-38a 所示，由于外加电压 u 而导致端口电流 i_1 发生改变，因此

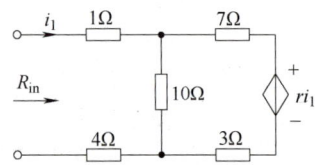

图 2-37　例 2-8 图

设端口电流为 i，由于控制量由 i_1 变为 i，大小改变而方向未变，所以受控电压源的电压值由 ri_1 变为 ri，方向不变，等效变换过程如图 2-38b、c 所示。

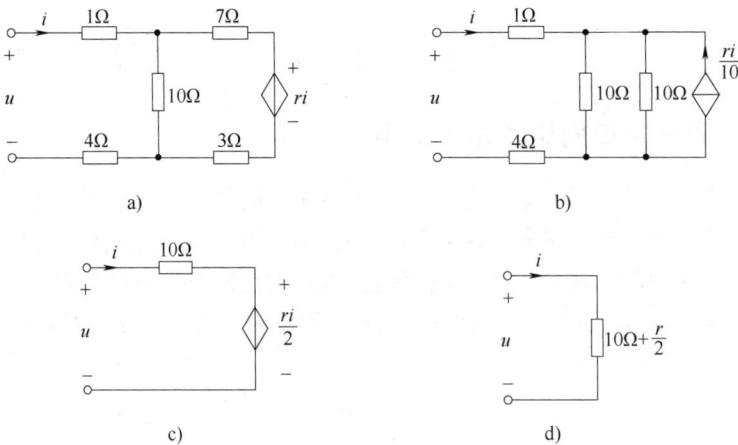

图 2-38　例 2-8 所示电路的等效变换过程

由图 2-38c 得

$$u=10i+\frac{r}{2}i=\left(10+\frac{r}{2}\right)i$$

得输入电阻为

$$R_{in}=\frac{u}{i}=\left(10+\frac{r}{2}\right)$$

这样，就得到了原电路的等效电路，如图 2-38d 所示。当 $r>-20$ 时，$R_{in}>0$；当 $r=-20$ 时，

$R_{in}=0$；当 $r<-20$ 时，$R_{in}<0$，这说明含受控源的无独立源一端口网络可以等效为一个电阻 R_{eq}，这个等效电阻 R_{eq} 可能是一个正电阻，可能是一个零值电阻，也可能是一个负电阻。当等效电阻出现负值时，说明这个无独立源一端口网络对外提供电能。

2.3　电感、电容的串联和并联等效变换

2.3.1　电感的串联和并联等效电路

1. 电感串联的等效电路

图 2-39a 所示电路为 n 个电感串联，根据 KVL 得

$$u=u_1+u_2+\cdots+u_n$$

代入电感元件的伏安关系得

$$u=L_1\frac{\mathrm{d}i}{\mathrm{d}t}+L_2\frac{\mathrm{d}i}{\mathrm{d}t}+\cdots+L_n\frac{\mathrm{d}i}{\mathrm{d}t}=(L_1+L_2+\cdots+L_n)\frac{\mathrm{d}i}{\mathrm{d}t}$$

令 $L_{eq}=L_1+L_2+\cdots+L_n$，则

$$u=L_{eq}\frac{\mathrm{d}i}{\mathrm{d}t}$$

式中，L_{eq} 为 n 个电感串联的等效电感，等效电感等于各串联的电感之和。可以看出，电感串联的等效形式类似于电阻的串联，等效电路如图 2-39b 所示。

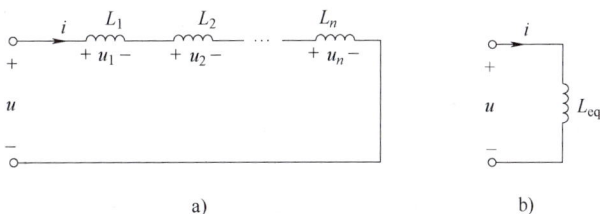

图 2-39　电感的串联及其等效电路

a）n 个电感串联的电路　b）电感串联的等效电路

2. 电感并联的等效电路

图 2-40a 所示电路为 n 个电感并联，根据 KCL 得

$$i=i_1+i_2+\cdots+i_n$$

代入电感元件的伏安关系得

$$i=\frac{1}{L_1}\int_{-\infty}^{t}u(\zeta)\mathrm{d}\zeta+\frac{1}{L_2}\int_{-\infty}^{t}u(\zeta)\mathrm{d}\zeta+\cdots+\frac{1}{L_n}\int_{-\infty}^{t}u(\zeta)\mathrm{d}\zeta=\left(\frac{1}{L_1}+\frac{1}{L_2}+\cdots+\frac{1}{L_n}\right)\int_{-\infty}^{t}u(\zeta)\mathrm{d}\zeta$$

令

$$\frac{1}{L_{eq}}=\frac{1}{L_1}+\frac{1}{L_2}+\cdots+\frac{1}{L_n}=\sum_{k=1}^{n}\frac{1}{L_k}\quad(k=1,2,\cdots,n)$$

式中，L_{eq} 为 n 个电感并联的等效电感，等效电感的倒数等于各个并联电感的倒数之和。可以看出，电感并联的等效形式类似于电阻的并联，等效电路如图 2-40b 所示。

【例 2-9】　计算图 2-41 所示电路的等效电感。

解： 图中 3H 和 6H 并联的等效电感为

$$L'_{eq} = \frac{3\times6}{3+6}H = 2H$$

L'_{eq} 与一个 6H 和两个 10H 电感串联，得等效电感为

$$L_{eq} = (6+10+2+10)H = 28H$$

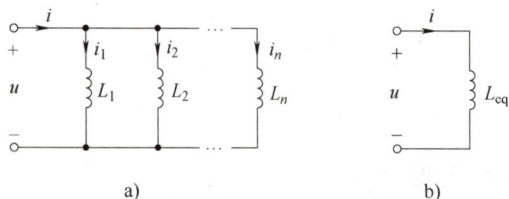

图 2-40　电感的并联及其等效电路

a）n 个电感并联的电路　b）电感并联的等效电路

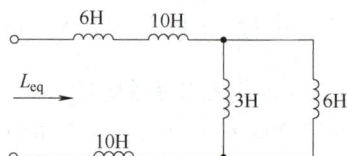

图 2-41　例 2-9 图

2.3.2　电容的串联和并联等效电路

1. 电容串联的等效电路

图 2-42a 所示电路为 n 个电容串联，根据 KVL 有

$$u = u_1 + u_2 + \cdots + u_n$$

代入电容元件的伏安关系得

$$u = \frac{1}{C_1}\int_{-\infty}^{t} i(\zeta)\,d\zeta + \frac{1}{C_2}\int_{-\infty}^{t} i(\zeta)\,d\zeta + \cdots + \frac{1}{C_n}\int_{-\infty}^{t} i(\zeta)\,d\zeta = \left(\frac{1}{C_1}+\frac{1}{C_2}+\cdots+\frac{1}{C_n}\right)\int_{-\infty}^{t} i(\zeta)\,d\zeta$$

令 $\dfrac{1}{C_{eq}} = \dfrac{1}{C_1}+\dfrac{1}{C_2}+\cdots+\dfrac{1}{C_n} = \sum_{k=1}^{n}\dfrac{1}{C_k}$　$(k=1,2,\cdots,n)$，则

$$u = \frac{1}{C_{eq}}\int_{-\infty}^{t} i(\zeta)\,d\zeta$$

式中，C_{eq} 为 n 个电容串联的等效电容，等效电容的倒数等于各个串联电容的倒数之和。可以看出，电容串联的等效形式类似于电阻的并联，等效电路如图 2-42b 所示。

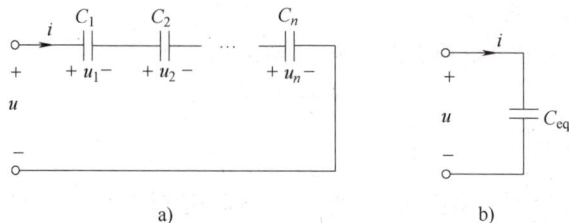

图 2-42　电容的串联及其等效电路

a）n 个电容串联的电路　b）电容串联的等效电路

2. 电容并联的等效电路

图 2-43a 所示电路为 n 个电容并联，根据 KCL 有

$$i = i_1 + i_2 + \cdots + i_n$$

代入电容元件的伏安关系得

$$i = C_1 \frac{\mathrm{d}u}{\mathrm{d}t} + C_2 \frac{\mathrm{d}u}{\mathrm{d}t} + \cdots + C_n \frac{\mathrm{d}u}{\mathrm{d}t} = (C_1 + C_2 + \cdots + C_n) \frac{\mathrm{d}u}{\mathrm{d}t}$$

令 $C_{eq} = C_1 + C_2 + \cdots + C_n$，则

$$i = C_{eq} \frac{\mathrm{d}u}{\mathrm{d}t}$$

式中，C_{eq} 为 n 个电容并联的等效电容，等效电容等于各个并联电容之和。可以看出，电容并联的等效形式类似于电阻的串联，等效电路如图 2-43b 所示。

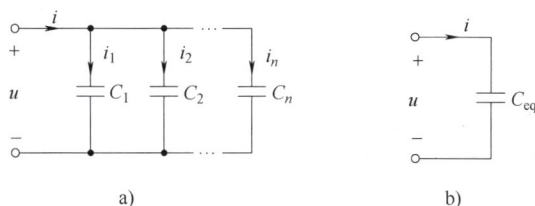

图 2-43　电容的并联及其等效电路

a）n 个电容并联的电路　b）电容并联的等效电路

【例 2-10】　计算图 2-44 所示电路的等效电容。

解：图中两个 $5\mu F$ 电容并联的等效电容是 $10\mu F$，这个 $10\mu F$ 电容与 $40\mu F$ 电容串联的等效电容 C'_{eq} 为

$$C'_{eq} = \frac{1}{\frac{1}{10} + \frac{1}{40}} \mu F = 8\mu F$$

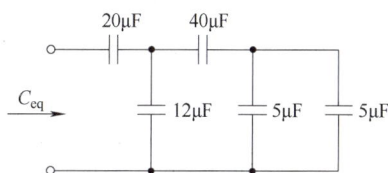

图 2-44　例 2-10 图

C'_{eq} 与 $12\mu F$ 电容并联的等效电容为 $20\mu F$，$20\mu F$ 电容与 $20\mu F$ 电容串联的等效电容为

$$C_{eq} = \frac{1}{\frac{1}{20} + \frac{1}{20}} \mu F = 10\mu F$$

2.4　2b 法和支路电流法

2.4.1　2b 法

在分析电路时，对于一个具有 b 条支路、n 个节点的电路，根据 KCL 可列写 $(n-1)$ 个独立节点的电流方程，根据 KVL 可列写 $b-(n-1)$ 个独立回路的电压方程。图 2-45 所示电路的支路数 $b=6$，节点数 $n=4$，独立节点数 $(n-1)=3$，独立回路数 $b-(n-1)=3$。电压和电流的参考方向如图 2-45 所示。

选节点①、②、③作为一组独立节点，根据

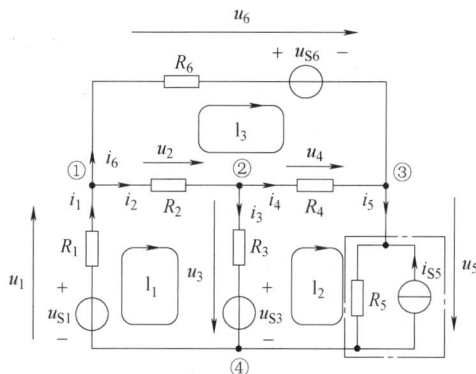

图 2-45　2b 法举例

电流的参考方向，对 3 个节点列写 KCL 方程为

$$\begin{cases} n_1: & -i_1+i_2+i_6=0 \\ n_2: & -i_2+i_3+i_4=0 \\ n_3: & -i_4+i_5-i_6=0 \end{cases}$$

选取 3 个网孔作为一组独立回路，根据电压的参考方向，对 3 个网孔列写 KVL 方程为

$$\begin{cases} l_1: & u_1+u_2+u_3=0 \\ l_2: & -u_3+u_4+u_5=0 \\ l_3: & -u_2-u_4+u_6=0 \end{cases}$$

在图 2-45 中，支路 5 是一个电流源与一个电阻的并联支路，可以根据实际电源两种模型之间的等效变换，将其等效为一个电压源与一个电阻的串联支路，如图 2-46 所示。在等效变换前后，电阻的阻值仍为 R_5，电压源的源电压值为 $R_5 i_{S5}$，在此设 $u_{S5}=R_5 i_{S5}$，则各支路方程为

$$\begin{cases} u_1=-u_{S1}+R_1 i_1 \\ u_2=R_2 i_2 \\ u_3=u_{S3}+R_3 i_3 \\ u_4=R_4 i_4 \\ u_5=u_{S5}+R_5 i_5 \\ u_6=u_{S6}+R_6 i_6 \end{cases}$$

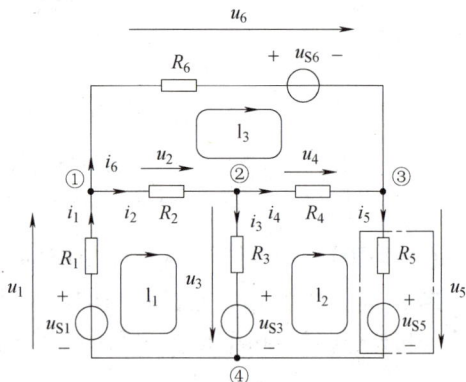

图 2-46　图 2-45 中第 5 支路变换为
电压源与电阻的串联支路

这样共列了 3 组方程，第一组为 KCL 独立方程，第二组为 KVL 独立方程，第三组为各支路电压和电流关系方程，对于具有 6 条支路的电路，共列写 12 个方程用来求解各支路的电压和电流，方程数是支路数的两倍。像这种对于一个具有 b 条支路、n 个节点的电路，可以根据 KCL 列写（$n-1$）个独立节点电流方程，根据 KVL 列写 $b-(n-1)$ 个独立电压方程，对每条支路列写 b 个支路电压和电流关系方程，将这些方程联立刚好是 $2b$ 个方程，这 $2b$ 个方程刚好求解所有的支路电压和支路电流，这种求解电路的方法称为 $2b$ 法。

2.4.2　支路电流法的基本方程

用 $2b$ 法求解电路时，方程数目虽然较多，但可以一次性将支路电流和支路电压全部求出。在电路分析中，每个元件的特性是已知的，因此对于具有 b 条支路的电路，可以列出 b 个伏安关系方程，其余 b 个方程根据 KCL 和 KVL 列出。如果将 b 个伏安关系方程代入到 KVL 方程中，消去电压变量，则根据 KCL 和 KVL 列出的 b 个方程中，未知变量只有各支路的电流，这种以支路电流作为电路的独立变量并根据 KCL 和 KVL 列写电路方程求解电路的方法，称为支路电流法，如图 2-47 所示。若要计算某支路的电压，则可以通过支路电流和元件的伏安关系进行求解。

如果将 b 个伏安关系方程代入到 KCL 方程中，消去电流变量，则根据 KCL 和 KVL 列出的 b 个方程中，未知变量只有各支路的电压，这种以支路电压作为电路的独立变量并根据 KCL 和 KVL 列写电路方程求解电路的方法，称为支路电压法，如图 2-48 所示。若要计算某

$$\text{KCL方程}\begin{cases} \text{n}_1: & -i_1+i_2+i_6=0 \\ \text{n}_2: & -i_2+i_3+i_4=0 \\ \text{n}_3: & -i_4+i_5-i_6=0 \end{cases}$$

$$\text{各支路方程}\begin{cases} u_1=-u_{S1}+R_1i_1 & u_2=R_2i_2 \\ u_3=u_{S3}+R_3i_3 & u_4=R_4i_4 \\ u_5=u_{S5}+R_5i_5 & u_6=u_{S6}+R_6i_6 \end{cases}$$

$$\text{KVL方程}\begin{cases} \text{l}_1: & u_1+u_2+u_3=0 \\ \text{l}_2: & -u_3+u_4+u_5=0 \\ \text{l}_3: & -u_2-u_4+u_6=0 \end{cases}$$

$$\Rightarrow \begin{cases} \text{l}_1: & R_1i_1+R_2i_2+R_3i_3=u_{S1}-u_{S3} \\ \text{l}_2: & -R_3i_3+R_4i_4+R_5i_5=u_{S3}-u_{S5} \\ \text{l}_3: & -R_2i_2-R_4i_4+R_6i_6=-u_{S6} \end{cases}$$

电路变量为支路电流

图 2-47 支路电流法公式推导示意图

$$\text{KCL方程}\begin{cases} \text{n}_1: & -i_1+i_2+i_6=0 \\ \text{n}_2: & -i_2+i_3+i_4=0 \\ \text{n}_3: & -i_4+i_5-i_6=0 \end{cases}$$

$$\text{各支路方程}\begin{cases} u_1=-u_{S1}+R_1i_1 & u_2=R_2i_2 \\ u_3=u_{S3}+R_3i_3 & u_4=R_4i_4 \\ u_5=u_{S5}+R_5i_5 & u_6=u_{S6}+R_6i_6 \end{cases}$$

$$\text{KVL方程}\begin{cases} \text{l}_1: & u_1+u_2+u_3=0 \\ \text{l}_2: & -u_3+u_4+u_5=0 \\ \text{l}_3: & -u_2-u_4+u_6=0 \end{cases}$$

$$\Rightarrow \begin{cases} \text{n}_1: & -\dfrac{u_1}{R_1}+\dfrac{u_2}{R_2}+\dfrac{u_6}{R_6}=\dfrac{u_{S1}}{R_1}+\dfrac{u_{S6}}{R_6} \\ \text{n}_2: & -\dfrac{u_2}{R_2}+\dfrac{u_3}{R_3}+\dfrac{u_4}{R_4}=\dfrac{u_{S3}}{R_3} \\ \text{n}_3: & -\dfrac{u_4}{R_4}+\dfrac{u_5}{R_5}-\dfrac{u_6}{R_6}=\dfrac{u_{S5}}{R_5}-\dfrac{u_{S6}}{R_6} \end{cases}$$

电路变量为支路电压

图 2-48 支路电压法公式推导示意图

支路的电流，则可以通过支路电压和元件的伏安关系进行求解。

通过以上分析可知，无论是用支路电流法还是支路电压法求解电路，电路方程的数目与 $2b$ 法相比都会减少一半，故计算得以简化。在此给出用支路电流法列写电路方程的步骤，若对支路电压法感兴趣，可自行整理。

对于一般网络，支路数是 b，独立节点数是 $(n-1)$，独立回路数是 $l=b-(n-1)$，用支路电流法列写电路方程的步骤如下：

1）选定各支路电流的参考方向。

2）选取一组独立节点，根据 KCL 列写 $(n-1)$ 个独立节点电流方程。

3）选取一组独立回路，根据 KVL 列写 $l=b-(n-1)$ 个独立回路电压方程。

4）将 b 个独立方程联立，求解 b 条支路电流。

【例 2-11】 电路如图 2-49 所示，已知 $R_1=2\Omega$，$R_2=R_3=10\Omega$，$u_{S1}=5V$，$u_{S2}=4V$，$u_{S3}=8V$，求各支路电流。

解：对节点①可以列写 KCL 方程为

$$-i_1-i_2+i_3=0$$

根据图示所选的独立回路列写 KVL 方程为

$$\begin{cases} R_1i_1-R_2i_2=u_{S1}-u_{S2} \\ R_2i_2+R_3i_3=u_{S2}+u_{S3} \end{cases}$$

3 个方程联立求解得

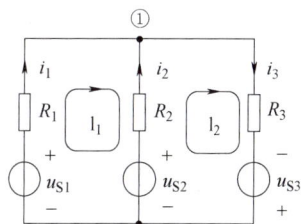

图 2-49 例 2-11 图

$$\begin{cases} -i_1-i_2+i_3=0 \\ R_1i_1-R_2i_2=u_{S1}-u_{S2} \\ R_2i_2+R_3i_3=u_{S2}+u_{S3} \end{cases} \Rightarrow \begin{cases} i_1+i_2-i_3=0 \\ 2i_1-10i_2=5-4=1 \\ 10i_2+10i_3=4+8=12 \end{cases} \Rightarrow \begin{cases} i_1=1\text{A} \\ i_2=0.1\text{A} \\ i_3=1.1\text{A} \end{cases}$$

2.4.3 含无伴电流源支路时支路电流方程的列写

若电路中含有无伴电流源支路，可分为两种情况进行分析。

1. 无伴电流源在公共支路上

电路如图 2-50 所示，选取网孔作为独立回路，无伴电流源所在支路属于回路 1 和回路 2 的公共支路。按照支路电流法列写电路方程的步骤，根据 KCL 列写的独立方程为

$$\begin{cases} i_1-i_2=5\text{A} \\ i_3+i_4=5\text{A} \\ -i_2-i_3+i_5=0 \end{cases}$$

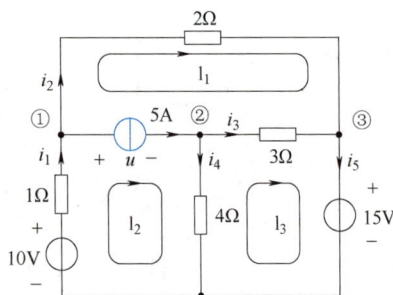

在列写 KVL 方程时，需要将无伴电流源两端的电压设出，如图 2-50 所示，设无伴电流源两端的电压为 u，然后根据 KVL 列写的独立方程为

$$\begin{cases} 2i_2-3i_3-u=0 \\ i_1+u+4i_4=10\text{V} \\ 3i_3-4i_4=-15\text{V} \end{cases}$$

联立以上 KCL 和 KVL 两组方程求解电路中的 6 个未知数 i_1、i_2、i_3、i_4、i_5 和 u 即可。

图 2-50 所示电路中虽然存在一个无伴电流源支路，即该支路的电流已知，所以在求解各支路电流时，未知数减少了一个，但是在列写 KVL 方程时，需要将无伴电流源两端的电压设出，并作为电路变量列写到方程中去，这样电路方程中整体待求量的数目没减少也没增加，所以电路的方程数目不变。

2. 无伴电流源不在公共支路上

当无伴电流源不在公共支路上时，即无伴电流源所在支路仅属于某一个回路，电路如图 2-51 所示，无伴电流源仅属于回路 2，根据 KCL 列写的独立方程为

$$\begin{cases} i_1-i_2=5\text{A} \\ i_3+i_4=5\text{A} \\ -i_2-i_3+i_5=0 \end{cases}$$

图 2-50 无伴电流源在公共支路上

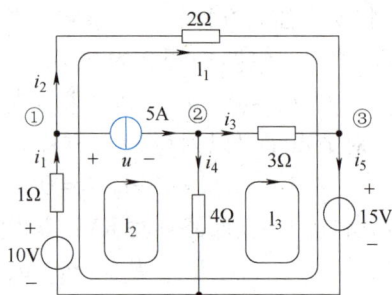

图 2-51 无伴电流源不在公共支路上

在列写 KVL 方程时，需要将无伴电流源两端的电压设出，并作为电路变量代入方程。设无伴电流源两端的电压为 u，则根据 KVL 列写的独立方程为

$$\begin{cases} i_1 + 2i_2 = 10 - 15 = -5\text{V} \\ i_1 + u + 4i_4 = 10\text{V} \\ 3i_3 - 4i_4 = -15\text{V} \end{cases}$$

联立以上 KCL 和 KVL 两组方程求解电路中的 6 个未知数 i_1、i_2、i_3、i_4、i_5 和 u。

观察 KVL 方程组发现，只有回路 2 列写的方程中含有电压 u，其他几个方程都没有这个电压，这意味着该方程仅用于求解无伴电流源的电压 u，如果去掉此方程，对求解各支路电流没有影响。因此，对于含有无伴电流源支路且该支路不在公共支路上的电路，如果不求电流源两端电压，只求各支路电流，则无须列写包含无伴电流源回路的 KVL 方程。

2.4.4　含受控源支路时支路电流方程的列写

若电路中含有受控源支路，如图 2-52 所示，受控电压源对外提供 $5u_1$ 的电压，如果控制量 u_1 不变，则受控电压 $5u_1$ 也不变，因此可以将受控源看作独立源，将这个电压列入方程，根据 KCL 和 KVL 列写的支路电流电路方程为

$$\begin{cases} \text{n}_1: \ -i_1 - i_2 + i_3 = 0 \\ \text{l}_1: \ 2i_1 - 10i_2 + 5u_1 = 5 \\ \text{l}_2: \ 10i_2 + 10i_3 - 5u_1 = 8 \end{cases}$$

此时，所有的 KCL 和 KVL 方程都已列出，这 3 个方程中的待求量为 i_1、i_2、i_3 和 u_1，显然 3 个方程不足以求解 4 个未知数，还需补充一个方程。在用支路电流法列写电路方程求解电路时，方程中的待求量都是各支路电流，方程中如果有支路电流以外的待求量，需要用支路电流表示这

图 2-52　含受控源支路的电路

些待求量，作为原方程组的补充方程。图 2-52 所示电路中控制量 $u_1 = 10i_3$，把这个控制量方程作为补充方程与原方程组联立求解电路的支路电流，方程为

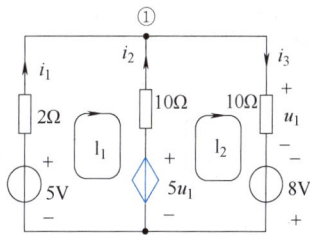

$$\begin{cases} -i_1 - i_2 + i_3 = 0 \\ 2i_1 - 10i_2 + 5u_1 = 5 \\ 10i_2 + 10i_3 - 5u_1 = 8 \\ u_1 = 10i_3 \end{cases}$$

因此，当电路中含有受控源支路时，应先将受控源看作独立源，将控制量列入方程，然后再补充控制量方程。

【例 2-12】　用支路电流法求解图 2-53a 所示电路的电流 I 及电压 U。

解：选取独立节点和独立回路如图 2-53b 所示，根据支路电流法列写的电路方程为

$$\begin{cases} -I_1 + I = 1 \\ 2I_1 + 5I = 5 \\ -5I + 2I + U = 0 \end{cases}$$

联立以上 3 个方程，解得

$$I_1 = 0\text{A}, \quad I = 1\text{A}, \quad U = 3\text{V}$$

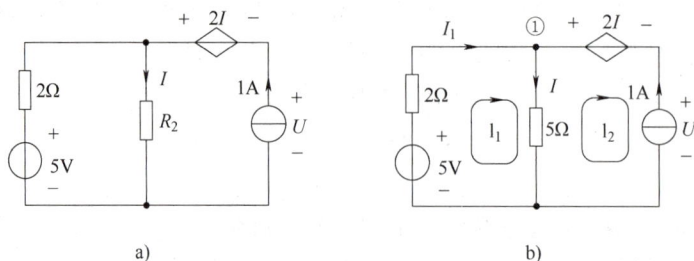

图 2-53　例 2-12 图

2.5　回路电流法

2.5.1　回路电流法的基本方程

　　用支路电流法求解电路时，是将各支路电流作为电路变量，先根据 KCL 和 KVL 列写独立方程，然后联立方程求解电路。对于具有 b 条支路的电路，用支路电流法求解电路时，需要列写 b 个独立方程联立求解，显然，当电路中

网孔电流法　　　回路电流法

支路较多时，需要列写的方程数目较多，求解也比较困难。对于图 2-54 所示电路，用支路电流法列写的电路方程为

$$\begin{cases} n_1: & i_1+i_2+i_4=0 \\ n_2: & -i_4+i_5+i_6=0 \\ n_3: & -i_2+i_3-i_5=0 \end{cases} \text{KCL}$$

$$\begin{cases} l_1: & R_1i_1-R_4i_4-R_6i_6=-u_{S1}+u_{S6} \\ l_2: & R_2i_2-R_4i_4-R_5i_5=u_{S2} \\ l_3: & R_3i_3+R_5i_5-R_6i_6=u_{S3}+u_{S6} \end{cases} \text{KVL} \tag{2-11}$$

求解 6 个联立方程，计算过程比较烦琐。

　　仔细观察式（2-11）的 KCL 方程，不难发现，方程中每一个电流都可以用其他电流表示。以节点①为例，由 KCL 列写的方程为 $i_1+i_2+i_4=0$，该方程还可以写为以下 3 种表达形式，即 $i_1=-i_2-i_4$，$i_2=-i_1-i_4$ 和 $i_4=-i_1-i_2$。根据图中所选的回路可知，支路 4、支路 5、支路 6 都是公共支路，支路 1、支路 2、支路 3 不是公共支路。当把公共支路电流 i_4、i_5、i_6 用非公共支路电流 i_1、i_2、i_3 表示后，得 KCL 方程如下：

$$\begin{cases} i_4=-i_1-i_2 \\ i_5=-i_2+i_3 \\ i_6=-i_1-i_3 \end{cases} \tag{2-12}$$

将式（2-12）代入式（2-11）的 KVL 方程中，得

$$\begin{cases} l_1: & R_1i_1-R_4(-i_1-i_2)-R_6(-i_1-i_3)=-u_{S1}+u_{S6} \\ l_2: & R_2i_2-R_4(-i_1-i_2)-R_5(-i_2+i_3)=u_{S2} \\ l_3: & R_3i_3+R_5(-i_2+i_3)-R_6(-i_1-i_3)=u_{S3}+u_{S6} \end{cases}$$

整理方程，得

$$\begin{cases} l_1: & (R_1+R_4+R_6)i_1+R_4i_2+R_6i_3=-u_{S1}+u_{S6} \\ l_2: & R_4i_1+(R_2+R_4+R_5)i_2-R_5i_3=u_{S2} \\ l_3: & R_6i_1-R_5i_2+(R_3+R_5+R_6)i_3=u_{S3}+u_{S6} \end{cases}$$

由上述方程组可知，电路的方程未知量只有 3 个非公共支路的电流。方程的数目减少了 $(n-1)$ 个。为了使方程更具一般性，可以这样想象：支路 1 的电流从支路 1 出发沿支路 6、支路 4 又回到支路 1，形成了沿回路 1 循环流动的电流，称这种假想电流为回路电流，用 i_1（或 I_1）表示，那么，回路 1 的回路电流用 i_{11} 表示，如图 2-55 所示；支路 2 的电流从支路 2 出发沿支路 5、支路 4 又回到支路 2，形成了沿回路 2 循环流动的回路电流，用 i_{12} 表示；支路 3 的电流从支路 3 出发沿支路 6、支路 5 又回到支路 3，形成了沿回路 3 循环流动的回路电流，用 i_{13} 表示；如果选择回路的绕向与回路电流的参考方向一致，则 $i_1=i_{11}$，$i_2=i_{12}$，$i_3=i_{13}$，根据 KCL 可得 $i_4=-i_{11}-i_{12}$，$i_5=-i_{12}+i_{13}$，$i_6=-i_{11}-i_{13}$。可见引入假想回路电流后，支路电流并未发生改变。各回路电流之间线性无关，是一组独立的电路变量，代入 KVL 方程，得

$$\begin{cases} l_1: & (R_1+R_4+R_6)i_{11}+R_4i_{12}+R_6i_{13}=-u_{S1}+u_{S6} \\ l_2: & R_4i_{11}+(R_2+R_4+R_5)i_{12}-R_5i_{13}=u_{S2} \\ l_3: & R_6i_{11}-R_5i_{12}+(R_3+R_5+R_6)i_{13}=u_{S3}+u_{S6} \end{cases}$$

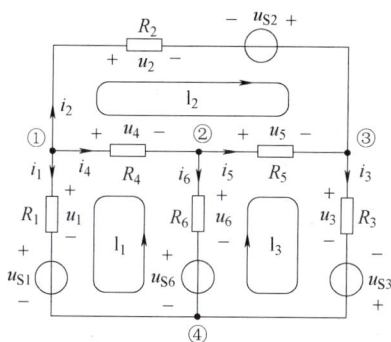

图 2-54　回路电流法

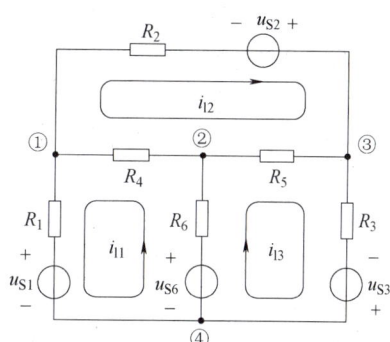

图 2-55　回路电流

像这样把回路电流作为电路变量，根据 KVL 列写独立方程求解电路的方法称为回路电流法。用回路电流法求解电路时，电路中的电路变量为假想的回路电流，而不是各支路的支路电流，各回路电流流经支路时，总是从一个节点流入，又从另一个节点流出，因而每个回路电流都满足 KCL。因此，可直接根据 KVL 列写以回路电流为独立变量的 $b-(n-1)$ 个回路电流方程，方程的列写规则如下：

1）回路 1 的方程：方程式等号左边第 1 项 $(R_1+R_4+R_6)i_{11}$ 表示回路电流 i_{11} 在回路 1 中各支路电阻上产生的压降之和，i_{11} 的系数 $(R_1+R_4+R_6)$ 为回路 1 包含的所有电阻之和，定义为回路 1 的自电阻，用 R_{11} 表示，即 $R_{11}=R_1+R_4+R_6$；方程式等号左边第 2 项 R_4i_{12} 表示回路电流 i_{12} 在回路 1 中电阻 R_4 上产生的压降，i_{12} 的系数 R_4 为回路 1 和回路 2 共有的电阻，定义为互电阻，用 R_{12} 表示，即 $R_{12}=R_4$，由于 R_4i_{12} 的参考方向与回路 1 的绕行方向相同，所以该项取正号；方程式等号左边第 3 项 R_6i_{13} 表示回路电流 i_{13} 在回路 1 中电阻 R_6 上产生的压降，

i_{13} 的系数 R_6 为回路 1 和回路 3 的互电阻，用 R_{13} 表示，即 $R_{13}=R_6$，由于 R_6i_{13} 的参考方向与回路 1 的绕行方向相同，所以该项也取正号。方程组等号右边是回路 1 所包含电压源源电压的代数和，电势升高取正，电势降低取负。回路 1 包含了两个电压源，即 u_{S1} 和 u_{S6}，按回路 1 的绕行方向，u_{S1} 为电势降低，取负号，u_{S6} 为电势升高，取正号。

2）回路 2 的方程：方程式等号左边第 1 项 R_4i_{11} 表示回路电流 i_{11} 在回路 2 中电阻 R_4 上产生的压降，i_{11} 的系数 R_4 为回路 1 和回路 2 的互电阻，用 R_{21} 表示，即 $R_{21}=R_4$，由于 R_4i_{11} 的参考方向与回路 2 的绕行方向相同，所以该项取正号，显然 $R_{21}=R_{12}$；方程式等号左边第 2 项 $(R_2+R_4+R_5)i_{12}$ 表示回路电流 i_{12} 在回路 2 中各支路电阻上产生的压降之和，i_{12} 的系数 $(R_2+R_4+R_5)$ 为回路 2 所包含的电阻之和，是回路 2 的自电阻，用 R_{22} 表示，即 $R_{22}=R_3+R_4+R_5$；方程式等号左边第 3 项 $-R_5i_{13}$ 表示回路电流 i_{13} 在回路 2 中电阻 R_5 上产生的压降，i_{13} 的系数 $-R_5$ 为回路 2 和回路 3 的互电阻，用 R_{23} 表示，即 $R_{23}=-R_5$，由于 i_{13} 的参考方向与回路 2 的绕行方向相反，所以 i_{13} 在 R_5 上产生压降的参考方向与回路 2 的绕行方向也相反，因此，该项取负号。方程组等号右边是回路 2 所包含电压源源电压的代数和，电势升高取正，电势降低取负。回路 2 只包含一个电压源 u_{S2}，按回路 2 的绕行方向，u_{S2} 为电势升高，取正号。

3）回路 3 的方程：方程式等号左边第 1 项 R_6i_{11} 表示回路电流 i_{11} 在回路 3 中电阻 R_6 上产生的压降，i_{11} 的系数 R_6 为回路 1 和回路 3 的互电阻，用 R_{31} 表示，即 $R_{31}=R_6$，由于 i_{11} 的参考方向与回路 3 的绕行方向相同，所以该项取正号，显然 $R_{31}=R_{13}$；方程式等号左边第 2 项 $-R_5i_{12}$ 表示回路电流 i_{12} 在回路 3 中电阻 R_5 上产生的压降，i_{12} 的系数 $-R_5$ 为回路 2 和回路 3 的互电阻，用 R_{32} 表示，即 $R_{32}=-R_5$，由于 i_{12} 的参考方向与回路 3 的绕行方向相反，因此，该项取负号，显然 $R_{32}=R_{23}$；方程式等号左边第 3 项 $(R_3+R_5+R_6)i_{13}$ 表示 i_{13} 在回路 3 中各支路电阻上产生的压降之和，i_{13} 的系数 $(R_3+R_5+R_6)$ 为回路 3 所包含的电阻之和，是回路 3 的自电阻，用 R_{33} 表示，即 $R_{33}=R_3+R_5+R_6$。方程组等号右边是回路 3 所包含电压源源电压的代数和，电势升高取正，电势降低取负。回路 3 包含了两个电压源，即 u_{S3} 和 u_{S6}，按回路 3 的绕行方向，u_{S3} 和 u_{S6} 均为电势升高，所以均取正号。

有了自电阻和互电阻的概念，具有 3 个独立回路的回路电流方程可以写成如下的一般形式：

$$\begin{cases} R_{11}i_{11}+R_{12}i_{12}+R_{13}i_{13}=\sum u_{S11} \\ R_{21}i_{11}+R_{22}i_{12}+R_{23}i_{13}=\sum u_{S12} \\ R_{31}i_{11}+R_{32}i_{12}+R_{33}i_{13}=\sum u_{S13} \end{cases}$$

具有 l 个独立回路的回路电流方程可以写成如下的一般形式：

$$\begin{cases} R_{11}i_{11}+R_{12}i_{12}+\cdots+R_{1l}i_{1l}=\sum u_{S11} \\ R_{21}i_{11}+R_{22}i_{12}+\cdots+R_{2l}i_{1l}=\sum u_{S12} \\ \quad\quad\quad\vdots \\ R_{l1}i_{11}+R_{l2}i_{12}+\cdots+R_{ll}i_{1l}=\sum u_{S1l} \end{cases}$$

式中，方程组等号左边，对角线双下标相同的电阻 R_{kk} 为第 k 个回路的自电阻，自电阻总取正，这是因为选择的回路电流方向与回路的绕行方向一致，即电势降低的方向；双下标不同的电阻 R_{jk} 为第 j 个回路与第 k 个回路的互电阻，也就是第 j 个回路与第 k 个回路公共支路上的电阻之和。互电阻有正负之分，这是因为互电阻上有多个回路电流通过，如果互电阻上两个回路电流的方向一致，那么互电阻取正，否则互电阻取负。如果回路中不含受控源，则 $R_{jk}=R_{kj}$。方程组等号的右边，u_{Slk} 为第 k 个回路包含的所有电压源源电压的代数和，电压源的参考极性与回路电流的方向一致时取负，相反时取正。这是因为，选取回路电流的参考方向与回路的绕行方向一致时，根据 KVL 列写方程，电压源在等号左边，参考极性与回路绕行方向一致时取正，相反时取负，将电压源移到等式的右边后，电压源的参考极性与回路的绕行方向一致取负，相反取正。

对于一个具有 b 条支路、n 个节点的一般网络，用回路电流法列写电路方程的步骤如下：

1）选取 $l=b-(n-1)$ 个独立回路，并设定回路电流的参考方向与回路的绕行方向一致。

2）根据 KVL 对独立回路列写方程，如果电路中含有电流源与电阻并联组合的支路，即有伴电流源支路，可以把它等效变换成有伴电压源支路。自电阻为各回路电阻之和，恒为正值，互电阻为两个相关回路的公共电阻，有正负之分，如果互电阻上两个回路电流的参考方向一致，互电阻取正，否则互电阻取负。如果两个回路之间没有公共电阻，互电阻为零。方程等号右边为各回路所包含电压源源电压的代数和，按回路的绕行方向电势升高为正，电势降低为负。

3）联立方程，求解回路电流。

4）解答。

【例 2-13】　列出图 2-56 所示电路的回路电流方程。

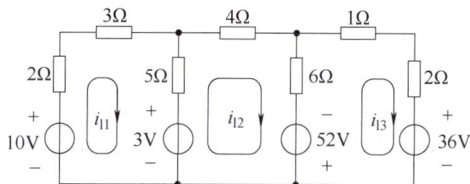

图 2-56　例 2-13 图

解：首先选取独立回路，并设回路电流的参考方向与回路的绕行方向一致，然后列写回路电流方程为

$$\begin{cases} (2+3+5)i_{l1}-5i_{l2}=-3+10 \\ -5i_{l1}+(5+4+6)i_{l2}-6i_{l3}=52+3 \\ -6i_{l2}+(6+1+2)i_{l3}=-36-52 \end{cases}$$

回路电流法列写
方程的一般步骤

2.5.2　含无伴电流源支路时回路电流方程的列写

若电路中含有无伴电流源支路，可分为两种情况进行分析。

1. 电流源在公共支路上

电路如图 2-57 所示，选取网孔作为独立回路，无伴电流源所在支路为回路 2 和回路 3 的公共支路。在应用回路电流法列写电路方程时，由于列写的是以回路电流为电路变量的 KVL 方程，所以应将无伴电流源的端电压设出，并把这个电压作为电路变量代入方程中。设无伴电流源两端的电压为 u，回路电流方程为

$$\begin{cases} l_1: (R_1+R_4+R_6)i_{11}+R_4i_{12}+R_6i_{13}=-u_{S1}+u_{S6} \\ l_2: R_4i_{11}+(R_2+R_4)i_{12}-u=u_{S2} \\ l_3: R_6i_{11}+u+(R_3+R_6)i_{13}=u_{S3}+u_{S6} \end{cases} \qquad (2\text{-}13)$$

显然，式（2-13）中 3 个方程不足以求解 4 个未知数，还需补充一个方程。由于 $i_5=i_S$ 为已知量，而 $i_5=-i_{12}+i_{13}$，所以将 $i_S=-i_{12}+i_{13}$ 作为补充方程与 KVL 方程一起联立求解电路变量 i_{11}、i_{12}、i_{13} 和 u。补充方程中，两个回路电流的参考方向与 i_S 方向一致时取正号，不一致时取负号。用回路电流法求解图 2-57 所示电路的方程组如下：

$$\begin{cases} (R_1+R_4+R_6)i_{11}+R_4i_{12}+R_6i_{13}=-u_{S1}+u_{S6} \\ R_4i_{11}+(R_2+R_4)i_{12}-u=u_{S2} \\ R_6i_{11}+u+(R_3+R_6)i_{13}=u_{S3}+u_{S6} \\ i_S=-i_{12}+i_{13} \end{cases}$$

【例 2-14】 列出图 2-58 所示电路的回路电流方程。

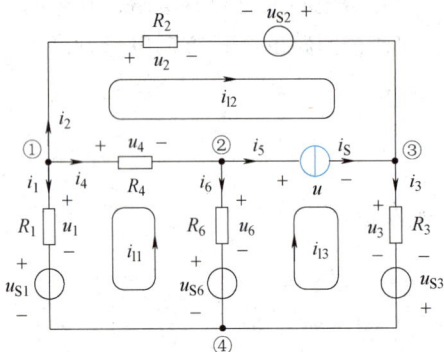

图 2-57 电流源在公共支路上

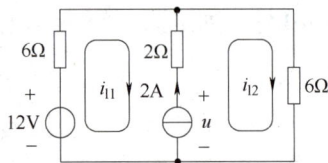

图 2-58 例 2-14 图

解：选择网孔作为独立回路，设回路电流的参考方向与回路的绕行方向一致，设无伴电流源两端的电压为 u，把这个电压 u 作为电路变量代入 KVL 方程，并将电流源电流与有关回路电流的关系作为补充方程一并求解。

$$\begin{cases} (6+2)i_{11}-2i_{12}+u=12 & (l_1) \\ -2i_{11}-u+(6+2)i_{12}=0 & (l_2) \\ i_{12}-i_{11}=2 & (\text{补充方程}) \end{cases}$$

2. 无伴电流源不在公共支路上

在选取独立回路时，只让一个回路电流通过无伴电流源，这时回路电流为已知量，因此该回路的 KVL 方程无须列写。由于参考方向选取的不同，回路电流可能等于正的电流源电流或负的电流源电流。如图 2-59 所示，无伴电流源 i_S 仅属于回路 3，则回路 3 的回路电流 i_{13} 为已知，因 i_{13} 与 i_S 的方向一致，所以有 $i_{13}=i_S$。对 3 个独立回路列写 KVL 方程如下：

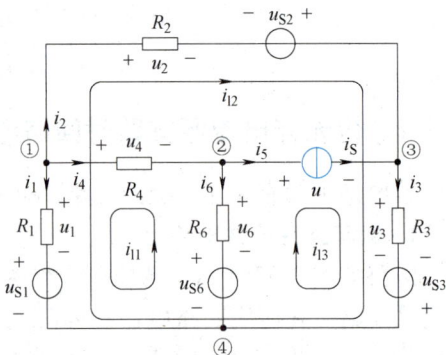

图 2-59 无伴电流源不在公共支路上

$$\begin{cases} l_1: & (R_1+R_4+R_6)i_{l1}-R_1 i_{l2}+R_6 i_{l3}=-u_{S1}+u_{S6} \\ l_2: & -R_1 i_{l1}+(R_1+R_2+R_3)i_{l2}+R_3 i_{l3}=u_{S1}+u_{S2}+u_{S3} \\ l_3: & R_6 i_{l1}+u+(R_3+R_6)i_{l3}=u_{S3}+u_{S6} \end{cases} \quad (2\text{-}14)$$

由于 $i_{l3}=i_S$ 为已知量，所以用式（2-14）前两个方程即可以求出 i_{l1} 和 i_{l2}，如果不求无伴电流源两端的电压 u，则式（2-14）的第 3 个方程无须列写，因此用回路电流法求解图 2-59 所示电路的方程组如下：

$$\begin{cases} l_1: & (R_1+R_4+R_6)i_{l1}-R_1 i_{l2}+R_6 i_{l3}=-u_{S1}+u_{S6} \\ l_2: & -R_1 i_{l1}+(R_1+R_2+R_3)i_{l2}+R_3 i_{l3}=u_{S1}+u_{S2}+u_{S3} \\ l_3: & i_{l3}=i_S \end{cases}$$

【例 2-15】　列出图 2-60 所示电路的回路电流方程。

解：因为 15A 的电流源仅属于回路 1，所以 $i_{l1}=$ 15A 为已知，回路 1 的 KVL 方程无须列写，回路 2 和回路 3 的 KVL 方程正常列写。图 2-60 所示电路的回路电流方程如下：

$$\begin{cases} i_{l1}=15 \\ -2i_{l1}+(2+6+2)i_{l2}+2i_{l3}=-4 \\ 2i_{l2}+(2+5)i_{l3}=25 \end{cases}$$

解得

$$i_{l2}=2\text{A}, \quad i_{l3}=3\text{A}$$

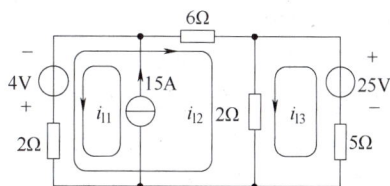

图 2-60　例 2-15 图

2.5.3　含受控源支路时回路电流方程的列写

当电路中含有受控源时，可先将受控源看作独立源，再添加由回路电流表示的控制量方程。

【例 2-16】　列出图 2-61 所示电路的回路电流方程。

解：电路中电流源仅属于回路 1，所以回路 1 的 KVL 方程无须列写，只将已知的回路电流列入方程组即可，由于 i_S 的参考方向与 i_{l1} 的参考方向相反，所以 $i_{l1}=-i_S$；电路中含有受控电流源，应先将其看作独立电流源，由于受控电流源在公共支路上，所以将其端电压设出，并作为电路变量代入 KVL 方程中，然后补充受控电流源电流与回路电流 i_{l2} 和 i_{l3} 的关系方程，即 $i_{l3}-i_{l2}=\mu u_4$，最后添加控制量方程 $u_4=-R_4(i_{l1}+i_{l2})$。图 2-61 所示电路的回路电流方程如下：

$$\begin{cases} i_{l1}=-i_S \\ R_4 i_{l1}+(R_2+R_4)i_{l2}+u=u_{S2} \\ R_6 i_{l1}-u+(R_3+R_6)i_{l3}=u_{S3}+u_{S6} \\ i_{l3}-i_{l2}=\mu u_4 \\ u_4=-R_4(i_{l1}+i_{l2}) \end{cases}$$

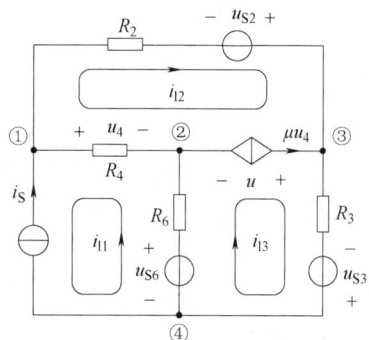

图 2-61　例 2-16 图

2.6 节点电压法

2.6.1 节点电压法的基本方程

节点电压法是以节点电压作为电路变量列写电路方程求解电路的方法。

节点电压用 u_n 表示，是指独立节点到参考节点之间的电压。由于参考节点的选择是任意的，所以参考节点选择得不同，电路中各节点的电势也不同，但电路中任意两节点之间的电压保持不变，所以，在电路中任取一个节点为参考节点（零电势点），其余节点到参考节点的电压是不变的。如果电路中有 n 个节点，则独立节点数为（$n-1$）个，此时把余下的一个节点设为参考节点，则各独立节点到参考节点的电势差即为节点电压。

电路如图 2-62 所示，选节点③为参考节点，则节点①和节点②为独立节点，节点①到参考节点的电压称为节点①的节点电压，用 u_{n1} 表示，其方向为节点①取正，参考节点取负；节点②到参考节点的电压称为节点②的节点电压，用 u_{n2} 表示，其方向为节点②取正，参考节点取负。此时，各支路电压与节点电压的关系为

$$u_{13}=u_{n1}, \quad u_{23}=u_{n2}, \quad u_{12}=u_{n1}-u_{n2}$$

对回路 I 列写 KVL 方程为

$$-u_{13}+u_{12}+u_{23}=0$$

将节点电压代入上式得

$$-u_{n1}+(u_{n1}-u_{n2})+u_{n2}=0$$

显然，若以节点电压为电路变量且各支路电压用节点电压表示时，节点电压自动满足 KVL。所以在求解电路时，只需列写 KCL 方程而不必列写 KVL 方程。

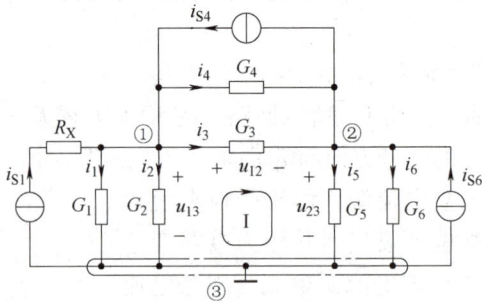

图 2-62 节点电压法

根据 KCL 对节点①和节点②列写电路方程，设流出节点的电流为正，流入节点的电流为负，则方程为

$$\begin{cases} n_1: & i_1+i_2+i_3+i_4-i_{S1}-i_{S4}=0 \\ n_2: & -i_3-i_4+i_5+i_6+i_{S4}-i_{S6}=0 \end{cases}$$

将电流源的源电流移至方程右侧，得

$$\begin{cases} n_1: & i_1+i_2+i_3+i_4=i_{S1}+i_{S4} \\ n_2: & -i_3-i_4+i_5+i_6=-i_{S4}+i_{S6} \end{cases} \tag{2-15}$$

由元件的伏安关系可知各支路电流与节点电压的关系如下：

$$\begin{cases} i_1 = G_1 u_{n1} \\ i_2 = G_2 u_{n1} \\ i_3 = G_3(u_{n1}-u_{n2}) \\ i_4 = G_4(u_{n1}-u_{n2}) \\ i_5 = G_5 u_{n2} \\ i_6 = G_6 u_{n2} \end{cases} \tag{2-16}$$

将式（2-16）代入式（2-15）整理得

$$\begin{cases} n_1: (G_1+G_2+G_3+G_4)u_{n1}-(G_3+G_4)u_{n2}=i_{S1}+i_{S4} \\ n_2: -(G_3+G_4)u_{n1}+(G_3+G_4+G_5+G_6)u_{n2}=-i_{S4}+i_{S6} \end{cases} \tag{2-17}$$

由此可见，当节点电压确定后，电路中各支路的电压和电流都可以确定。下面通过式（2-17）说明节点电压方程的列写规则。

1）节点①的方程：方程式等号左侧第 1 项 $(G_1+G_2+G_3+G_4)u_{n1}$ 表示节点电压 u_{n1} 在与节点①相连的各电导支路上产生的电流之和。u_{n1} 的系数 $(G_1+G_2+G_3+G_4)$ 为与节点①相连的各电导支路的电导之和，定义为节点①的自电导，用 G_{11} 表示，即 $G_{11}=G_1+G_2+G_3+G_4$。自电导总是正的，这是因为节点电压的方向总是由独立节点指向参考节点，u_{n1} 驱使与之相连的电导支路的电流流出节点①，在等式左侧流出节点的电流为正。方程式等号左侧第 2 项 $-(G_3+G_4)u_{n2}$ 表示节点电压 u_{n2} 在连接节点①和节点②之间的各电导支路上产生的电流之和。u_{n2} 的系数 $-(G_3+G_4)$ 为节点①和节点②之间的各电导支路的电导之和，定义为节点①和节点②之间的互电导，用 G_{12} 表示，即 $G_{12}=-(G_3+G_4)$。互电导总是负的，这是因为 u_{n2} 驱使与之相连的电导支路的电流流出节点②，那么在节点①和节点②之间的各电导支路上的电流，在 u_{n2} 的驱使下流出节点②而流入节点①，在方程左侧流入节点的电流取负值。方程式等号右侧为与节点①相连的电流源支路源电流的代数和，由于在列写 KCL 方程时，方程左侧取流出节点为正，流入节点为负，当将电流源的源电流 i_{S1} 和 i_{S4} 移到等式的右侧后，流入节点取正，流出节点取负，因 i_{S1} 和 i_{S4} 的电流方向均为流入节点①，所以都取正号。

2）节点②的方程：方程式等号左侧第 1 项 $-(G_3+G_4)u_{n1}$ 表示节点电压 u_{n1} 在连接节点①和节点②之间的各电导支路上产生的电流之和。u_{n1} 的系数 $-(G_3+G_4)$ 为节点①和节点②之间的互电导，用 G_{21} 表示，即 $G_{21}=-(G_3+G_4)$，显然 $G_{21}=G_{12}$。方程式等号左侧第 2 项 $(G_3+G_4+G_5+G_6)u_{n2}$ 表示节点电压 u_{n2} 在与节点②相连的各电导支路上产生的电流之和。u_{n2} 的系数 $(G_3+G_4+G_5+G_6)$ 为与节点②相连的各电导支路的电导之和，是节点②的自电导，用 G_{22} 表示，即 $G_{22}=G_3+G_4+G_5+G_6$。方程式等号右侧为与节点②相连的各电流源支路源电流的代数和，i_{S4} 流出节点②，所以取负号，i_{S6} 流入节点②，所以取正号。

在图 2-62 所示电路左侧，与电流源串联的电阻 R_X 没有出现在节点电压方程中，这是因为节点电压方程的列写依据是 KCL，R_X 与电流源串联，这条支路的电流只由 i_{S1} 决定，因此，R_X 不计算在自电导或互电导中。

有了自电导和互电导的概念，具有两个独立节点的节点电压方程可以写成如下的一般形式：

$$\begin{cases} G_{11}u_{n1}+G_{12}u_{n2}=i_{S11} \\ G_{21}u_{n1}+G_{22}u_{n2}=i_{S22} \end{cases}$$

对于具有 n 个节点的电路，独立节点数为 $(n-1)$，节点电压方程可以写成如下的一般形式：

$$\begin{cases} G_{11}u_{n1}+G_{12}u_{n2}+\cdots+G_{1(n-1)}u_{n(n-1)}=i_{S11} \\ G_{21}u_{n1}+G_{22}u_{n2}+\cdots+G_{2(n-1)}u_{n(n-1)}=i_{S22} \\ G_{31}u_{n1}+G_{32}u_{n2}+\cdots+G_{3(n-1)}u_{n(n-1)}=i_{S33} \\ \quad\quad\quad\quad\quad\vdots \\ G_{(n-1)1}u_{n1}+G_{(n-1)2}u_{n2}+\cdots+G_{(n-1)(n-1)}u_{n(n-1)}=i_{S(n-1)(n-1)} \end{cases}$$

式中，方程组等号左侧，对角线双下标相同的电导 G_{kk} 为第 k 个节点的自电导，即与第 k 个节点相连的电导支路的电导之和，自电导总取正；双下标不同的电导 G_{jk} 为第 j 个节点与第 k 个节点之间的互电导，即第 j 个节点与第 k 个节点之间公共支路的电导之和，互电导总取负。如果电路中不含受控源，则 $G_{jk}=G_{kj}$。方程组等号的右侧，i_{Skk} 为与第 k 个节点相连的电流源源电流的代数和，流入第 k 个节点取正，流出第 k 个节点取负。

对于一个具有 n 个节点、b 条支路的一般网络，用节点电压法列写电路方程的步骤如下：

1）指定参考点，并标出其余 $(n-1)$ 个独立节点。

2）按节点电压方程的一般形式列写 $(n-1)$ 个节点电压方程，自电导恒为正，互电导恒为负，如果两个节点之间没有支路直接相连，则互电导为零。如果电路中含有电流源与电阻的串联支路，电阻不出现在自电导或互电导中。

3）联立方程，求解节点电压。

4）解答。

【例 2-17】 列出图 2-63 所示电路的节点电压方程，并计算电路中的电流 i。

解：取节点④为参考节点，按节点电压方程的一般形式列写节点电压方程如下：

$$\begin{cases} n_1: \left(\dfrac{1}{6}+\dfrac{1}{2}+\dfrac{1}{3}\right)u_{n1}-\dfrac{1}{2}u_{n2}-\dfrac{1}{3}u_{n3}=0 \\ n_2: -\dfrac{1}{2}u_{n1}+\left(\dfrac{1}{2}+\dfrac{1}{5}\right)u_{n2}-\dfrac{1}{5}u_{n3}=-1 \\ n_3: -\dfrac{1}{3}u_{n1}-\dfrac{1}{5}u_{n2}+\left(\dfrac{1}{3}+\dfrac{1}{5}\right)u_{n3}=2 \end{cases}$$

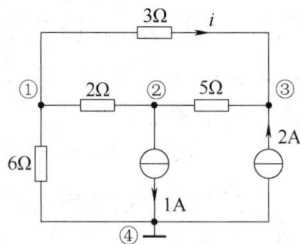

图 2-63 例 2-17 图

解得

$$u_{n1}=6\text{V}, \quad u_{n2}=5.6\text{V}, \quad u_{n3}=9.6\text{V}$$

所以

$$i=\frac{u_{n1}-u_{n3}}{3}=-1.2\text{A}$$

节点电压法列写
方程的一般步骤

2.6.2 含电压源支路时节点电压方程的列写

若电路中含有电压源支路，可分为 3 种情况进行分析。

1. 电路中含有电压源与电阻的串联支路

电压源与电阻的串联支路称为有伴电压源支路，在列写电路方程时，应先将该支路等效变换为电流源与电阻的并联支路,即有伴电流源支路,如图 2-64 所示,再根据节点电压方程的一般形式列写节点电压方程即可。

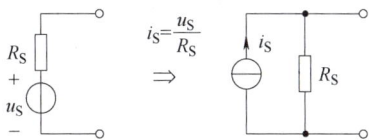

图 2-64　有伴电压源等效为有伴电流源

【例 2-18】　列写出图 2-65a 所示电路的节点电压方程。

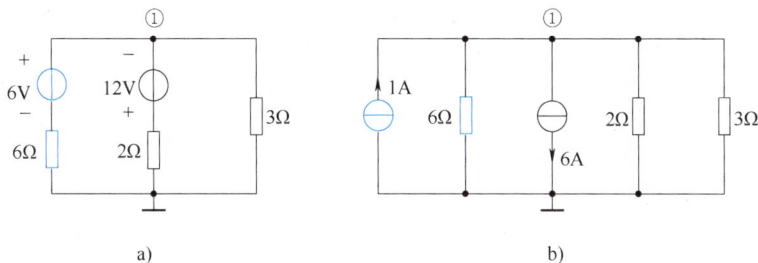

图 2-65　例 2-18 图

解: 图 2-65a 中含有两条有伴电压源支路,先将其等效变换为有伴电流源支路,变换时注意电流源的方向,如图 2-65b 所示,由于电路只有一个独立节点,所以只列一个节点电压方程,即

$$\left(\frac{1}{6}+\frac{1}{2}+\frac{1}{3}\right)u_{n1}=(1-6)\,\mathrm{A}=-5\,\mathrm{A}$$

即

$$u_{n1}=\frac{-5}{\dfrac{1}{6}+\dfrac{1}{2}+\dfrac{1}{3}}\mathrm{V}=-5\,\mathrm{V}$$

对于只含有一个独立节点的电路,可以用节点电压法直接求出独立节点的电压,即

$$u_{n}=\frac{\sum i_{S}}{\sum G}$$

2. 无伴电压源连接在两个独立节点之间

电路如图 2-66 所示,无伴电压源 u_{S} 连接在独立节点①和独立节点②之间,由于列写的方程是以节点电压为电路变量的 KCL 方程,所以应将无伴电压源所在支路的电流设出,并把这个电流作为电路变量代入方程。设无伴电压源所在支路的电流为 i,则节点电压方程为

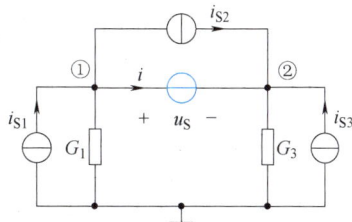

图 2-66　无伴电压源在两个独立节点之间

$$\begin{cases}\mathrm{n_1}:\ G_1 u_{n1}+i=i_{S1}-i_{S2}\\ \mathrm{n_2}:\ -i+G_3 u_{n2}=i_{S2}+i_{S3}\end{cases}\quad(2\text{-}18)$$

显然，式（2-18）中两个方程不足以求解 3 个未知数，还需补充一个方程。由于 u_S 为已知量，而 $u_{n1} - u_{n2} = u_S$，所以将 $u_{n1} - u_{n2} = u_S$ 作为补充方程与节点电压法的基本方程一起联立求解电路变量 u_{n1}、u_{n2} 和 i。因此求解图 2-66 所示电路的节点电压方程如下：

$$\begin{cases} \left. \begin{array}{l} G_1 u_{n1} + i = i_{S1} - i_{S2} \\ -i + G_3 u_{n2} = i_{S2} + i_{S3} \end{array} \right\} \text{KCL} \\ u_{n1} - u_{n2} = u_S \qquad \text{补充方程} \end{cases}$$

【例 2-19】 列写出图 2-67 所示电路的节点电压方程。

解：选节点③为参考节点，12V 无伴电压源在节点①和节点②之间的支路上，应先将电压源所在支路的电流设出并作为电路变量代入节点电压方程，然后将电压源的源电压与两个节点电压的关系作为补充方程与节点电压方程一起联立求解电路。设电压源所在支路的电流为 i，则图 2-67 所示电路的节点电压方程和补充方程为

$$\begin{cases} 6u_{n1} + i = 3 \\ -i + 10u_{n2} = 2 \\ u_{n1} - u_{n2} = 12 \end{cases}$$

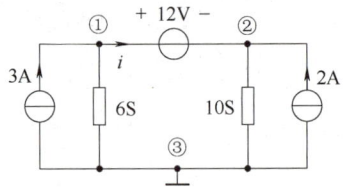

图 2-67　例 2-19 图

3. 无伴电压源连接在独立节点和参考节点之间

电路中的无伴电压源连接在独立节点和参考节点之间时，由于节点电压为已知量，所以该节点的 KCL 方程无须列写。当节点电压的参考方向与电压源的参考方向一致时取正，不一致时取负。电路如图 2-68 所示，无伴电压源 u_S 连接在独立节点①和参考节点之间，在列写节点①的 KCL 方程时，先设无伴电压源支路的电流为 i，那么图 2-68 所示电路的节点电压方程为

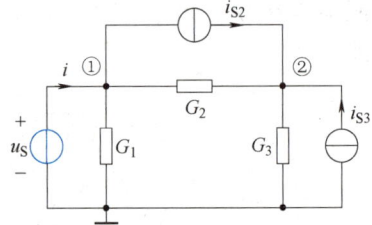

图 2-68　无伴电压源在独立节点和参考节点之间

$$\begin{cases} (G_1 + G_2)u_{n1} - G_2 u_{n2} - i = -i_{S2} \\ -G_2 u_{n1} + (G_2 + G_3)u_{n2} = i_{S2} + i_{S3} \end{cases}$$

由于 $u_{n1} = u_S$ 为已知量，所以用节点②列出的 KCL 方程便可以求出 u_{n2}。显然，在不求无伴电压源所在支路的电流 i 时，节点①的 KCL 方程无须列写。求解图 2-68 所示电路的节点电压方程如下：

$$\begin{cases} u_{n1} = u_S \\ -G_2 u_{n1} + (G_2 + G_3)u_{n2} = i_{S2} + i_{S3} \end{cases}$$

【例 2-20】 列写出图 2-69 所示电路的节点电压方程。

解：选节点④为参考节点，可列出节点电压方程为

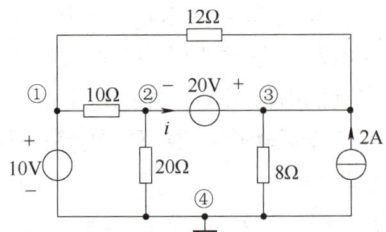

图 2-69　例 2-20 图

$$\begin{cases} u_{n1} = 10 \\ -\dfrac{1}{10}u_{n1} + \left(\dfrac{1}{10} + \dfrac{1}{20}\right)u_{n2} + i = 0 \\ -\dfrac{1}{12}u_{n1} - i + \left(\dfrac{1}{12} + \dfrac{1}{8}\right)u_{n3} = 2 \\ u_{n3} - u_{n2} = 20 \end{cases}$$

2.6.3　含受控源支路时节点电压方程的列写

当电路中含有受控源时，可先将受控源看作独立源，再添加由节点电压表示的控制量方程。

【例2-21】　列写出图2-70所示电路的节点电压方程，并计算电流 I_2 和电压 U_1。

解：选择节点②为参考点，由图2-70所示电路可列出节点电压方程和补充方程如下：

$$\begin{cases} (1+1)U_{n1} = 2U_1 + \dfrac{3I_2}{1} + \dfrac{13}{1} \\ I_2 = \dfrac{13 - U_{n1}}{1} \\ U_1 = 3I_2 - U_{n1} \end{cases}$$

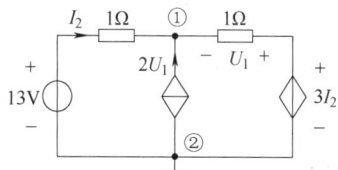

图 2-70　例 2-21 图

解得

$$I_2 = 3\text{A}, \quad U_1 = -1\text{V}$$

2.7　电路定理

2.7.1　齐性定理和叠加定理

由线性元件、线性受控源和独立源组成的电路称为线性电路。在线性电路中，虽然独立源是非线性元件，但是独立源与电路中的其他线性元件扮演着不同的角色，独立源对电路起激励作用，在电路中引起响应，因此尽管电源是非线性的，但只要电路中其他部分由线性元件组成，电路的响应与激励之间仍然存在线性关系。齐性定理和叠加定理反应了线性电路的基本性质，运用这些基本性质能使电路的分析和计算得以简化。

1. 齐性定理

【引例2-3】　计算图2-71所示电路的电流 I_1、I_2 和电压 U_1。

解：电压源右侧为电阻的串并联结构，可得

$$I_1 = \dfrac{1}{R_1 + \dfrac{R_2R_3}{R_2+R_3}}U_S$$

由分流公式可得

$$I_2 = \dfrac{R_3}{R_2+R_3}I_1 = \dfrac{R_3}{R_2+R_3}\dfrac{1}{R_1 + \dfrac{R_2R_3}{R_2+R_3}}U_S$$

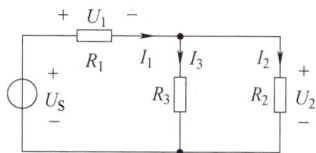

图 2-71　引例 2-3 图

由元件的 VCR 得

$$U_1 = R_1 I_1 = \frac{R_1}{R_1 + \dfrac{R_2 R_3}{R_2 + R_3}} U_S$$

由于 R_1、R_2、R_3 都是常数，所以电路的响应 I_1、I_2、U_1 可写成

$$I_1 = k_1 U_S, \quad I_2 = k_2 U_S, \quad U_1 = k_3 U_S$$

式中，k_1、k_2、k_3 为与电路结构和元件参数有关的常数。如果设电路响应为 $r(t)$，激励为 $e(t)$，则有 $r(t) = ke(t)$；若激励增加到 A 倍，则 $r(t) = Ake(t)$，这样的性质称为齐次性或比例性。

【引例 2-4】 如果将图 2-71 所示电路中的 R_3 用受控源替换，如图 2-72 所示，再计算电路的电流 I_1、I_2 和电压 U_1。

解： 对回路 I 列写 KVL 方程得

$$R_1 I_1 + g I_1 = U_S$$

则有

$$I_1 = \frac{1}{R_1 + g} U_S$$

$$I_2 = \frac{g I_1}{R_2} = \frac{g}{R_2(R_1 + g)} U_S$$

$$U_1 = R_1 I_1 = \frac{R_1}{R_1 + g} U_S$$

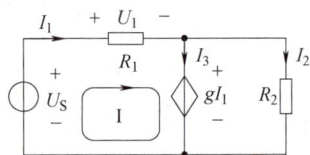

图 2-72　引例 2-4 图

可见，当电路中含有受控源时，响应与激励之间仍然满足齐次性关系。

【引例 2-5】 电路如图 2-73 所示，计算电路的电流 I_1、I_2 和电压 U_1。

解： 选择独立回路并设定回路的绕行方向，如图 2-73 所示，由支路电流法可得求解电路的方程组为

$$\begin{cases} I_1 + I_{S3} = I_2 \\ R_1 I_1 + R_2 I_2 = U_{S1} - U_{S2} \end{cases}$$

解得

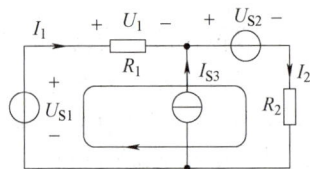

图 2-73　引例 2-5 图

$$I_1 = \frac{1}{R_1 + R_2} U_{S1} - \frac{1}{R_1 + R_2} U_{S2} - \frac{R_2}{R_1 + R_2} I_{S3}$$

$$I_2 = \frac{1}{R_1 + R_2} U_{S1} - \frac{1}{R_1 + R_2} U_{S2} + \frac{R_1}{R_1 + R_2} I_{S3}$$

$$U_1 = \frac{R_1}{R_1 + R_2} U_{S1} - \frac{R_1}{R_1 + R_2} U_{S2} - \frac{R_1 R_2}{R_1 + R_2} I_{S3}$$

其结果可归纳为

$$r(t) = k_1 e_1(t) + k_2 e_2(t) + k_3 e_3(t)$$

式中，$r(t)$ 为响应；$e_1(t)$、$e_2(t)$、$e_3(t)$ 为激励。

当电路中有 n 个独立源作用时，电路的响应与激励关系为

$$r(t) = k_1 e_1(t) + k_2 e_2(t) + \cdots + k_n e_n(t) \tag{2-19}$$

式中，$r(t)$ 为响应；$e_1(t)$、$e_2(t)$、$\cdots$、$e_n(t)$ 为激励。

显然，引例 2-5 不存在引例 2-3 和引例 2-4 的结果。当电路含有多个独立源时，电路的响应与激励之间不再满足齐次性关系。这样，线性电路的齐次性可用齐性定理描述如下：

齐性定理：对于具有唯一解的线性电路，当只有一个激励作用时，其响应与激励成比例。比例系数取决于电路的结构和元件参数，与激励无关。

2. 叠加定理

由引例 2-5 可以看出，电路的响应是 3 个独立源共同作用的结果。以 I_1 为例进行说明。设 I_1 的第一项为 I_1'，第二项为 I_1''，第三项为 I_1'''，于是有

$$I_1 = I_1' + I_1'' + I_1'''$$

式中

$$I_1' = \frac{1}{R_1 + R_2} U_{S1}, \quad I_1'' = -\frac{1}{R_1 + R_2} U_{S2}, \quad I_1''' = -\frac{R_2}{R_1 + R_2} I_{S3}$$

显然，I_1' 是电路中 U_{S1} 单独作用时，通过 R_1 的电流，如图 2-74a 所示；I_1'' 是电路中 U_{S2} 单独作用时，通过 R_1 的电流，如图 2-74b 所示；I_1''' 是电路中 I_{S3} 单独作用时，通过 R_1 的电流，如图 2-74c 所示。由此可以将图 2-73 所示的原电路看成是图 2-74 所示 3 个电路图的叠加。响应 I_1 为 I_1'、I_1'' 和 I_1''' 三个分量的代数和，响应分量的方向与原响应方向一致取正，相反取负。

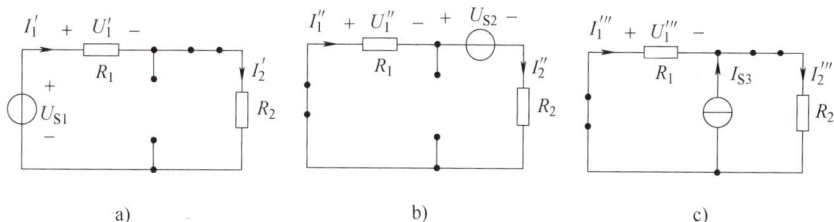

图 2-74　3 个独立源单独作用

同理，电路中的其他响应也是电路中独立源单独作用时产生响应分量的代数和，在此不再赘述。当电路含有多个独立源时，电路的响应与激励之间满足叠加性，线性电路的叠加性可用叠加定理描述如下：

叠加定理：在含有多个独立源的线性电路中，电路的响应为每一个独立源单独作用于电路时，在该支路上产生响应分量的代数和。独立源单独作用是指，当一个独立源作用时，其他独立源不作用，不作用的独立源置零（电压源置零相当于短路，电流源置零相当于开路）。

当电路中独立源较多时，除了每次计算只考虑一个电源外，还可以采用独立源分组进行计算的方法。例如，图 2-73 所示电路还可以将两个电压源看成一组，共同作用于电路产生一个响应分量，电流源看成一组在电路中产生另一个响应分量，电路的响应为这两个响应分量的叠加。现在仍然以 I_1 为例进行说明，叠加图如图 2-75 所示，图 2-75a 可以看成图 2-75b、c 的叠加。

由图 2-75b 计算得

$$I_1' = \frac{U_{S1} - U_{S2}}{R_1 + R_2} = \frac{1}{R_1 + R_2} U_{S1} - \frac{1}{R_1 + R_2} U_{S2}$$

由图 2-75c 计算得

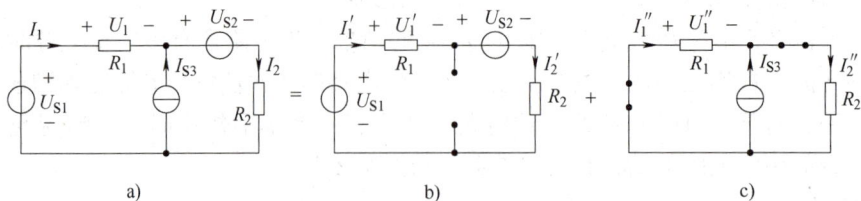

图 2-75 分组叠加

$$I_1'' = -\frac{R_2}{R_1+R_2}I_{S3}$$

电路响应为

$$I_1 = I_1' + I_1'' = \frac{1}{R_1+R_2}U_{S1} - \frac{1}{R_1+R_2}U_{S2} - \frac{R_2}{R_1+R_2}I_{S3}$$

可见，独立源一个一个地作用和独立源分组作用所得结果相同。当然，在分析电路时也可以将电源拆分来求解电路。

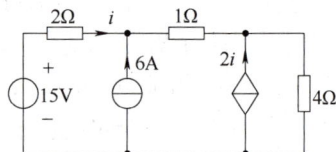

图 2-76 例 2-22 图

【例 2-22】 用叠加定理计算图 2-76 所示电路中的电流 i 和 2Ω 电阻吸收的功率。

解：对于含受控源的电路，受控源的电压或电流不是电路的输入，不能单独作用，在运算时应和电阻一样保留在电路中。图 2-76 的叠加图如图 2-77 所示。

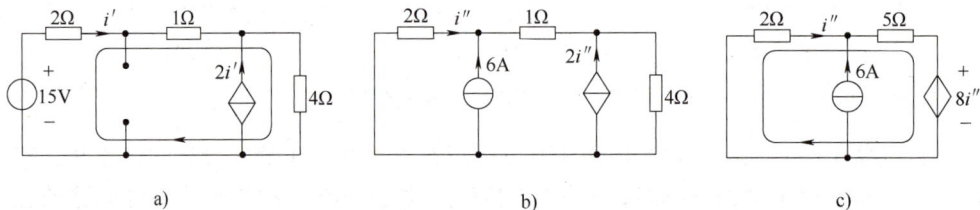

图 2-77 图 2-76 的叠加图

由图 2-77a 可得

$$(2+1)i' + 4(i'+2i') = 15V$$

$$i' = 1A$$

$$p_{2\Omega}' = 2i'^2 = 2W$$

由图 2-77b 可得

根据所选的回路列写 KVL 方程为

$$2i'' + 1(i''+6) + 4(i''+6+2i'') = 0$$

$$15i'' = -30$$

$$i'' = -2A$$

$$p_{2\Omega}'' = 2i''^2 = 8W$$

所以有

$$i = i' + i'' = -1\text{A}$$
$$p_{2\Omega} = 2i^2 = 2\text{W}$$

显然 $p_{2\Omega} \neq p'_{2\Omega} + p''_{2\Omega}$，叠加定理不能直接用来计算功率，这是因为

$$p = ui = (u' + u'')(i' + i'') = u'i' + u'i'' + u''i' + u''i''$$

在拆分电路中 $p' = u'i'$，$p'' = u''i''$，所以 $p \neq p' + p''$，在计算功率时，应该用元件上总的电压和总的电流来计算。

【例 2-23】　电路如图 2-78 所示（N 为线性电路）。若 $u_S = 0$，$i_S = 0$ 时，$u = 0$；若 $u_S = 10\text{V}$，$i_S = 5\text{A}$ 时，$u = 8\text{V}$；若 $u_S = 5\text{V}$，$i_S = 10\text{A}$ 时，$u = 6\text{V}$。求 $u_S = 5\text{V}$，$i_S = 5\text{A}$ 时 u 的值。

解： 根据式（2-19）可设

$$u = k_1 u_S + k_2 i_S + k_3$$

由 $u_S = 0$，$i_S = 0$ 时，$u = 0$ 得

$$k_3 = 0$$

由 $u_S = 10\text{V}$，$i_S = 5\text{A}$ 时，$u = 8\text{V}$ 得

$$10k_1 + 5k_2 = 8 \qquad (2\text{-}20)$$

由 $u_S = 5\text{V}$，$i_S = 10\text{A}$ 时，$u = 6\text{V}$ 得

$$5k_1 + 10k_2 = 6 \qquad (2\text{-}21)$$

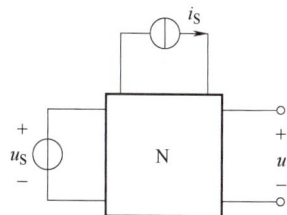

图 2-78　例 2-23 图

联立式（2-20）和式（2-21）解得

$$k_1 = \frac{2}{3}, \quad k_2 = \frac{4}{15}$$

即

$$u = \frac{2}{3}u_S + \frac{4}{15}i_S \qquad (2\text{-}22)$$

将 $u_S = 5\text{V}$，$i_S = 5\text{A}$ 代入式（2-22）得

$$u = \frac{14}{3}\text{V}$$

应用叠加定理时的注意事项如下：

1）叠加定理只适用于线性电路的分析和计算。

2）电压和电流叠加时应注意参考方向，当分电路电压或电流的参考方向与原电路各独立源共同作用所取的参考方向一致时取正，不一致时取负。

3）独立源单独作用，即每个独立源逐个作用一次。各个独立源也可分组作用各一次，但必须保证每个独立源只能参与一次叠加，不能多次作用，也不能一次也不作用。

4）对于含受控源的电路应用叠加定理时，由于受控源不是激励，不能单独作用，在运算时应和电阻一样保留在电路中。

5）叠加定理不能直接用来计算功率，这是因为功率与电压或电流不是线性关系。

6）应用叠加定理分析电路时，分析可以得到简化。但当电路中独立源较多时，就会使计算过于烦琐，因此在分析电路时还是要具体问题具体分析。

2.7.2　替代定理

替代定理又称为置换定理，其内容表述为：在具有唯一解的电路中，若已知第 k 条支路

的电压 u_k 和电流 i_k，则不论该支路是如何构成的，总可以用一个电压为 u_k 的独立电压源或电流为 i_k 的独立电流源或阻值等于 $|u_k/i_k|$ 的线性电阻元件来替代，替代后电路中各支路的电压和电流均保持原电路的数值不变。例如，图 2-79a 所示电路中的电压 $U = 4.5\text{V}$，$U_1 = 0.5\text{V}$，$I_1 = (1/6)\text{A}$。如果用源电压为 0.5V 的独立电压源替代 3Ω 电阻或者用源电流为 (1/6)A 的独立电流源替代 3Ω，如图 2-79b、c 所示，经计算，U 仍然为 4.5V，也就是说 3Ω 电阻所在支路用源电压为 0.5V 的独立电压源替代或者用源电流为 (1/6)A 的独立电流源替代，对电路不会产生影响。

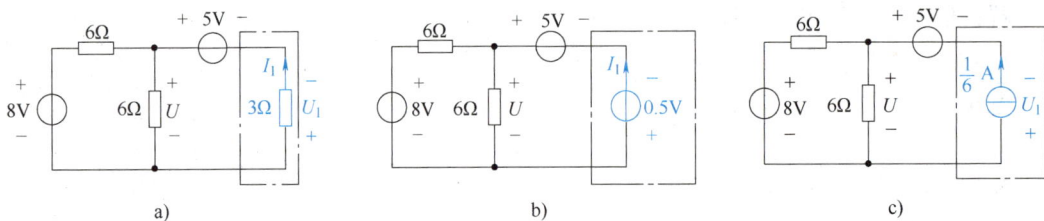

图 2-79　线性电阻元件替代

注意，在替代定理中被替代的支路可以是无源的，也可以是有源的，但一般不含受控源或控制量。另外，在应用定理时还应注意替代定理与前面所讲述的等效变换的区别。等效变换是指具有完全相同伏安关系的两个一端口网络，对于同一个外电路而言可以相互替代，外电路的变化不会对等效参数产生影响。如图 2-79a 所示，无论 3Ω 电阻以外的电路如何变化，3Ω 电阻都可以用一个 1Ω 和一个 2Ω 的电阻串联等效或者用两个 6Ω 电阻并联等效。替代定理是指当某段电路的电压和电流被唯一确定后，这段电路就可以用电压源或电流源或电阻替代（置换），当外电路发生变化引起这段电路的电压或电流发生变化时，替代的电压或电流也要随之变化。如图 2-79b 所示，如果将外电路中的 5V 电压源改为 6V，3Ω 电阻所在支路的电压和电流都会发生变化，如 U_1 从 0.5V 变为 1V，此时应该用 1V 的电压源替代 3Ω 电阻支路，极性为下正上负。

2.7.3　戴维南定理和诺顿定理

对于一个线性一端口网络来说，如果其内部不含独立电源，则称之为线性无源一端口网络；如果其内部含有独立电源，则称之为线性有源一端口网络。线性无源一端口网络，对其所连接的外电路而言，其伏安特性与电阻相同，可以用一个线性电阻等效简化。对于线性有源一端口电路来说，又该如何进行等效简化呢？图 2-80a 所示线性有源一端口网络 N_S 与外电路相连，当端口电压 u 和电流 i 被唯一确定后，对外电路应用替代定理，如图 2-80b、c 所示。外电路可以用源电流为 i 的电流源替代，也可以用源电压为 u 的电压源替代，替代前后端口特性不变。

**戴维南定理
和诺顿定理**

1. 戴维南定理

如果图 2-81a 所示外电路用源电流为 i 的电流源替代，如图 2-81b 所示，则根据叠加定理，电路的响应 u 可以看作是由有源网络 N_S 内的独立电源及有源网络 N_S 外的电流源共同形成的。设网络 N_S 内的独立电源单独作用时的电压分量为 u'，如图 2-81c 所示，u' 为端口 a、b

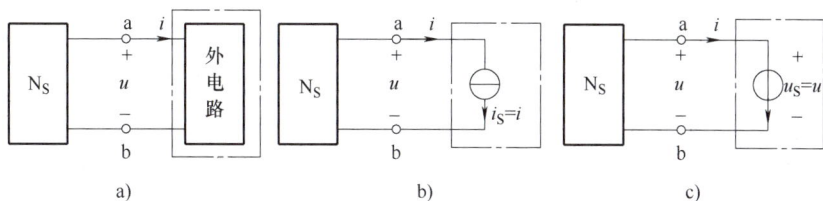

图 2-80　一端口网络的外电路用电压源或电流源替代示意图

a）一端口网络与外电路相连　b）外电路用电流源替代　c）外电路用电压源替代

开路时的开路电压 u_{oc}。设网络 N_S 以外的电流源单独作用时的电压分量为 u''，如图 2-81d 所示，N_S 内的独立电源不作用全部置零，此时的 N_S 为一个无独立电源的一端口网络，可以用一个等效电阻 R_{eq} 表示，此时的电压分量 $u'' = -R_{eq}i$，于是有

$$u = u' + u'' = u_{oc} - R_{eq}i \tag{2-23}$$

根据式（2-23）绘制的等效电路刚好是理想电压源与电阻的串联支路，如图 2-81e 所示，将此等效电路称为戴维南等效电路。

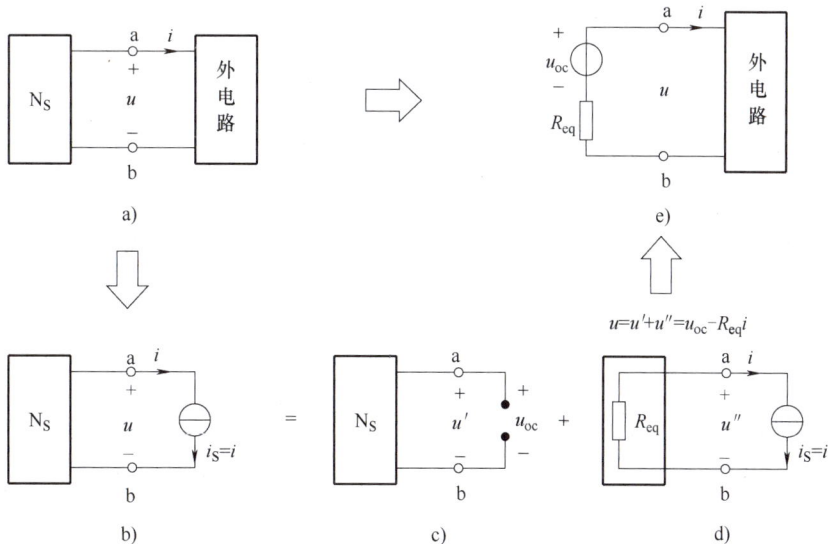

图 2-81　有源一端口网络的戴维南等效电路

戴维南定理指出：线性有源一端口网络，对其所连接的外电路而言，可用一个电压源与一个电阻的串联支路等效，电压源电压等于原一端口网络的开路电压，电阻等于原一端口网络将所有独立源置零后的等效电阻（电压源置零相当于短路，电流源置零相当于开路）。

【例 2-24】　电路如图 2-82a 所示，已知 $u_{S1} = 5V$，$u_{S2} = 4V$，$i_{S5} = 3A$，$R_1 = 2\Omega$，$R_2 = 0.8\Omega$，$R_3 = R_4 = 3\Omega$，$R_5 = 1\Omega$。用戴维南定理计算电流 i_2。

解： 1）将待求量所在支路从原电路中断开，使原电路构成一个有源一端口网络，则原电路的戴维南等效电路如图 2-82b 所示。

2）根据图 2-83a 所示的有源一端口网络求解戴维南等效电路中的参数 u_{oc} 和 R_{eq}。

3）求解电路。

由图 2-83a 得

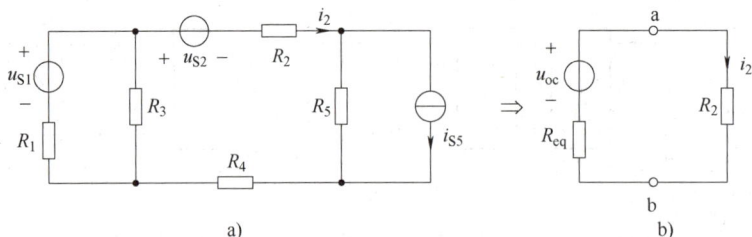

图 2-82 例 2-24 图

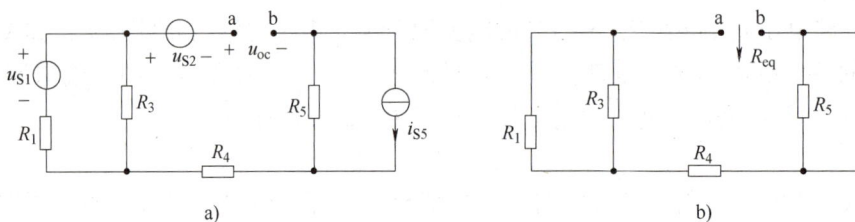

图 2-83 例 2-24 解图

$$u_{oc} = -u_{S2} + \frac{R_3}{R_1 + R_3} u_{S1} + R_5 i_{S5} = 2V$$

将图 2-83a 中所有的独立电源均置零，得到求解等效电阻 R_{eq} 的电路，如图 2-83b 所示，得

$$R_{eq} = \frac{R_1 R_3}{R_1 + R_3} + R_4 + R_5 = 5.2\Omega$$

由图 2-82b 得

$$i_2 = \frac{u_{oc}}{R_{eq} + R_2} = \frac{1}{3}A$$

应用戴维南定理求解电路中第 k 支路的电流 i_k（或电压 u_k），就是把原电路中除支路 k 以外的其他部分用戴维南等效电路替代，然后再去求电流 i_k（或电压 u_k）。求解戴维南等效电路的关键在于正确理解和求出有源一端口网络的开路电压 u_{oc} 和输入电阻 R_{eq}。

2. 诺顿定理

如果图 2-84a 所示电路中，外电路用源电压为 u 的电压源替代，如图 2-84b 所示，则根据叠加定理，电路的响应 i 可以看作是由有源网络 N_S 内的独立源及有源网络 N_S 外的电压源共同形成的。设网络 N_S 内的独立源单独作用时的电流分量为 i'，如图 2-84c 所示，i' 为端口 a、b 短路时的短路电流 i_{sc}。设网络 N_S 以外的电压源单独作用时的电流分量为 i''，如图 2-84d 所示，N_S 内的独立源不作用全部置零，此时的 N_S 为一个无独立源的一端口网络，可以用一个等效电阻 R_{eq} 表示，此时的电流分量 $i'' = -u/R_{eq}$，于是有

$$i = i' + i'' = i_{sc} - \frac{u}{R_{eq}} \tag{2-24}$$

根据式（2-24）绘制的等效电路刚好是理想电流源与电阻的并联支路，如图 2-84e 所示，将此等效电路称为诺顿等效电路。

诺顿定理指出：线性有源一端口网络，对其连接的外电路而言，可用一个电流源与一个

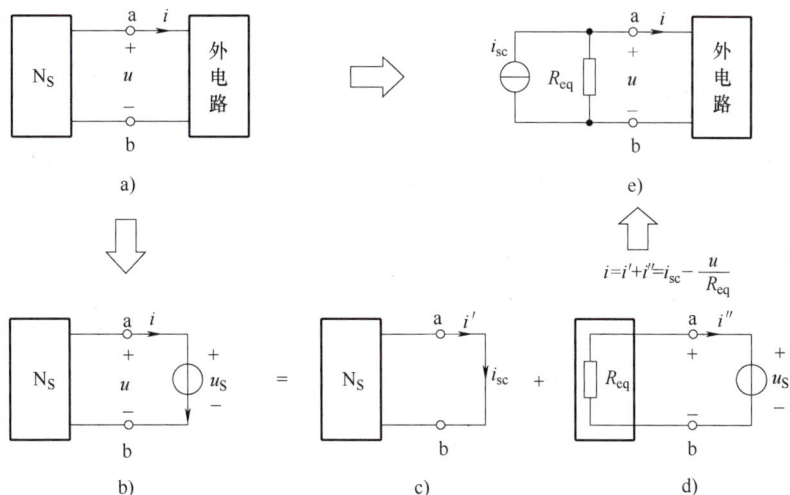

图 2-84　有源一端口网络的诺顿等效电路

电阻的并联支路等效，电流源电流等于原一端口网络的短路电流，电阻等于原一端口网络将所有独立源置零后的等效电阻。

【例 2-25】　用诺顿定理求解例 2-24。

解：图 2-82a 所示电路的诺顿等效电路如图 2-85a 所示，用回路电流法计算诺顿电路中的参数 i_{sc}，如图 2-85b 所示，得

$$\begin{cases} 5i_{11}-3i_{12}=5 \\ -3i_{11}+7i_{12}-i_{13}=-4 \Rightarrow i_{12}=\dfrac{5}{13}\text{A} \\ i_{13}=3 \end{cases}$$

因 $i_{sc}=i_{12}$，所以有

$$i_{sc}=\frac{5}{13}\text{A}$$

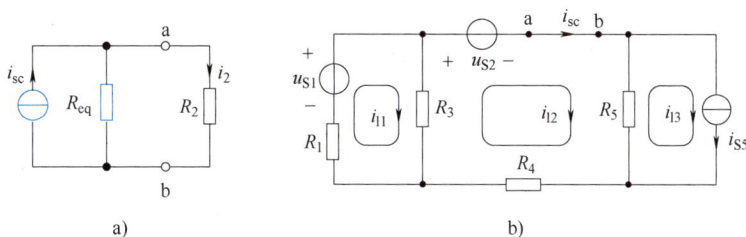

图 2-85　例 2-25 解图

R_{eq} 的计算过程与戴维南等效电路中 R_{eq} 相同。由图 2-85a 得

$$i_2=\frac{R_{eq}}{R_{eq}+R_2}i_{sc}=\frac{1}{3}\text{A}$$

诺顿等效电路和戴维南等效电路之间可以相互转换，转换后电源的数值关系可根据式（2-10）得到，即

$$R_{eq} = \frac{u_{oc}}{i_{sc}} \quad\quad\quad (2\text{-}25)$$

其实无论是诺顿等效电路还是戴维南等效电路，若 u_{oc}、i_{sc} 和 R_{eq} 3 个量中有两个量被确定，那么第 3 个量便可以求解。

根据前面所学内容，可以总结出求解等效电阻的 3 种方法：

1）等效变换的方法：若一端口网络中不含受控源和独立电源，则网络可以通过串联、并联或丫-△等效变换的方法计算一端口网络的等效电阻。

2）加压求流法：若一端口网络中含有受控源，则可以根据输入电阻的定义求解一端口网络的等效电阻。

3）开短路法：若一端口网络中含有独立源，则可以通过求解开路电压和短路电流，再通过式（2-25）求出一端口网络的等效电阻。

【例 2-26】　求图 2-86 所示电路的戴维南等效电路。

解：原电路的戴维南等效电路如图 2-87a 所示，当 a、b 两端开路时，根据图 2-87b 得

$$(2+8+5+9)i - 4i = -10\text{V}$$

$$i = -0.5\text{A}$$

a、b 两端的开路电压 u_{oc} 为

$$u_{oc} = 8i = -4\text{V}$$

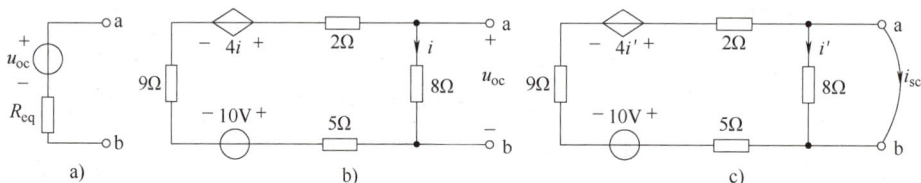

图 2-86　例 2-26 图

图 2-87　例 2-26 解图

当 a、b 两端短路时，由图 2-87c 所示电路可知，8Ω 电阻被短接，所以 $i' = 0$A，因此受控电压源的源电压 $4i' = 0$V，受控源视为短路，所以 a、b 两端的短路电流 i_{sc} 为

$$i_{sc} = \frac{-10}{2+5+9}\text{A} = -\frac{5}{8}\text{A}$$

根据式（2-25）得

$$R_{eq} = \frac{u_{oc}}{i_{sc}} = 6.4\Omega$$

最大功率传输

2.7.4　最大功率传输定理

在对线性有源一端口网络的分析中，如果负载的阻值不同，那么有源一端口网络传输给负载的功率也会不同。借助戴维南定理，可以将有源一端口网络等效为一个电压源与一个电阻的串联支路，如图 2-88 所示。若假定电压源 u_{oc} 及其内阻 R_{eq} 不变，负载电阻 R_L 可变，则当负载电阻 $R_L = 0$ 时，负载部分相当于短路，此时，负载电阻获得的功率为零；当负载电阻 $R_L \to \infty$ 时，负载部分相当于开路，此时，负载电阻获得的功率也为零，那么在 $R_L = 0$ 和 $R_L \to \infty$ 之间必然存在一个可使负载获得最大功率的阻值。由图 2-88 可以计算负载电阻 R_L 的

功率为

$$p = R_{\mathrm{L}} i^2 = R_{\mathrm{L}} \left(\frac{u_{\mathrm{oc}}}{R_{\mathrm{eq}} + R_{\mathrm{L}}} \right)^2$$

要使 p 为最大，应使

$$\frac{\mathrm{d}p}{\mathrm{d}R_{\mathrm{L}}} = 0$$

即

$$\frac{\mathrm{d}p}{\mathrm{d}R_{\mathrm{L}}} = \frac{(R_{\mathrm{eq}} + R_{\mathrm{L}})^2 - 2R_{\mathrm{L}}(R_{\mathrm{eq}} + R_{\mathrm{L}})}{(R_{\mathrm{eq}} + R_{\mathrm{L}})^4} u_{\mathrm{oc}}^2 = 0$$

得

$$R_{\mathrm{L}} = R_{\mathrm{eq}}$$

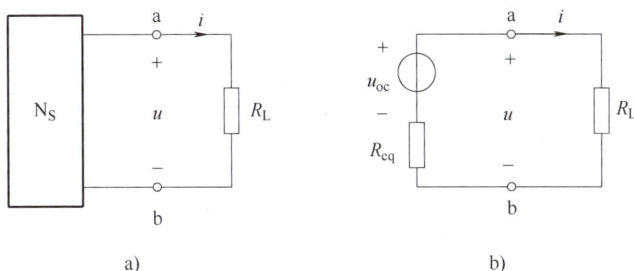

图 2-88　有源一端口网络的戴维南等效电路

因此，当 $R_{\mathrm{L}} = R_{\mathrm{eq}}$ 时，负载电阻可获得的最大功率为

$$p_{\max} \Big|_{R_{\mathrm{L}} = R_{\mathrm{eq}}} = \frac{u_{\mathrm{oc}}^2}{4R_{\mathrm{eq}}}$$

最大功率传输定理：一般情况下，当负载电阻 R_{L} 的功率来自具有内阻为 R_{eq} 的电压源时，负载获得最大功率的条件是负载电阻 R_{L} 等于电源的内阻 R_{eq}。当满足 $R_{\mathrm{L}} = R_{\mathrm{eq}}$ 时，称负载与电源匹配，此时，电源功率的传输效率为 50%。但是，有源一端口网络与其戴维南等效电路内部功率是不等效的，也就是说，由等效电阻 R_{eq} 计算的功率，一般情况下不等于有源一端口网络内部消耗的功率，所以当负载获得最大功率时，其传输效率未必是 50%。在电力系统中，由于传输的功率较大，若按最大功率匹配输电，则有很大的比例消耗在传输和分配过程中，造成浪费，所以应使电源内阻远小于负载电阻。在分析从电源到负载的功率传输问题上，电力系统更关注功率的传输效率。在信号系统中，由于是小功率传输，按最大功率匹配，能最大限度地将信息或数据传输到接收器或负载，所以在功率传输的问题上，更关注信号功率的传输。

如果电源的内阻 R_{eq} 可变而负载电阻 R_{L} 不变时，尽量减小电源内阻，使负载获得的功率增大，当 $R_{\mathrm{eq}} = 0$ 时，负载获得的功率最大。

【例 2-27】　电路如图 2-89a 所示，试求负载电阻 R_{L} 为何值时能获得最大功率，并计算此时电源到负载的传输效率。

解：图 2-89a 所示电路的戴维南等效电路如图 2-89b 所示，

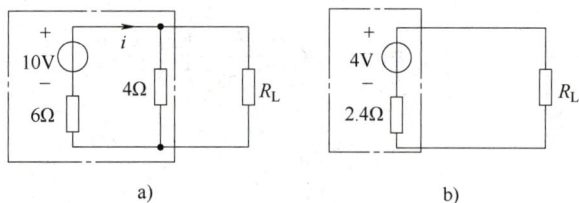

图 2-89 例 2-27 图

$$u_{oc} = \frac{4}{6+4} \times 10V = 4V$$

$$R_{eq} = \frac{6 \times 4}{6+4}\Omega = 2.4\Omega$$

当 $R_L = R_{eq} = 2.4\Omega$ 时，负载电阻 R_L 可获得最大功率为

$$p_{max} = \frac{u_{oc}^2}{4R_{eq}} = \frac{4^2}{4 \times 2.4}W = \frac{5}{3}W$$

此时，10V 电源所在支路的电流为

$$i = \frac{10}{6+4 // 2.4}A = \frac{4}{3}A$$

10V 电源输出的功率为

$$p_S = 10V \times \frac{4}{3}A = \frac{40}{3}W$$

所以，电源到负载的传输效率为

$$\eta = \frac{p_{max}}{p_S} \times 100\% = \frac{5/3}{40/3} \times 100\% = 12.5\%$$

习题

2-1 计算图 2-90 所示电路的输入电阻 R_{ab}。

2-2 计算图 2-91 所示电路的输入电阻 R_{ab}。

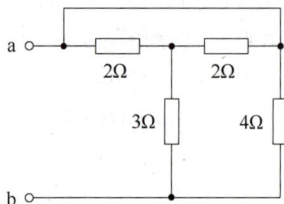

图 2-90 题 2-1 图

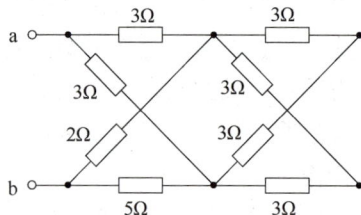

图 2-91 题 2-2 图

2-3 计算图 2-92 所示电路的电阻 R_1、R_2、R_3、R_4。

2-4 计算图 2-93 所示电路中节点 a 的电压。

2-5 计算图 2-94 所示电路中的电流 I。

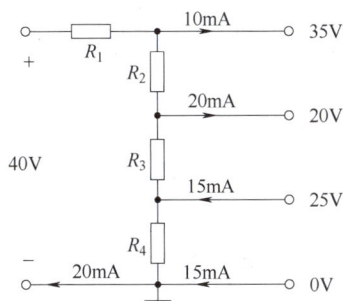

图 2-92　题 2-3 图

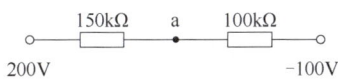

图 2-93　题 2-4 图

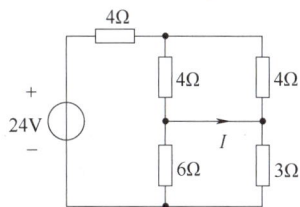

图 2-94　题 2-5 图

2-6　计算图 2-95 所示电路的等效电阻 R_{ab}。

2-7　电路如图 2-96 所示，设 A、D 间开路，计算 U_{AB}、U_{BC} 和 U_{CD}。

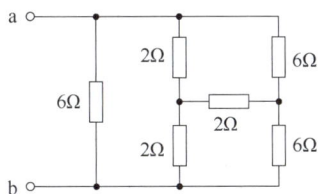

图 2-95　题 2-6 图

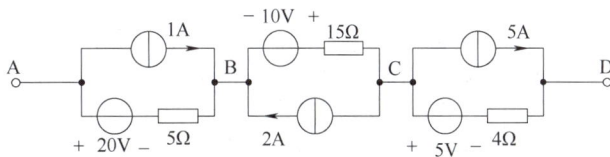

图 2-96　题 2-7 图

2-8　计算图 2-97 所示电路中的电压 U_2。

2-9　计算图 2-98 所示电路中的电流 I 和电压 U。

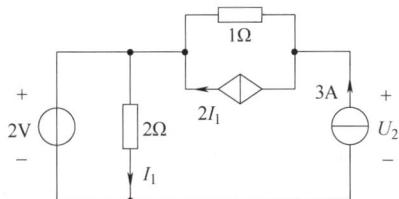

图 2-97　题 2-8 图

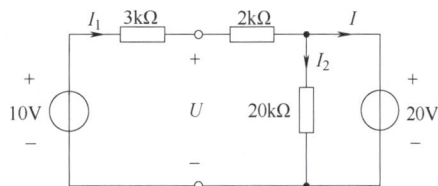

图 2-98　题 2-9 图

2-10　计算图 2-99 所示电路中的电流 I。

2-11　电路如图 2-100 所示，若把 CCVS 变换为控制量为 U_2 的 VCVS，则其电路将如何变化？

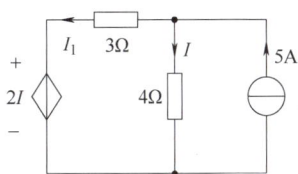

图 2-99　题 2-10 图

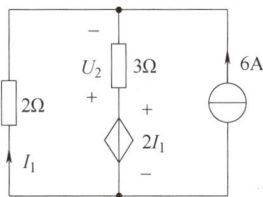

图 2-100　题 2-11 图

2-12　用支路电流法求解图 2-101 所示电路中的电流 I。

2-13　用支路电流法求图 2-102 所示电路中的电流 I。

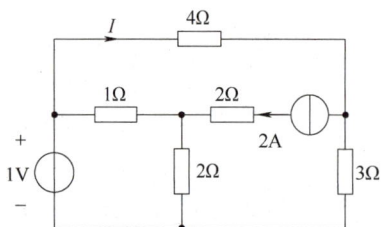

图 2-101　题 2-12 图

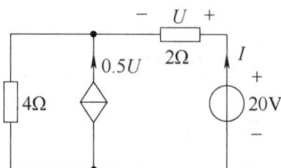

图 2-102　题 2-13 图

2-14　试用回路电流法求图 2-103 所示电路中的 I 及 U。

2-15　试列出图 2-104 所示电路中的节点电压方程、回路电流方程。

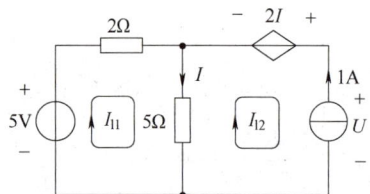

图 2-103　题 2-14 图

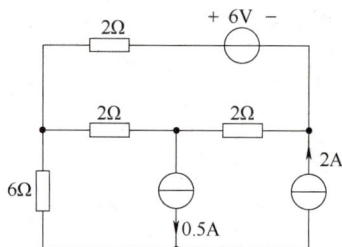

图 2-104　题 2-15 图

2-16　试列出图 2-105 所示电路中的节点电压方程、网孔电流方程。

2-17　列出图 2-106 所示电路的回路电流方程，并求 μ 为何值时电路无解。

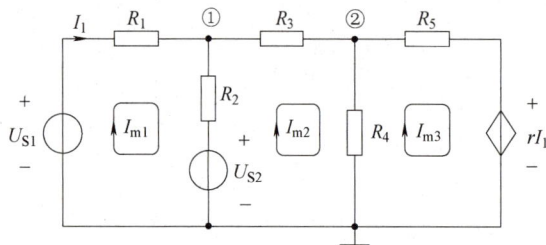

图 2-105　题 2-16 图

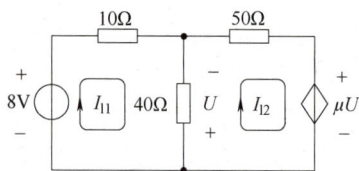

图 2-106　题 2-17 图

2-18　计算图 2-107 所示电路中的 I_4、U_1。

2-19　选择合适的方法计算图 2-108 所示电路中的电流 I。

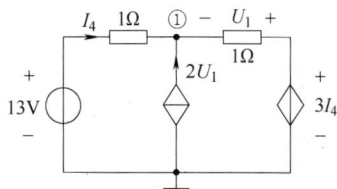

图 2-107　题 2-18 图

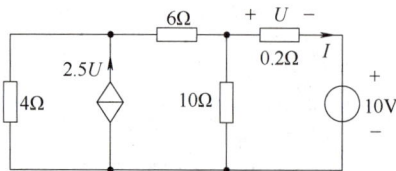

图 2-108　题 2-19 图

2-20　图 2-109 所示电路的网孔电流方程为 $\begin{cases} 300I_1 - 200I_2 = 3 \\ 100I_1 + 1000I_2 = 20 \end{cases}$，试补上电路图中方框内可能的电路结构

和参数。

2-21　已知某电路的节点电压方程为 $\begin{cases} 3U_1 - U_2 - U_3 = 1 \\ -U_1 + 3U_2 - U_3 = 0 \\ -U_1 - U_2 + 3U_3 = -1 \end{cases}$ ，画出与之相应的一种可能的电路结构形式。

2-22　电路如图 2-110 所示。当 $U_S = 10V$ 时，$I = 5A$；当 $U_S = -10V$ 时，$I = -15A$。计算当 $U_S = 7V$ 时的电流 I。

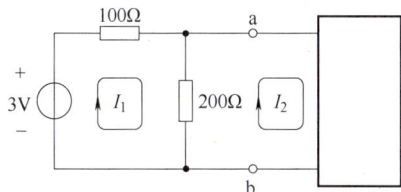

图 2-109　题 2-20 图

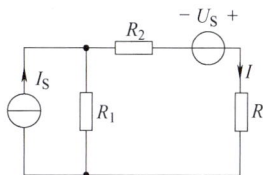

图 2-110　题 2-22 图

2-23　用叠加定理计算图 2-111 所示电路的电压 u。

2-24　图 2-112 所示电路中，N 为线性电路，且 $R = 10\Omega$。当 $u_S = 0$，$i_S = 0$ 时，$u = 5V$；当 $u_S = 0$，$i_S = 2A$ 时，$u = 8V$；当 $u_S = 10V$，$i_S = 0$ 时，$u = 6V$。计算当 $u_S = 4V$，$i_S = 6A$ 时的电流 i。

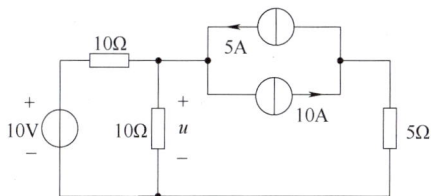

图 2-111　题 2-23 图

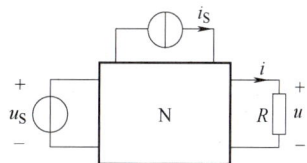

图 2-112　题 2-24 图

2-25　计算图 2-113 所示电路的戴维南等效电路。

2-26　计算图 2-114 所示电路的戴维南等效电路。

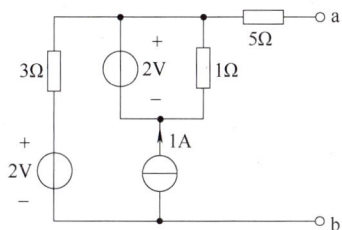

图 2-113　题 2-25 图

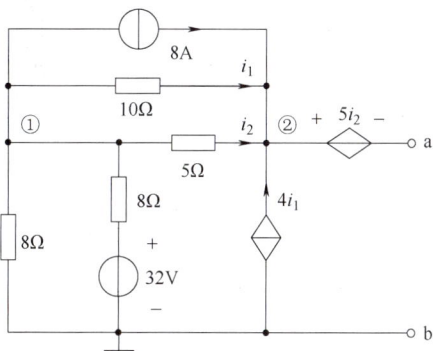

图 2-114　题 2-26 图

2-27　计算图 2-115 所示电路的诺顿等效电路。

2-28　求图 2-116 所示电路的戴维南等效电路和诺顿等效电路。

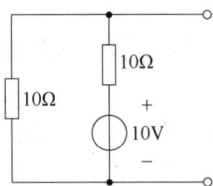

图 2-115　题 2-27 图

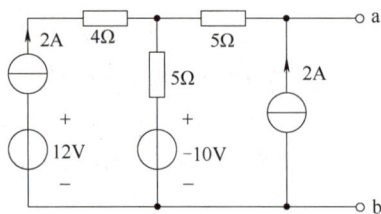

图 2-116　题 2-28 图

2-29　计算图 2-117 所示电路的戴维南等效电路和诺顿等效电路。

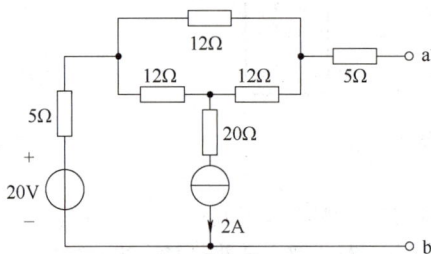

图 2-117　题 2-29 图

2-30　图 2-118 所示电路中，计算 R 为多大时可以获得最大功率，其最大功率为多少，此时电路的效率是多少。

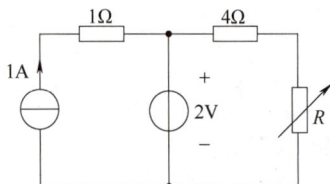

图 2-118　题 2-30 图

答案详解 2

第 3 章

正弦交流电路

"交流"是对交流电的简称，一般是指大小和方向随时间作周期性变化的电压或电流参量。随时间做周期性变化的量，称为周期量，否则称为非周期量。当周期量在一个周期内的平均值为零时，称为交流量。在交流量中，正弦交流量的应用最为广泛如图 3-1 所示。正弦交流量简称为正弦量，其数值随时间按正弦规律变化，如电压、电流、磁通、电荷等。由于本书主要涉及电压和电流，所以规定按正弦规律变化的电压和电流称为正弦量。在线性电路中，如果全部的激励都是同频的正弦量，则电路的全部稳态响应也是同频的正弦量，这类电路称为正弦交流电路。实际上，工程所用的交流量通常是按正弦规律变化的，所以也把正弦交流电路简称为交流电路。

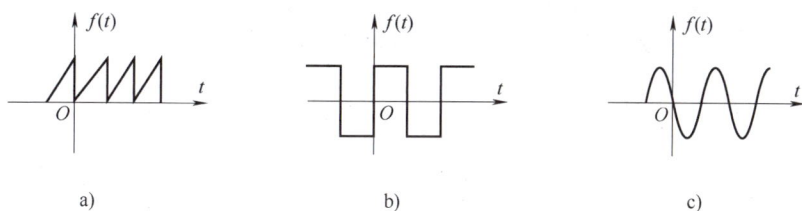

图 3-1 周期量、交流量和正弦量
a）周期量　b）交流量　c）正弦交流量

正弦量广泛应用的原因是：

1）目前世界上电能的产生、输送和应用大多采用正弦电流的形式。在发电方面，与直流发电机相比，交流发电机构造简单、价格便宜、使用和维修方便、效率高、性价比高；在输电方面，交流电可使用变压器进行升压或降压，通过升压可实现高效率的远距离输电，通过降压可实现安全用电；在用电方面，三相交流异步电动机结构简单、运行可靠，是目前使用最为广泛的电动机，即使在必须用直流电的场合，如工业电解和电镀等，也可以利用整流设备，将交流电转换为直流电。

2）分析计算简单。正弦交流量是最简单的交流量，正弦交流量与常数相乘后其结果仍为正弦交流量；对正弦交流量进行微分、积分运算后其结果仍为同频的正弦交流量；同频的正弦交流量进行求和等运算后其结果仍为同频的正弦交流量。

3）学习正弦交流电路是研究其他非正弦周期电路的基础。利用数学工具将非正弦周期量分解为频率不同的正弦量之和，再利用线性电路的叠加性求解电路响应，这样可以大大降低分析和计算过程的难度。

在交流电路中，电压和电流都是随时间按正弦规律变化的，这将会引起电路周围电场和磁场的变化，在分析电路时，不仅要考虑电阻元件，还要考虑电容和电感元件在电路中的作用，这就使交流电路的分析和计算过程要比直流电路复杂得多。为了简化电路的分析和计算过程，交流电路引入复数来表示正弦量，将时域内复杂的数学运算转换为复数域的代数运算，并应用第 2 章介绍的分析方法求解交流电路的时域响应，这种分析方法称为相量法。在学习时应注意交、直流电路的对比。

本章包含四个部分：

第一部分为交流电路的基础。内容包括正弦量的三要素，正弦量的相量表示，基尔霍夫定律的相量形式，R、L、C 元件伏安关系的相量形式。

第二部分为交流电路的分析。内容包括复数阻抗和复数导纳的概念、RLC 串联电路、GCL 并联电路、正弦稳态电路的分析方法和电路定理在交流电路中的应用等。

第三部分为交流电路的功率。内容包括瞬时功率、有功功率、无功功率、视在功率、复功率和最大功率传输。

第四部分为谐振电路。内容包括串联谐振和并联谐振。

学习目标：

1. 掌握正弦量的相量表示。
2. 掌握基尔霍夫定律和 R、L、C 元件伏安关系的相量形式。
3. 理解并应用相量法对正弦交流电路进行简单分析。

3.1　正弦量

3.1.1　正弦量的基本概念

正弦量的表示方式有两种，一种是波形图，如图 3-2 所示，另一种是解析式。正弦量的解析式可用正弦函数或余弦函数表示，本书采用余弦函数表示正弦量。下面以正弦电流为例来学习正弦量的表示方法和基本特征。正弦电流的表达式为

正弦量的基本概念

$$i(t) = I_m \cos(\omega t + \psi_i) \tag{3-1}$$

由式（3-1）看出，当正弦量的 I_m、ω 和 ψ_i 被确定后，正弦电流 $i(t)$ 也就被确定了，因此称这 3 个物理量为正弦量的 3 个要素。

1）瞬时值：表示正弦量中任意瞬时的值。用小写字母表示，如电流用 $i(t)$ 表示，电压用 $u(t)$ 表示。由于交流电路中物理量都是时间的函数，所以经常将 t 省略，如 $i(t)$ 简写为 i 的形式。

2）最大值：表示正弦量中最大的值，也称振幅或幅值。用附有下标 m 的大写字母表示，如式（3-1）中 I_m 为瞬时电流 $i(t)$ 的幅值，那么瞬时电压 $u(t)$ 的幅值为 U_m。

最大值是正弦量瞬时变化过程中最大的值，它表示正弦量的变化范围。最大值虽然可以表征正弦量的数值特征，但最大值不能直接反映正弦量的实际作用效果。如同评定一个班级的学习成绩，不能用班级中的最高成绩，而是用班级的平均成绩来衡量一样。电路中用有效值来反映正弦量的实际作用效果。

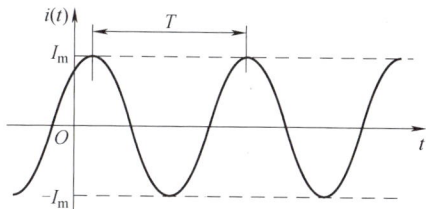

图 3-2 正弦量的波形图

3）有效值：假设一个周期电流和一个直流电流，分别通过两个相同的电阻，如果在周期电流的一个周期内二者产生的热量相等，则说明这两个电流是等效的，把直流电流的数值规定为周期电流的有效值，用大写字母表示，如 $i(t)$ 的有效值为 I，$u(t)$ 的有效值为 U。

根据上述概念有

$$I^2 RT = R \int_0^T i^2 \mathrm{d}t$$

$$I = \sqrt{\frac{1}{T} \int_0^T i^2 \mathrm{d}t} \tag{3-2}$$

将式（3-1）代入式（3-2）得到正弦量的有效值与最大值的关系为

$$I = \sqrt{\frac{1}{T} \int_0^T I_m^2 \cos^2(\omega t + \psi_i) \mathrm{d}t} = \sqrt{\frac{1}{T} I_m^2 \int_0^T \frac{1 + \cos 2(\omega t + \psi_i)}{2} \mathrm{d}t} = \frac{I_m}{\sqrt{2}}$$

工程上凡是谈到周期电流或电压的数值时，若无特殊声明，总是指有效值。一般交流测量仪器上所标注的电流和电压也是指有效值，如在低压配电系统中 220V、380V 均是指有效值。在引入有效值后，可以用有效值代替最大值，成为正弦量的三要素之一，如正弦电流可以写为

$$i(t) = \sqrt{2} I \cos(\omega t + \psi_i)$$

应当指出，并非在一切场合都是用有效值来表征正弦量的大小。例如，在确定各种电气设备的耐压时，应该按最大值来考虑。

4）相位：表示正弦量在任一瞬时的电角度，也叫相位角，如式（3-1）中的（$\omega t + \psi_i$）。相位反映正弦量变化的进程。正弦量的大小和方向是随时间而变的，在一个周期内，它从正最大值变到零，从零变到负最大值，又从负最大值变到零，从零变到正最大值。相位决定了正弦量在任意时刻的状态，表现为数值的不同、正负的不同和变化趋势的不同。因此，相位是区别两个同频正弦量的重要标志之一。

① 角频率（ω）：表示相位随时间变化的速率。

$$\omega = \frac{\mathrm{d}(\omega t + \psi_i)}{\mathrm{d}t}$$

单位为弧度/秒（rad/s）。角频率反映正弦量随时间变化的快慢。

描述正弦量随时间变化快慢的物理量，除了角频率外，还有周期（T）和频率（f）。周期是指正弦量变化一个循环所需的时间，单位为秒（s）。频率是指单位时间内正弦量变化

所完成的循环数，单位为赫兹（Hz）或 1/秒（1/s）。频率和周期的关系为

$$f = \frac{1}{T}$$

设正弦量变化一个周期对应的电角度为 2π 弧度，则有

$$\omega = \frac{2\pi}{T} = 2\pi f$$

我国电力系统的标准频率为 50Hz，也称工频。当 $f = 50$Hz 时，$\omega = 314$rad/s，$T = 0.02$s。引入 ω 后，坐标轴的横轴可以由时间 t 变为相位 ωt，反映的是正弦量随相位的变化规律，如图 3-3 所示。

② 初相（ψ_i）：表示正弦量在 $t = 0$ 时的相位。正弦电流的初相为

$$\psi_i = \omega t + \psi_i \big|_{t=0}$$

其主值范围为 $|\psi_i| < \pi$。初相有正负之分，由正弦量的正最大值和计时起点的相对位置确定。计时起点为 $t = 0$ 时的点，通常是坐标原点。设正弦量距计时起点最近的正最大值点为 a，则 a 到坐标原点 O 的距离为初相。当 a 在原点 O 的左侧时，如图 3-3a 所示，由于初相是从 a 走向原点，与横轴的正方向一致，所以初相为正值，即 $\psi_i > 0$；当 a 在原点 O 的右侧时，如图 3-3b 所示，由于初相是从 a 走向原点，与横轴的正方向相反，所以初相为负值，即 $\psi_i < 0$；当 a 在纵轴上时，如图 3-3c 所示，初相为"零"，即 $\psi_i = 0$。

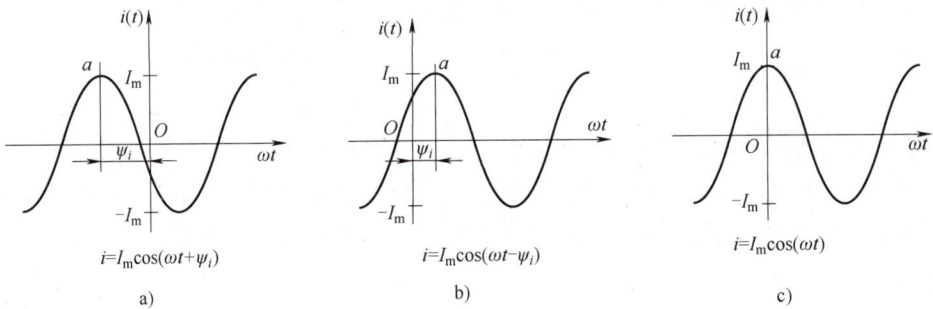

图 3-3　初相

a）$\psi_i > 0$　b）$\psi_i < 0$　c）$\psi_i = 0$

5）相位差：任意两个同频正弦量相位之差，称为相位差，用 φ 表示。相位差描述的是两个正弦量之间的相位关系，如 $i_1 = I_{1m}\cos(\omega t + \psi_1)$ 和 $i_2 = I_{2m}\cos(\omega t + \psi_2)$ 的相位差为

$$\varphi = (\omega t + \psi_1) - (\omega t + \psi_2) = \psi_1 - \psi_2$$

可见，虽然正弦量的相位是时间的函数，但同频正弦量相位之差却是一个常数。如果两个同频正弦量的相位差为零，则称这两个正弦量同相，如图 3-4a 所示；如果 $\varphi = \psi_1 - \psi_2 > 0$，则称 i_1 超前于 i_2 或 i_2 滞后于 i_1，超前和滞后是相对的概念，若取两个正弦量的最大值进行比较，那么先到达最大值的正弦量为超前，后到达的为滞后，如图 3-4b 所示；如果两个正弦量的相位差为 $\pm 90°$，则称这两个正弦量正交，如图 3-4c 所示；如果两个正弦量的相位差为 $\pm 180°$，则称这两个正弦量反相，如图 3-4d 所示。

为了便于比较电路中各个正弦量之间的关系，通常假定任意一个正弦量的正最大值为计时起点，则对应的正弦量为

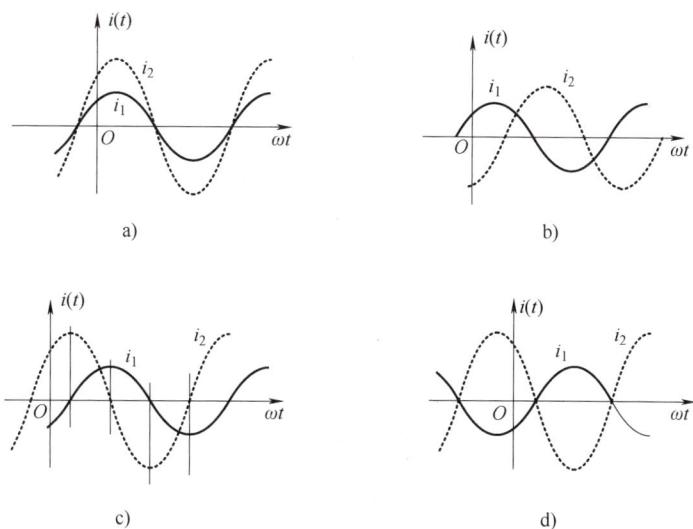

图 3-4　两个正弦量之间的相位关系

a) i_1 与 i_2 同相　b) i_1 超前 i_2　c) i_1 与 i_2 正交　d) i_1 与 i_2 反相

$$i = I_m \cos\omega t \tag{3-3}$$

式（3-3）是初相为零的正弦量，把初相为零的正弦量称为参考正弦量。因为在同一个问题中只能有一个计时起点，所以除了参考正弦量的初相为零之外，其余各正弦量都可能有一定的初相。

【例 3-1】　已知 $u(t) = 5\sqrt{2}\cos(70t - 45°)\,\text{V}$，$i(t) = 20\cos(70t + 60°)\,\text{A}$，求这两个正弦量的幅值、有效值以及这两个正弦量的相位差。

解：（1）电压 u 的幅值 $U_m = 5\sqrt{2}\,\text{V}$，有效值 $U = 5\,\text{V}$。

（2）电流 i 的幅值 $I_m = 20\,\text{A}$，有效值为 $I = \dfrac{20}{\sqrt{2}}\,\text{A} = 10\sqrt{2}\,\text{A}$。

（3）电压与电流的相位差为两个正弦量的初相之差，即

$$\varphi = \psi_u - \psi_i = -45° - 60° = -105°$$

【例 3-2】　电路如图 3-5a 所示。已知 $i_1 = I_{1m}\cos\left(\omega t + \dfrac{3}{4}\pi\right)\,\text{A}$，$i_2 = I_{2m}\sin\left(\omega t + \dfrac{\pi}{4}\right)\,\text{A}$。
（1）计算两个正弦量的相位差。（2）若将电流 i_2 反向，如图 3-5b 所示，再计算这两个正弦量的相位差。

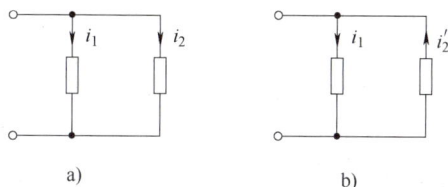

图 3-5　例 3-2 图

解：先将 i_2 变为余弦函数，再求相位差。

$$i_2 = I_{2m}\sin\left(\omega t + \frac{\pi}{4}\right)\text{A} = I_{2m}\cos\left(\omega t - \frac{\pi}{4}\right)\text{A}$$

（1）图 3-5a 所示电路，i_1 与 i_2 的相位差为

$$\varphi = \frac{3}{4}\pi - \left(-\frac{\pi}{4}\right) = \pi$$

所以，i_1 与 i_2 反相。

（2）若将电流 i_2 反向，则

$$i_2' = -i_2 = -I_{2m}\cos\left(\omega t - \frac{\pi}{4}\right)\text{A} = I_{2m}\cos\left(\omega t + \frac{3\pi}{4}\right)\text{A}$$

i_1 与 i_2' 的相位差为

$$\varphi' = \frac{3}{4}\pi - \frac{3}{4}\pi = 0$$

所以，i_1 与 i_2' 同相。

3.1.2　复数

一个正弦量是由振幅（有效值）、角频率（频率）和初相这 3 个物理量描述的。在分析正弦交流电路时，由于正弦激励的稳态响应是与激励同频的正弦量，所以角频率 ω 被看成响应和激励共同的已知要素，在计算时，只要确定振幅（有效值）和初相这两个要素，就可以求解电路。相量法是引用复数将这两个要素有机地联系在一起。在介绍一个正弦量的振幅（有效值）和初相是如何用一个复数全面地表示出来之前，首先复习复数的相关知识。

1. 复数的几种表示形式

一个复数 F 一般可写为

$$F = a + jb \tag{3-4}$$

式中，a 为复数 F 的实部，表示为

$$a = \text{Re}[F]$$

b 为复数 F 的虚部，表示为

$$b = \text{Im}[F]$$

由于电路中用 i 表示电流，所以在此用 j 表示虚数单位，即 $j = \sqrt{-1}$。在直角坐标系中，横轴表示复数的实部，称为实轴，记作"+1"；纵轴表示复数的虚部，称为虚轴，记作"+j"。这个直角坐标系称为复平面。复数可以用复平面上坐标为 (a,b) 的点或用从原点指向点 (a,b) 的平面矢量来表示，如图 3-6 所示。

矢量的长度称为复数 F 的模，记作 $|F|$，矢量与正实轴的夹角为复数 F 的辐角 θ。在 $F \neq 0$ 的辐角中，把 $-\pi < \theta \leq \pi$ 称为辐角的主值，当 $F = 0$ 时，$|F| = 0$ 而辐角不确定。从实轴开始绕原点逆时针方向旋转时辐角为正，顺时针方向旋转时辐角为负。复数在实轴上的投影为 a，在虚轴上的投影为 b，则 a、b、$|F|$ 和 θ 之间的关系为

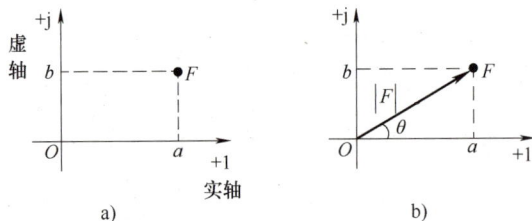

图 3-6　复平面上的复数

a）复数用坐标点表示　b）复数用矢量表示

$$|F| = \sqrt{a^2 + b^2}$$

$$\theta = \arctan \frac{b}{a}$$

$$a = |F|\cos\theta \tag{3-5}$$

$$b = |F|\sin\theta \tag{3-6}$$

把式（3-4）称为复数的直角坐标形式或代数形式。将式（3-5）和式（3-6）代入式（3-4）中，便可以得到复数的三角形式为

$$F = |F|(\cos\theta + \mathrm{j}\sin\theta) \tag{3-7}$$

将欧拉公式 $\mathrm{e}^{\mathrm{j}\theta} = \cos\theta + \mathrm{j}\sin\theta$ 代入式（3-7）中便可以得到复数的指数形式为

$$F = |F|\mathrm{e}^{\mathrm{j}\theta} \tag{3-8}$$

指数形式简写成模与辐角乘积的形式，称为极坐标形式，即

$$F = |F|\underline{/\theta} \tag{3-9}$$

复数的各种表示形式之间可以相互转换，以适应不同问题的需要。

2. 复数的基本运算

复数的加减运算采用代数形式进行。设 $F_1 = a_1 + \mathrm{j}b_1$，$F_2 = a_2 + \mathrm{j}b_2$，则

$$F_1 \pm F_2 = (a_1 \pm a_2) + \mathrm{j}(b_1 \pm b_2)$$

两个复数的加减运算也可以在复平面上用平行四边形法则作图进行，如图 3-7a、b 所示。

复数相乘的运算，如果采用代数形式进行，有

$$F_1 F_2 = (a_1 + \mathrm{j}b_1)(a_2 + \mathrm{j}b_2) = (a_1 a_2 - b_1 b_2) + \mathrm{j}(a_1 b_2 + a_2 b_1)$$

如果采用指数形式或极坐标形式进行，则有

$$F_1 F_2 = |F_1||F_2|\mathrm{e}^{\mathrm{j}(\theta_1 + \theta_2)} = |F_1||F_2|\underline{/\theta_1 + \theta_2}$$

如图 3-7c 所示，$F_1 F_2$ 表示从 F_1 逆时针旋转一个 θ_2 角，在长度上为伸长（或缩短）到 $|F_2|$ 倍。当 $|F_2| = 1$ 时，$F_1 F_2$ 只是从 F_1 逆时针旋转 θ_2 角，长度仍为 $|F_1|$。

复数相除的运算，如果采用代数形式进行，有

$$\frac{F_1}{F_2} = \frac{a_1 + \mathrm{j}b_1}{a_2 + \mathrm{j}b_2} = \frac{(a_1 + \mathrm{j}b_1)(a_2 - \mathrm{j}b_2)}{a_2^2 + b_2^2} = \frac{a_1 a_2 + b_1 b_2}{a_2^2 + b_2^2} + \mathrm{j}\frac{a_2 b_1 - a_1 b_2}{a_2^2 + b_2^2}$$

如果采用指数形式或极坐标形式进行，则有

$$\frac{F_1}{F_2} = \frac{|F_1|}{|F_2|}\mathrm{e}^{\mathrm{j}(\theta_1 - \theta_2)} = \frac{|F_1|}{|F_2|}\underline{/\theta_1 - \theta_2}$$

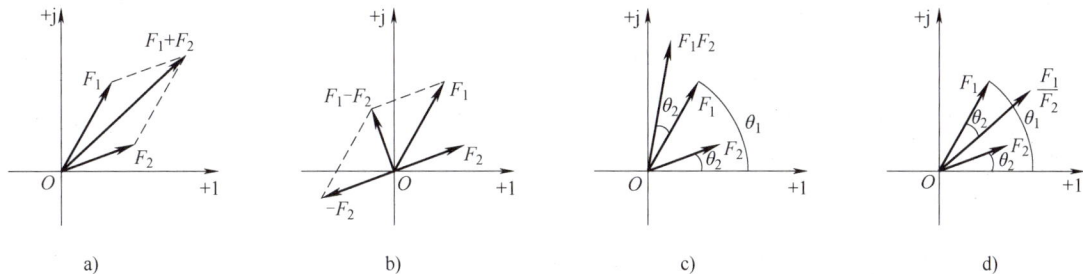

图 3-7　复数的基本运算

a）两个复数之和　b）两个复数之差　c）两个复数相乘　d）两个复数相除

如图 3-7d 所示，$\dfrac{F_1}{F_2}$ 表示从 F_1 顺时针旋转一个 θ_2 角，在长度上为伸长（或缩短）到 $|F_2|$ 倍。

如果两个复数的模相等、辐角相反，或者说两个复数实部相等、虚部相反，称这两个复数为共轭复数，如 $F = a+jb = |F| \angle \psi$ 的共轭复数为 $F^* = a-jb = |F| \underline{/-\psi}$。互为共轭的两个复数相乘为一个实数，即

$$FF^* = |F| \underline{/\psi}\, F \underline{/-\psi} = |F||F| = a^2+b^2 = |F|^2$$

3.1.3 正弦量的相量表示

正弦量的相量表示

复数 $e^{j\theta}$ 的模为 1，辐角为 θ。当 $\theta = 0°$ 时，$e^{j0} = \cos0 + j\sin0 = 1$；当 $\theta = 90°$ 时，$e^{j90°} = \cos90° + j\sin90° = j$；当 $\theta = -90°$ 时，$e^{j(-90°)} = -j$；当 $\theta = \pm180°$ 时，$e^{j\pm180°} = -1$；当 $\theta = \omega t$ 时，$e^{j\omega t} = \cos\omega t + j\sin\omega t$，$e^{j\omega t}$ 为在复平面上随着时间以角速度 ω 绕坐标原点匀速旋转的矢量，因此称之为旋转因子。若任意复数 $F = |F| e^{j\psi}$ 乘以 $e^{j\omega t}$，可得

$$Fe^{j\omega t} = |F| e^{j(\omega t+\psi)} = |F| \underline{/\omega t+\psi}$$

式中，$Fe^{j\omega t}$ 称为复指数函数，其模仍为 $|F|$，辐角为 $(\omega t+\psi)$。当 $t=0$ 时，$Fe^{j\omega t} = F$，随着 t 由零增加，$Fe^{j\omega t}$ 在复平面上从初始位置（F 的位置）以角速度 ω 绕坐标原点匀速旋转，因此也称 $Fe^{j\omega t}$ 为旋转矢量。旋转矢量的实部为

$$\text{Re}[Fe^{j\omega t}] = |F| \cos(\omega t+\psi) \tag{3-10}$$

旋转矢量的虚部为

$$\text{Im}[Fe^{j\omega t}] = |F| \sin(\omega t+\psi)$$

可以看出，式（3-10）是一个余弦函数。如果将旋转矢量的模与正弦量的幅值对应，旋转矢量的辐角与正弦量的相位对应，则正弦量的幅值和相位就可以用复数 F 表示出来了，这样正弦量之间复杂的数学运算就可以转换为复数之间的代数运算。

设正弦量 $i(t) = I_m\cos(\omega t+\psi_i)$，则

$$i(t) = I_m\cos(\omega t+\psi_i) = \text{Re}[I_m \underline{/\psi_i}\, e^{j\omega t}]$$

$i(t)$ 可以看成旋转矢量 $I_m \underline{/\psi_i}\, e^{j\omega t}$ 在实轴上的投影。这样，$I_m \underline{/\psi_i}$ 就是一个复数，正弦量 $i(t)$ 的幅值与 I_m 对应，正弦量 $i(t)$ 的初相与 ψ_i 对应。由于正弦电路中各正弦量都具有相同的角频率，所以每个表示正弦量的旋转矢量都有相同的旋转因子 $e^{j\omega t}$，因此在用复数表示正弦量时，可以将 $e^{j\omega t}$ 省略，即只用 $I_m \underline{/\psi_i}$ 表示正弦量 $i(t)$ 的幅值和初相。为了与其他复数相区别，把表示正弦量的复数称为相量。按照相量的定义，复数 $I_m \underline{/\psi_i}$ 为正弦量 $i(t)$ 的相量，用 $\dot{I}_m$ 表示，即

$$\dot{I}_m = I_m \underline{/\psi_i} \tag{3-11}$$

称式（3-11）为电流的幅值相量。如果表示正弦量的复数，其模为正弦量的有效值，则称为有效值相量，用 $\dot{I}$ 表示，即

$$\dot{I} = I \underline{/\psi_i}$$

同理，电压 $u = U_m\cos(\omega t+\psi_u)$ 的幅值相量为

$$\dot{U}_m = U_m \underline{/\psi_u}$$

有效值相量为

$$\dot{U} = U \underline{/\psi_u}$$

图 3-8 说明了旋转矢量与正弦量的对应关系。当 $t = 0$ 时，旋转矢量与实轴的夹角为 ψ，它在实轴上的投影为 $I_m\cos\psi$，恰好对应 $t = 0$ 时电流的瞬时值；当 $t = t_1$ 时，旋转矢量逆时针旋转，与实轴的夹角为 $\omega t_1 + \psi$，此时在实轴上的投影为 $I_m\cos(\omega t_1 + \psi)$，恰好对应 $t = t_1$ 时电流的瞬时值，随着 t 的增大，旋转矢量继续逆时针旋转，每一时刻在实轴上的投影都对应电流在该时刻的瞬时值，图形为正弦曲线，因此可以用旋转矢量表示正弦量。

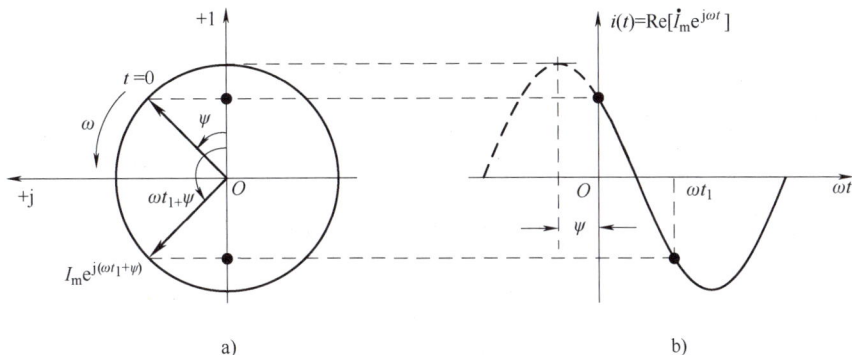

图 3-8　旋转矢量与正弦量的对应关系
a）复平面的旋转矢量　b）正弦量

【例 3-3】　写出 $i = 10\sqrt{2}\cos(314t + 90°)\,\mathrm{A}$ 和 $u = 220\sqrt{2}\cos(314t - 30°)\,\mathrm{V}$ 的有效值相量。

解： 有效值相量为正弦量有效值与初相的乘积形式，即

$$\dot{I} = 10\underline{/90°}\,\mathrm{A}, \quad \dot{U} = 220\underline{/-30°}\,\mathrm{V}$$

【例 3-4】　设频率为 100Hz 的电流和电压相量分别为 $\dot{I}_1 = 7.07e^{j30°}\,\mathrm{A}$，$\dot{I}_{2m} = 5\underline{/70°}\,\mathrm{A}$，$\dot{U}_{1m} = (3 + j4)\,\mathrm{V}$，$\dot{U}_2 = \sqrt{3}\underline{/-120°}\,\mathrm{V}$，写出它们的瞬时表达式。

解： $\omega = 2\pi f = 628\mathrm{rad/s}$，所以

$$i_1 = 10\cos(628t + 30°)\,\mathrm{A}, \quad i_2 = 5\cos(628t + 70°)\,\mathrm{A}$$

因 $\dot{U}_{1m} = (3 + j4)\,\mathrm{V} = 5\underline{/53.1°}\,\mathrm{V}$，所以

$$u_1 = 5\cos(628t + 53.1°)\,\mathrm{V}, \quad u_2 = \sqrt{6}\cos(628t - 120°)\,\mathrm{V}$$

3.1.4　微分和积分的相量

1. 微分的相量

复数 $e^{j\omega t}$ 的微分为

$$\frac{\mathrm{d}}{\mathrm{d}t}(e^{j\omega t}) = j\omega e^{j\omega t}$$

该式表示将复数 $e^{j\omega t}$ 的模扩大到原数值的 ω，辐角逆时针旋转 90°。

【例 3-5】　写出 $i = I_m\cos(\omega t + \psi_i)$ 微分的相量。

解： $\dfrac{\mathrm{d}i}{\mathrm{d}t} = \dfrac{\mathrm{d}}{\mathrm{d}t}(\mathrm{Re}[\dot{I}_m e^{j\omega t}]) = \mathrm{Re}\left[\dfrac{\mathrm{d}}{\mathrm{d}t}(\dot{I}_m e^{j\omega t})\right] = \mathrm{Re}[j\omega\dot{I}_m e^{j\omega t}]$

式中，$j\omega\dot{I}_m$ 表示电流 i 微分的幅值相量，即微分的相量 = $j\omega$×原相量（电流 i 的相量）。

例如，当电压和电流为关联参考方向时，电感元件的伏安关系可写为 $u_L = L\dfrac{\mathrm{d}i_L}{\mathrm{d}t}$，则其有

效值相量形式为 $\dot{U}_L = \mathrm{j}\omega L\dot{I}_L$；电容元件的伏安关系可写为 $i_C = C\dfrac{\mathrm{d}u_C}{\mathrm{d}t}$，则其有效值相量形式为

$\dot{I}_C = \mathrm{j}\omega C\dot{U}_C$。

2. 积分的相量

复数 $\mathrm{e}^{\mathrm{j}\omega t}$ 的积分为

$$\int_0^t \mathrm{e}^{\mathrm{j}\omega t}\,\mathrm{d}t = \frac{1}{\mathrm{j}\omega}\mathrm{e}^{\mathrm{j}\omega t}$$

该式表示将复数 $\mathrm{e}^{\mathrm{j}\omega t}$ 的模缩小到原数值的 $1/\omega$，辐角顺时针旋转 90°。

【例 3-6】 写出 $i = I_m\cos(\omega t + \psi_i)$ 积分的相量。

解：
$$\int i\,\mathrm{d}t = \int \mathrm{Re}\left[\dot{I}_m\mathrm{e}^{\mathrm{j}\omega t}\right]\mathrm{d}t = \mathrm{Re}\left[\int \left[\dot{I}_m\mathrm{e}^{\mathrm{j}\omega t}\right]\mathrm{d}t\right] = \mathrm{Re}\left[\frac{1}{\mathrm{j}\omega}\dot{I}_m\mathrm{e}^{\mathrm{j}\omega t}\right]$$

式中，$\dfrac{1}{\mathrm{j}\omega}\dot{I}_m$ 表示电流 i 积分的幅值相量，即积分的相量 $=\dfrac{1}{\mathrm{j}\omega}\times$ 原相量（电流 i 的相量）。

例如，当电压和电流为关联参考方向时，电感元件的伏安关系可写为 $i_L = \displaystyle\int_{-\infty}^t \frac{1}{L}u_L\,\mathrm{d}t$，则

其有效值相量形式为 $\dot{I}_L = \dfrac{1}{\mathrm{j}\omega L}\dot{U}_L$；电容元件的伏安关系可写为 $u_C = \displaystyle\int_{-\infty}^t \frac{1}{C}i_C\,\mathrm{d}t$，则其有效值相

量形式为 $\dot{U}_C = \dfrac{1}{\mathrm{j}\omega C}\dot{I}_C$。

3.2 基尔霍夫定律和元件伏安关系的相量形式

3.2.1 基尔霍夫定律的相量形式

在集中参数电路中，任意时刻，对于电路中的任意节点而言，满足

$$\sum i = 0$$

也可以写为

$$i_1 + i_2 + \cdots + i_n = 0$$

设 $i_1 = I_{1m}\cos(\omega t + \psi_{i1})$，$i_2 = I_{2m}\cos(\omega t + \psi_{i2})$，$\cdots$，$i_n = I_{nm}\cos(\omega t + \psi_{in})$，则有

$$\mathrm{Re}\left[\dot{I}_{1m}\mathrm{e}^{\mathrm{j}\omega t}\right] + \mathrm{Re}\left[\dot{I}_{2m}\mathrm{e}^{\mathrm{j}\omega t}\right] + \cdots + \mathrm{Re}\left[\dot{I}_{nm}\mathrm{e}^{\mathrm{j}\omega t}\right] = 0$$

$$\mathrm{Re}\left[\left(\dot{I}_{1m} + \dot{I}_{2m} + \cdots + \dot{I}_{nm}\right)\mathrm{e}^{\mathrm{j}\omega t}\right] = 0$$

$$\dot{I}_{1m} + \dot{I}_{2m} + \cdots + \dot{I}_{nm} = 0$$

或

$$\dot{I}_1 + \dot{I}_2 + \cdots + \dot{I}_n = 0$$

即

$$\sum \dot{I} = 0$$

该式为基尔霍夫电流定律的相量形式，可表述为：在集中参数电路中，任意时刻，对于电路

中的节点而言，流入或流出该节点电流相量的代数和恒为零。

同理，可以得到基尔霍夫电压定律的相量形式为：在集中参数电路中，任意时刻，对于电路中的回路而言，沿着所选择的路径绕行一周，电压相量的代数和恒为零，即

$$\sum \dot{U} = 0$$

【例 3-7】 电路如图 3-9 所示，设 $\dot{I}_1 = 5\underline{/53.1°}\,\text{A}$，$\dot{I}_2 = \sqrt{2}\underline{/45°}\,\text{A}$，计算电流 $\dot{I}$。

解： 根据 KCL 得

$$\dot{I} = \dot{I}_1 + \dot{I}_2$$

代入已知条件，则

$$\dot{I} = 5\underline{/53.1°}\,\text{A} + \sqrt{2}\underline{/45°}\,\text{A}$$
$$= (5\cos53.1° + j5\sin53.1°)\,\text{A} + (\sqrt{2}\cos45° + j\sqrt{2}\sin45°)\,\text{A}$$
$$= (4+j5)\,\text{A}$$

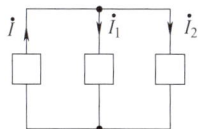

图 3-9　例 3-7 图

3.2.2　电阻元件伏安关系的相量形式

电阻元件的时域模型如图 3-10a 所示。设其端子处的电流和电压为关联参考方向，则电阻元件的伏安关系为

$$u_R = Ri_R \tag{3-12}$$

由于正弦稳态电路中所有的电流和电压均为同频的正弦量，所以设它们的表达式分别为

$$i_R = I_{Rm}\cos(\omega t + \psi_{i_R}) \tag{3-13}$$
$$u_R = U_{Rm}\cos(\omega t + \psi_{u_R}) \tag{3-14}$$

将式（3-13）代入式（3-12）得

$$u_R = I_{Rm}R\cos(\omega t + \psi_{i_R}) \tag{3-15}$$

对比式（3-14）和式（3-15）得电阻元件电压和电流的数值关系为

$$U_{Rm} = RI_{Rm} \text{ 或 } U_R = RI_R$$

相位关系为

$$\psi_{u_R} = \psi_{i_R}$$

即电阻元件的电压和电流同相位，其波形如图 3-10b 所示。

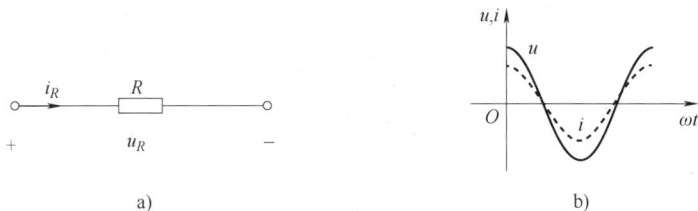

a)　　　　　　　　　　b)

图 3-10　电阻元件的时域模型及其电流和电压波形图

由式（3-14）写出 u_R 的幅值相量为

$$\dot{U}_{Rm} = U_{Rm}\underline{/\psi_{u_R}}$$

于是可得电阻元件伏安关系的幅值相量形式为

$$\dot{U}_{Rm} = R\dot{I}_{Rm} \text{ 或 } \dot{I}_{Rm} = G\dot{U}_{Rm}$$

其有效值相量形式为

$$\dot{U}_R = R\dot{I}_R \text{ 或 } \dot{I}_R = G\dot{U}_R \tag{3-16}$$

根据式（3-16）可得电阻元件的相量模型如图 3-11a 所示。在复平面上，任意给出电流（或电压）相量的位置，电压（或电流）相量与电流（或电压）相量同相位，如图 3-11b 所示。像这种按一定的大小和相位关系画出多个同频相量的图形称为相量图。

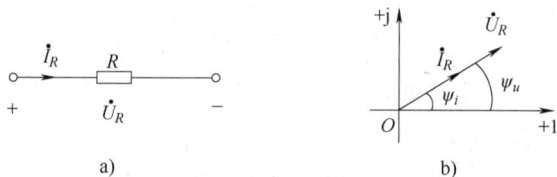

图 3-11　电阻元件的相量模型及其相量图

3.2.3　电感元件伏安关系的相量形式

电感元件的时域模型如图 3-12a 所示。设其端子处的电流和电压为关联参考方向，则电感元件的伏安关系为

$$u_L = L\frac{di_L}{dt} \tag{3-17}$$

设电感元件电流和电压的瞬时表达式分别为

$$i_L = I_{Lm}\cos(\omega t + \psi_{i_L}) \tag{3-18}$$

$$u_L = U_{Lm}\cos(\omega t + \psi_{u_L}) \tag{3-19}$$

将式（3-18）代入式（3-17）得

$$u_L = L\frac{d}{dt}[I_{Lm}\cos(\omega t + \psi_{i_L})] = \omega L I_{Lm}\cos\left(\omega t + \psi_{i_L} + \frac{\pi}{2}\right) \tag{3-20}$$

由式（3-20）可知，电感元件的电流和电压是同频的正弦量，对比式（3-19）和式（3-20）得电感元件电压和电流的数值关系为

$$U_{Lm} = \omega L I_{Lm}$$

相位关系为

$$\psi_{u_L} = \psi_{i_L} + \frac{\pi}{2}$$

即电感元件的电压超前电流 90°，其波形如图 3-12b 所示。

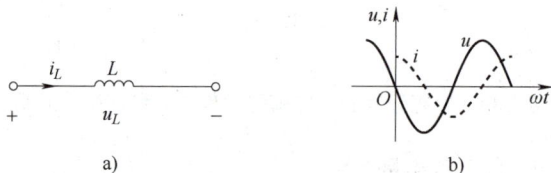

图 3-12　电感元件的时域模型及其电流和电压波形图

由式（3-19）写出 u_L 的幅值相量为

$$\dot{U}_{Lm} = U_{Lm}\underline{/\psi_{u_L}}$$

代入电感元件电压与电流的数值关系和相位关系得

$$\dot{U}_{Lm}=\omega L I_{Lm}\underline{/\psi_{i_L}+\pi/2}$$

于是可得电感元件伏安关系的幅值相量形式为

$$\dot{U}_{Lm}=\mathrm{j}\omega L\dot{I}_{Lm}\text{或}\,\dot{I}_{Lm}=\frac{1}{\mathrm{j}\omega L}\dot{U}_{Lm} \qquad (3\text{-}21)$$

其有效值相量形式为

$$\dot{U}_{L}=\mathrm{j}\omega L\dot{I}_{L}\text{或}\,\dot{I}_{L}=\frac{1}{\mathrm{j}\omega L}\dot{U}_{L} \qquad (3\text{-}22)$$

根据式（3-22）可得电感元件的相量模型如图 3-13a 所示，在复平面上，任意给出电流 $\dot{I}_L$ 的位置，电压 $\dot{U}_L$ 超前电流 $\dot{I}_L$ 90°，相量图如图 3-13b 所示。

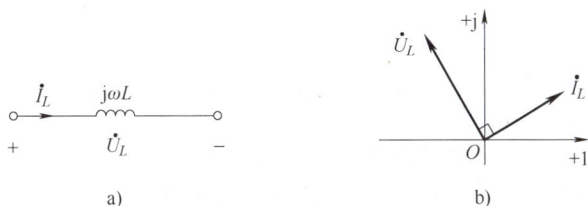

图 3-13　电感元件的相量模型及其相量图

3.2.4　电容元件伏安关系的相量形式

电容元件的时域模型如图 3-14a 所示。设其端子处的电流和电压为关联参考方向，则电容元件的伏安关系为

$$i_{C}=C\frac{\mathrm{d}u_{C}}{\mathrm{d}t} \qquad (3\text{-}23)$$

设电容元件电压和电流的瞬时表达式分别为

$$u_{C}=U_{Cm}\cos(\omega t+\psi_{u_{C}}) \qquad (3\text{-}24)$$

$$i_{C}=I_{Cm}\cos(\omega t+\psi_{i_{C}}) \qquad (3\text{-}25)$$

将式（3-24）代入式（3-23）得

$$i_{C}=C\frac{\mathrm{d}}{\mathrm{d}t}(U_{Cm}\cos(\omega t+\psi_{u_{C}}))=\omega CU_{Cm}\cos\left(\omega t+\psi_{u_{C}}+\frac{\pi}{2}\right) \qquad (3\text{-}26)$$

由式（3-26）可知，电容元件的电流和电压是同频的正弦量。对比式（3-25）和式（3-26）得电容元件电压和电流的数值关系为

$$I_{Cm}=\omega CU_{Cm}$$

相位关系为

$$\psi_{i_{C}}=\psi_{u_{C}}+\frac{\pi}{2}$$

即电容元件的电流超前电压 90°，其波形如图 3-14b 所示。

由式（3-25）写出 i_C 的幅值相量为

$$\dot{I}_{Cm}=I_{Cm}\underline{/\psi_{i_{C}}}$$

图 3-14 电容元件的时域模型及其电流和电压波形图

代入电容元件电压与电流的数值关系和相位关系得

$$\dot{I}_{Cm} = \omega C U_{Cm} \underline{/\psi_{u_C} + \pi/2}$$

于是可得电容元件伏安关系的幅值相量形式为

$$\dot{I}_{Cm} = \mathrm{j}\omega C \dot{U}_{Cm} \ \text{或} \ \dot{U}_{Cm} = \frac{1}{\mathrm{j}\omega C} \dot{I}_{Cm} \tag{3-27}$$

其有效值相量为

$$\dot{I}_{C} = \mathrm{j}\omega C \dot{U}_{C} \ \text{或} \ \dot{U}_{C} = \frac{1}{\mathrm{j}\omega C} \dot{I}_{C} \tag{3-28}$$

根据式（3-28）可得电容元件的相量模型如图 3-15a 所示，在复平面上，任意给出电流 $\dot{I}_C$ 的位置，电压 $\dot{U}_C$ 滞后电流 $\dot{I}_C$ 90°，相量图如图 3-15b 所示。

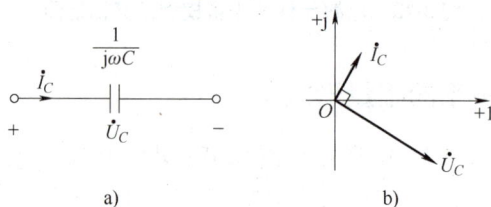

图 3-15 电容元件的相量模型及其相量图

【例 3-8】 电路如图 3-16a 所示，已知 $u_S = 5\sqrt{2}\cos 200t$ V，$R = 300\Omega$，$L = 1\mathrm{H}$，$C = 10\mu\mathrm{F}$，求 i、u_R、u_L、u_C，并作相量图。

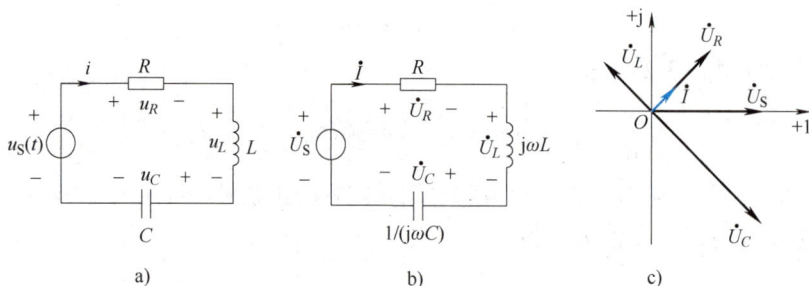

图 3-16 例 3-8 图

解：由于电路中的电压和电流都是交变的，所以在分析时，必须先选定正弦量的参考方向。根据已知条件，知

$$\omega L = 200 \times 1\Omega = 200\Omega$$

$$\frac{1}{\omega C} = \frac{1}{200 \times 10 \times 10^{-6}}\Omega = 500\Omega$$

图 3-16a 所示电路的相量模型如图 3-16b 所示，根据 KVL 得

$$\dot{U}_R + \dot{U}_L + \dot{U}_C = \dot{U}_S$$

代入各元件相量形式的伏安关系，有

$$R\dot{I} + j\omega L\dot{I} + \frac{1}{j\omega C}\dot{I} = \dot{U}_S$$

因 $\dot{U}_S = 5\underline{/0°}\text{ V}$，得

$$\dot{I} = \frac{\dot{U}_S}{R + j\omega L + \dfrac{1}{j\omega C}} = \frac{5\underline{/0°}}{300 + j(200 - 500)}\text{A} = \frac{\sqrt{2}}{120}\underline{/45°}\text{ A}$$

$$\dot{U}_R = R\dot{I} = 300 \times \frac{\sqrt{2}}{120}\underline{/45°}\text{ V} = \frac{5\sqrt{2}}{2}\underline{/45°}\text{ V}$$

$$\dot{U}_L = j\omega L\dot{I} = 200 \times \frac{\sqrt{2}}{120}\underline{/45° + 90°}\text{ V} = \frac{5\sqrt{2}}{3}\underline{/135°}\text{ V}$$

$$\dot{U}_C = \frac{1}{j\omega C}\dot{I} = 500 \times \frac{\sqrt{2}}{120}\underline{/45° - 90°}\text{ V} = \frac{25\sqrt{2}}{6}\underline{/-45°}\text{ V}$$

所以有

$$i = \frac{1}{60}\cos(200t + 45°)\text{ A}$$

$$u_R = 5\cos(200t + 45°)\text{ V}$$

$$u_L = \frac{10}{3}\cos(200t + 135°)\text{ V}$$

$$u_C = \frac{25}{3}\cos(200t - 45°)\text{ V}$$

相量图如图 3-16c 所示。

3.3   复数阻抗及复数导纳

3.3.1   *RLC* 串联电路及其复数阻抗

RLC 串联电路如图 3-17a 所示，设电路端口 a、b 的电压 $\dot{U}$ 与电流 $\dot{I}$ 为关联参考方向，各元件的电压相量与电流相量也为关联参考方向，根据 KVL 的相量形式，有

$$\dot{U} = \dot{U}_R + \dot{U}_L + \dot{U}_C$$

代入各元件相量形式的伏安关系，得

$$\dot{U} = R\dot{I} + j\omega L\dot{I} + \frac{1}{j\omega C}\dot{I}$$

$$= \left[R + j\left(\omega L - \frac{1}{\omega C}\right)\right]\dot{I}$$

将 $\dot{I}$ 移到等式左边，得

$$\frac{\dot{U}}{\dot{I}} = R + j\left(\omega L - \frac{1}{\omega C}\right)$$

因为 $\dot{U}$ 和 $\dot{I}$ 均为复数，所以它们的比值也是一个复数，用 Z 表示，即

$$Z = R + j\left(\omega L - \frac{1}{\omega C}\right)$$

其中

$$\mathrm{Re}[Z] = R, \ \mathrm{Im}[Z] = \omega L - \frac{1}{\omega C} = X$$

X 称为电抗，反映了电感与电容综合限流的作用；Z 由电阻和电抗两部分组成，称为电路的复数阻抗，单位为欧姆（Ω）。虽然 Z、$\dot{U}$、$\dot{I}$ 都是复数，但 Z 并不像 $\dot{U}$ 或 $\dot{I}$ 那样表示正弦量，所以其符号上方不加"点"。在复平面上，Z、R 和 X 的关系如图 3-17b 所示，三者构成的直角三角形称为阻抗三角形，图中，φ_Z 为 Z 与实轴的夹角，称为阻抗角，根据阻抗三角形可以直接确定的关系式如下：

$$Z = \frac{\dot{U}}{\dot{I}} = \frac{U\underline{/\psi_u}}{I\underline{/\psi_i}} = \frac{U}{I}\underline{/\varphi} = |Z|\underline{/\varphi_Z} = R + jX$$

$$|Z| = \frac{U}{I} = \sqrt{R^2 + X^2} = \sqrt{R^2 + \left(\omega L - \frac{1}{\omega C}\right)^2}$$

$$\varphi = \varphi_Z = \arctan\frac{X}{R}$$

$$R = |Z|\cos\varphi$$

$$X = |Z|\sin\varphi$$

上述关系式中 φ 为 $\dot{U}$ 与 $\dot{I}$ 的相位差，也是该电路的阻抗角，即 $\varphi = \varphi_Z$。

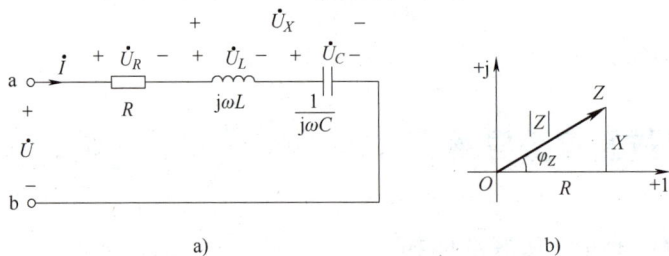

图 3-17 **RLC 串联电路及阻抗三角形**

由于串联电路各元件的电流都相同，为了便于分析，设电流为参考相量，参考相量与参考正弦量对应，其相位为零，所以在复平面中，$\dot{I}$ 在水平位置上。$\dot{U}_R$ 与 $\dot{I}$ 同相，所以 $\dot{U}_R$ 也在水平位置上；$\dot{U}_L$ 超前 $\dot{I}$ 90°，所以 $\dot{U}_L$ 在正虚轴上；$\dot{U}_C$ 滞后 $\dot{I}$ 90°，所以 $\dot{U}_C$ 在负虚轴上。在串联电路中，$\dot{U}_L$ 与 $\dot{U}_C$ 的方向总是相反的，用 $\dot{U}_X$ 表示电感和电容部分的电压相量，称为电抗电压相量，所得关系为

$$\dot{U}_X = \dot{U}_L + \dot{U}_C$$

当 $\omega L > \frac{1}{\omega C}$ 时，$X > 0$，在同一电流作用下，$\dot{U}_L > \dot{U}_C$，此时 $\dot{U}_X$ 在正虚轴上，与电阻电压 $\dot{U}_R$

相加得到的端电压 $\dot{U}$ 超前电流 $\dot{I}$，相位差为 φ，此时，电抗部分的电感起主导作用，把这样的电路称为电感性电路，简称感性电路，如图 3-18a 所示。在相量图中，$\dot{U}_R$、$\dot{U}_X$ 和 $\dot{U}$ 满足直角三角形关系，把这个三角形称为电压三角形。因为 $\varphi = \varphi_Z$，所以电压三角形与阻抗三角形是相似三角形。感性电路的电路模型如图 3-18b 所示。

由于 $Z = R + jX$，其实部为

$$\mathrm{Re}[Z] = R$$

其虚部为

$$\mathrm{Im}[Z] = X$$

此时的电抗仅有一个等效电感元件，即

$$X = \omega L - \frac{1}{\omega C} = \omega L'$$

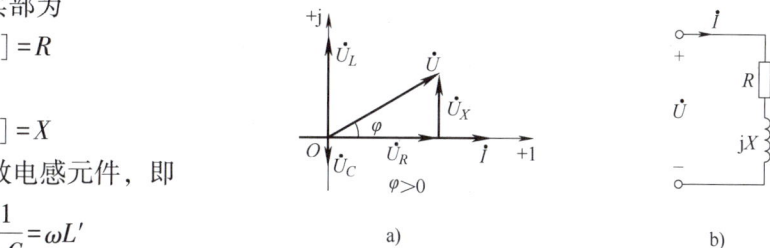

a)　　　　　　　　b)

图 3-18　感性电路的相量图及电路模型

设 $X_L = \omega L'$，则 X_L 称为电感的电抗，简称感抗，单位为欧姆（Ω），反映的是电感抵抗电流的作用。X_L 与 ω 成正比，当 $\omega = 0$ 时，$X_L = 0$，电感可视为短路；随着 ω 的增加，X_L 增大，电感抵抗电流的能力增强；当 $\omega \to \infty$ 时，$X_L \to \infty$，在电压一定时，电路中的电流为零，此时电感可视为开路。通过上述分析可知，电感具有允许低频电流通过、阻止高频电流通过的特性。

当 $\omega L < \dfrac{1}{\omega C}$ 时，$X < 0$，在同一电流作用下，$\dot{U}_L < \dot{U}_C$，此时 $\dot{U}_X$ 在负虚轴上，与电阻电压 $\dot{U}_R$ 相加得到的端电压 $\dot{U}$ 滞后电流 $\dot{I}$，相位差为 φ，此时，电抗部分的电容起主导作用，把这样的电路称为电容性电路，简称容性电路，如图 3-19a 所示。容性电路的电路模型如图 3-19b 所示。由于 $Z = R + jX$，其虚部为

$$\mathrm{Im}[Z] = X$$

此时的电抗仅有一个等效电容元件，即

$$X = \omega L - \frac{1}{\omega C} = -\frac{1}{\omega C'}$$

设 $X_C = -\dfrac{1}{\omega C'}$，则 X_C 称为电容的电抗，简称容抗，单位为欧姆（Ω），反映的是电容抵抗电流的作用。$|X_C|$ 与 ω 成反比，当 $\omega = 0$ 时，$|X_C| \to \infty$，在电压一定时，电路中的电流为零，此时电容可视为开路；随着 ω 的增加，$|X_C|$ 减小，电容抵抗电流的能力降低；当 $\omega \to \infty$ 时，$|X_C| = 0$，此时电容可视为短路。通过上述分析可知，电容具有阻止低频电流通过、允许高频电流通过的特性。

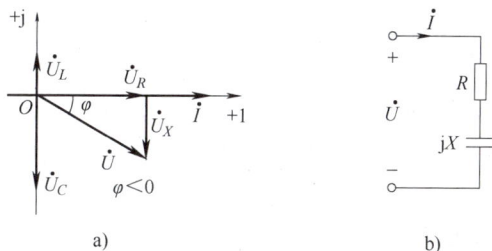

a)　　　　　　　　b)

图 3-19　容性电路的相量图及电路模型

当 $\omega L = \dfrac{1}{\omega C}$ 时，$X=0$，在同一电流作用下，$\dot{U}_L = -\dot{U}_C$，此时 $\dot{U}_X = 0$，电路中感抗和容抗的作用相互抵消，端口电压 $\dot{U}$ 全部加在电阻两端，$\dot{U}$ 与 $\dot{I}$ 同相位，电路呈现电阻性质，把这样的电路称为电阻性电路，简称阻性电路，如图 3-20a 所示。阻性电路的电路模型如图 3-20b 所示。

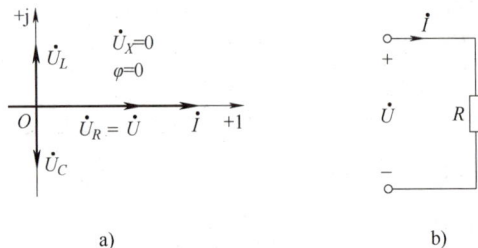

图 3-20 阻性电路的相量图及电路模型

从电路结构上看，如果 RLC 串联电路可以看成一个复数阻抗元件，那么，对于一个线性无独立源一端口网络而言，在端口的电压相量与电流相量为关联参考方向时，有

$$\dot{U} = Z\dot{I}$$

该一端口网络可以用一个复数阻抗 Z 等效替代。复数阻抗的实部为 R，虚部为 X，其电路模型为电阻和电抗的串联电路，如图 3-21 所示，所以 Z 也称为线性无独立源一端口网络的串联参数。

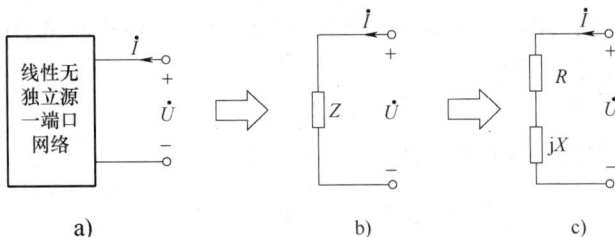

图 3-21 线性无独立源一端口网络可以用一个等效复数阻抗替代

当 $R \neq 0$，$X=0$ 时，$Z=R$，电路等效为一个电阻元件；当 $R=0$，$X>0$ 时，$Z=j\omega L$，电路等效为一个电感元件；当 $R=0$，$X<0$ 时，$Z=\dfrac{1}{j\omega C}$，电路等效为一个电容元件；当 $R\neq 0$，$X\neq 0$ 时，电路可以是一个 RL 串联电路，也可以是一个 RC 串联电路，当然也可以是一个 RLC 串联电路。因此，把 $\dot{U}=Z\dot{I}$ 称为相量形式的欧姆定律。

3.3.2 GCL 并联电路及其复数导纳

GCL 并联电路如图 3-22a 所示，设电路端口 a、b 的电压 $\dot{U}$ 与电流 $\dot{I}$ 为关联参考方向，电压相量与各支路的电流相量为关联参考方向，根据 KCL 的相量形式，有

$$\dot{I} = \dot{I}_R + \dot{I}_C + \dot{I}_L$$

代入各元件相量形式的伏安关系，得

$$\dot{I} = G\dot{U} + j\omega C\dot{U} + \dfrac{1}{j\omega L}\dot{U}$$

$$= \left[G + j\left(\omega C - \frac{1}{\omega L} \right) \right] \dot{U}$$

将 $\dot{U}$ 移到等式左边, 得

$$\frac{\dot{I}}{\dot{U}} = G + j\left(\omega C - \frac{1}{\omega L} \right)$$

因为 $\dot{I}$ 和 $\dot{U}$ 均为复数, 所以它们的比值也是一个复数, 用 Y 表示, 即

$$Y = G + j\left(\omega C - \frac{1}{\omega L} \right)$$

其中

$$\text{Re}\left[Y \right] = G, \quad \text{Im}\left[Y \right] = \omega C - \frac{1}{\omega L} = B$$

B 称为电纳, 反映了电感与电容导通电流的作用。Y 由电导和电纳两部分组成, 称为电路的复数导纳, 单位为西门子 (S)。与复数阻抗类似, Y 也不表示正弦量, 所以其符号上方不加 "点"。在复平面上, Y、G 和 B 的关系如图 3-22b 所示, 三者构成的直角三角形称为导纳三角形, 图中, φ_Y 为 Y 与实轴的夹角, 称为导纳角, 根据导纳三角形可以直接确定的关系式如下:

$$Y = \frac{\dot{I}}{\dot{U}} = \frac{I\underline{/\psi_i}}{U\underline{/\psi_u}} = \frac{I}{U}\underline{/-\varphi} = |Y|\underline{/\varphi_Y} = G + jB$$

$$|Y| = \frac{I}{U} = \sqrt{G^2 + B^2} = \sqrt{G^2 + \left(\omega C - \frac{1}{\omega L} \right)^2}$$

$$-\varphi = \varphi_Y = \arctan\frac{B}{G}$$

$$G = |Y|\cos(-\varphi)$$

$$B = |Y|\sin(-\varphi)$$

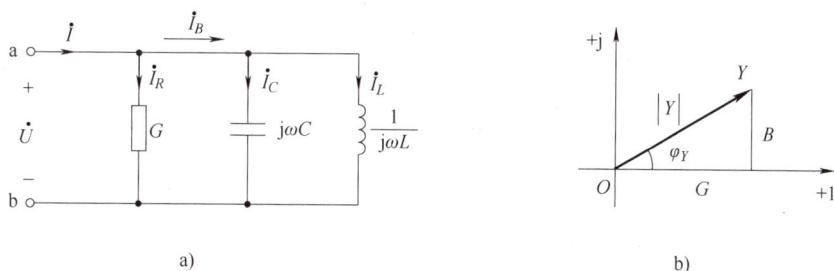

图 3-22　*GCL* 并联电路及其复数导纳

由于并联电路各元件的电压都相同, 为了便于分析, 设电压为参考相量, 所以在复平面中, $\dot{U}$ 在水平位置上。$\dot{I}_R$ 与 $\dot{U}$ 同相位, 所以 $\dot{I}_R$ 也在水平位置上; $\dot{I}_C$ 超前 $\dot{U}$ $90°$, 所以 $\dot{I}_C$ 在正虚轴上; $\dot{I}_L$ 滞后 $\dot{U}$ $90°$, 所以 $\dot{I}_L$ 在负虚轴上。在并联电路中, $\dot{I}_C$ 与 $\dot{I}_L$ 的方向总是相反的, 用 $\dot{I}_B$ 表示电容和电感部分的电流相量, 称为电纳电流相量, 所得关系为

$$\dot{I}_B = \dot{I}_C + \dot{I}_L$$

当 $\omega C>\dfrac{1}{\omega L}$ 时，$B>0$，在同一电压作用下，$\dot{I}_C>\dot{I}_L$，此时 $\dot{I}_B$ 在正虚轴上，与电阻电流 $\dot{I}_R$ 相加得到的端子电流 $\dot{I}$ 超前电压 $\dot{U}$，相位差为 φ_Y，此时，$\varphi_Y>0$，而 $\varphi<0$，电纳部分的电容起主导作用，把这样的电路称为容性电路，如图 3-23a 所示，容性电路的电路模型如图 3-23b 所示。

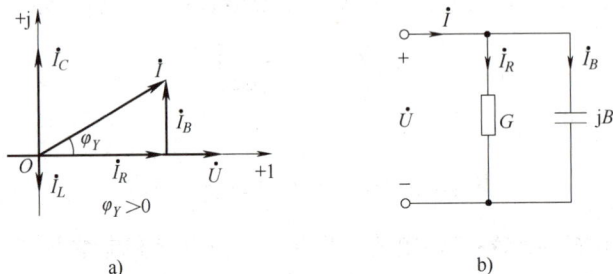

图 3-23　容性电路的相量图及电路模型

由于 $Y=G+\mathrm{j}B$，其实部为

$$\mathrm{Re}[Y]=G$$

其虚部为

$$\mathrm{Im}[Y]=B$$

此时的电纳仅有一个等效电容元件，即

$$B=\omega C-\dfrac{1}{\omega L}=\omega C'$$

设 $B_C=\omega C'$，则 B_C 称为电容的电纳，简称容纳，单位为西门子（S），反映的是电容对交流电的导通作用。B_C 与 ω 成正比，当 $\omega=0$ 时，$B_C=0$，电容可视为开路；随着 ω 的增加，B_C 增大，电容的导通能力增强；当 $\omega\to\infty$ 时，$B_C\to\infty$，在电流一定时，电路中的电压为零，此时电容可视为短路。

当 $\omega C<\dfrac{1}{\omega L}$ 时，$B<0$，在同一电压作用下，$\dot{I}_C<\dot{I}_L$，此时 $\dot{I}_B$ 在负虚轴上，与电阻电流 $\dot{I}_R$ 相加得到的端电流 $\dot{I}$ 滞后电压 $\dot{U}$，相位差为 φ_Y，此时，$\varphi_Y<0$，而 $\varphi>0$，电纳部分的电感起主导作用，把这样的电路称为感性电路，如图 3-24a 所示，感性电路的电路模型如图 3-24b 所示。由于 $Y=G+\mathrm{j}B$，其虚部为

$$\mathrm{Im}[Y]=B$$

此时的电纳仅有一个等效电感元件，即

$$B=\omega C-\dfrac{1}{\omega L}=-\dfrac{1}{\omega L'}$$

设 $B_L=-\dfrac{1}{\omega L'}$，则 B_L 称为电感的电纳，简称感纳，单位为西门子（S），反映的是电感对交流电的导通作用。$|B_L|$ 与 ω 成反比，当 $\omega=0$ 时，$|B_L|\to\infty$，在电流一定时，电路中的电压为零，此时电感可视为短路；随着 ω 的增加，$|B_L|$ 减小，电感导通电流的能力降低；当 $\omega\to\infty$ 时，$|B_L|=0$，此时电感可视为开路。

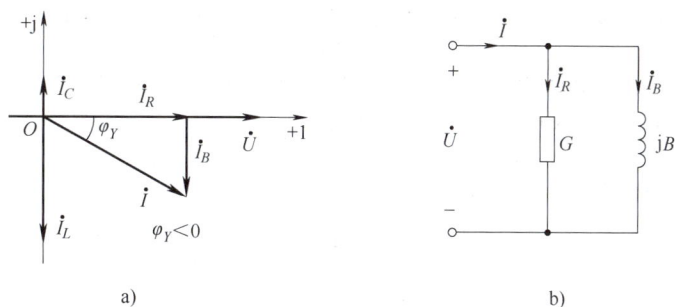

图 3-24　感性电路的相量图及电路模型

当 $\omega C=\dfrac{1}{\omega L}$ 时，$B=0$，在同一电压作用下，$\dot{I}_C=-\dot{I}_L$，此时 $\dot{I}_B=0$，电路中容纳和感纳的作用相互抵消，端口电流 $\dot{I}$ 全部通过电导支路，$\dot{I}$ 与 $\dot{U}$ 同相位，电路呈现电阻性质，简称阻性电路，如图 3-25a 所示，阻性电路的电路模型如图 3-25b 所示。

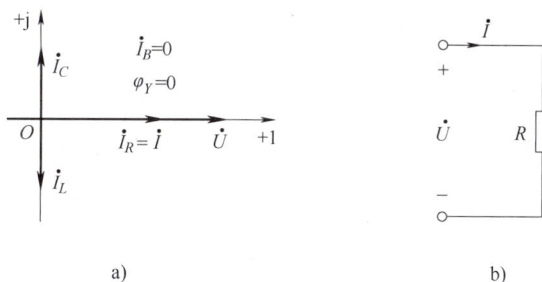

图 3-25　阻性电路的相量图及电路模型

从电路结构上看，如果 GCL 并联电路可以看成一个复数导纳元件，那么，对于一个线性的无独立源一端口网络而言，在端口的电压相量与电流相量为关联参考方向时，有

$$\dot{I}=Y\dot{U}$$

该一端口网络可以用一个复数导纳 Y 等效替代。复数导纳的实部为 G，虚部为 B，其电路模型为电阻和电纳的并联电路，如图 3-26 所示，所以 Y 也称为线性无独立源一端口网络的并联参数。

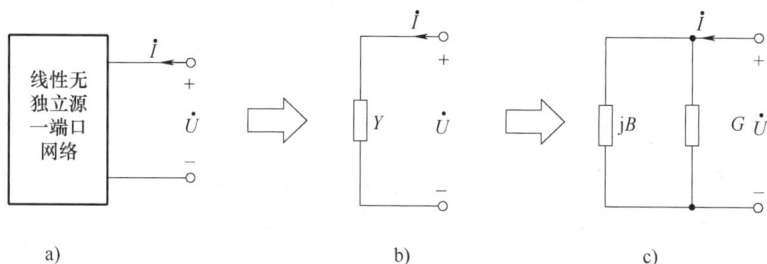

图 3-26　线性无独立源一端口网络可以用一个等效复数导纳替代

当 $G\neq0$，$B=0$ 时，$Y=G$，电路等效为一个电阻元件；当 $G=0$，$B>0$ 时，$B=\mathrm{j}\omega C$，电路

111

等效为一个电容元件；当 $G=0$，$B<0$ 时，$B=\dfrac{1}{j\omega L}$，电路等效为一个电感元件；当 $G\neq0$，$B\neq0$ 时，电路可以是一个 GC 并联电路，也可以是一个 GL 并联电路，当然也可以是一个 GCL 并联电路，因此把 $\dot I=Y\dot U$ 称为相量形式的欧姆定律。

3.3.3 复数阻抗的串联

图 3-27a 所示电路为 n 个复数阻抗串联的电路，设电路中电压相量与电流相量为关联参考方向，根据 KVL 得

$$\begin{aligned}\dot U &=\dot U_1+\dot U_2+\cdots+\dot U_n=Z_1\dot I+Z_2\dot I+\cdots+Z_n\dot I\\&=(Z_1+Z_2+\cdots+Z_n)\dot I\\&=Z_{eq}\dot I\end{aligned}$$

式中，Z_{eq} 为 n 个串联的复数阻抗之和，$Z_{eq}=Z_1+Z_2+\cdots+Z_n$，称为等效复数阻抗，电路如图 3-27b 所示。$Z_{eq}=R_{eq}+jX_{eq}$，$R_{eq}$ 称为等效电阻，X_{eq} 称为等效电抗。由于串联电路中各个复数阻抗的电流相同，因此，各复数阻抗的端电压相量满足分压公式，即

$$\dot U_k=\frac{Z_k}{Z_{eq}}\dot U\quad(k=1,2,\cdots,n)$$

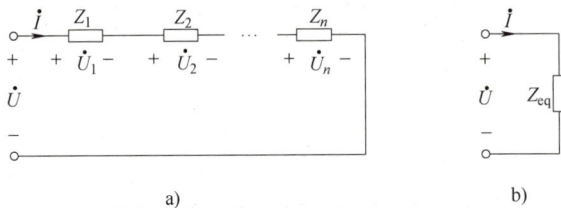

图 3-27 复数阻抗的串联

a) n 个复数阻抗串联 b) n 个复数阻抗串联的等效电路

3.3.4 复数导纳的并联

图 3-28a 所示电路为 n 个复数导纳并联的电路，设电路中电压相量与电流相量为关联参考方向，根据 KCL 得

$$\begin{aligned}\dot I &=\dot I_1+\dot I_2+\cdots\dot I_n=Y_1\dot U+Y_2\dot U+\cdots+Y_n\dot U\\&=(Y_1+Y_2+\cdots+Y_n)\dot U\\&=Y_{eq}\dot U\end{aligned}$$

式中，Y_{eq} 为 n 个并联的复数导纳之和，$Y_{eq}=Y_1+Y_2+\cdots+Y_n$，称为等效复数导纳，电路如图 3-28b 所示。$Y_{eq}=G_{eq}+jB_{eq}$，$G_{eq}$ 称为等效电导，B_{eq} 称为等效电纳。由于并联电路中各个复数导纳的电压相同，因此，各复数导纳支路的电流相量满足分流公式，即

$$\dot I_k=\frac{Y_k}{Y_{eq}}\dot I\quad(k=1,2,\cdots,n)$$

可见，复数阻抗的串联和复数导纳的并联的计算规则，与电阻的串、并联计算规则相同。

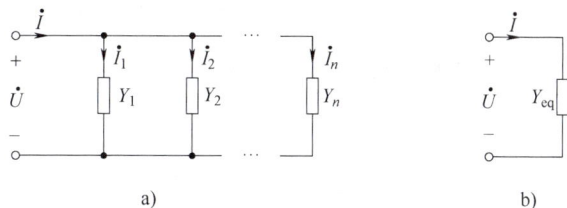

图 3-28　复数导纳的并联

a) n 个复数导纳并联　b) n 个复数导纳并联的等效电路

对于线性无独立源一端口网络，可以用复数阻抗或复数导纳来等效替代。对应的电路分别为电阻与电抗的串联等效电路或电导与电纳的并联等效电路，如图 3-29 所示。因此，同一个网络，如果复数阻抗和复数导纳同时存在，则二者互为倒数，即

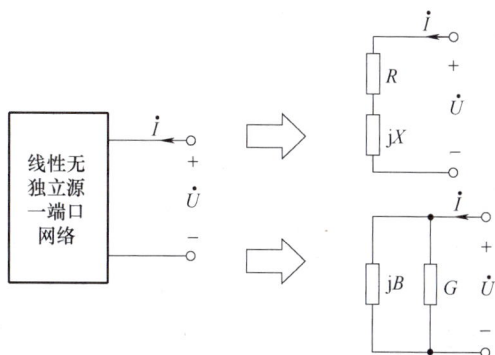

$$Z = \frac{1}{Y} \begin{cases} |Z| = \dfrac{1}{|Y|} \\ \varphi_Y = -\varphi_Z = -\varphi \end{cases}$$

两种等效电路参数之间的关系，可由 Z 与 Y 的倒数关系导出，即

图 3-29　线性无独立源一端口网络的等效电路

$$Z = \frac{1}{Y} = \frac{1}{G+jB} = \frac{G}{G^2+B^2} + j\frac{-B}{G^2+B^2} = R+jX$$

或

$$Y = \frac{1}{Z} = \frac{1}{R+jX} = \frac{R}{R^2+X^2} + j\frac{-X}{R^2+X^2} = G+jB$$

【例 3-9】　计算图 3-30 所示电路的复数阻抗和复数导纳。

解：因为

$$Z_{ab} = \left[3 + \frac{j3(3-j3)}{j3+(3-j3)} \right] \Omega = (6+j3)\ \Omega$$

所以有

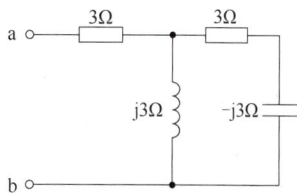

$$Y_{ab} = \frac{1}{Z_{ab}} = \left(\frac{1}{6+j3} \right) S = \left[\frac{(6-j3)}{(6+j3)(6-j3)} \right] S = \left(\frac{2}{15} - j\frac{1}{15} \right) S$$

显然，等效变换不会改变复数阻抗或复数导纳原有的电感性质或电容性质。

图 3-30　例 3-9 图

【例 3-10】　图 3-31a 所示正弦交流电路中，已知 $R = 10\Omega$，$L = 0.5H$，$C = 0.01F$，试求 $\omega = 10\text{rad/s}$ 和 $\omega = 100\text{rad/s}$ 两种情况下串联等效电路的参数。

解：

$$Z = -j\frac{1}{\omega C} + \frac{j\omega LR}{R+j\omega L}$$

当 $\omega = 10\text{rad/s}$ 时，有

$$Z = \left(-\text{j}10 + \frac{\text{j}50}{10+\text{j}5}\right)\Omega = (2-\text{j}6)\,\Omega$$

复数阻抗的虚部为负，电路为容性电路，等效电路如图 3-31b 所示，其等效参数为

$$R = 2\Omega, \quad C = 0.017\text{F}$$

当 $\omega = 100\text{rad/s}$ 时，有

$$Z = \left(-\text{j} + \frac{\text{j}500}{10+\text{j}50}\right)\Omega = (9.6+\text{j}0.9)\,\Omega$$

复数阻抗的虚部为正，电路为感性电路，等效电路如图 3-31c 所示，其等效参数为

$$R = 9.6\Omega, \quad L = 9\text{mH}$$

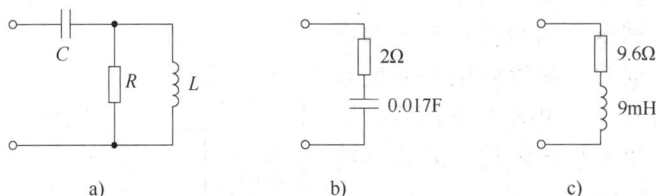

图 3-31 例 3-10 图

由此可见，一个实际电路在不同频率下的等效电路，不仅电路参数在数值上不同，甚至连等效元件的类型也发生了改变，因此等效电路只在一定频率下才与实际电路等效。

3.4 正弦稳态电路的分析

在学习了用复数表示正弦量以后，电路方程可用相量形式的代数方程来表示，因此在直流电路中那些用以分析电阻电路的定律、定理、方法、公式便可以推广应用于正弦稳态电路的分析中。具体来说有以下两点：

1）将电阻改写为复数阻抗，电导改写为复数导纳，电压和电流改写为相量形式，计算过程为复数运算。值得注意的是，在相量模型中电感和电容的参数是随电路频率变化的量。

2）进行正弦稳态电路的分析时，先将时域电路模型转化为相量形式的电路模型，然后与直流电路一样，根据电路结构的具体特点，选用合适的分析方法求解电路。

【例 3-11】 电路图 3-32 所示，$\dot{U}_{\text{S}} = 20\,\underline{/30°}\,\text{V}$，$\dot{I}_{\text{S}} = 2\,\underline{/45°}\,\text{A}$，$Z_1 = 10\Omega$，$Z_2 = (5+\text{j}5)\,\Omega$，$\text{j}\omega L = \text{j}10\Omega$，$\dfrac{1}{\text{j}\omega C} = -\text{j}20\Omega$，列出求解电路的回路电流方程。

解： 电路的回路电流方程为

$$\begin{cases} (10+\text{j}10-\text{j}20)\dot{I}_{11} - (\text{j}10-\text{j}20)\dot{I}_{12} - 10\dot{I}_{13} = 20\,\underline{/30°} \\ -(\text{j}10-\text{j}20)\dot{I}_{11} + (5+\text{j}5+\text{j}10-\text{j}20)\dot{I}_{12} - (5+\text{j}5)\dot{I}_{13} + 2\dot{U} = 0 \\ \dot{I}_{13} = 2\,\underline{/45°} \\ 10(\dot{I}_{11}-\dot{I}_{13}) - \dot{U} = 0 \end{cases}$$

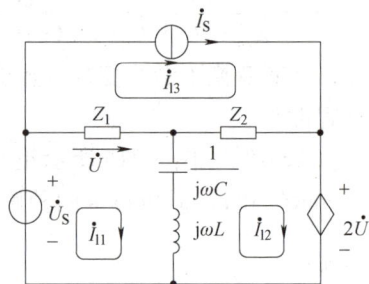

图 3-32 例 3-11 图

即

$$\begin{cases}(10-j10)\dot I_{l1}+j10\dot I_{l2}-10\dot I_{l3}=20\underline{/30^\circ}\\ j10\dot I_{l1}+(5-j5)\dot I_{l2}-(5+j5)\dot I_{l3}+2\dot U=0\\ \dot I_{l3}=2\underline{/45^\circ}\\ 10(\dot I_{l1}-\dot I_{l3})-\dot U=0\end{cases}$$

【例 3-12】　列写图 3-33 所示电路的节点电压方程。

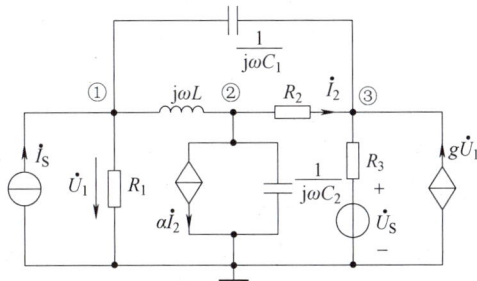

图 3-33　例 3-12 图

解：电路的节点电压方程为

$$\begin{cases}\left(\dfrac{1}{R_1}+\dfrac{1}{j\omega L}+j\omega C_1\right)\dot U_{n1}-\dfrac{1}{j\omega L}\dot U_{n2}-j\omega C_1\dot U_{n3}=\dot I_S\\[2mm] -\dfrac{1}{j\omega L}\dot U_{n1}+\left(\dfrac{1}{R_2}+\dfrac{1}{j\omega L}+j\omega C_2\right)\dot U_{n2}-\dfrac{1}{R_2}\dot U_{n3}+\alpha\dot I_2=0\\[2mm] -j\omega C_1\dot U_{n1}-\dfrac{1}{R_2}\dot U_{n2}+\left(\dfrac{1}{R_2}+\dfrac{1}{R_3}+j\omega C_1\right)\dot U_{n3}-g\dot U_1=\dfrac{\dot U_S}{R_3}\\[2mm] \dot U_1=\dot U_{n1}\\[2mm] \dot I_2=\dfrac{\dot U_{n2}-\dot U_{n3}}{R_2}\end{cases}$$

【例 3-13】　电路如图 3-34a 所示。已知 $\dot U_S=100\underline{/0^\circ}$ V，$\dot I_S=20\underline{/60^\circ}$ A，$Z_1=10\Omega$，$Z_2=(10+j10)\Omega$，$Z_3=(10-j10)\Omega$。求其戴维南等效电路。

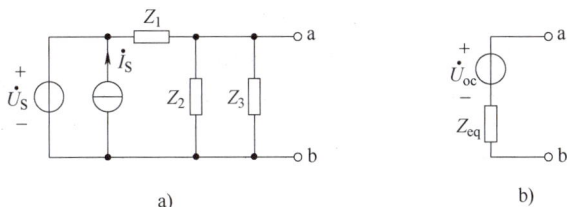

图 3-34　例 3-13 图

解：戴维南等效电路如图 3-34b 所示。

$$\dot{U}_{oc} = \dot{U}_S \frac{1}{Z_1 + \frac{Z_2 Z_3}{Z_2 + Z_3}} \frac{Z_2 Z_3}{Z_2 + Z_3} = \frac{\dot{U}_S Z_2 Z_3}{Z_1 Z_2 + Z_1 Z_3 + Z_2 Z_3}$$

代入数值，则有

$$\dot{U}_{oc} = \frac{100(10+j10)(10-j10)}{10(10+j10)+10(10-j10)+(10+j10)(10-j10)} V = 50\underline{/0°}\ V$$

等效阻抗为

$$Z_{eq} = \frac{1}{\frac{1}{Z_1} + \frac{1}{Z_2} + \frac{1}{Z_3}} = \frac{Z_1 Z_2 Z_3}{Z_1 Z_2 + Z_2 Z_3 + Z_3 Z_1}$$

$$= \frac{10(10+j10)(10-j10)}{10(10+j10)+(10+j10)(10-j10)+10(10-j10)}\Omega = 5\Omega$$

【例3-14】 正弦稳态电路如图3-35a所示，已知$U_S = 380V$，$f = 50Hz$，电容可调，当$C = 80.95\mu F$时，交流电流表Ⓐ的读数最小为2.59A，求图中电流表Ⓐ₁的读数。

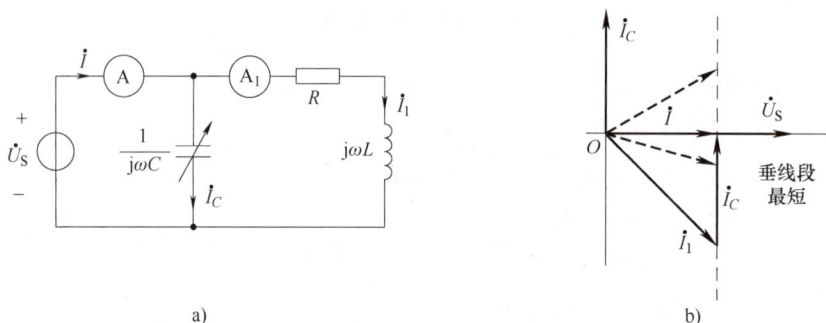

图 3-35 例 3-14 图

解法1： 画出相量图求解。

由于电容元件和一个感性电路并联在电源两端，所以设电源电压$\dot{U}_S$为参考相量，在复平面上，将其画在水平位置上，如图3-35b所示。电容元件的电流$\dot{I}_C$超前电源电压$\dot{U}_S$ 90°，所以$\dot{I}_C$在竖直方向90°的位置，RL串联支路为感性支路，其电流$\dot{I}_1$滞后电源电压$\dot{U}_S$。根据KCL有

$$\dot{I} = \dot{I}_1 + \dot{I}_C$$

调整电容值，当$\dot{I}$与$\dot{I}_C$垂直时，$\dot{I}$最小，此时对应的电容$C = 80.95\mu F$，因此有

$$I_C = \omega C U_S = 314 \times 80.95 \times 10^{-6} \times 380A = 9.66A$$

$$I_1 = \sqrt{I^2 + I_C^2} = \sqrt{2.59^2 + 9.66^2}\ A = 10A$$

解法2： 由$\dot{I} = \dot{U}_S Y$得$I = U_S |Y|$。因为U_S不变，所以I最小时$|Y|$最小。

$$|Y| = \left| j\omega C + \frac{1}{R+j\omega L} \right| = \left| j\omega C + \frac{R-j\omega L}{R^2 + (\omega L)^2} \right| = \left| \frac{R}{R^2+(\omega L)^2} + j\left[\omega C - \frac{\omega L}{R^2+(\omega L)^2} \right] \right|$$

调节C，使$|Y|$最小时，有

$$\begin{cases} \dfrac{RU_S}{R^2+(\omega L)^2}=2.59\mathrm{A} \\[3mm] \omega C-\dfrac{\omega L}{R^2+(\omega L)^2}=0 \end{cases}$$

解得

$$L=0.117\mathrm{H}，R=9.88\Omega$$

所以

$$I_1=\dfrac{U_S}{\sqrt{R^2+(\omega L)^2}}=10\mathrm{A}$$

【例 3-15】 图 3-36a 所示电路中，若 $U=U_1+U_2$，则 R_1、L_1、R_2、L_2 应满足什么关系？

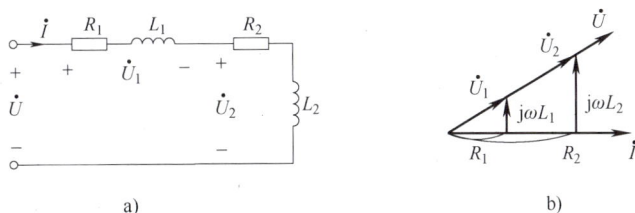

图 3-36　例 3-15 图

解： 设电流 $\dot I$ 为参考相量，因为 $\dot U=\dot U_1+\dot U_2$，且 $U=U_1+U_2$，所以 $\dot U_1$ 与 $\dot U_2$ 同相，相量图如图 3-36b 所示，而

$$\dot U_1=\dot I(R_1+\mathrm{j}\omega L_1)，\quad \dot U_2=\dot I(R_2+\mathrm{j}\omega L_2)$$

可得

$$\dfrac{\mathrm{j}\omega L_1}{R_1}=\dfrac{\mathrm{j}\omega L_2}{R_2}$$

即

$$\dfrac{L_1}{R_1}=\dfrac{L_2}{R_2}$$

3.5　正弦稳态电路的功率

3.5.1　电阻的功率

电路如图 3-37a 所示，设电阻元件两端的电压为 $u=U_m\cos\omega t$，则当电压与电流为关联参考方向时，电阻的电流为

$$i=\dfrac{u}{R}=\dfrac{U_m}{R}\cos\omega t=I_m\cos\omega t$$

电阻吸收的功率为

有功功率和
无功功率

$$p = ui$$

$$= (U_{\mathrm{m}}\cos\omega t)(I_{\mathrm{m}}\cos\omega t) = U_{\mathrm{m}}I_{\mathrm{m}}\cos^2\omega t = U_{\mathrm{m}}I_{\mathrm{m}}\frac{1+\cos2\omega t}{2}$$

$$= \frac{1}{2}U_{\mathrm{m}}I_{\mathrm{m}} + \frac{1}{2}U_{\mathrm{m}}I_{\mathrm{m}}\cos2\omega t$$

$$= UI + UI\cos2\omega t$$

可见，电阻吸收的功率是一个随时间变化的量，称为瞬时功率。瞬时功率用小写字母 p 表示，单位为瓦特（W），它随时间的变化曲线如图 3-37b 所示。从表达式和曲线都可以看出，电阻瞬时功率的频率为电压（或电流）频率的两倍。由于电阻的电压和电流同相位，所以电压和电流总是同正或同负，因此对任一瞬时的功率总有 $p \geqslant 0$，体现了电阻是耗能元件的特性。

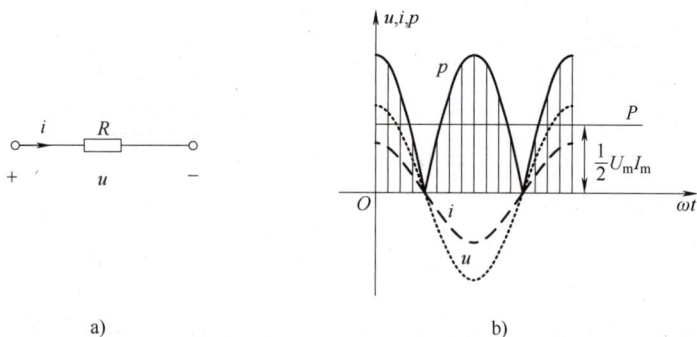

图 3-37　电阻元件及其瞬时功率波形

由于瞬时功率是随时间变化的量，因此不能直接反映电路实际所消耗的功率。通常取瞬时功率在一个周期内的平均值来衡量电路实际消耗的功率，称为平均功率或有功功率，用大写字母 P 表示，单位为瓦特（W）。电阻的有功功率为

$$P = \frac{1}{T}\int_0^T p\mathrm{d}t = \frac{1}{T}\int_0^T ui\mathrm{d}t = UI = \frac{U^2}{R} = RI^2$$

电阻元件的有功功率与直流电路中计算电阻元件的功率形式是一样的，但上式中的 U 和 I 均为正弦量的有效值。

3.5.2　电感的功率

电路如图 3-38a 所示，设电感元件两端的电压为 $u = U_{\mathrm{m}}\cos\omega t$，则当电压与电流为关联参考方向时，电感的电流为

$$i = \frac{U_{\mathrm{m}}}{\omega L}\cos\left(\omega t - \frac{\pi}{2}\right) = I_{\mathrm{m}}\cos\left(\omega t - \frac{\pi}{2}\right) = I_{\mathrm{m}}\sin\omega t$$

电感吸收的瞬时功率为

$$p = ui = (U_{\mathrm{m}}\cos\omega t)(I_{\mathrm{m}}\sin\omega t) = \frac{1}{2}U_{\mathrm{m}}I_{\mathrm{m}}\sin2\omega t = UI\sin2\omega t$$

可见，电感元件瞬时功率的最大值为 UI，频率为端口电压（或电流）频率的两倍，它随时

间变化的曲线如图 3-38b 所示。在第一个 $T/4$ 周期，电感电压与电流方向相同，$p>0$，表示电感吸收功率，电感吸收的电能转换成磁场能量储存在线圈的磁场中，磁场能量 $w_L=\dfrac{1}{2}Li^2$ 随 $|i|$ 增大而增强。在第二个 $T/4$ 周期，电感电压与电流方向相反，$p<0$，在此期间 $|i|$ 减小，磁场能量 $w_L=\dfrac{1}{2}Li^2$ 减少，电感把储存的磁场能量释放出来。第三个 $T/4$ 周期和第四个 $T/4$ 周期与第一个 $T/4$ 周期和第二个 $T/4$ 周期情形相似，不再赘述。由此可见，正弦稳态电路中的电感元件与电源之间不停地进行能量交换，在一个周期内把从电源吸收的能量完全地还给电源，在整个过程中并不消耗电能，因此电感的有功功率为

$$P_L=\frac{1}{T}\int_0^T p\,\mathrm{d}t=\frac{1}{T}\int_0^T UI\sin2\omega t\,\mathrm{d}t=0$$

电感在电路中虽然不消耗能量，但仍然要从电源中获取能量用于交换，把电感与电源之间能量交换的最大速率定义为无功功率，用大写字母 Q 表示。电感的无功功率为

$$Q=UI=X_L I^2=\frac{U^2}{X_L}$$

电感既有限制电流的作用，又不消耗电能，所以常常把它用作限流元件，称为扼流圈或电抗器，当然实际的扼流圈都具有线圈电阻，总要消耗一些功率。

无功功率虽然与有功功率量纲相同，但它反映的是储能元件与电源之间能量交换的规模，不是实际做的功，为了与有功功率相区别，无功功率的单位为乏（var）。

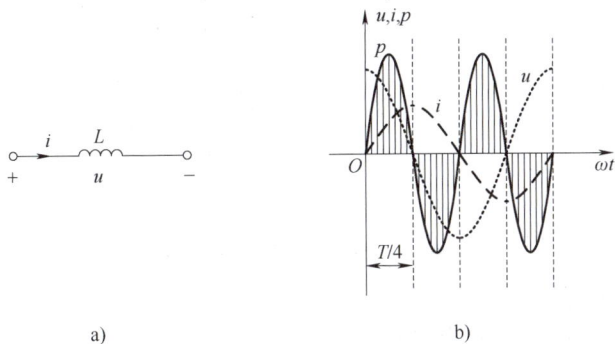

图 3-38 电感元件及其瞬时功率波形

3.5.3 电容的功率

电路如图 3-39a 所示，设电容元件两端的电压为 $u=U_m\cos\omega t$，则当电压与电流为关联参考方向时，电容的电流为

$$i=\omega CU_m\cos\left(\omega t+\frac{\pi}{2}\right)=I_m\cos\left(\omega t+\frac{\pi}{2}\right)=-I_m\sin\omega t$$

电容吸收的瞬时功率为

$$p=ui=(U_m\cos\omega t)(-I_m\sin\omega t)=-\frac{1}{2}U_m I_m\sin2\omega t=-UI\sin2\omega t$$

可见，电容元件瞬时功率的最大值为 UI，频率为端口电压（或电流）频率的两倍，它随时

间变化的曲线如图 3-39b 所示。在第一个 $T/4$ 周期，电容电压与电流方向相反，$p<0$，表示电容发出功率，在此期间 $|u|$ 减小，电场能量 $w_C=\dfrac{1}{2}Cu^2$ 减少，电容把储存的电场能量释放出来。在第二个 $T/4$ 周期，$p>0$ 表示电容吸收功率，在此期间 $|u|$ 增大，电容吸收的电能转换成电场能量储存在电场中，电场能量 $w_C=\dfrac{1}{2}Cu^2$ 随着 $|u|$ 的增大而增强。第三个 $T/4$ 周期和第四个 $T/4$ 周期与第一个 $T/4$ 周期和第二个 $T/4$ 周期情形相似，不再赘述。由此可见，正弦稳态电路中的电容元件与电源之间不停地进行能量交换，在一个周期内把从电源吸收的能量完全地还给电源，在整个过程中并不消耗电能，因此电容的有功功率为

$$P_C=\frac{1}{T}\int_0^T p\,\mathrm{d}t=\frac{1}{T}\int_0^T(-UI\sin2\omega t)\,\mathrm{d}t=0$$

与电感类似，电容在电路中虽然不消耗能量，但仍然要从电源中获取能量用于交换，把电容与电源之间能量交换的最大速率定义为无功功率，用大写字母 Q 表示，单位为乏（var）。电容的无功功率为

$$Q=-UI=X_C I^2=\frac{U^2}{X_C}$$

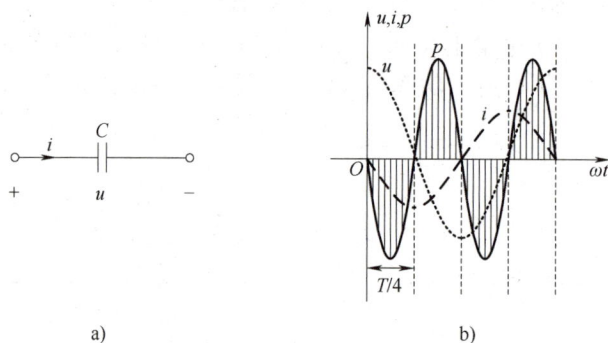

图 3-39 电容元件及其瞬时功率波形

3.5.4 无独立源一端口网络的功率

1. 瞬时功率、有功功率和无功功率

电路如图 3-40a 所示，设端口电压和电流分别为

$$u=\sqrt{2}\,U\cos(\omega t+\psi_u)$$
$$i=\sqrt{2}\,I\cos(\omega t+\psi_i)$$

则当端口电压和电流为关联参考方向时，一端口网络的瞬时功率为

$$\begin{aligned}p&=ui=2UI\cos(\omega t+\psi_u)\cos(\omega t+\psi_i)\\&=UI\big[\cos(\omega t+\psi_u-\omega t-\psi_i)+\cos(\omega t+\psi_u+\omega t+\psi_i)\big]\\&=UI\big[\cos\varphi+\cos(2\omega t+\psi_u+\psi_i)\big]\\&=UI\cos\varphi+UI\cos(2\omega t+\psi_u+\psi_i)\end{aligned}\tag{3-29}$$

式中，$\varphi=\psi_u-\psi_i$。瞬时功率由两部分组成，第一部分为 $UI\cos\varphi$，如果电路的参数是给定的，

那么 U、I 和 $\cos\varphi$ 都将是确定的，且都是与时间无关的常量，称为瞬时功率的恒定分量，第二部分为波动量，随时间按余弦规律变化，其角频率为端口电压（或电流）角频率的两倍，称为瞬时功率的余弦分量，波形如图 3-40b 所示。由图可见，瞬时功率有正负之分，$p>0$ 表示电路吸收功率，$p<0$ 表示电路向端口外电路提供功率，这说明电路吸收的瞬时功率除了用于消耗以外，还有一部分用于与端口外电路进行交换。

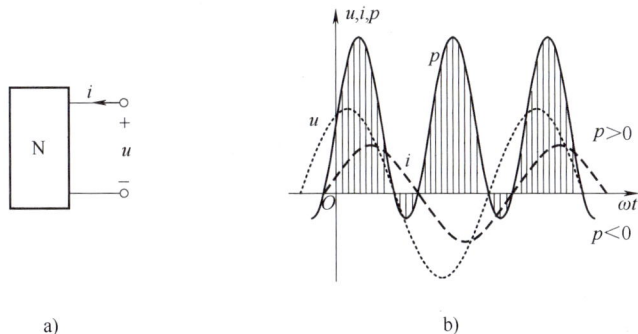

图 3-40　无独立源一端口网络及其瞬时功率波形

为了进一步说明电路中功率的消耗与转换，将式（3-29）做进一步的展开，得

$$p=UI\cos\varphi+UI\cos(2\omega t+\psi_i+\varphi+\psi_i)$$

$$=UI\cos\varphi+UI\left[\cos\varphi\cos(2\omega t+2\psi_i)-\sin\varphi\sin(2\omega t+2\psi_i)\right] \tag{3-30}$$

$$=UI\cos\varphi\left[1+\cos(2\omega t+2\psi_i)\right]-UI\sin\varphi\sin(2\omega t+2\psi_i)$$

式（3-30）的第一项总是大于零的，代表瞬时功率中的耗能部分。无独立源一端口网络的有功功率为

$$P=\frac{1}{T}\int_0^T p\mathrm{d}t=UI\cos\varphi \tag{3-31}$$

式（3-31）与式（3-30）的第一项的最大值相同，它表达的是电路消耗能量的最大速率，是电路实际消耗的功率，因此把这一项称为瞬时功率的有功分量。式（3-31）中的 $\cos\varphi$ 称为功率因数，用 λ 表示，即

$$\lambda=\cos\varphi$$

它是由于电路中存在电容或电感引起的。φ 称为功率因数角，当 $\varphi=0$ 时电路呈现电阻性，曲线全部在横轴的上方；当 $0<|\varphi|<90°$ 时，$p>0$ 的部分大于 $p<0$ 的部分，电路中虽然有能量交换，但仍然是吸收功率的，储能元件释放的能量一部分转移到另一个储能元件中，一部分用于电阻消耗，一部分送回电源。当 $|\varphi|=90°$ 时，横轴将曲线平均分开，电路呈现纯电抗性。一般情况下 $0<|\varphi|<90°$，所以 $0<|\cos\varphi|<1$，即 $P=UI\cos\varphi<UI$，这表示若电源对电路提供的功率为 UI，电路用于消耗的功率为 $P=UI\cos\varphi$，这个数值的大小取决于功率因数的大小。

式（3-30）的第二项为正弦分量，平均功率为零，是电路内外能量交换的部分，平均意义上不做功，称为瞬时功率的无功分量，把无功分量的最大值定义为无功功率，表达的是电路能量转换的最大速率，用 Q 表示，单位为乏（var）。无独立源一端口网络的无功功率为

$$Q = UI\sin\varphi \qquad\qquad (3\text{-}32)$$

对于一个无独立源一端口网络，如果用复数阻抗来等效替代，则有

$$U = |Z|I \qquad\qquad (3\text{-}33)$$

将式（3-33）代入式（3-31）得

$$P = |Z|I^2\cos\varphi = RI^2$$

这说明电路消耗的有功功率一定是电路中等效电阻消耗的有功功率。将式（3-33）代入式（3-32）得

$$Q = |Z|I^2\sin\varphi = XI^2$$

说明电路消耗的无功功率一定是电路中等效电抗消耗的无功功率。

$$Q = XI^2 = (X_L + X_C)I^2 = Q_L + Q_C$$

式中，Q_L 为电感消耗的无功功率；Q_C 为电容消耗的无功功率。二者的方向相反，当电感吸收无功功率时，电容发出无功功率，它们在一端口内部先自行交换一部分能量，其差额再与外电路进行交换，因此它们具有相互补偿的作用。

2. 视在功率和复功率

电气设备的容量一般是由它的额定电压和额定电流来决定的，额定电压和额定电流是在一定条件下安全运行的限额。在正弦稳态电路中，把电压与电流有效值的乘积定义为视在功率，用大写字母 S 表示，即

$$S = UI$$

视在功率的量纲与有功功率相同，但并不表示实际消耗的功率，为了表示这种差别，用"伏安（VA）"作为视在功率的单位。例如，一台容量为 1000kVA 的变压器，是指这台变压器的视在功率为 1000kVA，当所接负载为电阻时，电路的功率因数为 1，此时视在功率等于有功功率，即变压器能传输的有功功率为 1000kW，如果功率因数为 0.5，则变压器能传输的有功功率为 500kW。这说明，电源提供的功率与电路实际消耗的功率是否一致，取决于负载的功率因数。可见，为了充分利用设备容量，应当尽量提高负载的功率因数。

根据视在功率、有功功率和无功功率的表达式可知，三者之间符合直角三角形的关系，如图 3-41 所示，把这个三角形称为功率三角形，3 个功率的关系为

$$S = \sqrt{P^2 + Q^2}, \quad \varphi = \arctan\left(\frac{Q}{P}\right)$$

把功率三角形放在复平面上，实部为 P，虚部为 Q，那么 $P+jQ$ 就构成了一个复数，把这个复数称作复功率，用 $\tilde{S}$ 表示，即

$$\tilde{S} = P + jQ$$

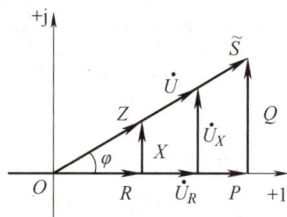

图 3-41 功率三角形、电压三角形和阻抗三角形

单位为伏安（VA）。复功率和复数阻抗类似，它们都是计算用的复数量，不代表正弦量，因此不用相量符号表示。复功率的模为视在功率，辐角为电压与电流的相位差，因此有

$$\tilde{S} = P + jQ = S\underline{/\varphi} = UI\underline{/\psi_u - \psi_i} = U\underline{/\psi_u}\,I\underline{/-\psi_i} = \dot{U}\dot{I}^*$$

功率三角形与前面所述的阻抗三角形和电压三角形互为相似三角形，可以根据这 3 个三角形进行各个量之间的计算。

【**例 3-16**】　电路如图 3-42 所示，已知 $I_S = 10A$，计算各支路的视在功率和复功率。

解：设 $\dot{I}_S = 10\underline{/0°}\,A$，则

$$\dot{U} = 10 \times \frac{(10+j25)(5-j15)}{(10+j25)+(5-j15)} V = 236.12\underline{/-37.1°}\,V$$

$$\dot{I}_1 = \frac{236.12\underline{/-37.1°}}{10+j25} A = 8.77\underline{/-105.3°}\,A$$

$$\dot{I}_2 = \frac{236.12\underline{/-37.1°}}{5-j15} A = 14.93\underline{/34.5°}\,A$$

图 3-42　例 3-16 图

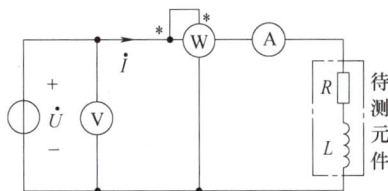

$$\tilde{S}_{Sout} = \dot{U}\dot{I}_S^* = 236.12\underline{/-37.1°}\,V \times 10\underline{/0°}\,A = 2361.2\underline{/-37.1°}\,VA = (1.88-j1.42)\,kVA$$

$$\tilde{S}_{1in} = \dot{U}\dot{I}_1^* = 236.12\underline{/-37.1°}\,V \times 8.77\underline{/105.3°}\,A = 2071\underline{/68.2}\,VA = (0.77+j1.93)\,kVA$$

$$\tilde{S}_{2in} = \dot{U}\dot{I}_2^* = 236.12\underline{/-37.1°}\,V \times 14.93\underline{/-34.5°}\,A = 3525\underline{/-71.6°}\,VA = (1.11-j3.35)\,kVA$$

由以上求解可知

$$P_{1in} + P_{2in} = 0.77kW + 1.11kW = 1.88kW = P_{Sout}$$

$$Q_{1in} + Q_{2in} = 1.93var - 3.35var = -1.42var = Q_{Sout}$$

$$\tilde{S}_{1in} + \tilde{S}_{2in} = (0.77+j1.93)\,kVA + (1.11-j3.35)\,kVA = (1.88-j1.42)\,kVA = \tilde{S}_{Sout}$$

$$S_{1in} + S_{2in} = 2071VA + 3525VA = 5596VA \neq 2361.2VA = S_{Sout}$$

所以有

$$\sum P = 0, \quad \sum Q = 0, \quad \sum \tilde{S} = 0, \quad \sum S \neq 0$$

【**例 3-17**】　图 3-43 所示电路为用电压表、电流表、功率表测量电感线圈参数的实验电路，已知电流表的读数为 750mA，电压表的读数为 6.21V，功率表的读数为 3.8W，电源的频率为 50Hz，求 R 和 L 的值。

解：电路的功率因数为

$$\cos\varphi = \frac{P}{UI} = \frac{3.8}{6.21 \times 0.75} = 0.816$$

复数阻抗的模为

$$|Z| = \frac{U}{I} = \frac{6.21}{0.75}\Omega = 8.28\Omega$$

图 3-43　例 3-17 图

等效电阻为

$$R = \frac{P}{I^2} = |Z|\cos\varphi = 6.76\Omega$$

等效电感为

$$L = \frac{\sqrt{|Z|^2 - R^2}}{\omega} = 15.23mH$$

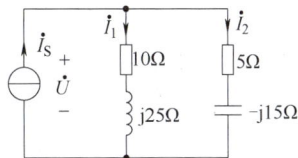

3.5.5　功率因数的提高

设备在一定电压下向负载输送的功率由负载的功率因数决定。负载的功率因数越低，通过线路的电流就会越大，这不但会使线路损耗增加，还会使线路压降增加，引起负载电压降低，影响负载的正常工作。另外，负载的功率因数降低也会导致电路的无功功率增大，负载

与电网之间能量交换的规模就会增大，在能量交换的过程中，又会造成能量在传输过程中的损耗增加。电网的容量是固定的，由于无功功率的存在，有功功率就会减少，电网的供电效率降低，使得电网的带载能力降低。因此，供电单位要求用户采取必要的措施使功率因数不低于一定的限额。

对于感性负载，提高功率因数最常用的方法是将电容和负载并联。在保证原负载正常工作的前提下，利用电容发出无功功率去补偿感性负载所要吸收的无功功率，从而减轻电网和传输系统的无功功率的负担。电路如图3-44a所示，原电路为电阻与电感的串联支路，并联电容后，由于负载的端电压不变，所以负载吸收的有功功率不变。因为电容不消耗有功功率，所以电路总的有功功率不变。功率因数提高，功率因数角减小，如图3-44b所示，此时电路的视在功率由 S 减小到 S'，无功功率由 Q 减小到 Q'，负载所需的无功功率不足的部分，由电容的无功功率 Q_C 补偿，因此有

$$Q_C = Q' - Q = P\tan\varphi' - P\tan\varphi = -\omega C U^2$$

所以，提高电路的功率因数所需并联的电容为

$$C = \frac{P}{\omega U^2}(\tan\varphi - \tan\varphi') \tag{3-34}$$

当然，并联所需电容的求解，也可以通过相量图进行。负载的有功功率为 $P = UI_L\cos\varphi$，无功功率为 $Q = UI_L\sin\varphi$，负载支路的电流为 $\dot{I}_L$。设电压 $\dot{U}$ 为参考相量，则电流 $\dot{I}_L$ 滞后电压 $\dot{U}$，相位差为 φ，如图3-44c所示。并联电容前，有

$$I = I_L = \frac{P}{U\cos\varphi}$$

并联电容后，设电容支路的电流为 $\dot{I}_C$，电流 $\dot{I}_C$ 超前电压 $\dot{U}$ 90°，因为

$$\dot{I} = \dot{I}_C + \dot{I}_L$$

所以，功率因数角由 φ 减小到 φ'，并联电容前电流 $\dot{I}$ 的无功分量为 $I_L\sin\varphi$，并联电容后电流 $\dot{I}$ 的无功分量为 $I\sin\varphi'$，所以有

$$I_C = I_L\sin\varphi - I\sin\varphi' = \frac{P}{U\cos\varphi}\sin\varphi - \frac{P}{U\cos\varphi'}\sin\varphi' = \frac{P}{U}(\tan\varphi - \tan\varphi')$$

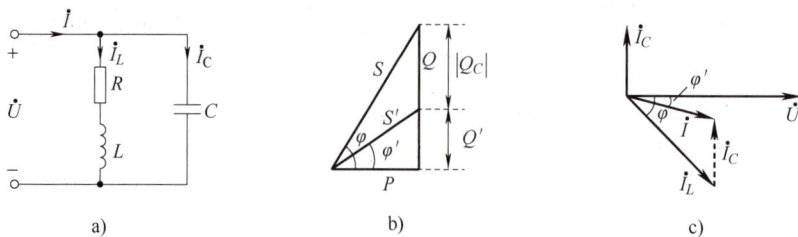

图3-44 感性电路功率因数的提高

a）感性电路并联电容提高功率因数 b）功率关系 c）相量图

又因 $I_C = \omega C U$，得

$$C = \frac{P}{\omega U^2}(\tan\varphi - \tan\varphi')$$

【例3-18】 荧光灯电路可以看作电阻与电感的串联电路，将功率为40W、功率因数为0.6

的荧光灯接在工频 220V 的交流电源上。（1）计算电路的无功功率及电路的电流。（2）如果通过并联电容的方式将电路的功率因数提高到 0.9，应并联多大的电容？此时电路的无功功率和电流为多大？（3）如果将功率因数提高到 1，应并联多大的电容？此时电路中的无功功率和电流为多大？

解：（1）并联电容前，荧光灯的功率因数为 0.6，所以有

$$\varphi = \arccos 0.6 = 53.13°$$

电路的无功功率为

$$Q = P\tan\varphi = 53.33\text{var}$$

电路的电流为

$$I = \frac{P}{U\cos\varphi} = \frac{40}{220\times 0.6}\text{A} = 0.3\text{A}$$

（2）并联电容后，功率因数提高到 0.9，所以有

$$\varphi' = \arccos 0.9 = 25.84°$$
$$Q = P\tan\varphi' = 19.37\text{var}$$

根据式（3-34）得

$$C = \frac{P}{\omega U^2}(\tan\varphi - \tan\varphi') = \frac{40}{314\times 220^2}(\tan 53.13° - \tan 25.84°)\text{F} = 2.2\mu\text{F}$$

电路的电流为

$$I = \frac{P}{U\cos\varphi'} = \frac{40}{220\times 0.9}\text{A} = 0.2\text{A}$$

（3）如果将功率因数提高到 1，则 $\varphi' = \arccos 1 = 0°$，此时有

$$Q = 0\text{var}$$
$$C = \frac{P}{\omega U^2}(\tan\varphi - \tan\varphi') = \frac{40}{314\times 220^2}(\tan 53.13° - \tan 0°)\text{F} = 3.5\mu\text{F}$$

电路的电流为

$$I = \frac{P}{U\cos\varphi'} = \frac{40}{220\times 1}\text{A} = 0.18\text{A}$$

当电路的功率因数从 0.6 提高到 0.9 时，电源负担的无功功率从 53.33var 减小到 19.37var，电源输出的电流由 0.3A 减小到 0.2A，减少了 33.3%。如果继续将功率因数提高到 1，电源输出的电流由 0.2A 减小到 0.18A，则减少了 10%，此时电容量从 2.2μF 增大到 3.5μF，电容量增加了 59%，显然其经济性不好，所以一般不要求全补偿或过补偿。

3.5.6　最大功率传输

电路如图 3-45a 所示，对于一个线性有源一端口网络，总可以用戴维南等效电路替代，如图 3-45b 所示。当有源一端口网络给定后，$\dot{U}_{oc}$ 和 Z_{eq} 都为定值，设 $Z_{eq} = R_{eq} + jX_{eq}$，负载阻抗 $Z_L = R_L + jX_L$，则接入负载阻抗后，负载阻抗所获得的功率为

$$P = \left|\frac{\dot{U}_{oc}}{Z_{eq} + Z_L}\right|^2 R_L = \frac{U_{oc}^2}{(R_{eq} + R_L)^2 + (X_{eq} + X_L)^2}R_L$$

若假定负载阻抗的实部 R_L 和虚部 X_L 均可独立变化，先将 R_L 视为常数，当 $X_{eq} + X_L = 0$

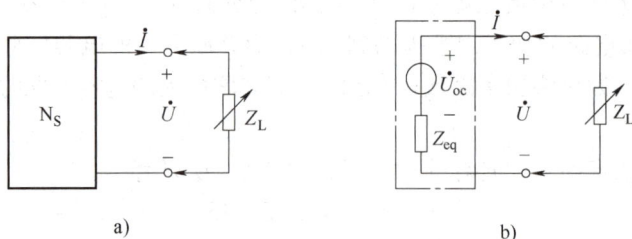

图 3-45 最大功率传输

a）有源一端口网络 b）有源一端口网络的戴维南等效电路

时，负载吸收的功率为

$$P = \frac{U_{oc}^2}{(R_{eq}+R_L)^2}R_L$$

当 $R_L = R_{eq}$ 时，即 $Z_L = Z_{eq}^* = R_{eq} - jX_{eq}$ 时，负载可获得的最大功率为

$$P_{max} = \frac{U_S^2}{4R_{eq}}$$

此时，负载与有源一端口网络处于最佳匹配状态，负载阻抗与电源阻抗互为共轭复数，因此，把这种情况称为共轭匹配。

【例 3-19】 图 3-46 所示电路中，电源频率 $f=100\text{Hz}$，电源电压 $\dot{U}_S=1\text{V}$，电源内阻抗 $Z_S=100\Omega$，负载阻抗 $Z_L=200\Omega$。为使 Z_L 获得最大功率，L 和 C 应为多大？

解：电路端子 a、b 左侧的等效复数阻抗为

$$Z_{ab} = (Z_S + jX_C) /\!/ jX_L$$

$$= \frac{Z_S X_L(X_L+X_C) - Z_S X_L X_C}{Z_S^2 + (X_L+X_C)^2} + j\frac{Z_S^2 X_L + X_L X_C(X_L+X_C)}{Z_S^2+(X_L+X_C)^2}$$

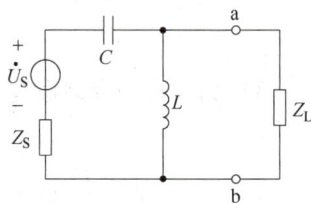

图 3-46 例 3-19 图

当 $Z_L = Z_{ab}^*$ 时，负载阻抗可获得最大功率，则有

$$\begin{cases} \dfrac{100X_L^2}{100^2+(X_L+X_C)^2} = 200 \\ \dfrac{100^2X_L + X_L X_C(X_L+X_C)}{100^2+(X_L+X_C)^2} = 0 \end{cases} \Rightarrow \begin{cases} X_L = 200\Omega \\ -X_C = 100\Omega \end{cases} \Rightarrow \begin{cases} L = 0.318\text{H} \\ C = 15.9\mu\text{F} \end{cases}$$

3.6 谐振电路

正弦稳态电路中，当电压与电流在某一频率下同相时，电路呈电阻性，这种工作状态称为谐振。谐振在电工和通信技术中应用广泛，但由于电路中某些部分的电压或电流可能很大，影响电路或系统的正常工作，所以在某些场合应该尽量避免发生谐振。本节学习两种常见的简单结构的谐振电路，即串联谐振电路和并联谐振电路。

3.6.1　串联谐振电路

1. 谐振条件和谐振频率

图 3-47 所示电路为 RLC 串联谐振电路，在正弦电源的作用下，其复数阻抗为

$$Z = R + \mathrm{j}\left(\omega L - \frac{1}{\omega C}\right)$$

当复数阻抗的虚部为零时，电路呈电阻性，发生串联谐振。谐振时角频率用 ω_0 表示，则串联谐振的条件为

$$\omega_0 L = \frac{1}{\omega_0 C}$$

由谐振的条件可以计算出电路发生谐振时的谐振角频率为

$$\omega_0 = \frac{1}{\sqrt{LC}} \qquad (3\text{-}35)$$

根据频率与角频率的关系，得

$$f_0 = \frac{1}{2\pi\sqrt{LC}} \qquad (3\text{-}36)$$

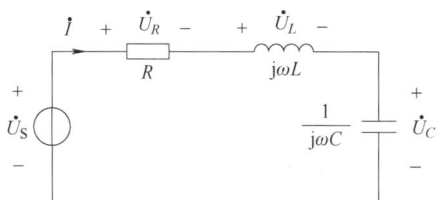

图 3-47　RLC 串联谐振电路

式（3-35）和式（3-36）说明谐振角频率（或谐振频率）仅由电路参数决定，与外部条件无关，所以称为固有角频率（或固有频率）。电路是否发生串联谐振取决于电路参数或电源角频率。在电路参数一定的条件下，要实现谐振，可调整电源角频率 ω（或频率 f），使电源角频率等于电路谐振时的固有角频率；在电源角频率一定时，可通过调整电路参数使电路的固有角频率等于电源角频率，实现电路谐振。因为改变电容的量值比较方便，所以通常调节电容使电路发生谐振，这种操作称为调谐，如收音机选台就是一种常见的调谐操作。

2. 串联谐振的频率特性及其基本特征

电路和系统的工作状态随频率变化的现象称为频率特性，又称为频率响应。频率特性分为幅频特性和相频特性。幅频特性是指电压的大小、电流的大小、阻抗的模、导纳的模与角频率（或频率）之间的关系；相频特性是指电压的初相、电流的初相、阻抗角、导纳角与角频率（或频率）之间的关系。在没有任何说明的情况下，频率特性指的是幅频特性。把描述电压、电流、阻抗随频率变化的关系曲线，称为谐振曲线。下面通过幅频特性介绍串联谐振的基本特征。

（1）$|Z|$ 的频率特性

感抗、容抗、复数阻抗都是角频率 ω 的函数，其频率特性曲线如图 3-48a 所示。

1）当 $\omega = 0$ 时，容抗 $\frac{1}{\omega C}$ 趋近于无穷大，$\omega L = 0$，电路中的电流 $I = 0$，$|Z| = \frac{1}{\omega C}$，电路此时相当于开路，电源电压全部加在电容上，所以 $U_C = U_S$。

2）当 $0 < \omega < \omega_0$ 时，$\frac{1}{\omega C}$ 逐渐减小，ωL 由零逐渐增加，X 逐渐减小，$|Z|$ 减小，故 I 增加，

但随着 ω 的增加始终保持 $\dfrac{1}{\omega C} > \omega L$，电路呈电容性。

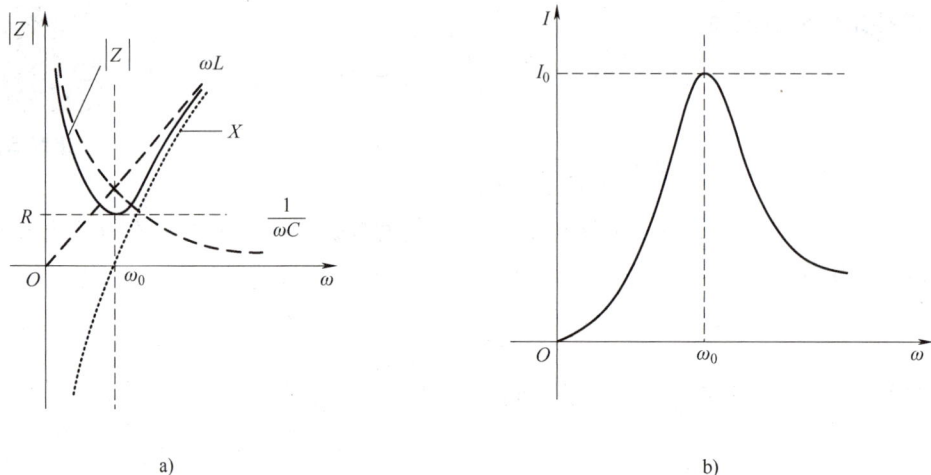

a)

b)

图 3-48　复数阻抗和电流的频率特性曲线

a）复数阻抗的频率特性　b）电流的频率特性

3）当 $\omega = \omega_0$ 时，$\omega L = \dfrac{1}{\omega C}$，$X = 0$，电路呈电阻性，电路发生谐振，$Z = R$ 时达到最小，电流达到最大。谐振时的电流用 $\dot{I}_0$ 表示，即

$$\dot{I}_0 = \frac{\dot{U}}{Z} = \frac{\dot{U}}{R}$$

电感的电压相量与电容的电压相量大小相等、方向相反，二者相互抵消，此时电路的电抗部分相当于短路，电源电压全部加在电阻上，有

$$\dot{U}_R = R\dot{I}_0 = \dot{U}_S$$

$$\dot{U}_L = j\omega_0 L\dot{I}_0 = j\frac{\omega_0 L}{R}\dot{U}_S$$

$$\dot{U}_C = -j\frac{1}{\omega_0 C}\dot{I}_0 = -j\frac{1}{\omega_0 CR}\dot{U}_S$$

谐振时感抗和容抗为确定的值，把电路发生谐振时的感抗或容抗称为特性阻抗，用 ρ 表示，即

$$\rho = \omega_0 L = \frac{1}{\omega_0 C}$$

将式（3-35）代入后得

$$\rho = \sqrt{\frac{L}{C}}$$

4）当 $\omega > \omega_0$ 时，$\dfrac{1}{\omega C}$ 继续减小，ωL 继续增加，此时 $\dfrac{1}{\omega C} < \omega L$，电路呈电感性，随着 X 逐渐增加，$|Z|$ 也随之增大，故 I 逐渐减小。

5）当 ω 趋近于无穷大时，ωL 趋近于无穷大，完全阻止电流通过，$I = 0$，电源电压全部加在电感上，即 $U_L = U_S$。

（2）电流的频率特性

当 $\omega = \omega_0$ 时，电路发生谐振，I 最大，称电路为谐振状态；当 $\omega \neq \omega_0$ 时，称电路为失谐状态，ω 偏离 ω_0 越大，I 越小，电路失谐越严重。电流的频率特性曲线如图 3-48b 所示。为了便于不同谐振回路间进行比较，横轴用 ω/ω_0 表示，意为 ω 偏离 ω_0 的程度；纵轴用 I/I_0 表示，意为 ω 偏离 ω_0 时对非谐振电流的抑制能力。I/I_0 越小，说明电路对非谐振频率下的信号抑制能力越强。串联电路中，电流的有效值为

$$I = \frac{U_S}{\sqrt{R^2 + \left(\omega L - \dfrac{1}{\omega C}\right)^2}}$$

将其变形为

$$I = \frac{U_S}{\sqrt{R^2 + \left(\dfrac{\omega_0}{\omega_0}\omega L - \dfrac{\omega_0}{\omega_0}\dfrac{1}{\omega C}\right)^2}} = \frac{U_S}{\sqrt{R^2 + \left(\dfrac{\omega}{\omega_0}\omega_0 L - \dfrac{\omega_0}{\omega}\dfrac{1}{\omega_0 C}\right)^2}} = \frac{U_S}{\sqrt{R^2 + (\omega_0 L)^2\left(\dfrac{\omega}{\omega_0} - \dfrac{\omega_0}{\omega}\right)^2}}$$

如果用 η 表示 ω/ω_0，则有

$$I = \frac{U_S/R}{\sqrt{1 + \left(\dfrac{\omega_0 L}{R}\right)^2\left(\eta - \dfrac{1}{\eta}\right)^2}} = \frac{I_0}{\sqrt{1 + \left(\dfrac{\omega_0 L}{R}\right)^2\left(\eta - \dfrac{1}{\eta}\right)^2}}$$

将 I_0 移至等式的左侧，有

$$\frac{I}{I_0} = \frac{1}{\sqrt{1 + \left(\dfrac{\omega_0 L}{R}\right)^2\left(\eta - \dfrac{1}{\eta}\right)^2}}$$

式中，$\omega_0 L/R$ 为一个常数，用 Q 表示，称为 Q 值，代入上式有

$$\frac{I}{I_0} = \frac{1}{\sqrt{1 + Q^2\left(\eta - \dfrac{1}{\eta}\right)^2}} \tag{3-37}$$

由此可知，若以 ω/ω_0 为横轴，以 I/I_0 为纵轴，则曲线由 Q 值决定。

$$Q = \frac{\omega_0 L}{R} = \frac{1}{\omega_0 C R} = \frac{\rho}{R} = \frac{1}{R}\sqrt{\frac{L}{C}}$$

图 3-49 给出了取不同 Q 值的谐振曲线，Q 值越大，曲线越尖锐，当 ω 稍偏离 ω_0 时，I/I_0 会急剧下降，这表明电路对非谐振频率附近的信号有较强的抑制作用，或者说电路选择了谐振频率附近的信号而抑制了非谐振频率附近的信号。这种对不同输入信号的选择能力称为电路的"选择性"。Q 值越大，电路的选择性就越好，因此把 Q 值称为谐振电路的品质因数。由于谐振曲线仅由 Q 值决定，所以对于 Q 值相同的任意串联谐振电路，其谐振曲线相同，

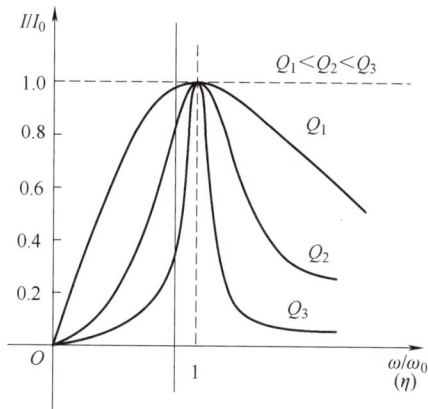

图 3-49　Q 值对谐振曲线形状的影响

因此，也把这样的曲线称为串联谐振电路的通用曲线。

引入了品质因数后，电路发生串联谐振时，电感和电容的电压可表达为

$$\dot{U}_L = jQ\dot{U}_S$$

$$\dot{U}_C = -jQ\dot{U}_S$$

它们的有效值为电源电压的 Q 倍。通常 $Q \gg 1$，这说明电路的品质因数越高，在一定电压的作用下，通过串联谐振所获得的电感电压和电容电压也越高。在电力系统中，这种高压会引发电气设备局部过热、加速绝缘介质的老化、电气设备失灵等问题，因此应尽量避免电路发生谐振；但在无线电和电工技术中，谐振的应用却十分广泛，如收音机在接收电台信号时，调节电容使电路的固有频率与信号源的频率一致，电路发生谐振，微弱的电信号在电容两端获得一个较高的电压，非谐振频率的电信号则较微弱。

品质因数 Q 还可以写为

$$Q = \frac{U_L}{U_S} = \frac{U_C}{U_S}$$

分子、分母同时乘以电流 I_0，便得到

$$Q = \frac{U_L I_0}{U_S I_0} = \frac{\omega_0 L I_0^2}{R I_0^2} = \frac{\text{电感（电容）吸收的无功功率}}{\text{电阻吸收的有功功率}} \tag{3-38}$$

因此，品质因数可以定义为谐振时电感（或电容）吸收的无功功率与电阻吸收的有功功率之比。将式（3-38）做进一步的展开，得

$$Q = \frac{\omega_0 L I_0^2}{R I_0^2} = \frac{2\pi f_0 L \left(\frac{I_m}{\sqrt{2}}\right)^2}{R I_0^2} = 2\pi \frac{\frac{1}{2} L I_m^2}{T_0 R I_0^2} = 2\pi \frac{\text{电磁场能量的极大值}}{\text{一个周期内电阻消耗的电能}}$$

Q 值反映了谐振电路中电磁场能量的极大值与一个周期内电阻消耗的电能的相对关系，即在一定时间内维持一定的电磁振荡的前提下，需要补充的能量越少越好，这就要求电路应具有较高的 Q 值。

设电路中的电流为 $i = I_m \cos\omega_0 t$，则

$$u_C = \frac{I_m}{\omega_0 C} \cos\left(\omega_0 t - \frac{\pi}{2}\right) = U_{Cm}\sin\omega_0 t$$

电磁场总能量为

$$\begin{aligned}
W &= \frac{1}{2}C\left(\frac{I_m}{\omega_0 C}\right)^2 \sin^2\omega_0 t + \frac{1}{2}L I_m^2 \cos^2\omega_0 t \\
&= \frac{1}{2}C\left(\sqrt{\frac{L}{C}} I_m\right)^2 \sin^2\omega_0 t + \frac{1}{2}L I_m^2 \cos^2\omega_0 t \\
&= \frac{1}{2}L I_m^2 \\
&= \frac{1}{2}C U_{Cm}^2 \\
&= C U_C^2 \\
&= C Q^2 U_S^2
\end{aligned}$$

可见，电场能量的最大值与磁场能量的最大值相等，其变化曲线如图 3-50 所示。电路中的电磁场总能量为一个常数，当电场能量增加某一值时，磁场能量必然减少同一值，反之亦然。这意味着，电容和电感之间存在电场能量和磁场能量交换的周期性振荡过程。电磁场能量的交换只在电路内部电感和电容之间进行，和外电路没有电磁场能量的交换，电源只向电阻提供能量。当保持外电压不变时，电磁场总能量 W 与 Q^2 成正比，因此，可用提高或降低 Q 值的方法来增加或减少电路的振荡程度。

一个实际的信号是以某一频率为中心，占有一定频带的多频信号。要使信号在允许失真的范围内完整地通过电路，这就要求谐振曲线具有一定的宽度。工程认为，如果信号占有的频带在谐振曲线最大值的 $1/\sqrt{2}$ 的两点之间，如图 3-51 所示，信号通过时的失真是允许的，把这两点之间的频率范围定义为通频带，用 BW 表示。

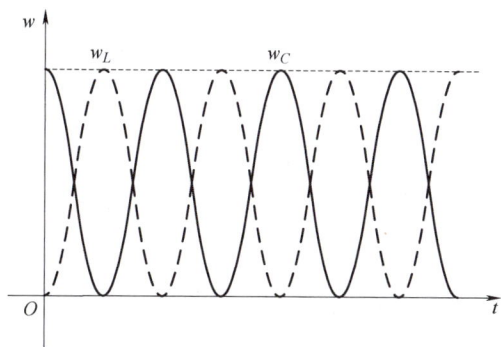

图 3-50　电场能量和磁场能量的变化曲线

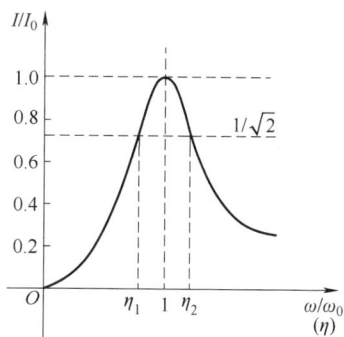

图 3-51　通频带

根据式（3-37），得

$$\frac{I}{I_0} = \frac{1}{\sqrt{1+Q^2\left(\eta - \dfrac{1}{\eta}\right)^2}} = \frac{1}{\sqrt{2}}$$

所以有

$$\eta - \frac{1}{\eta} = \pm \frac{1}{Q}$$

当 $\eta - \dfrac{1}{\eta} = -\dfrac{1}{Q}$ 时，$\eta^2 + \dfrac{1}{Q}\eta - 1 = 0$，有

$$\eta_1 = \frac{-1+\sqrt{1+4Q^2}}{2Q} = \frac{-1+2Q}{2Q} < 1$$

当 $\eta - \dfrac{1}{\eta} = \dfrac{1}{Q}$ 时，$\eta^2 - \dfrac{1}{Q}\eta - 1 = 0$，有

$$\eta_2 = \frac{1+\sqrt{1+4Q^2}}{2Q} = \frac{1+2Q}{2Q} > 1$$

因此

$$\Delta\eta = \eta_2 - \eta_1 = \frac{1}{Q}$$

电路的通频带为

$$BW = \omega_2 - \omega_1 = \eta_2\omega_0 - \eta_1\omega_0 = \frac{\omega_0}{Q} \text{ 或 } BW = \frac{f_0}{Q}$$

（3）电压的频率特性

当电路发生谐振时，电路呈电阻性，电源的电压都加在电阻上，所以 U_R 与 I 具有相同的变化规律，其有效值表达式为

$$U_R = RI = \frac{R\dfrac{U_S}{R}}{\sqrt{1 + Q^2\left(\eta - \dfrac{1}{\eta}\right)^2}}$$

$$\frac{U_R}{U_S} = \frac{1}{\sqrt{1 + Q^2\left(\eta - \dfrac{1}{\eta}\right)^2}}$$

电感电压的有效值为

$$U_L = \omega LI = \frac{\omega L\dfrac{U_S}{R}}{\sqrt{1 + Q^2\left(\eta_L - \dfrac{1}{\eta_L}\right)^2}} = \frac{\dfrac{\omega_0}{\omega_0}\omega L\dfrac{U_S}{R}}{\sqrt{1 + Q^2\left(\eta_L - \dfrac{1}{\eta_L}\right)^2}}$$

$$= \frac{\dfrac{\omega}{\omega_0}\dfrac{\omega_0 L}{R}U_S}{\sqrt{1 + Q^2\left(\eta_L - \dfrac{1}{\eta_L}\right)^2}} = \frac{\eta_L Q U_S}{\sqrt{1 + Q^2\left(\eta_L - \dfrac{1}{\eta_L}\right)^2}} = \frac{Q U_S}{\dfrac{1}{\eta_L}\sqrt{1 + Q^2\left(\eta_L - \dfrac{1}{\eta_L}\right)^2}}$$

整理得

$$U_L = \frac{Q U_S}{\sqrt{\dfrac{1}{\eta_L^2} + Q^2\left(1 - \dfrac{1}{\eta_L^2}\right)^2}} \tag{3-39}$$

令 $\dfrac{\mathrm{d}}{\mathrm{d}\eta_L}\left[\dfrac{1}{\eta_L^2} + Q^2\left(1 - \dfrac{1}{\eta_L^2}\right)^2\right] = 0$，则有

$$\eta_L = \sqrt{\frac{2Q^2}{2Q^2 - 1}} > 1 \tag{3-40}$$

将式（3-40）代入式（3-39）中，得

$$U_{L\max} = \frac{Q U_S}{\sqrt{1 - \dfrac{1}{4Q^2}}} > Q U_S \tag{3-41}$$

电容电压的有效值为

$$U_C = \frac{1}{\omega C} I = \frac{\dfrac{1}{\omega C} \dfrac{U_S}{R}}{\sqrt{1 + Q^2 \left(\eta_C - \dfrac{1}{\eta_C} \right)^2}} = \frac{\dfrac{\omega_0}{\omega_0} \dfrac{1}{\omega C} \dfrac{U_S}{R}}{\sqrt{1 + Q^2 \left(\eta_C - \dfrac{1}{\eta_C} \right)^2}}$$

$$= \frac{\dfrac{\omega_0}{\omega} \dfrac{1}{\omega_0 C} \dfrac{U_S}{R}}{\sqrt{1 + Q^2 \left(\eta_C - \dfrac{1}{\eta_C} \right)^2}} = \frac{\dfrac{1}{\eta_C} Q U_S}{\sqrt{1 + Q^2 \left(\eta_C - \dfrac{1}{\eta_C} \right)^2}} = \frac{Q U_S}{\eta_C \sqrt{1 + Q^2 \left(\eta_C - \dfrac{1}{\eta_C} \right)^2}}$$

整理得

$$U_C = \frac{Q U_S}{\sqrt{\eta_C^2 + Q^2 (\eta_C^2 - 1)^2}} \tag{3-42}$$

令 $\dfrac{\mathrm{d}}{\mathrm{d}\eta_C} [\eta_C^2 + Q^2 (\eta_C^2 - 1)^2] = 0$，则有

$$\eta_C = \sqrt{\frac{2Q^2 - 1}{2Q^2}} < 1 \tag{3-43}$$

将式（3-43）代入式（3-42）中，得

$$U_{C\max} = \frac{Q U_S}{\sqrt{1 - \dfrac{1}{4Q^2}}} > Q U_S \tag{3-44}$$

U_R、U_L 和 U_C 的频率特性曲线如图 3-52 所示，当 $\omega = 0$ 时，$I = 0$，$\omega L = 0$，$U_L = 0$，$U_C = U_S$；当 $0 < \omega < \omega_0$ 时，ωL 和 I 均增大，所以 U_L 也随之增大，虽然容抗 $\dfrac{1}{\omega C}$ 会减小，但由于 I 增大，所以 U_C 会随着 ω 增大，当到达谐振频率附近时，U_C 达到最大，如式（3-44）所示；当 $\omega = \omega_0$ 时，$U_L = U_C = Q U_S$；当 $\omega > \omega_0$ 时，ωL 继续增大而 I 减小，在谐振频率附近 U_L 达到最大，如式（3-41）所示，随着 ω 的继续增大，$\dfrac{1}{\omega C}$ 会继续减小，而 ωL 继续增大，I 会急剧下降，此时 U_C 急剧减小直至为零，当 ω 趋近于无穷大时，ωL 趋近于无穷大，电路相当于开路，$U_L = U_S$。

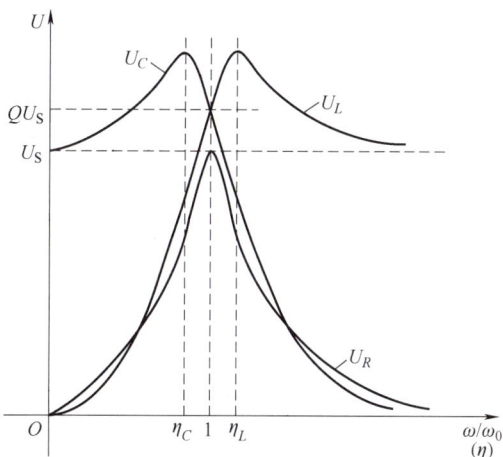

图 3-52 U_R、U_L 和 U_C 的频率特性曲线

【例 3-20】 RLC 串联电路中，$R = 10\Omega$，$L = 2.5\mathrm{mH}$，$C = 100\mathrm{pF}$。（1）求电路发生串联谐振时的谐振频率及品质因数。（2）设外加电压为 $10\mu V$，其频率等于电路的谐振频率，求电路中的电流及电容电压。（3）若外加电压仍为 $10\mu V$，但其频率比谐振频率高 5%，再求电容电压。

解：（1）谐振频率及品质因数分别为

$$f_0 = \frac{1}{2\pi\sqrt{LC}} = \frac{1}{2\pi\sqrt{2.5\times10^{-3}\times100\times10^{-12}}}\text{Hz} = 318.5\text{kHz}$$

$$Q = \frac{\rho}{R} = \frac{2\pi f_0 L}{R} = \frac{2\pi\times318.5\times10^3\times2.5\times10^{-3}}{10} = 500$$

（2）谐振时的电流及电容电压分别为

$$I_0 = \frac{U}{R} = \frac{10\times10^{-6}}{10}\text{A} = 10^{-6}\text{A}$$

$$U_C = QU = 500\times10\,\mu\text{V} = 5\text{mV}$$

（3）若电源频率比谐振频率高 5%，则有

$$f' = (1+0.05)f_0 = 1.05\times318.5\times10^3\text{Hz} = 334.4\times10^3\text{Hz}$$

$$X_L' = \omega'L = 2\pi\times334.4\times10^3\times2.5\times10^{-3}\,\Omega = 5250\,\Omega$$

$$-X_C' = \frac{1}{\omega'C} = \frac{1}{2\pi\times318.5\times10^3\times100\times10^{-12}}\,\Omega = 5000\,\Omega$$

$$|Z'| = \sqrt{R^2+(X_L+X_C)^2} = \sqrt{10^2+(5250-5000)^2}\,\Omega = 250.2\,\Omega$$

$$U_C' = \frac{-X_C'}{|Z'|}U = \frac{5000}{250.2}\times10\times10^{-6}\text{V} = 0.2\text{mV}$$

比较 U_C' 与 U_C 可知，当电源频率偏离电路的谐振频率时，电容电压显著下降。收音机就是利用这个原理选择所要收听的电台信号而抑制其他电台信号的。

3.6.2 并联谐振电路

1. 谐振条件和谐振频率

图 3-53 所示电路为 *GCL* 并联谐振电路，在正弦电源的作用下，其复数导纳为

$$Y = G+\text{j}\left(\omega C-\frac{1}{\omega L}\right)$$

当复数导纳的虚部为零时，电路呈电阻性，电路发生并联谐振。谐振时角频率用 ω_0 表示，则并联谐振的条件为

$$\omega_0 C = \frac{1}{\omega_0 L}$$

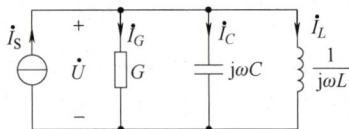
图 3-53　并联谐振电路

由谐振的条件可以计算出电路发生谐振时的谐振角频率和谐振频率分别为

$$\omega_0 = \frac{1}{\sqrt{LC}},\quad f_0 = \frac{1}{2\pi\sqrt{LC}}$$

2. 并联谐振的频率特性及其基本特征

（1）复数导纳 $|Y|$ 的频率特性

容纳、感纳、复数导纳都是角频率 ω 的函数，其频率特性曲线如图 3-54 所示。导纳的频率特性与阻抗的频率特性曲线相似，即并联谐振电路在谐振频率左、右表现出来的性质与串联谐振电路恰好相反。

1）当 $\omega=0$ 时，$\dfrac{1}{\omega L}$ 趋近于无穷大，$\omega C=0$，电路中的电压 $U=0$，$|Y|=\dfrac{1}{\omega L}$，电容此时相当于短路，电流全部从电容支路通过，所以 $I_C=I_S$。

2）当 $0<\omega<\omega_0$ 时，$\omega C<\dfrac{1}{\omega L}$，$B<0$，电路呈电感性。

3）当 $\omega=\omega_0$ 时，$\omega C=\dfrac{1}{\omega L}$，$B=0$，电路呈电阻性，电路发生谐振，$Y=G$ 时达到最小，电压达到最大。谐振时的电压用 $\dot{U}_0$ 表示为

$$\dot{U}_0=\frac{\dot{I}_S}{Y}=\frac{\dot{I}_S}{G}$$

根据品质因数的定义可知并联谐振时，电路的品质因数为

$$Q=\frac{U^2\dfrac{1}{\omega_0 L}}{U^2 G}=\frac{1}{\omega_0 LG}=\frac{\omega_0 C}{G}=\frac{1}{G}\sqrt{\frac{C}{L}}$$

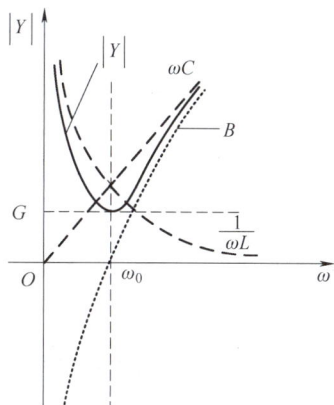

图 3-54　导纳的频率特性曲线

电容的电流相量与电感的电流相量大小相等、方向相反，二者相互抵消，此时电路的电纳部分相当于开路，电源电流全部从电阻支路通过，此时有

$$\dot{I}_G=G\dot{U}=\dot{I}_S$$

$$\dot{I}_L=\frac{\dot{U}}{j\omega_0 L}=\frac{\dot{I}_S}{j\omega_0 LG}=-jQ\dot{I}_S$$

$$\dot{I}_C=j\omega_0 C\dot{U}=j\omega_0 C\frac{\dot{I}_S}{G}=jQ\dot{I}_S$$

因 $Q\gg1$，所以在电感、电容处可能出现过电流现象。

电路中的无功功率 $Q=UI\sin\varphi=Q_L+Q_C=0$，无功部分完全补偿，即谐振时电感与电容间进行能量交换，与电源间没有能量交换。电路所储存的电磁场能量为

$$W=\frac{1}{2}Li_L^2+\frac{1}{2}Cu_C^2=LQ^2 I_S^2$$

4）当 $\omega>\omega_0$ 时，$\omega C>\dfrac{1}{\omega L}$，$B>0$，电路呈电容性。

5）当 $\omega\to\infty$ 时，ωC 趋近于无穷大，$\dfrac{1}{\omega L}=0$，$U=0$，电感此时相当于短路，电流全部从电感支路通过，所以 $I_L=I_S$。

（2）电压的频率特性

与串联谐振类似，横轴用 ω/ω_0 表示，意为 ω 偏离 ω_0 的程度；纵轴用 U/U_0 表示，意为 ω 偏离 ω_0 时对非谐振电压的抑制能力。并联电路中，电压的有效值为

$$U=\frac{I_S}{\sqrt{G^2+\left(\omega C-\dfrac{1}{\omega L}\right)^2}}=\frac{I_S}{\sqrt{G^2+(\omega_0 C)^2\left(\dfrac{\omega}{\omega_0}-\dfrac{\omega_0}{\omega}\right)^2}}$$

$$= \frac{I_{\mathrm{S}}/G}{\sqrt{1+\left(\dfrac{\omega_0 C}{G}\right)^2 \left(\eta-\dfrac{1}{\eta}\right)^2}}$$

$$= \frac{U_0}{\sqrt{1+Q^2\left(\eta-\dfrac{1}{\eta}\right)^2}}$$

将 U_0 移至等式的左侧，有

$$\frac{U}{U_0} = \frac{1}{\sqrt{1+Q^2\left(\eta-\dfrac{1}{\eta}\right)^2}}$$

并联谐振电压的幅频特性与串联谐振电流的幅频特性曲线相似，在 ω_0 处电压最大。

3.6.3　工程并联谐振电路

工程上使用的并联谐振电路如图 3-55a 所示，其复数导纳为

$$Y = \frac{1}{R+\mathrm{j}\omega L} + \mathrm{j}\omega C = \frac{R}{R^2+(\omega L)^2} + \mathrm{j}\left(\omega C - \frac{\omega L}{R^2+(\omega L)^2}\right) = G+\mathrm{j}B$$

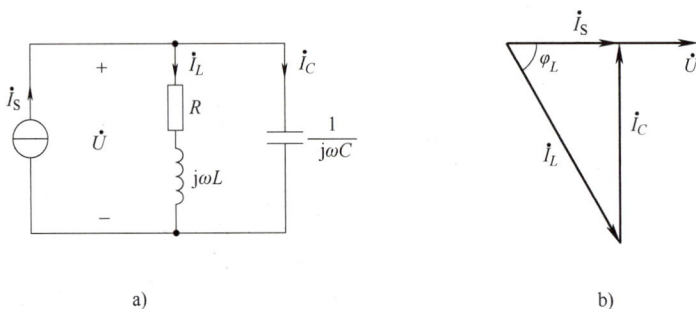

a)　　　　　　　　　　　　　　　　　　　　b)

图 3-55　工程并联谐振

a）工程并联谐振电路　b）工程并联谐振相量图

当复数导纳的虚部为零时，电路呈电阻性，电路发生并联谐振。谐振时角频率用 ω_0 表示，则谐振的条件为

$$\omega_0 C = \frac{\omega_0 L}{R^2+(\omega_0 L)^2}$$

解得谐振角频率和频率分别为

$$\omega_0 = \sqrt{\frac{L-CR^2}{L^2 C}} = \frac{1}{\sqrt{LC}}\sqrt{1-\frac{CR^2}{L}}$$

$$f_0 = \frac{1}{2\pi\sqrt{LC}}\sqrt{1-\frac{CR^2}{L}}$$

可见，工程并联谐振的角频率或频率完全取决于电路参数 R、L 和 C，这一点与前面所述串联谐振和并联谐振不同，它不仅与 L 和 C 有关，还与 R 有关。仅当 $1-\dfrac{CR^2}{L}>0$，即 $R<\sqrt{L/C}$

时，ω_0 为实数，电路才可能发生谐振。

1. 复数导纳

谐振时电路的复数导纳为

$$Y_0 = \frac{R}{R^2+(\omega_0 L)^2} = \frac{R}{R^2+\dfrac{L^2}{LC}\left(1-\dfrac{CR^2}{L}\right)} = \frac{RC}{L}$$

此时的 $Y=RC/L$ 为最小，复数阻抗 $Z_0=1/Y_0=L/RC$ 为最大。当 $R=0$ 或 $R\ll\sqrt{L/C}$ 时，其角频率为

$$\omega_0 = \frac{1}{\sqrt{LC}}$$

谐振时的基本特征与前面讲述的并联谐振电路相似。

2. 电流

设电流 $\dot{I}_S = I_S\underline{/0°}$，则谐振时有

$$\dot{U}_0 = \dot{I}_S Z_0 = \frac{L}{CR}\dot{I}_S$$

$$\dot{I}_L = \frac{\dot{U}_0}{R+j\omega_0 L} = \frac{L}{CR}\frac{1}{\sqrt{R^2+(\omega_0 L)^2}}I_S\underline{/\varphi_L}$$

$$\dot{I}_C = j\omega_0 C\dot{U}_0 = \frac{\omega_0 L}{R}I_S\underline{/90°}$$

其相量图如图 3-55b 所示，$\dot{I}_L$ 在虚轴上的投影与 $\dot{I}_C$ 大小相等、方向相反，二者之和为零，电路端口电压 $\dot{U}$ 与电流 $\dot{I}_S$ 同相，电路发生谐振，此时有

$$I_C = I_L\sin\varphi_L = I_S\tan\varphi_L$$

如果电感线圈的阻抗角 φ_L 很大，即使电流 I_S 不大，电感支路电流与电容支路电流也会很大。

串联谐振电路适用于信号源内阻很小的情况，如果信号源内阻较大，将使回路品质因数降低，电路的选频特性变差，这种情况常采用并联谐振电路。例如，晶体管的输出电阻作为下一级信号源的内阻，通常数值较大，在收音机中频变压器的一次回路中，集电极负载就是一个 LC 并联谐振电路。

3.6.4 串并联谐振电路

以上关于串联谐振和并联谐振电路的分析方法，可以用来分析由 LC 构成的较为复杂的串、并联谐振电路。通常这种电路的谐振频率不止一个，既有串联谐振频率，又有并联谐振频率，下面通过例题进行说明。

【例 3-21】 计算图 3-56 所示电路的谐振角频率。

解：当电路中含有多个电感、电容时，可能会出现不同的谐振形式。电路中 L_2 与 C 发生并联谐振，其谐振角频率 ω_{01} 为

$$\omega_{01} = \frac{1}{\sqrt{L_2 C}}$$

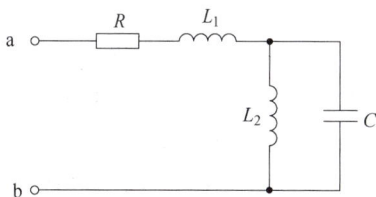

图 3-56 例 3-21 图

电路端口的复数阻抗为

$$Z_{ab} = R + j\omega L_1 + \frac{j\omega L_2 \dfrac{1}{j\omega C}}{j\omega L_2 + \dfrac{1}{j\omega C}} = R + j\omega L_1 + \frac{j\omega L_2}{1 - \omega^2 L_2 C}$$

当 Z_{ab} 的虚部为零，即 $\omega L_1 + \dfrac{\omega L_2}{1 - \omega^2 L_2 C} = 0$ 时，电路发生串联谐振，谐振角频率 ω_{02} 为

$$\omega_{02} = \frac{\sqrt{L_1 + L_2}}{\sqrt{L_1 L_2 C}} = \sqrt{\frac{L_1 + L_2}{L_1 L_2 C}}$$

【例 3-22】 计算图 3-57 所示电路的谐振角频率。

解：电路为含受控源电路，可以通过加压求流法计算电路的输入阻抗，再令其输入阻抗的虚部为零，电路的谐振角频率得解。求解过程如下：设定端口 a、b 的电压相量和电流相量，选择回路的绕行方向，如图 3-57 所示，根据 KVL 和 KCL 得

$$\begin{cases} \dot{U} = (R + j\omega L)\dot{I} + \dfrac{1}{j\omega C}\dot{I}_C \\ \dot{I} = \dot{I}_C + 2\dot{I}_C \end{cases}$$

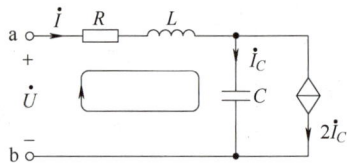

图 3-57 例 3-22 图

整理后得

$$\dot{U} = (R + j\omega L)\dot{I} + \frac{1}{3}\frac{1}{j\omega C}\dot{I} = \left[R + j\left(\omega L - \frac{1}{3\omega C} \right) \right]\dot{I}$$

电路的复数阻抗为

$$Z = \frac{\dot{U}}{\dot{I}} = R + j\left(\omega L - \frac{1}{3\omega C} \right)$$

令 $\mathrm{Im}[Z] = 0$，则有

$$\omega_0 = \frac{1}{\sqrt{3LC}}$$

习题

3-1 写出下列复数的代数式。

（1）$F_1 = 5\underline{/53.1°}$ （2）$F_2 = 10\underline{/150°}$ （3）$F_3 = 5\underline{/90°}$

（4）$F_4 = 5\underline{/-90°}$ （5）$F_5 = 5\underline{/180°}$ （6）$F_6 = 5\underline{/-180°}$

3-2 写出下列复数的极坐标式。

（1）$F_1 = 1 + j$ （2）$F_2 = 2 - j2$ （3）$F_3 = 6 - j8$

（4）$F_4 = 40 + j10$ （5）$F_5 = 7 - j8$ （6）$F_6 = 5.6 + j1.5$

3-3 写出频率为 50Hz 的电流相量 $\dot{I}_1 = \sqrt{6}\,e^{-j40°}$ A，$\dot{I}_2 = 10\underline{/-60°}$ A，电压相量 $\dot{U}_1 = 220\underline{/0°}$ V 的瞬时值。

3-4 写出下列瞬时值的幅值相量。

（1）$i = 10\cos(314t + 70°)$ A （2）$u = 7\sqrt{2}\cos(314t - 75°)$ V

3-5 写出下列瞬时值的有效值相量。

（1）$i = 20\cos(\omega t + 65°)$ A （2）$u = 7\sqrt{2}\cos(\omega t - 35°)$ V

3-6　图 3-58 所示正弦稳态电路中，电流表 A_1、A_2、A_3 的读数分别为 3A、10A、6A，计算电流表 A 的读数。

3-7　图 3-59 所示正弦稳态电路中，电流表 A_1 的读数为 1A，计算电压表 V 和电流表 A 的读数。

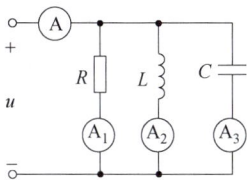

图 3-58　题 3-6 图

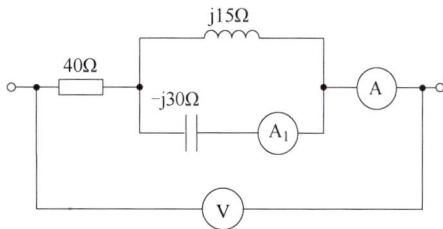

图 3-59　题 3-7 图

3-8　图 3-60 所示正弦稳态电路中，$R=X_L=-X_C=100\Omega$，且 $\dot{I}_R=2\underline{/0°}\,A$，计算电压 $\dot{U}$。

3-9　图 3-61 所示正弦交流电路中，已知 $\dot{U}=12\underline{/0°}\,V$，$\dot{I}=5\underline{/-36.9°}\,A$，$R=3\Omega$，求 $\dot{I}_L$ 和 ωL。

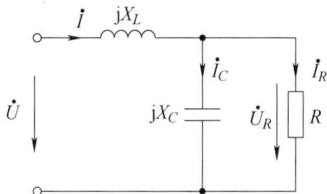

图 3-60　题 3-8 图

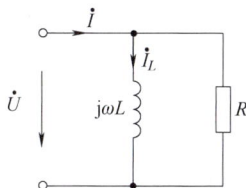

图 3-61　题 3-9 图

3-10　在图 3-62 所示的正弦稳态电路中，电压表 V_1、V_2、V_3 的读数分别为 3V、10V、6V，计算电压表 V 的读数。

3-11　已知电路如图 3-63 所示，$i_S=10\cos 2t\,A$，电容可调。若电容 C 增加，判断交流电压表的读数如何变化。

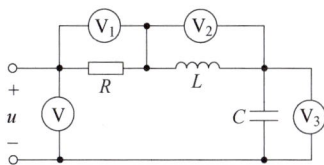

图 3-62　题 3-10 图

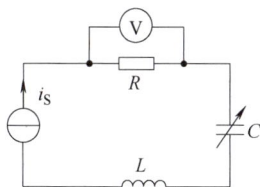

图 3-63　题 3-11 图

3-12　若 $R=3\Omega$，$\omega L=6\Omega$，$\dfrac{1}{\omega C_1}=20\Omega$，$\dfrac{1}{\omega C_2}=20\Omega$，计算图 3-64 所示电路的输入阻抗。

3-13　求图 3-65 所示电路的戴维南等效电路。

3-14　试列出求解图 3-66 所示电路所需的网孔电流方程组。

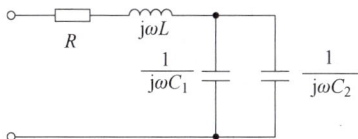

图 3-64　题 3-12 图

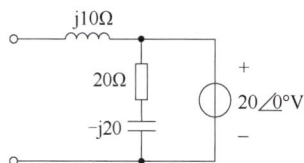

图 3-65　题 3-13 图

3-15 试求图 3-67 所示电路中的节点电压 $\dot{U}_{n1}$。

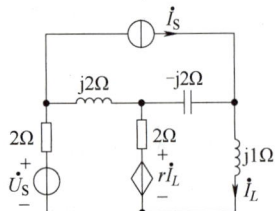

图 3-66 题 3-14 图

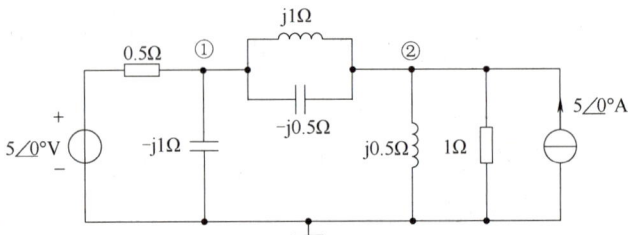

图 3-67 题 3-15 图

3-16 图 3-68 所示正弦交流电路中，已知：$u = 100\cos(10t+30°)$ V，$i = 10\cos(10t+30°)$ A，$C = 0.01$F，试求无源二端网络 N 的最简串联组合的元件值。

3-17 正弦交流电路相量模型如图 3-69 所示，画出表明 $\dot{U}_2$ 与 $\dot{U}_1$ 相位关系的相量图。

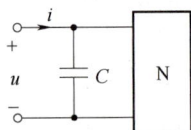

图 3-68 题 3-16 图

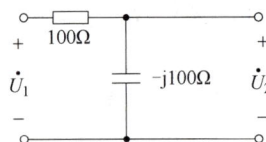

图 3-69 题 3-17 图

3-18 图 3-70 所示正弦交流电路中，已知 $\dot{I}_0 = 2\underline{/0°}$A，试求 $\dot{U}_S$ 和 $\dot{I}_1$。

3-19 图 3-71 所示电路为用电压表、电流表、功率表测量电感线圈参数的实验电路，已知电流表的读数为 1A，电压表的读数为 50V，功率表的读数为 30W，电源的频率为 50Hz，计算 R 和 L 的值。

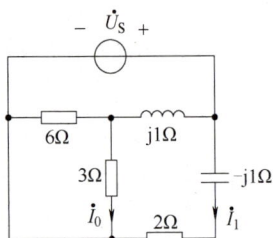

图 3-70 题 3-18 图

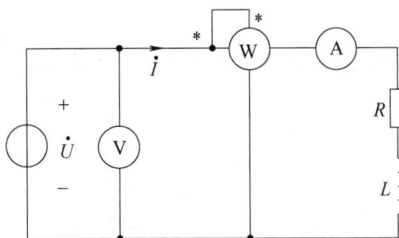

图 3-71 题 3-19 图

3-20 图 3-72 所示电路中，计算负载 Z_L 获得最大功率时，Z_L 的值。

3-21 线性一端口网络如图 3-73 所示，$\dot{U} = -50\underline{/30°}$ V，$\dot{I} = 2\underline{/0°}$ A。计算此一端口网络吸收的复功率、有功功率、无功功率。

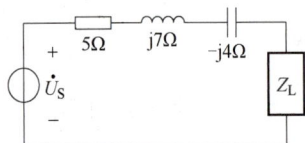

图 3-72 题 3-20 图

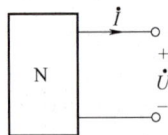

图 3-73 题 3-21 图

3-22 图 3-74 所示无源一端口网络 N，已知其复功率 $\tilde{S} = 1000\underline{/30°}$ VA，$\dot{I} = 10\underline{/30°}$ A，求复数阻抗 Z。

3-23 图 3-75 所示正弦交流电路中，已知 $\dot{I}_S = 5\underline{/0°}$A，计算电路的复功率。

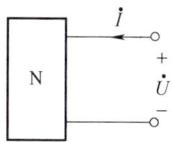

图 3-74 题 3-22 图

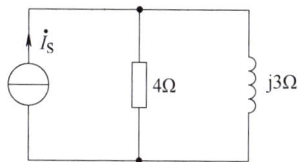

图 3-75 题 3-23 图

3-24 图 3-76 所示正弦交流电路中，已知角频率 $\omega = 10\text{rad/s}$，$U = 12\text{V}$，$I = 5\text{A}$，电路有功功率 $P = 48\text{W}$，求 R 和 C。

3-25 图 3-77 所示电路中，Z_1 为感性负载，功率因数 $\cos\varphi_1 = 0.6$，$P_1 = 12\text{kW}$，Z_2 为阻性负载，$P_2 = 12\text{kW}$，计算电路的功率因数。

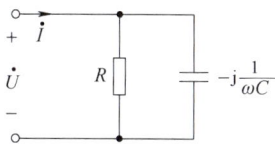

图 3-76 题 3-24 图

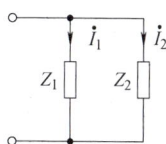

图 3-77 题 3-25 图

3-26 电路如图 3-78 所示，已知 $\dot{U} = 20\underline{/30°}\text{ V}$，$L = 0.5\text{H}$。维持 $\dot{U}$ 不变，改变电源的频率，当 $\omega = 10\text{rad/s}$ 时，$\dot{I} = 4\underline{/30°}\text{ A}$；当 $\omega = 50\text{rad/s}$ 时，$\dot{I} = 2\underline{/30°}\text{ A}$，求解电容 C_1 和 C_2。

3-27 图 3-79 所示电路中，已知电流表 A 的读数为 2A，电压表 V_1 的读数为 10V，电压表 V_2 的读数为 20V，试计算电压表 V 的读数。

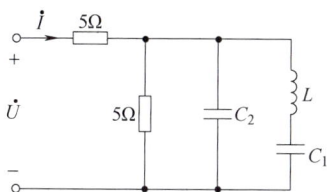

图 3-78 题 3-26 图

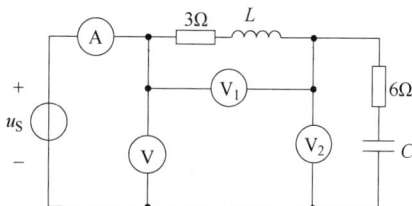

图 3-79 题 3-27 图

3-28 $R = 10\Omega$ 的电阻、$C = 1\mu\text{F}$ 的电容与电感 L 串联，接到频率 1000Hz 的正弦电压源上。为使电阻两端的电压达到最高，电感应为多大？

3-29 已知 $R = 10\Omega$ 的电阻、$L = 1\text{H}$ 的电感、$C = 100\mu\text{F}$ 的电容串联连接，计算特性阻抗 ρ、品质因数 Q、谐振时的角频率 ω_0。

3-30 图 3-80 所示电路中，正弦电压有效值 $U = 10\text{V}$，$R = 10\Omega$，$L = 20\text{mH}$，当电容 $C = 200\text{pF}$ 时，电流 $I = 1\text{A}$。求电路的角频率 ω，电压 U_L、U_C 和 Q 值。

3-31 已知图 3-81 所示电路谐振时，$I_1 = 4\text{A}$，$I_2 = 3\text{A}$，计算 I_3。

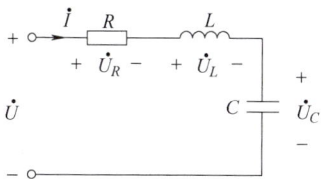

图 3-80 题 3-30 图

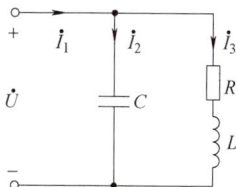

图 3-81 题 3-31 图

3-32 已知 $R=20\Omega$ 的电阻、$L=0.5H$ 的电感与电容 C 串联接到 $U=100V$、$\omega=100rad/s$ 的正弦电源上，电路中 $I=5A$，如果将 R、L、C 改为并联接到同一电源上，求并联时各支路电流。

3-33 电路如图 3-82 所示，已知 $R_1=50\Omega$，$R_2=100\Omega$，$C=10\mu F$，电路在 $\omega=1000rad/s$ 时发生谐振，若 $U_S=100V$，求 L 及 I 的值。

3-34 图 3-83 所示电路为测量线圈参数的电路。测量时，调节可变电阻使电压表的读数最小，此时电源电压为 100V，R_1 和 R_2 均为 5Ω，R_3 为 6.5Ω，电压表的读数为 30V。若电源的频率为 50Hz，求 R 和 L 的值。

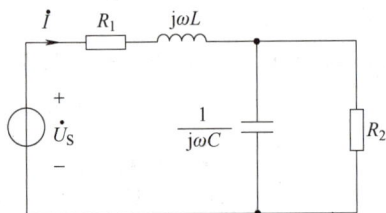

图 3-82　题 3-33 图　　　　　　　　图 3-83　题 3-34 图

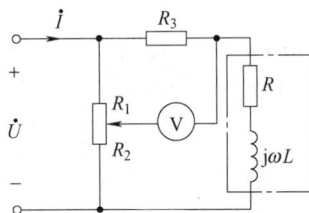

3-35 电路如图 3-84 所示。已知 $X_C=-10\Omega$，$X_L=5\Omega$，$R=5\Omega$，电流表 A_1 及电压表 V_1 的读数分别为 10A 和 100V。求电流表 A 及电压表 V 的读数。

3-36 电路如图 3-85 所示，已知 $R_1=10\Omega$，$R_2=1\Omega$，$X_L=-X_C$，$\dfrac{\dot{U}}{\dot{I}}=100\underline{/0°}\,\Omega$，求 R_3 和 X_L。

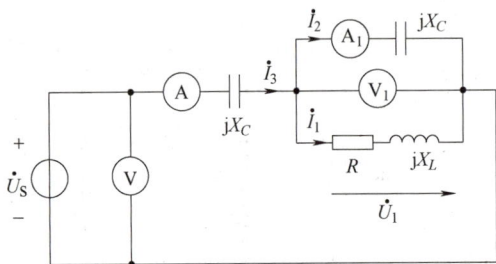

图 3-84　题 3-35 图　　　　　　　　图 3-85　题 3-36 图

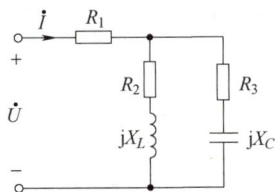

答案详解 3

第4章

互感电路

当一个线圈通以时变电流时，这个电流所产生的时变磁通会在线圈的两个端子之间形成一个感应电压，这种现象称为自感现象。电路中两个彼此靠近的线圈，如果一个线圈的磁通和感应电压是由流经邻近的另一个线圈的电流引起的，这种现象称为互感现象，也称为磁耦合现象。

本章包含三个部分：

第一部分为互感的基本概念。内容包括同名端的概念、互感元件的电路模型和互感元件的伏安关系。

第二部分为正弦稳态电路中含互感元件电路的分析和计算。内容包括互感元件的连接及其等效变换。

第三部分为变压器的基本概念。内容包括空心变压器和理想变压器。

> **学习目标：**
>
> 1. 理解同名端的概念，并能运用同名端来判断互感电压的正负。
> 2. 掌握求解含耦合电感电路的方法。
> 3. 掌握空心变压器的两种等效电路。
> 4. 掌握理想变压器变电压、变电流和变阻抗的特性。

4.1 互感的基本概念

设有两个邻近的线圈 1 和线圈 2，如图 4-1 所示。线圈 1 的匝数为 N_1，线圈 2 的匝数为 N_2，两个线圈分别通入时变电流 i_1 和 i_2。电流 i_1 在线圈 1 中形成的磁通称为自感磁通，用 Φ_{11} 表示，磁通的参考方向与电流的参考方向满足右手螺旋定则。若线圈 1 中各匝线圈都与 Φ_{11} 相链，则线圈 1 的自感磁链 $\Psi_{11} = N_1\Phi_{11}$。电流 i_1 在线圈 2 中形成的磁通是 Φ_{11} 的一部分，称为线圈 1 对线圈 2 的互感磁通，用 Φ_{21} 表示，若 Φ_{21} 与线圈 2 中各匝线圈相链，则线圈 1

对线圈 2 的互感磁链 $\Psi_{21}=N_2\Phi_{21}$。磁通和磁链采用双下标表示，下标的第一个数表示该量所在线圈的编号，第二个数表示产生该量的电流所在线圈的编号。同理，电流 i_2 在线圈 2 中形成的磁通称为自感磁通，用 Φ_{22} 表示。若线圈 2 中各匝线圈都与 Φ_{22} 相链，则线圈 2 的自感磁链 $\Psi_{22}=N_2\Phi_{22}$。电流 i_2 在线圈 1 中形成的磁通是 Φ_{22} 的一部分，称为线圈 2 对线圈 1 的互感磁通，用 Φ_{12} 表示，若 Φ_{12} 与线圈 1 中各匝线圈相链，则线圈 2 对线圈 1 的互感磁链 $\Psi_{12}=N_1\Phi_{12}$。

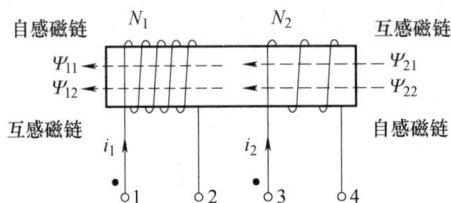

图 4-1　互感线圈

对于线性电感元件来说，磁链与产生该磁链的电流成正比，所以有

$$\Psi_{11}=L_1i_1,\quad \Psi_{22}=L_2i_2$$
$$\Psi_{12}=M_{12}i_2,\quad \Psi_{21}=M_{21}i_1$$

式中，L_1 和 L_2 分别为线圈 1 和线圈 2 的自感系数；M_{21} 为线圈 1 对线圈 2 的互感系数；M_{12} 为线圈 2 对线圈 1 的互感系数。物理学中已经证明 $M_{21}=M_{12}$，统一用 M 表示，称为线圈 1 和线圈 2 之间的互感系数，简称互感，单位与自感系数相同，为亨利（H）。

如图 4-1 所示，电流分别从端子 1、3 流入，则线圈中两种磁链的方向相同，磁场相互增强，于是线圈 1 中的磁链为

$$\Psi_1=\Psi_{11}+\Psi_{12}=N_1\Phi_{11}+N_1\Phi_{12}$$

线圈 2 中的磁链为

$$\Psi_2=\Psi_{22}+\Psi_{21}=N_2\Phi_{22}+N_2\Phi_{21}$$

改变电流 i_2 的流向，如图 4-2a 所示，根据右手螺旋定则可以判断 i_2 产生的磁链方向指向右，与 i_1 产生的磁链方向相反。这样，每个线圈的磁链为自感磁链与互感磁链之差，即

$$\begin{cases}\Psi_1=\Psi_{11}-\Psi_{12}\\ \Psi_2=\Psi_{22}-\Psi_{21}\end{cases}$$

如果不改变电流的流向，而改变线圈的绕向，如图 4-2b 所示，则每个线圈中两种磁链的方向仍然是相反的。显然，线圈中两种磁链的方向可能一致，也可能不一致，当两种磁链方向一致时，彼此相互增强；当两种磁链方向不一致时，彼此相互削弱。但实用电器中线圈的绕向是不易直接观察出来的，致使无法判断磁链的方向，为此采用标记同名端的方法，标记互感线圈的电流与线圈绕向之间的关系，以便做出判断。

同名端是指从两个具有互感的线圈中各取一个端子，当电流同时从这两个端子流入时，两个电流在线圈中产生的自感磁链和互感磁链的方向相同，那么这两个端子为同名端，用点号（·）或星号（＊）标记。例如，当图 4-1 中电流由端子 1、3 流入时，在线圈中两个磁链方向相同（指向左），因此端子 1、3 为同名端，用点号（·）标记；当电流由没做标记的端子 2、4 流入时，在线圈中两种磁链的方向也相同（指向右），因此端子 2、4 也为同名

端。显然做标记的一对端子是同名端，没做标记的另一对端子也是同名端；当电流由端子 1、4 流入时，在线圈中两种磁链的方向相反，因此称端子 1、4 为异名端。

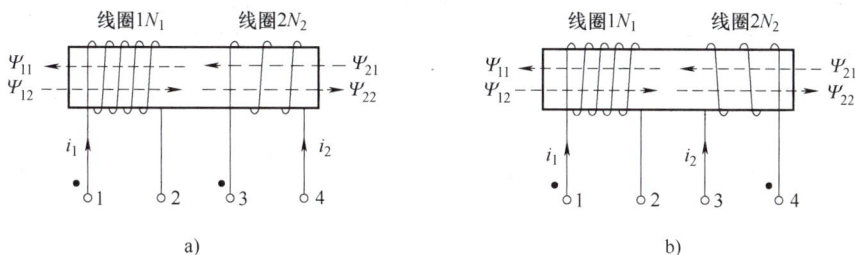

图 4-2　改变电流和线圈绕向的互感线圈
a）线圈 2 的电流从端子 4 流入　b）改变线圈 2 的绕向

在线圈 1 中，i_1 的变化引起 Ψ_{11} 和 Ψ_{21} 的变化，在线圈 1 的端口产生自感电压 u_{11}，在线圈 2 的端口产生互感电压 u_{21}。当规定磁链和电流的参考方向之间符合右手螺旋定则时，如果假定自感电压与电流 i_1 为关联参考方向，则有

$$u_{11} = \frac{\mathrm{d}\Psi_{11}}{\mathrm{d}t}, \quad u_{21} = \frac{\mathrm{d}\Psi_{21}}{\mathrm{d}t}$$

同理，在线圈 2 中，i_2 的变化引起 Ψ_{22} 和 Ψ_{12} 的变化，在线圈 2 的端口产生自感电压 u_{22}，其方向与 i_2 为关联参考方向，在线圈 1 的端口产生互感电压 u_{12}，其方向与 u_{22} 的方向一致，有

$$u_{22} = \frac{\mathrm{d}\Psi_{22}}{\mathrm{d}t}, \quad u_{12} = \frac{\mathrm{d}\Psi_{12}}{\mathrm{d}t}$$

在线圈中，如果两种磁链的方向一致，则线圈端口的电压为自感电压与互感电压相加；如果两种磁链的方向相反，则线圈端口的电压为两种电压相减。如果假定线圈 1 的端口电压 u_1 与 i_1 为关联参考方向，线圈 2 的端口电压 u_2 与 i_2 也为关联参考方向，则有

$$\begin{cases} u_1 = u_{11} \pm u_{12} = \dfrac{\mathrm{d}\Psi_{11}}{\mathrm{d}t} \pm \dfrac{\mathrm{d}\Psi_{12}}{\mathrm{d}t} = L_1 \dfrac{\mathrm{d}i_1}{\mathrm{d}t} \pm M \dfrac{\mathrm{d}i_2}{\mathrm{d}t} \\[2mm] u_2 = u_{22} \pm u_{21} = \dfrac{\mathrm{d}\Psi_{22}}{\mathrm{d}t} \pm \dfrac{\mathrm{d}\Psi_{21}}{\mathrm{d}t} = L_2 \dfrac{\mathrm{d}i_2}{\mathrm{d}t} \pm M \dfrac{\mathrm{d}i_1}{\mathrm{d}t} \end{cases} \tag{4-1}$$

式（4-1）称为互感线圈的伏安关系方程。从式（4-1）可知，每个线圈的端口电压不仅与本线圈的电流有关，还与邻近线圈的电流有关，这正是两个线圈之间存在磁耦合的体现。式（4-1）中自感电压总是"正"的，这是因为我们规定了自感电压的参考方向与电流的参考方向为关联参考方向。互感电压的正、负取决于互感磁链与自感磁链的方向是否一致。两种磁链方向一致，互感电压取正号；两种磁链方向相反，互感电压取负号。同名端是标记电流与线圈绕向关系的一种标记法，当电流从同名端流入时，线圈中两种磁链的方向一致，彼此相互增强，这将引起另一个线圈同名端的电势升高。例如，图 4-3a 中，端子 1、3 为同名端，电流 i_1 从端子 1 流入，对应线圈 2 中的同名端为端子 3，电势升高，所以互感电压 u_{21} 的参考方向为端子 3 取"+"，端子 4 取"−"；电流 i_2 从端子 3 流入，对应线圈 1 中的同名端为端子 1，电势升高，所以互感电压 u_{12} 的参考方向为端子 1 取"+"，端子 2 取"−"。如果

改变电流 i_2 的方向，如图 4-3b 所示，i_2 从端子 4 流入，对应线圈 1 中的同名端为端子 2，电势升高，所以互感电压 u_{12} 的参考方向为端子 2 取 "+"，端子 1 取 "-"。

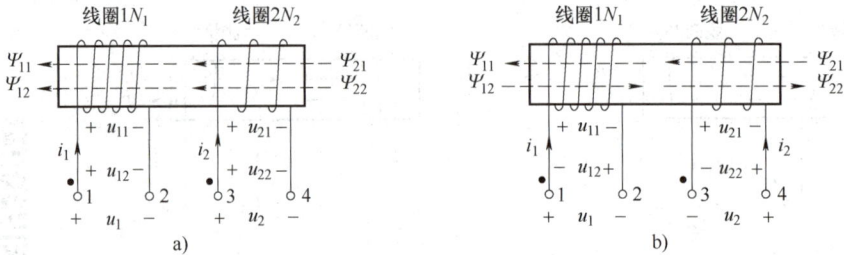

图 4-3 互感电压

a) 电流从同名端流入 b) 电流从异名端流入

有了同名端的概念，在分析电路时，就可以根据线圈电流的参考方向直接确定线圈中两种磁链的方向，计算时不用考虑线圈的绕向。因此，可以用带有互感 M 和同名端标记的电感 L_1 和 L_2 表示耦合线圈作为互感元件的电路模型，如图 4-4 所示。

在正弦稳态的情况下，电路中电压和电流都是同频的正弦量，因此互感元件相量形式的伏安关系为

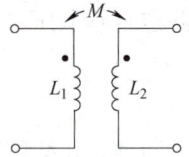

图 4-4 互感元件的
电路模型

$$\begin{cases} \dot{U}_1 = \mathrm{j}\omega L_1 \dot{I}_1 \pm \mathrm{j}\omega M \dot{I}_2 \\ \dot{U}_2 = \pm \mathrm{j}\omega M \dot{I}_1 + \mathrm{j}\omega L_2 \dot{I}_2 \end{cases}$$

设 $\omega M = X_M$，称为互感电抗，$\mathrm{j}\omega M = \mathrm{j}X_M = Z_M$，称为互感阻抗，性质与自感电抗类似，单位为欧姆（$\Omega$）。

【例 4-1】 列出图 4-5 所示电路的电压方程。

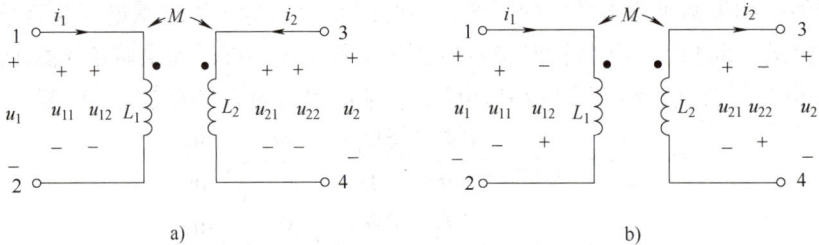

图 4-5 例 4-1 图

a) 电流从同名端流入 b) 电流从异名端流入

解：（1）如图 4-5a 所示，电流 i_1 从端子 1 流入，对应到另一个线圈（线圈 2）同名端（端子 3）处，互感电压（u_{21}）取正；同理电流 i_2 从端子 3 流入，对应到另一个线圈（线圈 1）同名端（端子 1）处，互感电压（u_{12}）取正。设线圈的自感电压、端口电压与各自线圈的电流为关联参考方向，则有

$$\begin{cases} u_1 = u_{11} + u_{12} \\ u_2 = u_{22} + u_{21} \end{cases}$$

（2）如图 4-5b 所示，电流 i_1 从端子 1 流入，对应到另一个线圈（线圈 2）同名端（端子 3）处，互感电压（u_{21}）取正；同理电流 i_2 从端子 4 流入，对应到另一个线圈（线圈 1）同名

端（端子 2）处，互感电压（u_{12}）取正。因线圈的自感电压 u_{11} 和端口电压 u_i 与 i 为关联参考方向，而线圈 2 的自感电压 u_{22} 与 i_2 为关联参考方向，端口电压 u_2 与 i_2 为非关联参考方向，所以有

$$\begin{cases} u_1 = u_{11} - u_{12} \\ u_2 = u_{22} - u_{21} \end{cases}$$

4.2 含互感元件的去耦等效电路

对含互感元件的正弦稳态电路进行分析和计算时，通常先将具有互感的两个电感线圈解耦，作出原电路的去耦等效电路，然后再应用相量法求解电路。当然也可以不用解耦，直接应用相量法进行求解，但在列写电路方程时要注意，具有互感的两个电感线圈，既有自感电压又有互感电压。

4.2.1 互感元件的串联

具有互感的两个线圈串联时，可分两种情况进行解耦。一种是连接点为异名端，如图 4-6a 所示，电流无论是从端子 1 流入，还是从端子 2 流入，对于互感元件来说，电流都是从同名端流入的，称这种串联为同向串联。另一种是连接点为同名端，如图 4-6b 所示，电流无论从端子 1 流入，还是从端子 2 流入，对于互感元件来说，电流都是从异名端流入的，称这种串联为反向串联。

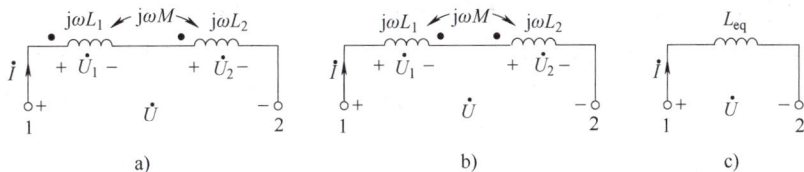

图 4-6 互感元件的串联

a）同向串联 b）反向串联 c）去耦等效电路

同向串联时，有

$$\begin{aligned} \dot{U} &= (\dot{U}_{11} + \dot{U}_{12}) + (\dot{U}_{22} + \dot{U}_{21}) \\ &= j\omega L_1 \dot{I} + j\omega M \dot{I} + j\omega L_2 \dot{I} + j\omega M \dot{I} \\ &= j\omega (L_1 + L_2 + 2M) \dot{I} \\ &= j\omega L_{eq} \dot{I} \end{aligned}$$

式中，L_{eq} 为同向串联时的等效电感，$L_{eq} = L_1 + L_2 + 2M$。

反向串联时，有

$$\begin{aligned} \dot{U} &= (\dot{U}_{11} - \dot{U}_{12}) + (\dot{U}_{22} - \dot{U}_{21}) \\ &= j\omega L_1 \dot{I} - j\omega M \dot{I} + j\omega L_2 \dot{I} - j\omega M \dot{I} \\ &= j\omega (L_1 + L_2 - 2M) \dot{I} \\ &= j\omega L_{eq} \dot{I} \end{aligned}$$

式中，L_{eq} 为反向串联时的等效电感，$L_{eq} = L_1 + L_2 - 2M$。

根据电路端口的伏安关系，可以获得具有互感的两个线圈串联时的去耦等效电路为一个等效电感 L_{eq}，如图 4-6c 所示。L_{eq} 的数值根据串联的方式不同其数值不同。

同向串联时 $L_{eq} > L_1 + L_2$，反向串联时 $L_{eq} < L_1 + L_2$，这是因为同向串联时电流从两个线圈的同名端流入，故两种磁链方向相同，磁场增强，反向串联时情况恰好相反。电感储存的磁场能量 $w_L = \frac{1}{2}Li^2$ 为正值，所以等效电感为正，即

$$L_{eq} = L_1 + L_2 - 2M \geq 0$$

所以

$$M \leq \frac{1}{2}(L_1 + L_2)$$

【例 4-2】 电路如图 4-7 所示，已知电压 $\dot{U} = 36\angle0°\text{V}$，试求电路中的电流 $\dot{I}$。

解：因为耦合电感反向串联，所以有

$$j\omega L_{eq} = j\omega(L_1 + L_2 - 2M) = j6\Omega$$

电路中的电流为

$$\dot{I} = \frac{\dot{U}}{R + j\omega L_{eq}} = \frac{36\angle0°}{6+j6}\text{A} = 3\sqrt{2}\angle{-45°}\text{ A}$$

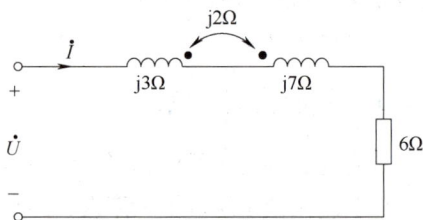

图 4-7 例 4-2 图

【例 4-3】 两个具有耦合的线圈串联，接到 50Hz、220V 的正弦交流电源上，一种连接情况下测得的电流为 2.5A，另一种连接情况下测得的电流为 5A，功率为 200W，试分析哪种情况为同向串联，哪种情况为反向串联，并求出它们的互感。

解：在相同的端电压下，由于同向串联时的等效电感大于反向串联时的等效电感，所以同向串联时的电流要比反向串联时的电流小，因此电流为 2.5A 的情况是同向串联，电流为 5A 的情况是反向串联。

反向串联时电路的电流为 5A，功率为 200W，所以两个线圈的总电阻为

$$R = R_1 + R_2 = \frac{200}{5^2}\Omega = 8\Omega$$

同向串联的等效电感为

$$L_\text{同} = L_1 + L_2 + 2M = \frac{1}{314}\sqrt{\left(\frac{220}{2.5}\right)^2 - 8^2}\text{H} = 0.279\text{H}$$

反向串联的等效电感为

$$L_\text{反} = L_1 + L_2 - 2M = \frac{1}{314}\sqrt{\left(\frac{220}{5}\right)^2 - 8^2}\text{H} = 0.138\text{H}$$

所以

$$M = \frac{L_\text{同} - L_\text{反}}{4} = \frac{0.279 - 0.138}{4}\text{H} = 0.035\text{H}$$

4.2.2 互感元件的并联

具有互感的两个线圈并联也分两种情况进行解耦。一种是连接点为同名端，如图 4-8a 所示，电流从同名端流入，称这种并联为同侧并联。另一种是连接点为异名端，如图 4-8b

所示，电流从异名端流入，称这种并联为异侧并联。

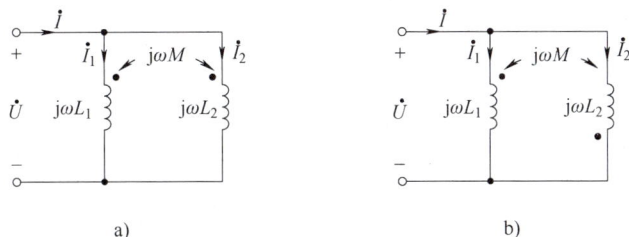

图 4-8 互感元件的并联

a）同侧并联 b）异侧并联

同侧并联时，有

$$\begin{cases} \dot U = j\omega L_1 \dot I_1 + j\omega M \dot I_2 \\ \dot U = j\omega L_2 \dot I_2 + j\omega M \dot I_1 \\ \dot I = \dot I_1 + \dot I_2 \end{cases}$$

整理后，得

$$\begin{cases} \dot U = j\omega(L_1 - M)\dot I_1 + j\omega M \dot I \\ \dot U = j\omega M \dot I + j\omega(L_2 - M)\dot I_2 \end{cases} \tag{4-2}$$

由式（4-2）可以获得同侧并联时的一个去耦等效电路，如图 4-9a 所示，继续求解，得

$$\begin{cases} \dot I_1 = \dfrac{L_2 - M}{j\omega(L_1 L_2 - M^2)}\dot U \\ \dot I_2 = \dfrac{L_1 - M}{j\omega(L_1 L_2 - M^2)}\dot U \end{cases}$$

因为 $\dot I = \dot I_1 + \dot I_2$，所以有

$$\frac{\dot U}{\dot I} = \frac{j\omega(L_1 L_2 - M^2)}{L_1 + L_2 - 2M} = j\omega L_{eq}$$

式中，L_{eq} 为同侧并联时的等效电感，$L_{eq} = \dfrac{L_1 L_2 - M^2}{L_1 + L_2 - 2M}$，因此同侧并联的等效电路也可以用一个等效电感表示。

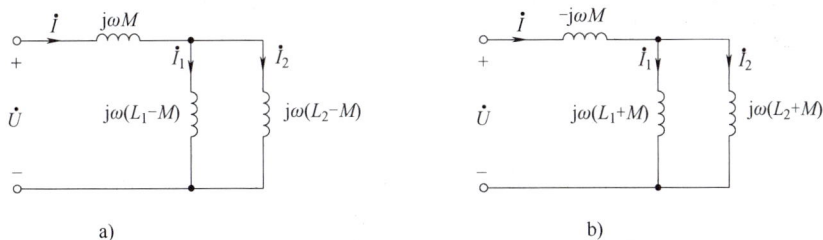

图 4-9 互感并联的等效电路

a）同侧并联去耦等效电路 b）异侧并联去耦等效电路

异侧并联时，有

$$\begin{cases} \dot{U}=j\omega L_1\dot{I}_1-j\omega M\dot{I}_2 \\ \dot{U}=j\omega L_2\dot{I}_2-j\omega M\dot{I}_1 \\ \dot{I}=\dot{I}_1+\dot{I}_2 \end{cases}$$

整理后，得

$$\begin{cases} \dot{U}=j\omega(L_1+M)\dot{I}_1-j\omega M\dot{I} \\ \dot{U}=-j\omega M\dot{I}+j\omega(L_2+M)\dot{I}_2 \end{cases} \qquad (4\text{-}3)$$

由式（4-3）可以获得异侧并联时的一个去耦等效电路，如图 4-9b 所示，继续求解，得

$$\begin{cases} \dot{I}_1=\dfrac{L_2+M}{j\omega(L_1L_2-M^2)}\dot{U} \\ \dot{I}_2=\dfrac{L_1+M}{j\omega(L_1L_2-M^2)}\dot{U} \end{cases}$$

因为 $\dot{I}=\dot{I}_1+\dot{I}_2$，所以有

$$\frac{\dot{U}}{\dot{I}}=\frac{j\omega(L_1L_2-M^2)}{L_1+L_2+2M}=j\omega L_{eq}$$

式中，L_{eq} 为异侧并联时的等效电感，$L_{eq}=\dfrac{L_1L_2-M^2}{L_1+L_2+2M}$，因此异侧并联的等效电路也可以用一个等效电感表示。

因为 $L_{eq}\geqslant 0$，所以 $L_1L_2-M^2\geqslant 0$，有

$$M^2\leqslant L_1L_2$$

M 的最大值 $M_{max}=\sqrt{L_1L_2}$，M_{max} 是一个确定的值。对于一对线圈来说，互感 M 的大小反映了两个线圈之间耦合的紧密程度，M 越大，说明穿过另一个线圈的磁通越多，这两个线圈耦合得越紧；反之，M 越小，这两个线圈耦合得越松；当 $M=0$ 时，两个线圈之间没有耦合关系。当电路中仅有一对耦合线圈时，可以用 M 的大小来判断这两个线圈之间耦合的紧密程度；当电路中含有多对这样的互感线圈时，仅用 M 的大小就不能说明线圈的耦合程度了。这是因为两个线圈的耦合程度取决于互感磁通的大小，而 M 不仅与磁通有关，还与线圈的匝数有关。当线圈中的互感磁通较小，而线圈的匝数较多时，也可以获得较大的互感值。为了便于比较，用实际的 M 值与确定的 M_{max} 之比来表示两个线圈的耦合程度，用 k 表示，称为耦合系数，即

$$k=\frac{M}{M_{max}}=\frac{M}{\sqrt{L_1L_2}}$$

$$=\sqrt{\frac{M^2}{L_1L_2}}=\sqrt{\frac{\dfrac{\Psi_{21}}{i_1}\dfrac{\Psi_{12}}{i_2}}{\dfrac{\Psi_{11}}{i_1}\dfrac{\Psi_{22}}{i_2}}}=\sqrt{\frac{\dfrac{N_2\Phi_{21}}{i_1}\dfrac{N_1\Phi_{12}}{i_2}}{\dfrac{N_1\Phi_{11}}{i_1}\dfrac{N_2\Phi_{22}}{i_2}}}=\sqrt{\frac{\Phi_{21}\Phi_{12}}{\Phi_{11}\Phi_{22}}}$$

由于互感磁通是自感磁通的一部分，所以有

$$0 \leq k \leq 1$$

当 $k=1$ 时，称两个线圈为全耦合，即一个线圈产生的磁通全部穿过了另一个线圈；当 $k=0$ 时，说明两个线圈之间没有耦合。

4.2.3 互感元件的三端连接

互感元件内部串联或并联后，都是由两个端子与外电路连接。如果在具有互感的两个线圈串联电路的连接点引出一根线或是将具有互感的两个线圈并联电路其中一个连接端子打开，即可得到有 3 个引出端与外电路连接的互感元件。

连接点是同名端的三端连接电路如图 4-10a 所示，设定电压和电流的参考方向后，可列写电路方程组为

$$\begin{cases} \dot{U}_{13} = j\omega L_1 \dot{I}_1 + j\omega M \dot{I}_2 \\ \dot{U}_{23} = j\omega L_2 \dot{I}_2 + j\omega M \dot{I}_1 \\ \dot{I}_3 = \dot{I}_1 + \dot{I}_2 \end{cases}$$

整理后，得

$$\begin{cases} \dot{U}_{13} = j\omega L_1 \dot{I}_1 + j\omega M(\dot{I}_3 - \dot{I}_1) = j\omega(L_1 - M)\dot{I}_1 + j\omega M \dot{I}_3 \\ \dot{U}_{23} = j\omega L_2 \dot{I}_2 + j\omega M(\dot{I}_3 - \dot{I}_2) = j\omega(L_2 - M)\dot{I}_2 + j\omega M \dot{I}_3 \end{cases} \tag{4-4}$$

根据式（4-4）可得去耦等效电路如图 4-10b 所示。

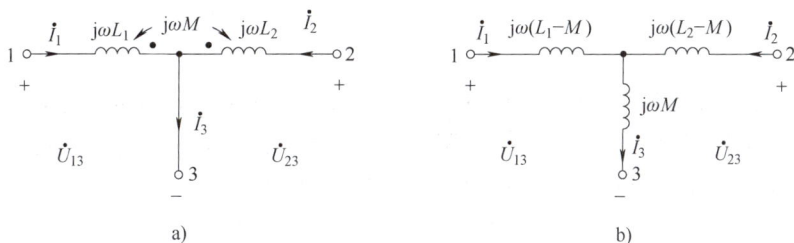

图 4-10 同名端相连的三端连接电路

a）连接点为同名端　b）连接点为同名端的去耦等效电路

连接点是异名端的三端连接电路如图 4-11a 所示，设定电压和电流的参考方向后，列写的电路方程组为

$$\begin{cases} \dot{U}_{13} = j\omega L_1 \dot{I}_1 - j\omega M \dot{I}_2 \\ \dot{U}_{23} = j\omega L_2 \dot{I}_2 - j\omega M \dot{I}_1 \\ \dot{I}_3 = \dot{I}_1 + \dot{I}_2 \end{cases}$$

整理后，得

$$\begin{cases} \dot{U}_{13} = j\omega L_1 \dot{I}_1 - j\omega M(\dot{I}_3 - \dot{I}_1) = j\omega(L_1 + M)\dot{I}_1 - j\omega M \dot{I}_3 \\ \dot{U}_{23} = j\omega L_2 \dot{I}_2 - j\omega M(\dot{I}_3 - \dot{I}_2) = j\omega(L_2 + M)\dot{I}_2 - j\omega M \dot{I}_3 \end{cases} \tag{4-5}$$

根据式（4-5）可得去耦等效电路如图 4-11b 所示。

电 路 基 础

a)   b)

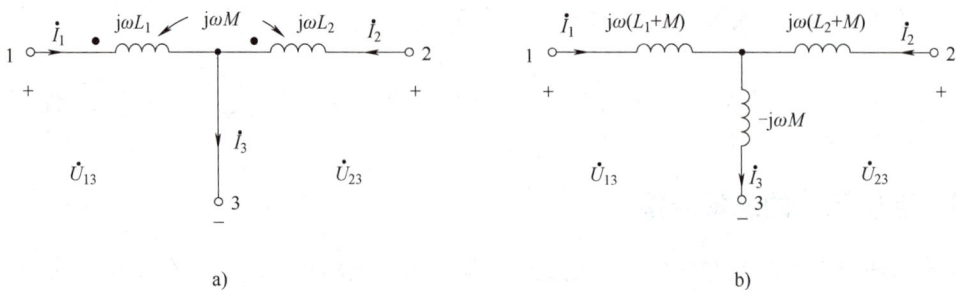

图 4-11　异名端相连的三端连接电路
a）连接点为异名端　b）连接点为异名端的去耦等效电路

【例 4-4】　电路如图 4-12 所示，已知 $R_1=R_2=40\Omega$，$\dfrac{1}{\omega C_1}=30\Omega$，$\dfrac{1}{\omega C_2}=40\Omega$，$\omega L_1=60\Omega$，$\omega L_2=50\Omega$，$\omega M=20\Omega$，$\dfrac{1}{\omega C_3}=20\Omega$，$\dot{U}_S=60\underline{/0°}\text{V}$，计算 $\dot{I}_1$ 和 $\dot{I}_2$。

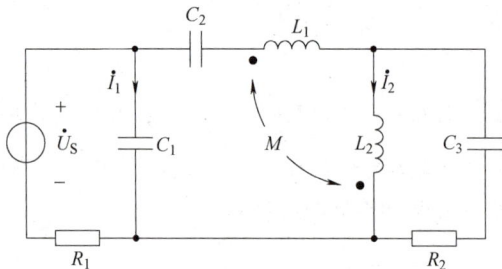

图 4-12　例 4-4 图

解： 图 4-12 的去耦等效电路如图 4-13a 所示。图 4-13a 中串联谐振支路可视为短路，对图 4-13a 所示电路进行简化，所得电路如图 4-13b 所示，图 4-13b 中并联谐振支路可视为开路，因此图 4-13b 所示电路可以进一步简化，如图 4-13c 所示。

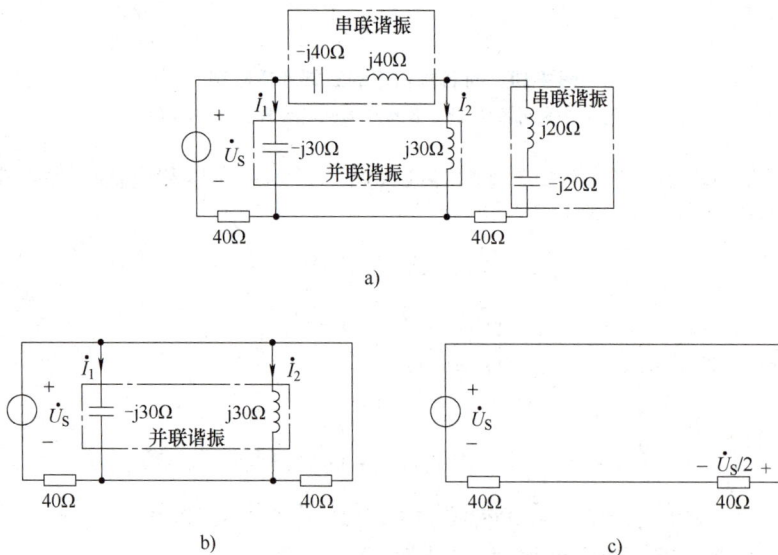

a)

b)   c)

图 4-13　图 4-12 的去耦等效电路

由图 4-13c 所示电路可以计算出电路右侧 40Ω 电阻两端的电压为 $\dot{U}_S/2$，由图 4-13b 所示电路可以计算出电流 $\dot{I}_1$ 和 $\dot{I}_2$ 分别为

$$\dot{I}_1 = \frac{\dfrac{\dot{U}_S}{2}}{-j30} = \frac{30}{-j30}A = jA，\quad \dot{I}_2 = \frac{\dfrac{\dot{U}_S}{2}}{j30} = \frac{30}{j30}A = -jA$$

4.3 空心变压器和理想变压器

变压器是借助磁耦合来实现电磁能量或电磁信号传递的一种电路器件，广泛应用于电子电路和电力电路中。在电子电路中，变压器主要用于电压变换、阻抗变换、隔离和稳定电压等；在电力电路中，变压器主要用于电能的输送和匹配。最简单的变压器是由具有互感的两个绕组构成，一个绕组与电源相连，称为一次绕组，另一个绕组与负载相连，称为二次绕组，如图 4-14 所示。若把两个绕组绕在一个闭合的铁心上，便可以增强两个绕组之间的磁耦合，这样的变压器称为铁心变压器；若磁心为非铁磁质材料，则称为空

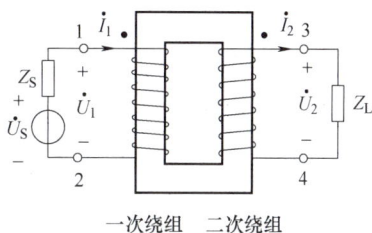

图 4-14 变压器电路原理图

心变压器。空心变压器的磁导率为常数，也称为线性变压器。空心变压器的耦合程度虽然较低，但没有铁心变压器的各种功率损耗，常用于高频电路中。

4.3.1 空心变压器

空心变压器的电路模型如图 4-15a 所示，绕组由理想电感元件和电阻元件串联构成，图中 Z_S 为电源内阻抗，设 $Z_1 = R_1 + j\omega L_1$ 为一次绕组阻抗，$Z_2 = R_2 + j\omega L_2$ 为二次绕组阻抗，$j\omega M$ 为两个绕组的互感阻抗，$Z_L = R_L + jX_L$ 为负载阻抗，根据 KVL 列写方程为

空心变压器

$$\begin{cases} (Z_S + R_1 + j\omega L_1)\dot{I}_1 - j\omega M\dot{I}_2 = \dot{U}_S \\ -j\omega M\dot{I}_1 + (R_2 + j\omega L_2 + Z_L)\dot{I}_2 = 0 \end{cases} \tag{4-6}$$

设 $Z_{11} = Z_S + R_1 + j\omega L_1$ 为一次回路阻抗，$Z_{22} = R_2 + j\omega L_2 + Z_L$ 为二次回路阻抗，则式（4-6）可简化为

$$\begin{cases} Z_{11}\dot{I}_1 - jX_M\dot{I}_2 = \dot{U}_S \\ -jX_M\dot{I}_1 + Z_{22}\dot{I}_2 = 0 \end{cases} \tag{4-7}$$

解得

$$\dot{I}_1 = \frac{\begin{vmatrix} \dot{U}_S & -jX_M \\ 0 & Z_{22} \end{vmatrix}}{\begin{vmatrix} Z_{11} & -jX_M \\ -jX_M & Z_{22} \end{vmatrix}} = \frac{Z_{22}\dot{U}_S}{Z_{11}Z_{22} + X_M^2} \tag{4-8}$$

$$\dot{I}_2=\frac{\begin{vmatrix} Z_{11} & \dot{U}_S \\ -jX_M & 0 \end{vmatrix}}{\begin{vmatrix} Z_{11} & -jX_M \\ -jX_M & Z_{22} \end{vmatrix}}=\frac{jX_M\dot{U}_S}{Z_{11}Z_{22}+X_M^2} \tag{4-9}$$

由式（4-8）可得

$$\frac{\dot{U}_S}{\dot{I}_1}=\frac{Z_{11}Z_{22}+X_M^2}{Z_{22}}=Z_{11}+\frac{X_M^2}{Z_{22}}=Z_{11}+Z_f$$

因此，可以获得空心变压器一次回路的等效电路，如图 4-15b 所示。

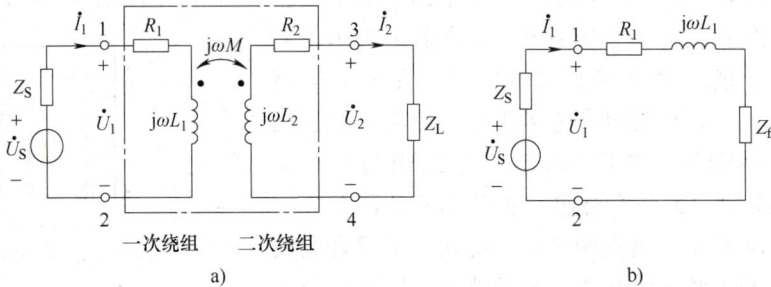

图 4-15　空心变压器

a）电路模型　b）空心变压器一次回路的等效电路

如果假定空心变压器二次回路中 $\dot{I}_2=0$，则由式（4-7）的第一个方程得

$$\frac{\dot{U}_S}{\dot{I}_1}=Z_{11}$$

由此可见，Z_f 表达的是二次回路通过互感的联系对一次回路产生的作用，故称 Z_f 为引入阻抗（或反映阻抗）。

$$Z_f=\frac{X_M^2}{Z_{22}}=\frac{X_M^2}{R_{22}+jX_{22}}=\frac{R_{22}}{R_{22}^2+X_{22}^2}X_M^2+j\frac{-X_{22}}{R_{22}^2+X_{22}^2}X_M^2=R_f+jX_f$$

式中，R_f 为引入电阻；X_f 为引入电抗。

引入阻抗在一次回路的复功率为

$$\widetilde{S}_f=Z_f I_1^2=\frac{R_{22}}{R_{22}^2+X_{22}^2}X_M^2 I_1^2+j\frac{-X_{22}}{R_{22}^2+X_{22}^2}X_M^2 I_1^2 \tag{4-10}$$

二次回路的复功率为

$$\widetilde{S}_{22}=Z_{22}I_2^2 \tag{4-11}$$

由式（4-7）的第二个方程可知

$$\dot{I}_2=\frac{jX_M\dot{I}_1}{Z_{22}}$$

所以有

$$I_2=\frac{X_M}{\sqrt{R_{22}^2+X_{22}^2}}I_1 \tag{4-12}$$

将式（4-12）代入式（4-11）中得

$$\widetilde{S}_{22} = Z_{22}I_2^2 = (R_{22}+jX_{22})\frac{X_M^2}{R_{22}^2+X_{22}^2}I_1^2 = \frac{R_{22}}{R_{22}^2+X_{22}^2}X_M^2I_1^2 + j\frac{X_{22}}{R_{22}^2+X_{22}^2}X_M^2I_1^2 \qquad (4\text{-}13)$$

比较式（4-10）和式（4-13）可知，二次回路阻抗的复功率与引入阻抗的复功率互为共轭复数。引入电阻 R_f 总是正的，说明它总是吸收功率。引入电抗 X_f 前面包含了一个负号，说明引入电抗的性质总是与二次侧总电抗 X_{22} 的性质相反，若 X_{22} 为感性，则引入到一次侧将为容性，若 X_{22} 为容性，则引入到一次侧将为感性。

由原电路可知，二次回路电流 $\dot{I}_2$ 是由互感电压（$j\omega M\dot{I}_1$）引起的，当端子 3、4 开路时 $\dot{I}_2 = 0$，从端子 3、4 看进去，电路为有源一端口网络，所以，端子 3、4 左边的电路可以用戴维南等效电路等效，那么空心变压器的二次回路的等效电路，如图 4-16 所示。

图 4-16 中，$\dot{U}_{oc}$ 为二次侧端子 3、4 开路时的电压，即互感电压，所以有

$$\dot{U}_{oc} = j\omega M\dot{I}_1$$

因为二次侧开路时 $\dot{I}_2 = 0$，由式（4-7）的第一个方程可知

$$\dot{I}_1 = \frac{\dot{U}_S}{Z_{11}}$$

所以有

$$\dot{U}_{oc} = \frac{j\omega M}{Z_{11}}\dot{U}_S$$

整理式（4-9）得

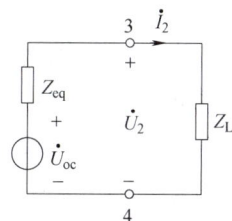

图 4-16　空心变压器二次回路的等效电路

$$\dot{I}_2 = \frac{jX_M\dot{U}_S}{Z_{11}Z_{22}+X_M^2} = \frac{jX_M\dfrac{\dot{U}_S}{Z_{11}}}{Z_{22}+\dfrac{X_M^2}{Z_{11}}} = \frac{\dot{U}_{oc}}{Z_{22}+\dfrac{X_M^2}{Z_{11}}} = \frac{\dot{U}_{oc}}{Z_{22}+Z_f'}$$

式中，Z_{22} 为二次侧总的复数阻抗，所以 Z_f' 为一次侧对二次侧的引入阻抗（反映阻抗），有

$$Z_f' = \frac{X_M^2}{Z_{11}} = \frac{X_M^2}{R_{11}+jX_{11}} = \frac{R_{11}}{R_{11}^2+X_{11}^2}X_M^2 + j\frac{-X_{11}}{R_{11}^2+X_{11}^2}X_M^2 = R_f'+jX_f'$$

式中，R_f' 为一次侧对二次侧的引入电阻；X_f' 为一次侧对二次侧的引入电抗。图 4-16 中有

$$Z_{eq} = R_2+j\omega L_2+Z_f'$$

在利用图 4-16 计算时，要注意 $\dot{U}_{oc}$ 有正、负之分，这与同名端的位置有关，如果改变同名端的位置或对调负载的两个端子的位置，负载电流的相位都将改变 180°。

另外，空心变压器还可以通过去耦等效电路进行求解。将式（4-6）变形为

$$\begin{cases} (Z_S+R_1+j\omega L_1)\dot{I}_1 - j\omega M\dot{I}_2 + (-j\omega M\dot{I}_1 + j\omega M\dot{I}_1) = \dot{U}_S \\ -j\omega M\dot{I}_1 + (-j\omega M\dot{I}_2 + j\omega M\dot{I}_2) + (R_2+j\omega L_2+Z_L)\dot{I}_2 = 0 \end{cases}$$

整理后，得

$$\begin{cases}[Z_S+R_1+j\omega(L_1-M)]\dot{I}_1+j\omega M(\dot{I}_1-\dot{I}_2)=\dot{U}_S\\-j\omega M(\dot{I}_1-\dot{I}_2)+[R_2+j\omega(L_2-M)+Z_L]\dot{I}_2=0\end{cases}\tag{4-14}$$

根据式（4-14）可得空心变压器三端去耦等效电路如图 4-17 所示，等效电路将通过互感联系的电路等效为直接联系的电路，互感元件在电路中的作用被自感元件替代，但在计算电感线圈两端电压时，回到原电路会使分析过程更加清晰。

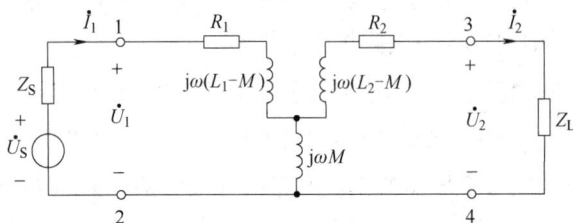

图 4-17　空心变压器三端去耦等效电路

【例 4-5】　电路如图 4-18 所示，已知 $R_1=20\Omega$，$\omega L_1=200\Omega$，$R_2=10\Omega$，$\omega L_2=60\Omega$，$\omega M=100\Omega$，$R_L=50\Omega$，$\dot{U}_S=150\underline{/0°}\text{V}$。求 $\dot{I}_1$，$\dot{I}_2$。

解法 1：由图 4-18 可得

$$\begin{cases}(20+j200)\dot{I}_1-j100\dot{I}_2=150\\-j100\dot{I}_1+(10+j60+50)\dot{I}_2=0\end{cases}$$

解得

$$\begin{cases}\dot{I}_1=0.963\underline{/-48.4°}\text{A}\\\dot{I}_2=1.135\underline{/-3.4°}\text{A}\end{cases}$$

解法 2：画出一次侧等效电路如图 4-19a 所示。

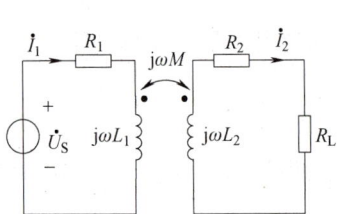

图 4-18　例 4-5 图

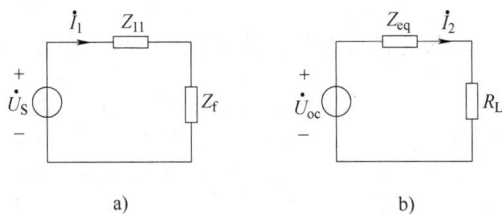

图 4-19　图 4-18 的等效电路

a）一次侧等效电路　b）二次侧等效电路

$$Z_{11}=R_1+j\omega L_1=(20+j200)\Omega$$
$$Z_{22}=R_2+j\omega L_2+R_L=(60+j60)\Omega$$

$$Z_f=\frac{X_M^2}{Z_{22}}=\frac{100^2}{60+j60}\Omega=117.85\underline{/-45°}\Omega=(83.4-j83.4)\Omega$$

$$\dot{I}_1=\frac{\dot{U}_S}{Z_{11}+Z_f}=\frac{150\underline{/0°}}{20+j200+83.4-j83.4}\text{A}=0.963\underline{/-48.4°}\text{A}$$

根据式（4-7）第二个方程得

$$\dot{I}_2 = \frac{\mathrm{j}X_M}{Z_{22}}\dot{I}_1 = \frac{\mathrm{j}100}{60+\mathrm{j}60} \times 0.963\underline{/-48.4^\circ}\,\mathrm{A} = 1.135\underline{/-3.4^\circ}\,\mathrm{A}$$

解法 3：画出二次侧等效电路，如图 4-19b 所示。

$$\dot{U}_{\mathrm{oc}} = \frac{\mathrm{j}\omega M}{Z_{11}}\dot{U}_{\mathrm{S}} = \frac{\mathrm{j}100}{20+\mathrm{j}200} \times 150\underline{/0^\circ}\,\mathrm{V} = 74.63\underline{/5.71^\circ}\,\mathrm{V}$$

$$Z_{\mathrm{eq}} = R_2 + \mathrm{j}\omega L_2 + Z'_{\mathrm{f}} = (14.95 + \mathrm{j}10.5)\,\Omega$$

$$\dot{I}_2 = \frac{\dot{U}_{\mathrm{oc}}}{Z_{\mathrm{eq}}+R_{\mathrm{L}}} = 1.135\underline{/-3.4^\circ}\,\mathrm{A}$$

$$\dot{I}_1 = \frac{Z_{22}}{\mathrm{j}X_M}\dot{I}_2 = 0.963\underline{/-48.4^\circ}\,\mathrm{A}$$

4.3.2　理想变压器

理想变压器是实际变压器的理想化模型。铁心变压器的特性接近于理想变压器，有时可当作理想变压器来做近似的分析。当耦合电感满足一定条件后也可以看作理想变压器，理想化的条件为：

1）变压器本身没有任何损耗。因此一次绕组、二次绕组的电阻值为 $0\,\Omega$，即 $R_1 = R_2 = 0\,\Omega$。

2）全耦合。要求耦合电感没有漏磁通。这就是说，要求耦合电感每一个绕组中，电流产生的磁通全部与另一个绕组相链，即 $M = \sqrt{L_1 L_2}$ 或 $k = 1$。

3）在耦合极紧的变压器中，一次绕组、二次绕组的自感电抗和互感电抗都很大，在理想状态下，绕组的自感系数和互感系数趋近于无穷大，且 $\sqrt{\dfrac{L_1}{L_2}} = \dfrac{N_1}{N_2} = n$（电压比）。

在全耦合时，有

$$\Phi_{11} = \Phi_{21}, \quad \frac{\Psi_{11}}{\Psi_{21}} = \frac{N_1 \Phi_{11}}{N_2 \Phi_{21}} = \frac{N_1}{N_2} = n$$

$$\Phi_{22} = \Phi_{12}, \quad \frac{\Psi_{22}}{\Psi_{12}} = \frac{N_2 \Phi_{22}}{N_1 \Phi_{12}} = \frac{N_2}{N_1} = \frac{1}{n}$$

而

$$\frac{\Psi_{11}}{\Psi_{21}} = \frac{L_1 i_1}{M i_1} = \frac{L_1}{M}, \quad \frac{\Psi_{22}}{\Psi_{12}} = \frac{L_2 i_2}{M i_2} = \frac{L_2}{M}$$

所以有

$$\frac{N_1}{N_2} = \frac{L_1}{M} = \frac{M}{L_2} = \sqrt{\frac{L_1}{L_2}} = n$$

理想变压器虽然是一种理想化的电路模型，但如果把 R、L、C 等电路元件适当地连接到理想变压器上，就可以组成具有不同特性的实际变压器的等效模型。因此掌握理想变压器的特性对于分析各种实际变压器具有普遍意义。

如果一个空心变压器满足上述三个理想化条件，空心变压器就是一个理想变压器。如

图 4-20a 所示，当两个绕组全耦合时，有 $\Phi_{11}=\Phi_{21}$、$\Phi_{22}=\Phi_{12}$，所以一次绕组中的磁通 Φ_1 等于二次绕组的磁通 Φ_2，设两个绕组的总磁通为 Φ，则电流从同名端流入时，有

$$\Phi_1=\Phi_2=\Phi_{11}+\Phi_{22}=\Phi$$

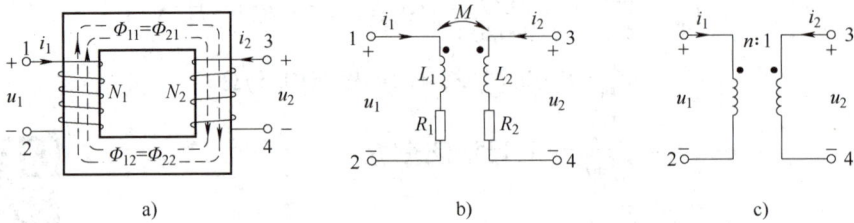

图 4-20　变压器及其模型

a）变压器　b）变压器电路模型　c）理想变压器的电路模型

设绕组端子处电压、电流为关联参考方向，则有

$$\begin{cases} u_1=\dfrac{\mathrm{d}\Psi_1}{\mathrm{d}t}=N_1\dfrac{\mathrm{d}\Phi}{\mathrm{d}t} \\[2mm] u_2=\dfrac{\mathrm{d}\Psi_2}{\mathrm{d}t}=N_2\dfrac{\mathrm{d}\Phi}{\mathrm{d}t} \end{cases}$$

所以有

$$\frac{u_1}{u_2}=\frac{N_1}{N_2}=n \tag{4-15}$$

式中，n 为一次绕组、二次绕组的匝数比，称为电压比，式（4-15）与流经绕组的电流无关。正弦稳态电路中，端子电压用相量表示，则有

$$\frac{\dot{U}_1}{\dot{U}_2}=\frac{N_1}{N_2}=n$$

根据图 4-20b 所示电路列写变压器一次回路方程为

$$(R_1+\mathrm{j}\omega L_1)\dot{I}_1+\mathrm{j}\omega M\dot{I}_2=\dot{U}_1 \tag{4-16}$$

根据变压器理想化条件 1 可知 $R_1=0$，式（4-16）变为

$$\mathrm{j}\omega L_1\dot{I}_1+\mathrm{j}\omega M\dot{I}_2=\dot{U}_1$$

所以有

$$\dot{I}_1=\frac{1}{\mathrm{j}\omega L_1}\dot{U}_1-\frac{\mathrm{j}\omega M}{\mathrm{j}\omega L_1}\dot{I}_2=\frac{1}{\mathrm{j}\omega L_1}\dot{U}_1-\frac{M}{L_1}\dot{I}_2$$

根据变压器理想化条件 3 得

$$\dot{I}_1=-\frac{1}{n}\dot{I}_2$$

上式的瞬时值关系为

$$i_1=-\frac{1}{n}i_2$$

这个表达式与绕组的电压无关。在满足理想化条件后，变压器的参数只有匝数比 n，所以可以用带有匝数比 n 和同名端标记的耦合绕组表示理想变压器，如图 4-20c 所示。图 4-20 中同

名端表示两个绕组绕向的相对关系，同名端的位置不同，会使理想变压器电压关系式和电流关系式有正、负之分，即

$$\begin{cases} u_1、u_2 \text{ 参考方向与同名端一致时，} u_1 = nu_2 \\ u_1、u_2 \text{ 参考方向与同名端不一致时，} u_1 = -nu_2 \end{cases}$$

$$\begin{cases} i_1、i_2 \text{ 参考方向与同名端一致时，} i_1 = -\dfrac{1}{n}i_2 \\ i_1、i_2 \text{ 参考方向与同名端不一致时，} i_1 = \dfrac{1}{n}i_2 \end{cases} \tag{4-17}$$

电压的参考方向与同名端一致是指，电压的参考方向在同名端处同正或同负；电流的参考方向与同名端一致是指，电流的参考方向同时从同名端流入或流出。

当理想变压器接上电源和负载后，如图 4-21a 所示，从端子 1、2 向右看，可得理想变压器一次侧的输入阻抗为

$$Z_{in} = \frac{\dot{U}_1}{\dot{I}_1} = \frac{n\dot{U}_2}{-\dfrac{1}{n}\dot{I}_2} = n^2\left(-\frac{\dot{U}_2}{\dot{I}_2}\right) = n^2 Z_L$$

则理想变压器一次侧等效电路如图 4-21b 所示。可见，理想变压器除了具有上述变换电压和变换电流的作用以外，还具有变换阻抗的作用，但与空心变压器不同，它只改变其大小而不改变性质。

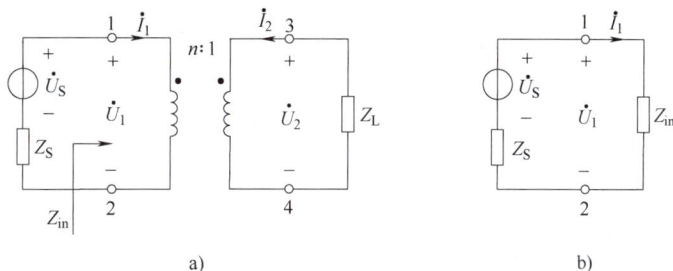

图 4-21　理想变压器具有变换阻抗的作用
a）理想变压器左侧接入电源，右侧接入负载　b）理想变压器一次侧等效电路

如果从图 4-21a 所示电路的端子 3、4 向左看，电路为含有独立电源的一端口网络，可以用戴维南等效电路替代，如图 4-22 所示。

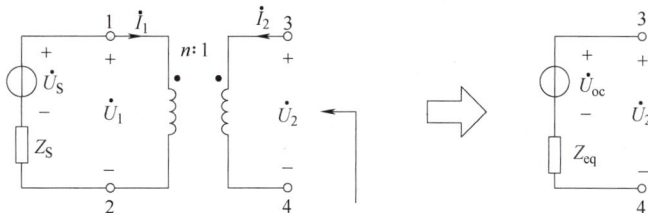

图 4-22　理想变压器端子 3、4 左侧一端口网络的戴维南等效电路

图 4-22 中的源电压 $\dot{U}_{oc}$ 为端子 3、4 开路时的电压，因端子 3、4 开路，所以理想变压器二次电流 $\dot{I}_2$ 为零，根据式（4-17）可知，理想变压器一次电流 $\dot{I}_1$ 也为零，因此有

$$\dot{U}_{oc} = \frac{1}{n}\dot{U}_S$$

图 4-22 所示电路的等效电阻 Z_{eq} 为端子 3、4 左侧一端口网络将所有激励置零后的等效复数阻抗，即

$$Z_{eq} = \frac{\dot{U}_2}{\dot{I}_2} = \frac{\frac{1}{n}\dot{U}_1}{-n\dot{I}_1} = \frac{1}{n^2}Z_S$$

那么，理想变压器二次侧等效电路如图 4-23 所示。

理想变压器的复功率为

$$\tilde{S} = \tilde{S}_1 + \tilde{S}_2 = \dot{U}_1\dot{I}_1^* + \dot{U}_2\dot{I}_2^* = n\dot{U}_2\left(-\frac{1}{n}\dot{I}_2\right)^* + \dot{U}_2\dot{I}_2^* = 0$$

图 4-23　理想变压器
二次侧等效电路

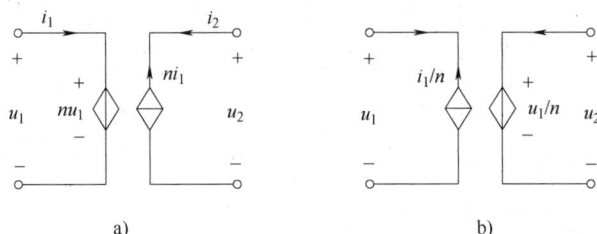

即 $P=0$，$Q=0$。$P=0$ 表明理想变压器不消耗电磁场能量，$Q=0$ 表明理想变压器不储存电磁场能量。根据以上分析可知，在满足一定条件下，耦合电感可以表现为理想变压器的形式，但这两种元器件的性质完全不同，耦合电感是储能元件，而理想变压器既不储能，也不耗能。理想变压器虽然也用理想电感元件作为电路符号，但这个符号并不意味着有任何的电感作用，它只是代表两个端口的电压之间及电流之间的约束关系，从这种约束关系上看，它只表现为代数形式的伏安关系。理想变压器虽然可利用电磁感应现象来近似实现，但这并不是实现的唯一途径。理想变压器也可用受控源电路作为电路模型，如图 4-24 所示。

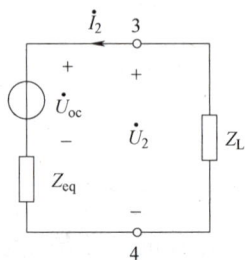

图 4-24　用受控源表示的理想变压器

a）一次侧为受控电压源，二次侧为受控电流源　b）一次侧为受控电流源，二次侧为受控电压源

【例 4-6】　在图 4-25 所示电路中，已知 $U_S = 220\text{V}$，$Z = (3+j4)\,\Omega$，求 Z 消耗的平均功率。

解：从一次侧向二次侧看进去的阻抗为

$$Z_{in} = n^2 Z = (300+j400)\,\Omega$$

设 $\dot{U}_S = 220\underline{/0°}\,\text{V}$，于是有

$$\dot{I}_1 = \frac{\dot{U}_S}{Z_{in}} = \frac{220}{300+j400}\text{A} = 0.44\underline{/-53.13°}\,\text{A}$$

图 4-25　例 4-6 图

Z 消耗的平均功率为

$$P = U_S I_1 \cos\varphi = 220\times0.44\cos(53.13°)\text{W} = 58.08\text{W}$$

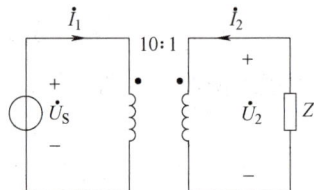

【例 4-7】　已知一个内阻为 216Ω 的放大器接一个阻抗为 6Ω 的扬声器，为使扬声器获得最大功率，采用理想变压器进行阻抗匹配，电路如图 4-26 所示。计算理想变压器的匝数比 n。

解：从一次侧向二次侧看进去的阻抗为

$$Z_{in} = n^2 Z_L$$

当 $Z_{in} = Z_S^* = 216\Omega$ 时，Z_{in} 可以获得最大功率，所以有

$$6n^2 = 216$$

$$n = 6$$

在未进行阻抗匹配时，扬声器获得的功率为

$$P_1 = \frac{6}{(216+6)^2} U_S^2 = 1.22 \times 10^{-4} U_S^2$$

进行阻抗匹配后，扬声器获得的功率为

$$P_2 = \frac{U_S^2}{4 \times 216} = 1.16 \times 10^{-3} U_S^2$$

显然，进行匹配后，扬声器获得的功率提高了。

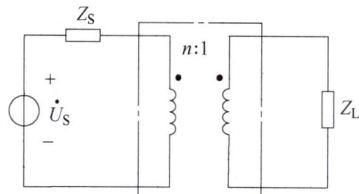

图 4-26　例 4-7 图

习题

4-1　判断图 4-27 所示电路的同名端。

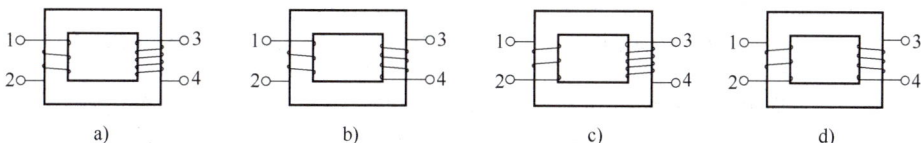

图 4-27　题 4-1 图

4-2　计算图 4-28 所示电路的等效电感 L_{eq}。

4-3　若图 4-29 所示电路的耦合系数为 1，计算 $\dfrac{\dot{U}_2}{\dot{U}_1}$。

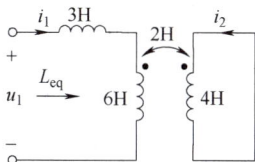

图 4-28　题 4-2 图

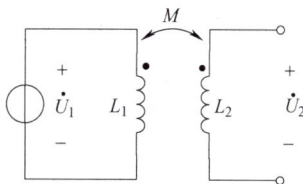

图 4-29　题 4-3 图

4-4　电路如图 4-30 所示，已知 $u_S = 220\sqrt{2}\cos\omega t\,\mathrm{V}$，计算电压表的读数。

4-5　在图 4-31 所示正弦交流电路中，已知 $u_S = 2\sqrt{2}\cos t\,\mathrm{V}$，求电流 i。

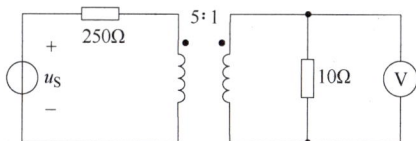

图 4-30　题 4-4 图

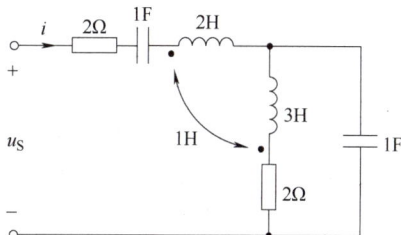

图 4-31　题 4-5 图

4-6　求图 4-32 所示电路 a、b 端的戴维南等效电路。

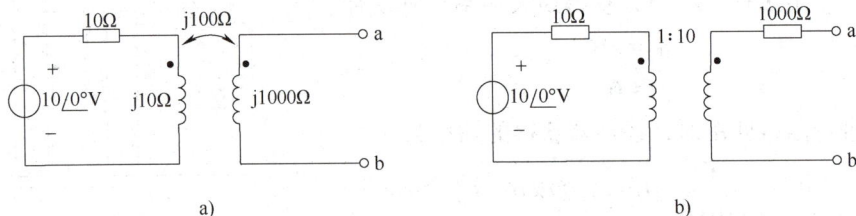

图 4-32　题 4-6 图

4-7　电路如图 4-33 所示，若 $i_s = 4\sqrt{2}\cos\omega t\,\mathrm{A}$，$R = 10\,\Omega$，$Z_1 = (4+j3)\,\Omega$，$Z_2 = (3+j4)\,\Omega$，电压表内阻无穷大，计算电压表读数。

4-8　在图 4-34 所示电路中，已知 $U_S = 220\mathrm{V}$，$Z = (3+j4)\,\Omega$，求 Z 消耗的平均功率。

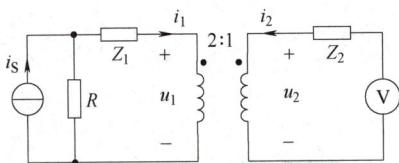

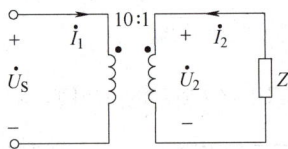

图 4-33　题 4-7 图　　　　　　图 4-34　题 4-8 图

4-9　电路如图 4-35 所示，若要使负载电阻 R_L 获得最大功率，电压比 n 和最大功率为多少？

4-10　若要使图 4-36 所示电路处于串联谐振状态，电源电压 $u(t)$ 的角频率 ω 为多少？

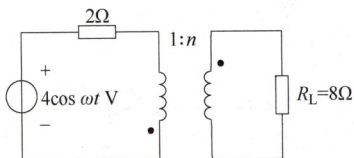

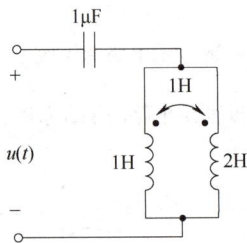

图 4-35　题 4-9 图　　　　　　图 4-36　题 4-10 图

答案详解 4

第5章

三 相 电 路

三相电源、三相负载和连接导线组成的电路，称为三相电路。三相电路的本质仍然是复杂的正弦交流电路，所以分析时仍然采用相量法。

本章包含三个部分：

第一部分为三相电路的基本概念。内容包括三相电源和三相负载。

第二部分为三相电路的分析和计算。内容包括对称三相电路的电压和电流、对称三相电路的计算和简单不对称三相电路的计算。

第三部分为三相电路的功率。内容包括三相电路的功率及其测量。

学习目标：

1. 理解对称三相电源的概念。
2. 掌握对称三相电路中相-线电压的关系、相-线电流的关系。
3. 掌握对称三相电路的分析方法。
4. 学会简单不对称三相电路的分析。
5. 掌握三相电路的功率及其测量方法。

5.1 三相电源和三相负载

5.1.1 对称三相电源

三相电源是指能够提供 3 个频率相同而相位不同的电压（电动势）的电源。通常把三相交流发电机作为三相电源，如图 5-1a 所示。三相交流发电机由电枢和磁极两部分组成，电枢固定不动，称为定子；磁极可以转动，称为转子。在定子的内表面冲有槽，用来放置三相电枢绕组，每个绕组为一相，分别称为 AX、BY、CZ，其中 A、B、C 为绕组的首端，X、Y、Z 为绕

三相电源和
三相负载

163

组的尾端。转子是绕轴旋转的磁极。转子上装有励磁绕组，通入直流电用以建立磁场，当它由原动机拖动，并做匀速旋转时，转子磁场也随之做匀速旋转切割定子导体，在各个绕组里产生按正弦规律做周期变化的感应电动势，分别用 e_A、e_B、e_C 表示，如图 5-1b 所示。设电动势的参考方向为绕组的尾端指向首端，当发电机的三相绕组完全相同，且均匀摆放（即三相绕组在空间位置上彼此相隔 120°电角度）时，转子匀速旋转，产生的感应电动势频率相同、幅值相同，相位依次相差 120°电角度，这样的电源称为对称三相电源。发电机绕组在电路中用理想电压源表示，源电压分别为 u_A、u_B、u_C，统一规定源电压的参考方向是从绕组的首端指向尾端，如图 5-1c 所示。每个电压源为一相，把它们依次称为 A 相、B 相、C 相。

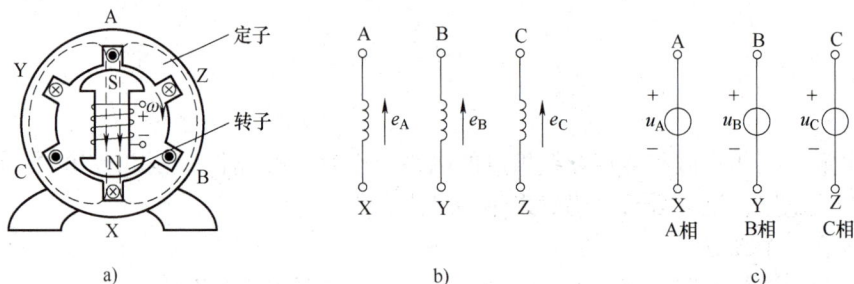

图 5-1　三相交流发电机

a）三相交流发电机示意图　b）三相绕组　c）三相电源

以 A 相为参考正弦量，则对称三相正弦电压的瞬时表达式分别为

$$\begin{cases} u_A = \sqrt{2}\,U\cos(\omega t) \\ u_B = \sqrt{2}\,U\cos(\omega t - 120°) \\ u_C = \sqrt{2}\,U\cos(\omega t + 120°) \end{cases} \qquad (5\text{-}1)$$

其波形如图 5-2a 所示。把三相交流电压到达正最大值的先后顺序称为相序。如果 A 相超前 B 相、B 相超前 C 相、C 相超前 A 相，称为正序或顺序（A→B→C→A）；如果 C 相超前 B 相、B 相超前 A 相、A 相超前 C 相，称为负序或逆序（A→C→B→A）。如没有特殊说明，对称三相电源均为正序对称三相电源。工业上通常在交流发电机的三相引出线及配电装置的三相母线上，涂以黄、绿、红 3 种颜色表示 A、B、C 三相。

式（5-1）对应的相量为

$$\begin{cases} \dot{U}_A = U\underline{/0°} \\ \dot{U}_B = U\underline{/-120°} \\ \dot{U}_C = U\underline{/120°} \end{cases}$$

其相量图如图 5-2b 所示。由相量图可知 3 个电压构成一个等边三角形，所以有

$$\dot{U}_A + \dot{U}_B + \dot{U}_C = U\underline{/0°} + U\underline{/-120°} + U\underline{/120°} = 0 \qquad (5\text{-}2)$$

三相电源通常是按照一定的方式连接成一个整体，组成一个供电系统对外供电。把三相绕组的尾端 X、Y、Z 连在一起，形成一个节点，这个点称为中性点，用 N 表示，由 A、B、C、N 引出端线与外电路相连，这种连接方式称为星形联结，用符号"Y"表示，如图 5-3a

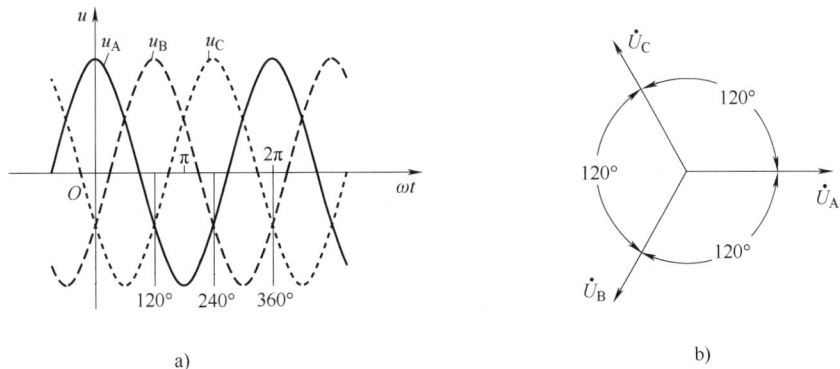

图 5-2 对称三相正弦电压
a) 电压的波形　b) 电压的相量图

所示。把三相绕组首尾依次相连，由 A、B、C 引出端线与外电路相连，这种连接方式称为三角形联结，用符号"△"表示，如图 5-3b 所示。在发电机的三角形联结回路中，要求各电源首尾依次连接，这样才能保证在没有外接负载的情况下，电源内部没有环流。如果不慎把其中的一相接反（如 C 相接反），则式（5-2）为

$$\dot{U}_A + \dot{U}_B - \dot{U}_C = -2\dot{U}_C = 2U\underline{/-60°}$$

由于发电机内等效阻抗极小，即使在很低的回路电压作用下，也会产生很大的回路电流，回路电流可计算为

$$I = \frac{2U}{3\,|Z_S|} = \frac{2}{3}I_{sc}$$

式中，Z_S 为一相的内阻抗；I_{sc} 为一相电源的短路电流，$I_{sc} = U/\,|Z_S|$，这将严重损坏电源装置。因此，当三相电源连接成三角形时，在最后一个连接点的两端先接一个电压表，测量三角形回路中电压是否为零，如果为零，直接连接即可。

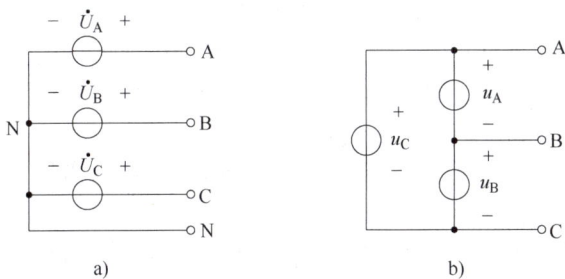

图 5-3 三相电源的连接
a) 星形联结（丫联结）　b) 三角形联结（△联结）

5.1.2 对称三相负载

三相负载中，每个负载为一相，连接成星形或三角形，如图 5-4 所示。如果各相负载的参数都相同，也就是星形负载 $Z_A = Z_B = Z_C$，三角形负载 $Z_{AB} = Z_{BC} = Z_{CA}$，则为对称三相负载，否则为不对称三相负载。

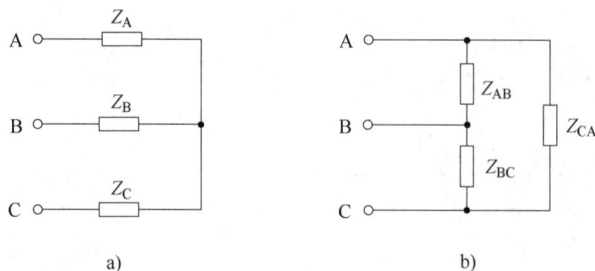

图 5-4　三相负载
a) 星形联结（丫联结）　b) 三角形联结（△联结）

5.2　三相电路的计算

　　按照电源与负载之间的连线数量不同，三相电路分为三相四线制供电系统和三相三线制供电系统。根据电源和负载星形、三角形联结的不同，三相电路分为 4 种形式，即丫-丫、△-△、丫-△和△-丫。

　　对称三相电路是由对称的三相电源和对称的三相负载组成，当导线上的阻抗不能忽略时，要求 3 个线路阻抗相等。如果三相电源不满足频率相同、幅值相同、相位依次相差 120°中的任意一个条件，则称为不对称三相电源。不对称三相电路可能是三相电源不对称、三相负载不对称或线路阻抗不同。通常情况下，发电机产生的三相电源都是对称的，三相电路不对称主要是由三相负载不对称或线路阻抗不同所引起的。

5.2.1　对称三相电路的电压和电流

1. 丫-丫联结的对称三相电路

　　星形电源与星形负载连接，组成三相四线制供电系统，即丫-丫联结，如图 5-5 所示。A、B、C 称为端点，由端点引出的输电线称为端线（相线）；N 为电源的中性点，由中性点引出的输电线称为中性线。图中，Z_l 为线路阻抗，Z_N 为中性线阻抗。A′、B′、C′为负载端的端点，N′为负载端的中性点。每一相电源或每一相负载的电压称为相电压，即端线与中性线之间的电压。电源端相电压为 u_{AN}、u_{BN} 和 u_{CN}，有 $u_{AN}=u_A$、$u_{BN}=u_B$、$u_{CN}=u_C$；负载端的相电压为 $u_{A'N'}$、$u_{B'N'}$ 和 $u_{C'N'}$，分别简写为 $u_{A'}$、$u_{B'}$ 和 $u_{C'}$。端线与端线之间的电压称为线电压。电源端线电压记为 u_{AB}、u_{BC} 和 u_{CA}；负载端线电压记为 $u_{A'B'}$、$u_{B'C'}$ 和 $u_{C'A'}$。

　　在图 5-5 所示参考方向下，根据 KVL，线电压和相电压之间满足下列关系：

$$\dot{U}_{AB}=\dot{U}_A-\dot{U}_B$$
$$\dot{U}_{BC}=\dot{U}_B-\dot{U}_C$$
$$\dot{U}_{CA}=\dot{U}_C-\dot{U}_A$$

电源对称时，有

$$\dot{U}_{AB}=\sqrt{3}\,\dot{U}_A\;\underline{/30°}$$
$$\dot{U}_{BC}=\sqrt{3}\,\dot{U}_B\;\underline{/30°}=\sqrt{3}\,\dot{U}_A\;\underline{/-90°}$$
$$\dot{U}_{CA}=\sqrt{3}\,\dot{U}_C\;\underline{/30°}=\sqrt{3}\,\dot{U}_A\;\underline{/150°}$$

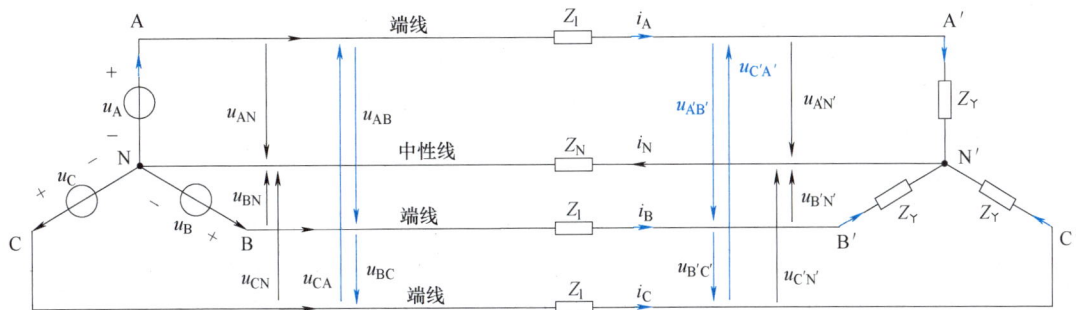

图 5-5　Y-Y 联结时的三相四线制电路

上述关系也可以从图 5-6 所示相量图中获得。用 U_1 和 U_p 分别表示线电压和相电压的有效值，在电路对称时有 $U_1 = \sqrt{3}\, U_p$，线电压 $\dot{U}_{AB}$、$\dot{U}_{BC}$、$\dot{U}_{CA}$ 在相位上超前各自对应的相电压 $\dot{U}_A$、$\dot{U}_B$、$\dot{U}_C$ 角 30°。在相电压对称时，线电压也依次对称。

图 5-5 中，流过每一相电源或每一相负载的电流称为相电流，端线上的电流称为线电流。显然在 Y-Y 联结的电路中，相电流等于线电流，于是 A、B、C 三相的端线电流分别用 i_A、i_B、i_C 表示。中性线中的电流称为中性线电流，用 i_N 表示。根据 KCL 有

$$i_N = i_A + i_B + i_C$$

对称时

$$i_N = i_A + i_B + i_C = 0$$

其相量形式为

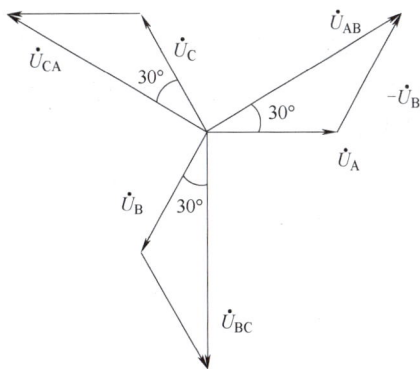

图 5-6　Y-Y 联结时线电压与相电压的相量图

$$\dot{I}_N = \dot{I}_A + \dot{I}_B + \dot{I}_C = 0$$

2. Y-△ 联结的对称三相电路

星形电源与三角形负载连接，组成三相三线制供电系统，即 Y-△ 联结，如图 5-7 所示。电源端为星形联结时，为电路提供两组有效值不同的对称电压，一组是相电压，另一组是线电压。负载为三角形联结时，相电压与线电压相等，而电流有相、线之分。线电流分别用 i_A、i_B、i_C 表示，相电流分别用 $i_{A'B'}$、$i_{B'C'}$、$i_{C'A'}$ 表示。

在图 5-7 所示参考方向下，根据 KCL，线电流和相电流之间满足下列关系：

$$\begin{cases} \dot{I}_A = \dot{I}_{A'B'} - \dot{I}_{C'A'} \\ \dot{I}_B = \dot{I}_{B'C'} - \dot{I}_{A'B'} \\ \dot{I}_C = \dot{I}_{C'A'} - \dot{I}_{B'C'} \end{cases}$$

三相电压对称，负载也对称时，相线电流也是对称的，二者的关系为

$$\begin{cases} \dot{I}_A = \sqrt{3}\, \dot{I}_{A'B'} \underline{/-30°} \\ \dot{I}_B = \sqrt{3}\, \dot{I}_{B'C'} \underline{/-30°} = \sqrt{3}\, \dot{I}_{A'B'} \underline{/-150°} \\ \dot{I}_C = \sqrt{3}\, \dot{I}_{C'A'} \underline{/-30°} = \sqrt{3}\, \dot{I}_{A'B'} \underline{/90°} \end{cases}$$

上述关系也可以从图 5-8 所示相量图中获得。用 I_1 和 I_p 分别表示线电流和相电流的有效

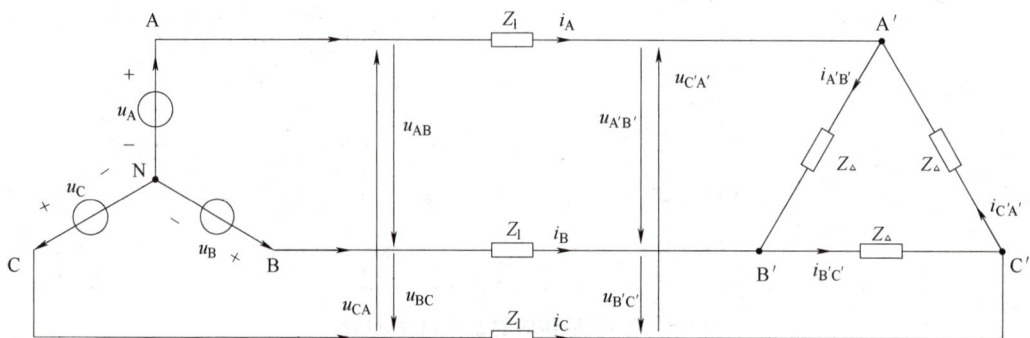

图 5-7 Y-△联结时的三相三线制电路

值，在电路对称时有 $I_1 = \sqrt{3} I_p$，线电流 $\dot{I}_A$、$\dot{I}_B$、$\dot{I}_C$ 在相位上滞后各自对应相电流 $\dot{I}_{A'B'}$、$\dot{I}_{B'C'}$、$\dot{I}_{B'C'}$ 角30°。对于三相三线制电路来说，由于电路中没有中性线，所以无论是对称还是不对称，都有

$$\dot{I}_A + \dot{I}_B + \dot{I}_C = 0$$

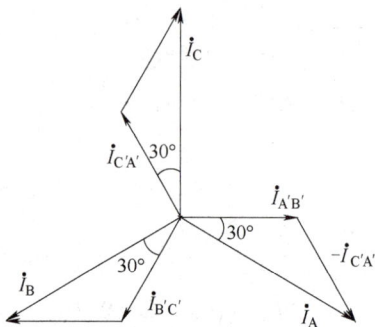

图 5-8 Y-△联结时线电流与相电流的相量图

5.2.2 对称三相电路的计算

三相电路的连接虽然复杂，但对于电源和负载都对称的三相电路而言，可以利用由对称性引起的特殊规律使分析和计算得到简化。下面以Y-Y联结供电系统为例进行说明。

电路如图 5-9 所示，设电源的中性点 N 为参考点，对负载的中性点 N′列节点电压方程为

$$\left(\frac{3}{Z_1 + Z} + \frac{1}{Z_N} \right) \dot{U}_{N'N} = \frac{\dot{U}_A + \dot{U}_B + \dot{U}_C}{Z_1 + Z}$$

式中，$\dot{U}_{N'N}$ 称为中性线电压。因为在电路对称时，$\dot{U}_A + \dot{U}_B + \dot{U}_C = 0$，所以有

$$\dot{U}_{N'N} = 0$$

节点 N 与节点 N′等电位，两个中性点之间用无阻抗的导线连接起来后对电路不会产生任何影响。这样各相分别与中性线构成一个独立的回路，彼此互不影响。各相电流分别为

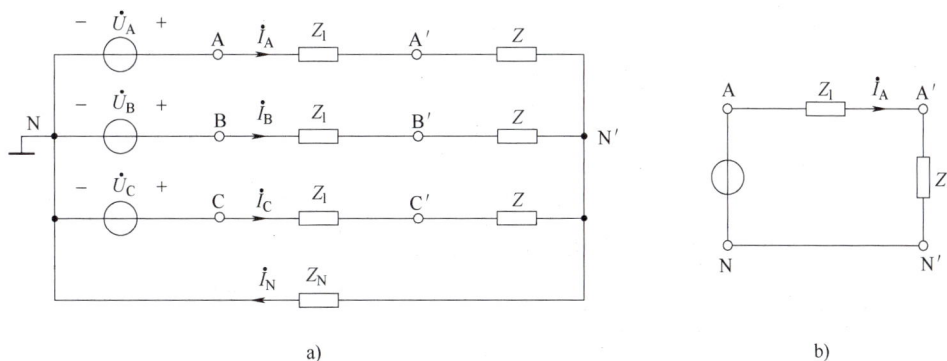

a)　　　　　　　　　　　　　　　　　　b)

图 5-9　Y-Y 联结供电系统

a) Y-Y 联结供电电路　b) 取三相中的 A 相计算

$$\begin{cases} \dot{I}_A = \dfrac{\dot{U}_{AN} - \dot{U}_{N'N}}{Z_1 + Z} = \dfrac{\dot{U}_A}{Z_1 + Z} \\[2mm] \dot{I}_B = \dfrac{\dot{U}_{BN} - \dot{U}_{N'N}}{Z} = \dfrac{\dot{U}_B}{Z_1 + Z} \\[2mm] \dot{I}_C = \dfrac{\dot{U}_{CN} - \dot{U}_{N'N}}{Z_C} = \dfrac{\dot{U}_C}{Z_1 + Z} \end{cases}$$

中性线电流为

$$\dot{I}_N = \frac{\dot{U}_{N'N}}{Z_N} = 0$$

在电路对称时，中性线两端没有电压，中性线上也没有电流，所以中性线是否连接，对电路没有影响。各相响应之间满足对称关系，故只取其中一相进行计算，如图 5-9b 所示，其余两相的响应均可以按照对称性关系直接写出。这就是对称三相电路化为单相电路的计算方法。

【例 5-1】　电路如图 5-9 所示，已知 $Z_1 = (2+j3)\,\Omega$，$Z = (4+j5)\,\Omega$，$Z_N = (1+j2)\,\Omega$，$u_{AB} = 380\sqrt{2}\cos(\omega t + 30°)\,\text{V}$，求各相负载中的电流相量。

解：取出 A 相计算，令 $\dot{U}_A = 220\underline{/0°}$，则有

$$\dot{I}_A = \frac{\dot{U}_A}{Z_1 + Z} = \frac{220\underline{/0°}}{2+j3+4+j5}\,\text{A} = 22\underline{/-53.1°}\,\text{A}$$

根据对称关系直接写出 B 相和 C 相的电流分别为

$$\dot{I}_B = 22\underline{/-173.1°}\,\text{A}$$
$$\dot{I}_C = 22\underline{/66.9°}\,\text{A}$$

【例 5-2】　图 5-10 所示对称三相电路中，已知 $\dot{U}_A = 220\underline{/0°}\,\text{V}$，负载阻抗 $Z = (3+j4)\,\Omega$，计算负载的相电压、相电流及线电流。

解：因为 $\dot{U}_A = 220\underline{/0°}\,\text{V}$，所以负载的相电压分别为

$$\begin{cases} \dot{U}_{AB} = 380\underline{/30°}\,\text{V} \\ \dot{U}_{BC} = 380\underline{/-90°}\,\text{V} \\ \dot{U}_{CA} = 380\underline{/150°}\,\text{V} \end{cases}$$

负载的相电流分别为

$$\begin{cases} \dot{I}_{AB} = \dfrac{\dot{U}_{AB}}{Z} = \dfrac{380\underline{/30°}}{3+j4}A = 76\underline{/-23.13°}\ A \\ \dot{I}_{BC} = 76\underline{/-143.13°}\ A \\ \dot{I}_{CA} = 76\underline{/96.87°}\ A \end{cases}$$

根据三角形联结中线电流与相电流的关系可得负载的线电流分别为

$$\begin{cases} \dot{I}_A = 76\sqrt{3}\underline{/-53.13°}\ A = 131.64\underline{/-53.13°}\ A \\ \dot{I}_B = 131.64\underline{/-173.13°}\ A \\ \dot{I}_C = 131.64\underline{/66.87°}\ A \end{cases}$$

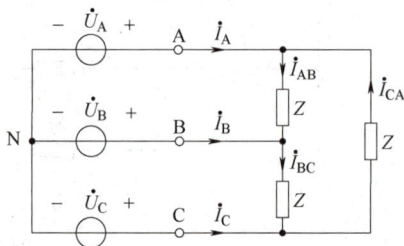

图 5-10　例 5-2 图

【例 5-3】　线电压为 380V 的三相对称电源为两组对称负载供电，如图 5-11 所示，丫联结每相负载阻抗为 $Z_\curlyvee = (12+j16)\ \Omega$，△联结每相负载阻抗为 $Z_\triangle = (48+j36)\ \Omega$，每根导线阻抗为 $Z_1 = (1+j2)\ \Omega$，求每相负载的相电流和线电流。

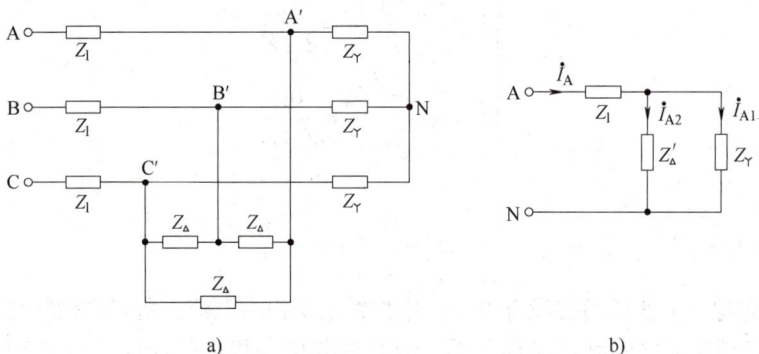

图 5-11　例 5-3 图

a）三相对称电源接入两组负载　b）取出 A 相计算

解： 将三角形联结负载等效为星形联结负载，其中

$$Z'_\triangle = \frac{Z_\triangle}{3} = (16+j12)\ \Omega$$

取出 A 相计算，电路如图 5-11b 所示，则

$$Z_{eq} = Z_1 + Z'_\triangle // Z_\curlyvee = (8.14+j9.14)\ \Omega = 12.24\underline{/48.3°}\ \Omega$$

设 $\dot{U}_A = 220\underline{/0°}\ V$，则有

$$\dot{I}_A = \frac{\dot{U}_A}{Z_{eq}} = 17.97\underline{/-48.3°}\ A$$

$$\dot{I}_{A1} = \frac{Z'_\triangle}{Z_\curlyvee + Z'_\triangle}\dot{I}_A = 9.08\underline{/-56.5°}\ A$$

$$\dot{I}_{A2} = \frac{Z_\curlyvee}{Z_\curlyvee + Z'_\triangle}\dot{I}_A = 9.08\underline{/-40.3°}\ A$$

$$\dot{I}_{A'B'} = \frac{\dot{I}_{A2}}{\sqrt{3}}\underline{/30°} = 5.24\underline{/-10.3°}\ A$$

根据对称关系直接写出其他两相的电流分别为

$$\begin{cases} \dot{I}_B = 17.97\underline{/-168.3^\circ}\ \text{A} \\ \dot{I}_C = 17.97\underline{/71.7^\circ}\ \text{A} \end{cases}$$

$$\begin{cases} \dot{I}_{B1} = 9.08\underline{/-176.5^\circ}\ \text{A} \\ \dot{I}_{C1} = 9.08\underline{/63.5^\circ}\ \text{A} \end{cases}$$

$$\begin{cases} \dot{I}_{B2} = 9.08\underline{/-160.3^\circ}\ \text{A} \\ \dot{I}_{C2} = 9.08\underline{/79.7^\circ}\ \text{A} \end{cases}$$

$$\begin{cases} \dot{I}_{B'C'} = 5.24\underline{/-130.3^\circ}\ \text{A} \\ \dot{I}_{C'A'} = 5.24\underline{/109.7^\circ}\ \text{A} \end{cases}$$

5.2.3 不对称三相电路的计算

图 5-12a 所示电路为电源对称而负载不对称的三相电路。对负载的中性点 N' 列节点电压方程为

$$\left(\frac{1}{Z_A} + \frac{1}{Z_B} + \frac{1}{Z_C} + \frac{1}{Z_N} \right) \dot{U}_{N'N} = \frac{\dot{U}_A}{Z_A} + \frac{\dot{U}_B}{Z_B} + \frac{\dot{U}_C}{Z_C}$$

所以有

$$\dot{U}_{N'N} \neq 0$$

负载端的相电压分别为

$$\begin{cases} \dot{U}_{A'N'} = \dot{U}_{AN} - \dot{U}_{N'N} \\ \dot{U}_{B'N'} = \dot{U}_{BN} - \dot{U}_{N'N} \\ \dot{U}_{C'N'} = \dot{U}_{CN} - \dot{U}_{N'N} \end{cases}$$

由于中性线电压的存在，导致电源中性点的电位和负载中性点的电位不相等，在图 5-12b 中，N 与 N' 不重合，这种现象称为负载中性点位移。

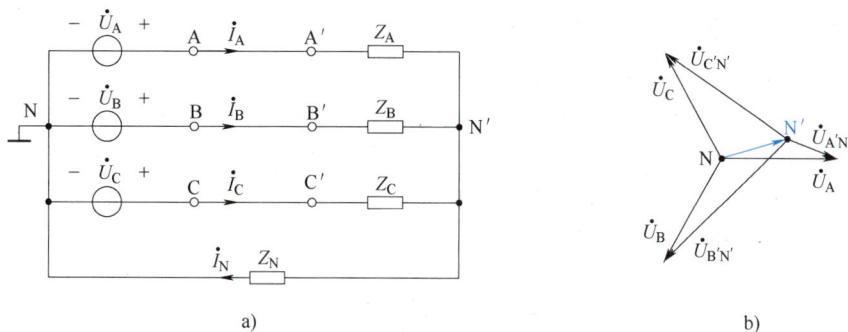

图 5-12 电源对称而负载不对称的三相电路

a）负载不对称的 丫-丫 联结电路 b）中性点位移相量图

中性点位移使得三相负载的相电压不对称，负载端的电流也不对称，各相电流分别为

$$
\begin{cases}
\dot{I}_A = \dfrac{\dot{U}_{A'N'}}{Z_A} = \dfrac{\dot{U}_{AN} - \dot{U}_{N'N}}{Z_A} \\[3mm]
\dot{I}_B = \dfrac{\dot{U}_{B'N'}}{Z_B} = \dfrac{\dot{U}_{BN} - \dot{U}_{N'N}}{Z_B} \\[3mm]
\dot{I}_C = \dfrac{\dot{U}_{C'N'}}{Z_C} = \dfrac{\dot{U}_{CN} - \dot{U}_{N'N}}{Z_C}
\end{cases}
$$

中性点位移的大小与负载不对称程度有关。如果中性点位移较大,有的相电压过高,会造成负载过热引发危险;有的相电压过低,会造成负载不能正常工作。如果在电源中性点和负载中性点之间连接一根无阻抗的导线,就会使各相负载的电压对称,保持在额定值,由于中性线的存在,仍然能使各相彼此独立,此时各相电流分别为

$$
\begin{cases}
\dot{I}_A = \dfrac{\dot{U}_A}{Z_A} \\[3mm]
\dot{I}_B = \dfrac{\dot{U}_B}{Z_B} \\[3mm]
\dot{I}_C = \dfrac{\dot{U}_C}{Z_C}
\end{cases}
$$

中性线电流为

$$
\dot{I}_N = \dot{I}_A + \dot{I}_B + \dot{I}_C \neq 0
$$

由此可知,对于丫-丫联结供电系统的不对称负载而言,中性线的存在至关重要,它保证了各相负载均能获得电源的相电压而正常工作。因此,在供电线路中,中性线通常采用机械强度高、线路阻抗小的导线,这样虽然可以改善各相负载相电压不对称的情况,但仍然不能达到中性线阻抗为零的要求,所以实际上还是应该适当地调整负载,使负载接近对称。为防止中性线在运行时断开,要求中性线上不能接开关或熔断器。

【例 5-4】 图 5-13 所示电路为相序指示器电路,这是由一个电容和两个相同的白炽灯组成的星形联结不对称的三相电路。已知 $R = 1/\omega C$,计算 $\dot{U}_{B'N'}$ 和 $\dot{U}_{C'N'}$。

解:相序指示器是根据两个白炽灯的不同亮度对三相电源的相序做出判断的。首先假定已知三相电源的相序为 A→B→C→A,设电容串接在 A 相,然后计算各白炽灯两端的电压,从而找出两个白炽灯的亮度与三相电源相序的关系。根据节点电压法得

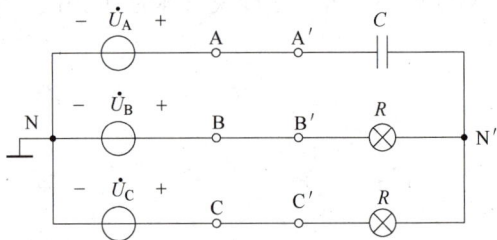

图 5-13　例 5-4 图

$$
\dot{U}_{N'N} = \frac{j\omega C \dot{U}_{AN} + \dfrac{1}{R}\dot{U}_{BN} + \dfrac{1}{R}\dot{U}_{CN}}{j\omega C + \dfrac{1}{R} + \dfrac{1}{R}} = (-0.2 + j0.6)\dot{U}_{AN}
$$

B 相负载的相电压为

$$
\dot{U}_{B'N'} = \dot{U}_{BN} - \dot{U}_{N'N} = \dot{U}_{AN}\underline{/-120°} - (-0.2 + j0.6)\dot{U}_{AN} = 1.5\underline{/-101.5°}\,\dot{U}_{AN}
$$

C 相负载的相电压为

$$\dot{U}_{C'N'} = \dot{U}_{CN} - \dot{U}_{N'N} = \dot{U}_{AN} \underline{/120°} - (-0.2+j0.6)\dot{U}_{AN} = 0.4\underline{/138°}\ \dot{U}_{AN}$$

因为 $U_{B'N'} > U_{C'N'}$，所以较亮的白炽灯所接的那一相是 B 相，按此规律即可测定相序。

【例 5-5】 对称三相电路如图 5-14 所示，已知当开关 S_1 断开、开关 S_2 闭合时，各表的读数均为 1A。求：（1）开关 S_1 闭合、开关 S_2 闭合时，各表的读数。（2）开关 S_1 断开、开关 S_2 断开时，各表的读数。

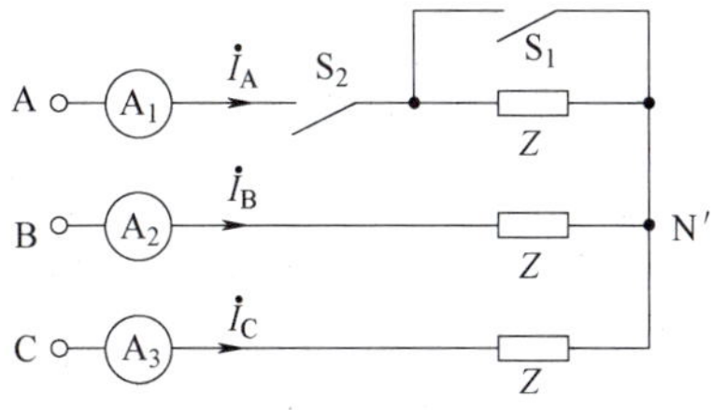

图 5-14 例 5-5 图

解： 设 $\dot{U}_A = U\underline{/0°}$，则 $\dot{U}_B = U\underline{/-120°}$、$\dot{U}_C = U\underline{/120°}$。

（1）S_1 闭合、S_2 闭合时，A 相短路，电路如图 5-15a 所示，因 $\dot{U}_{AN'} = 0$，所以中性点电位升高。

$$\dot{I}_B = \frac{\dot{U}_{BN'}}{Z} = \frac{\dot{U}_{BA}}{Z} = \frac{\sqrt{3}\dot{U}_A\ \underline{/-150°}}{Z} = \sqrt{3}\underline{/-150°}\ \text{A}$$

$$\dot{I}_C = \frac{\dot{U}_{CN'}}{Z} = \frac{\dot{U}_{CA}}{Z} = \frac{\sqrt{3}\dot{U}_A\ \underline{/150°}}{Z} = \sqrt{3}\underline{/150°}\ \text{A}$$

根据 KCL 有

$$\dot{I}_A = -(\dot{I}_B + \dot{I}_C) = -(\sqrt{3}\underline{/-150°} + \sqrt{3}\underline{/150°})\ \text{A}$$
$$= -\sqrt{3}\left[\cos(-150°) + j\sin(-150°) + \cos150° + j\sin150°\right]\text{A} = 3\text{A}$$

（2）S_1 断开、S_2 断开时，A 相开路，电路如图 5-15b 所示，因 $\dot{I}_A = 0$，所以 B 相和 C 相负载串联，其端电压为 U_{BC}，此时有

$$\dot{I}_B = \frac{\dot{U}_{BC}}{2Z} = \frac{\sqrt{3}\dot{U}_A\ \underline{/-90°}}{2Z} = \frac{\sqrt{3}}{2}\underline{/-90°}\ \text{A}$$

$$\dot{I}_C = -\dot{I}_B = \frac{\sqrt{3}}{2}\underline{/90°}\ \text{A}$$

$$\dot{U}_{BN'} = \frac{\dot{U}_{BC}}{2} = \frac{\sqrt{3}\dot{U}_A}{2}\underline{/-90°}$$

$$\dot{U}_{CN'} = -\frac{\dot{U}_{BC}}{2} = \frac{\sqrt{3}\dot{U}_A}{2}\underline{/90°}$$

$$\dot{U}_{AN'} = \dot{U}_{AB} + \dot{U}_{BN'} = \dot{U}_{AB} + \frac{\dot{U}_{BC}}{2} = \sqrt{3}\dot{U}_A\underline{/30°} + \frac{\sqrt{3}\dot{U}_A}{2}\underline{/-90°} = \frac{3}{2}\dot{U}_A\ \underline{/0°}$$

a)

b)

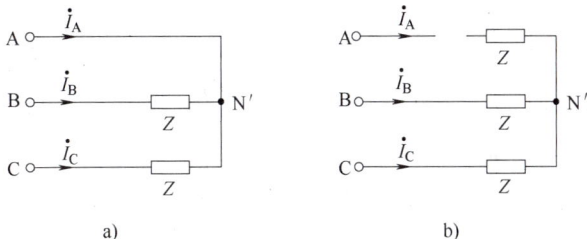

图 5-15 例 5-5 解图

a) A 相短路　b) A 相开路

【例 5-6】 对称三相电路如图 5-16 所示，已知当 S_1 闭合、S_2 闭合时，各表的读数均为 1A。

求（1）S_1 断开、S_2 闭合时，各表的读数。（2）S_1 闭合、S_2 断开时，各表的读数。

解：设相电流 $\dot{I}_{AB} = I\underline{/0°}$，则 $\dot{I}_{BC} = I\underline{/-120°}$，$\dot{I}_{CA} = I\underline{/120°}$，$\dot{I}_A = \sqrt{3}I\underline{/-30°}$，$\dot{I}_B = \sqrt{3}I\underline{/-150°}$，$\dot{I}_C = \sqrt{3}I\underline{/90°}$。

图 5-16　例 5-6 图

（1）S_1 断开、S_2 闭合时，电路如图 5-17a 所示，因在断开一相负载时，负载的相电压并不发生变化，所以除了 $\dot{I}_{CA} = 0$，其他两相的相电流均不变，所以以线电流 $\dot{I}_B$ 不变，而 $\dot{I}_A = \dot{I}_{AB}$，$\dot{I}_C = -\dot{I}_{BC}$，即相电流分别为

$$\dot{I}_{AB} = \frac{1}{\sqrt{3}}\underline{/0°}\,A, \quad \dot{I}_{BC} = \frac{1}{\sqrt{3}}\underline{/-120°}\,A, \quad \dot{I}_{CA} = 0$$

线电流分别为

$$\dot{I}_A = \dot{I}_{AB} - \dot{I}_{CA} = \frac{1}{\sqrt{3}}\underline{/0°}\,A, \quad \dot{I}_B = \dot{I}_{BC} - \dot{I}_{AB} = 1\underline{/-150°}\,A, \quad \dot{I}_C = \dot{I}_{CA} - \dot{I}_{BC} = \frac{1}{\sqrt{3}}\underline{/60°}\,A$$

（2）S_1 闭合、S_2 断开时，电路如图 5-17b 所示，B 相开路，但 $\dot{U}_{CA}$ 不变，所以 $\dot{I}_{CA}$ 不变，而 $\dot{I}_{AB} = \dot{I}_{BC} = -\dfrac{\dot{I}_{CA}}{2}$，即

$$\dot{I}_{AB} = \dot{I}_{BC} = -\frac{\dot{I}_{CA}}{2} = \frac{1}{2\sqrt{3}}\underline{/-60°}\,A, \quad \dot{I}_{CA} = \frac{1}{\sqrt{3}}\underline{/120°}\,A$$

根据 KCL，得各端线电流分别为

$$\dot{I}_A = \dot{I}_{AB} - \dot{I}_{CA} = -\frac{1}{2}\dot{I}_{CA} - \dot{I}_{CA} = -\frac{3}{2}\dot{I}_{CA} = \frac{\sqrt{3}}{2}\underline{/-60°}\,A$$

$$\dot{I}_B = 0$$

$$\dot{I}_C = \dot{I}_{CA} - \dot{I}_{BC} = \dot{I}_{CA} + \frac{1}{2}\dot{I}_{CA} = \frac{3}{2}\dot{I}_{CA} = \frac{\sqrt{3}}{2}\underline{/120°}\,A$$

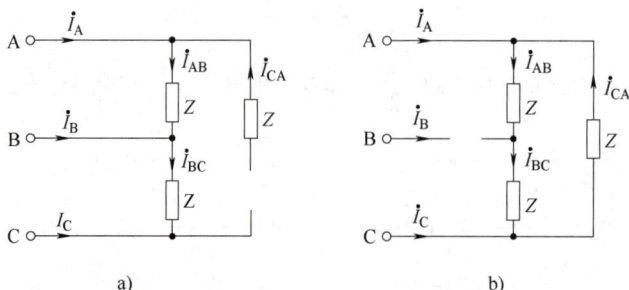

图 5-17　例 5-6 解图

a）一相开路　b）B 相开路

5.3　三相电路的功率及其测量

5.3.1　三相电路的功率

根据功率守恒原理，在三相电路中，三相负载吸收的总功率等于各相负载吸收的功率之和。

1. 有功功率

三相电路的有功功率为

$$P=P_A+P_B+P_C=U_AI_A\cos\varphi_A+U_BI_B\cos\varphi_B+U_CI_C\cos\varphi_C$$

式中，U_A、U_B、U_C 为各相负载的相电压；I_A、I_B、I_C 为各相负载的相电流；φ_A、φ_B、φ_C 为各相负载相电压与相电流的相位差。在对称三相电路中，各相负载吸收的平均功率相等，则电路的有功功率为

$$P=3U_pI_p\cos\varphi$$

式中，φ 为各相负载相电压与相电流的相位差，也是各相负载的阻抗角。工程上，由于实际负载的相电压和相电流不便测量，所以功率计算常用易测量的线电压和线电流表示。对称时，星形联结中 $U_l=\sqrt{3}\,U_p$，$I_l=I_p$，三角形联结中 $I_l=\sqrt{3}\,I_p$，$U_l=U_p$，所以两种接法均有

$$P=\sqrt{3}\,U_lI_l\cos\varphi \tag{5-3}$$

式中，φ 为各相负载相电压与相电流的相位差。

2. 无功功率

三相电路的无功功率为

$$Q=Q_A+Q_B+Q_C=U_AI_A\sin\varphi_A+U_BI_B\sin\varphi_B+U_CI_C\sin\varphi_C$$

在对称三相电路中，各相负载吸收的无功功率相等，则电路的无功功率为

$$Q=3U_pI_p\sin\varphi=\sqrt{3}\,U_lI_l\sin\varphi$$

3. 视在功率

三相电路的视在功率为

$$S=\sqrt{P^2+Q^2}$$

一般情况下 $S\neq U_AI_A+U_BI_B+U_CI_C$。三相对称时，有

$$S=\sqrt{P^2+Q^2}=\sqrt{(3U_pI_p\cos\varphi)^2+(3U_pI_p\sin\varphi)^2}=3U_pI_p=\sqrt{3}\,U_lI_l$$

4. 瞬时功率

三相电路的瞬时功率为

$$p=p_A+p_B+p_C=u_Ai_A+u_Bi_B+u_Ci_C$$

三相对称时，有

$$p_A=u_Ai_A=\sqrt{2}\,U_p\cos\omega t\sqrt{2}\,I_p\cos(\omega t-\varphi)=U_pI_p\cos\varphi+U_pI_p\cos(2\omega t-\varphi)$$

$$p_B=u_Bi_B=\sqrt{2}\,U_p\cos(\omega t-120°)\sqrt{2}\,I_p\cos(\omega t-\varphi-120°)$$

$$=U_pI_p\cos\varphi+U_pI_p\cos(2\omega t-\varphi-240°)$$

$$p_C=u_Ci_C=\sqrt{2}\,U_p\cos(\omega t+120°)\sqrt{2}\,I_p\cos(\omega t-\varphi+120°)$$

$$= U_p I_p \cos\varphi + U_p I_p \cos(2\omega t - \varphi + 240°)$$

所以有

$$p = 3U_p I_p \cos\varphi = P$$

三相对称时，三相电路的瞬时功率等于三相电路的有功功率，这是一个与时间无关的常量，表明电源与负载之间不存在能量交换。对称三相电路是一种平衡电路，这是对称三相电路独有的特点。无论对三相交流发电机，还是对三相交流电动机而言，在运行时，由于任一瞬间转换的电功率不变，因而它所需要的机械转矩也是恒定的，这就有效地减少了振动和噪声，使运行更加平稳。

【例 5-7】 对称三相电路如图 5-18a 所示，电源线电压为 380V，线路阻抗 $Z_l = 1\Omega$。负载阻抗 $Z = 63\Omega$，求负载吸收的有功功率。

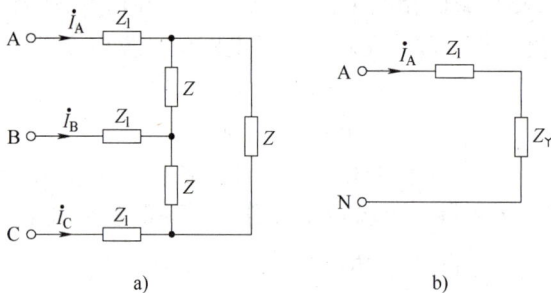

图 5-18 例 5-7 图

a）对称三相电路 b）取出 A 相计算

解：将三角形联结负载等效变换为星形联结负载，等效阻抗为

$$Z_Y = \frac{63}{3}\Omega = 21\Omega$$

取出 A 相计算，如图 5-18b 所示，设 $\dot{U}_A = 220\underline{/0°}$ V，则有

$$\dot{I}_A = \frac{\dot{U}_A}{Z_l + Z_Y} = \frac{220\underline{/0°}}{1+21}A = 10\underline{/0°}\ A$$

负载两端的电压为

$$\dot{U}_{AZ_Y} = Z_Y \dot{I}_A = 21 \times 10V = 210V$$

负载获得的功率为

$$P = 3\,|Z_Y|\,I_A^2 = 3 \times 21 \times 10^2 W = 6300W$$

或

$$P = 3U_p I_p \cos\varphi = 3 \times 210 \times 10 \times \cos0°W = 6300W$$

5.3.2 三相功率的测量

对于三相四线制电路而言，三相不对称时，采用 3 块功率表（即单向功率表）进行测量，如图 5-19a 所示，3 块功率表的读数之和为三相负载吸收的有功功率，这种测量方法称为三表法；三相对称时，由于 3 块功率表的读数相同，故只需 1 块功率表测出一相的有功功率，其总功率为功率表读数的 3 倍，这种测量方法称为一表法，测量电路如图 5-19b 所示。

三相功率的测量

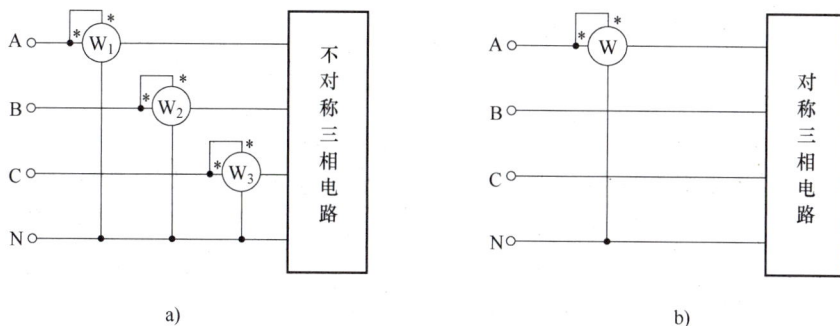

图 5-19 三相四线制有功功率的测量

a）三表法测量有功功率 b）一表法测量有功功率

对于三相三线制电路而言，无论电路是否对称，均采用两块功率表进行测量，三相负载吸收的有功功率为两块功率表读数的代数和，这种测量方法称为两表法，测量电路如图 5-20a 所示。

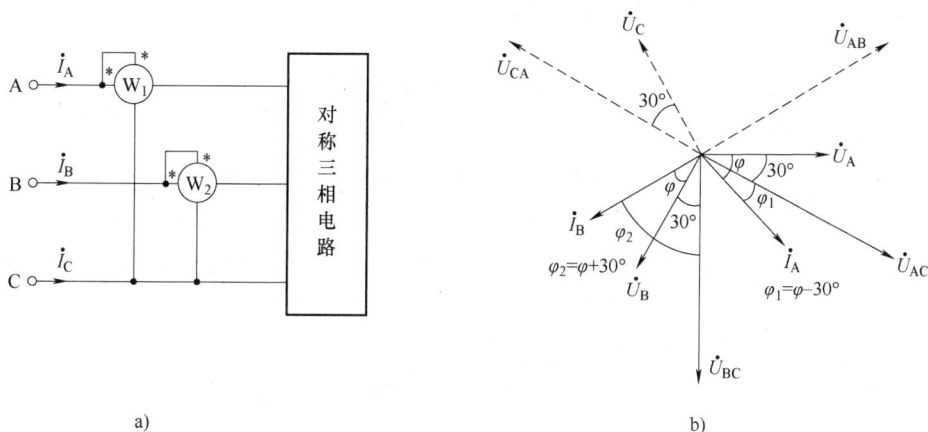

图 5-20 三相三线制有功功率的测量

a）C 相端线为公共端两表法测量电路 b）相量关系

三相负载吸收的瞬时功率为

$$p = u_A i_A + u_B i_B + u_C i_C$$

在三相三线制中 $i_A + i_B + i_C = 0$，所以 $i_C = -(i_A + i_B)$，代入上式得

$$p = u_A i_A + u_B i_B + u_C(-i_A - i_B) = (u_A - u_C)i_A + (u_B - u_C)i_B = u_{AC} i_A + u_{BC} i_B$$

平均功率为

$$P = U_{AC} I_A \cos\varphi_1 + U_{BC} I_B \cos\varphi_2 \tag{5-4}$$

式中，$\varphi_1 = \psi_{U_{AC}} - \psi_{I_A}$；$\varphi_2 = \psi_{U_{BC}} - \psi_{I_B}$。式（5-4）中第一项为第一块功率表 W_1 的读数 P_1，第二项为第二块功率表 W_2 的读数 P_2，故两块功率表读数的代数和为三相三线制电路的有功功率。

在对称的三相电路中，设 φ 为一相负载的阻抗角，由图 5-20b 可得

$$\varphi_1 = \varphi - 30°, \quad \varphi_2 = \varphi + 30°$$

所以，两块功率表的读数分别为

$$P_1 = U_{AC}I_A\cos(\varphi-30°)$$
$$P_2 = U_{BC}I_B\cos(\varphi+30°)$$

所以有

$$P = P_1+P_2 = 2U_1I_1\cos30°\cos\varphi = \sqrt{3}\,U_1I_1\cos\varphi$$

当 $\varphi=0°$ 时，两块功率表的读数相同；当 $|\varphi|=60°$ 时，有一块功率表的读数为零；当 $|\varphi|>60°$ 时，有一块功率表的读数小于零，此时三相电路的有功功率为两块功率表的读数之差。

【例 5-8】 电路如图 5-21 所示，三相对称感性负载 $\cos\varphi=0.88$，线电压 $U_1=380$V，电路消耗平均功率为 7.5kW，求两块功率表的读数。

解：根据式（5-3）得电路的线电流为

$$I_1 = \frac{P}{\sqrt{3}\,U_1\cos\varphi} = \frac{7500}{\sqrt{3}\times380\times0.88}\text{A} = 13\text{A}$$

由已知条件可知，功率因数角为

$$\varphi = \arccos0.88 = 28.4°$$

设 $\dot{U}_A = 220\underline{/0°}$V，则 $\dot{U}_B = 220\underline{/-120°}$ V，$\dot{U}_C = 220\underline{/120°}$ V，所以有

$$\dot{I}_A = 13\underline{/-28.4°}\text{A}, \quad \dot{I}_B = 13\underline{/-148.4°}\text{A}, \quad \dot{I}_C = 13\underline{/91.6°}\text{A}$$
$$\dot{U}_{AB} = 380\underline{/30°}\text{V}, \quad \dot{U}_{CB} = 380\underline{/90°}\text{V}$$
$$P_1 = U_{AB}I_A\cos(\varphi+30°) = 380\times13\times\cos58.4°\text{W} = 2588.5\text{W}$$
$$P_2 = U_{CB}I_C\cos(\varphi-30°) = 380\times13\times\cos(28.4°-30°)\text{W} = 4938.1\text{W}$$

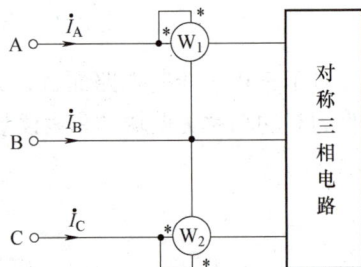

图 5-21　例 5-8 图

【例 5-9】 电路如图 5-22 所示，已知线电压 $U_1=100$V，求两块功率表的读数及电路总的有功功率。

解：设 $\dot{U}_{AB} = 100\underline{/0°}$V，则 $\dot{U}_{BC} = 100\underline{/-120°}$ V，$\dot{U}_{CA} = 100\underline{/120°}$ V。

各相电压为

$$\dot{U}_A = \frac{100}{\sqrt{3}}\underline{/-30°}\text{V}, \quad \dot{U}_B = \frac{100}{\sqrt{3}}\underline{/-150°}\text{V}, \quad \dot{U}_C = \frac{100}{\sqrt{3}}\underline{/90°}\text{V}$$

中性线电压为

$$\dot{U}_{N'N} = \frac{\dfrac{\dot{U}_A}{-j10}+\dfrac{\dot{U}_B}{j10}+\dfrac{\dot{U}_C}{10}}{\dfrac{1}{-j10}+\dfrac{1}{j10}+\dfrac{1}{10}} = j(1+\sqrt{3})\frac{100}{\sqrt{3}}\text{V} = j157.7\text{V}$$

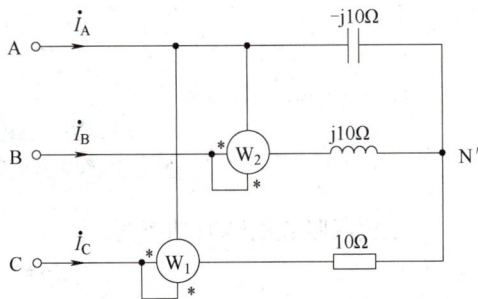

图 5-22　例 5-9 图

$$\dot{I}_B = \frac{\dot{U}_{BN'}}{Z_B} = \frac{\dot{U}_{BN}-\dot{U}_{N'N}}{Z_B} = \frac{\dfrac{100}{\sqrt{3}}\underline{/-150°}-j157.7}{j10}\text{A} = 19.32\underline{/165°}\text{A}$$

$$\dot{I}_C = \frac{\dot{U}_{CN'}}{Z_C} = \frac{\dot{U}_{CN}-\dot{U}_{N'N}}{Z_C} = \frac{\dfrac{100}{\sqrt{3}}\underline{/90°}-j157.7}{10}\text{A} = -j10\text{A}$$

功率表 W_1 的读数为

$$P_1 = U_{CA}I_C\cos(120°+90°) = -866\text{W}$$

功率表 W_2 的读数为

$$P_2 = U_{BA}I_B\cos(180°-165°) = 100\times19.32\times\cos15°\text{W} = 1866\text{W}$$

所以电路吸收的功率为

$$P = P_1 + P_2 = 1000\text{W}$$

习题

5-1 对称三相丫联结负载，各相阻抗为 $(3+j3)\Omega$，计算将负载变换为等效△联结负载时的阻抗。

5-2 图 5-23 所示对称三相丫-△电路中，已知负载电阻 $R = 38\Omega$，相电压 $\dot{U}_A = 220\underline{/0°}$ V。求线电流 $\dot{I}_A$、$\dot{I}_B$、$\dot{I}_C$。

5-3 对称三相电路如图 5-24 所示，已知 $\dot{U}_A = 220\underline{/0°}$ V，$Z = (3+j4)\Omega$，求每相负载的相电压、相电流及线电流的相量值。

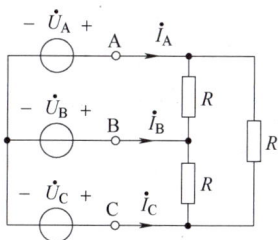

图 5-23 题 5-2 图

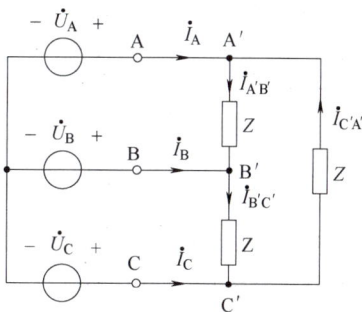

图 5-24 题 5-3 图

5-4 对称三相电路如图 5-25 所示，负载阻抗 $Z = (150+j150)\Omega$，线路阻抗为 $Z_1 = (2+j2)\Omega$，负载端的线电压为 380V，求电源端的线电压。

5-5 电路如图 5-26 所示，开关 S 闭合时为对称三相电路，设 $\dot{U}_A = U\underline{/0°}$，计算开关 S 断开时，负载端的电压 $\dot{U}_{AN'}$ 和 $\dot{U}_{BN'}$。

5-6 图 5-27 所示三相四线制电路中，对称电源线电压 $U_1 = 380$V，求中性线电流 $\dot{I}_N$。

5-7 图 5-28 所示电路中，对称三相电源线电压为 380V，单相负载阻抗 $Z = 38\Omega$，对称三相负载吸收的平均功率 $P = 3290$W，功率因数 $\lambda = 0.5$（感性），求 $\dot{I}_A$、$\dot{I}_B$、$\dot{I}_C$。

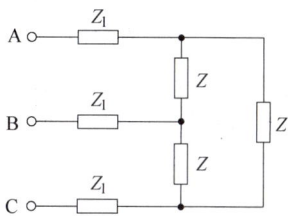

图 5-25 题 5-4 图

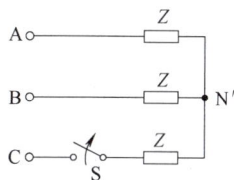

图 5-26 题 5-5 图

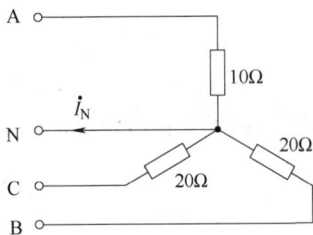

图 5-27　题 5-6 图

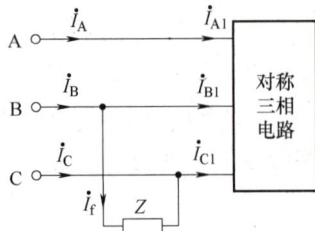

图 5-28　题 5-7 图

5-8　图 5-29 所示三相电路中电源对称，$R = X_L = -X_C$，电流表 A$_1$ 的读数为 5A，计算电流表 A$_2$ 和 A$_3$ 的读数。

5-9　电路如图 5-30 所示，若已知某对称三相电路线电压 $\dot{U}_{AC} = 173.2 \underline{/-30°}$ V，线电流 $\dot{I}_B = 2\underline{/-150°}$ A，计算该电路的有功功率。

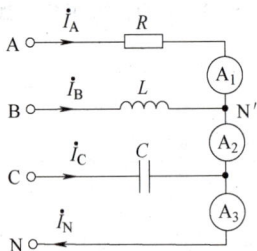

图 5-29　题 5-8 图

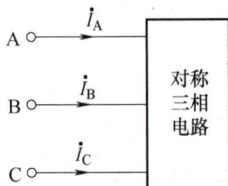

图 5-30　题 5-9 图

5-10　图 5-31 所示对称三相电路中，已知星形联结负载的复数阻抗 $Z = (5+j8.66)\,\Omega$，若已测得电路的无功功率 $Q = 500\sqrt{3}\,\text{var}$，计算电路的有功功率 P。

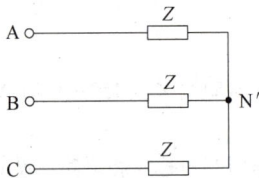

图 5-31　题 5-10 图

答案详解 5

第6章

非正弦周期电流电路

直流激励和正弦激励都是最基本、最简单的激励形式。当电路能够在直流激励作用下达到稳定状态时，称该电路为直流电路，此时，电路中各处的电压和电流都是恒定值，把它们称为恒流量或直流量。当电路能够在单一频率的正弦激励作用下达到稳定状态时，称该电路为正弦稳态电路，此时，电路中各处的电压和电流都是与激励同频的正弦量。在实际工作中，除了有直流量和正弦量以外，还常常会遇到按非正弦规律变化的周期量。例如：①许多实用电源，输出的电压或电流本身就是非正弦周期波形，如整流电路把来自电网的正弦交流电变换为稳定的直流电，应用在一些自动控制装置或电子设备中。②发电机由于制造的原因，输出的电压波形不可能是纯粹的正弦波，而是按照近似于正弦函数规律变化的非正弦周期波形。③当多个不同频率的电源同时作用于电路时，输出的电压或电流也是非正弦规律变化的。④当电路中含有非线性元件时，即使电源输出的是正弦波，电路中也会产生按非正弦规律变化的响应。由此可见，学习在非正弦周期激励作用下线性稳态电路的分析和求解，具有普遍的实际意义。

傅里叶在研究热力传导问题的过程中发现，周期函数可以用无穷多项不同频率的正弦函数表示。因此，在分析这种电路时，将非正弦周期信号按傅里叶级数分解为一个直流量和一系列不同频率、不同幅值的正弦分量之和，然后应用相量法，分别计算这些分量单独作用于电路时所产生的响应分量，最后根据线性电路的叠加性，把这些响应分量在时域内叠加起来，从而获得电路的实际响应，把这种分析方法称为谐波分析法。谐波分析法的实质是把非正弦周期电流电路的计算，转换为正弦电流电路的计算。也可以说，谐波分析法是正弦稳态电路分析方法的推广。

本章包含两个部分：

第一部分为周期函数分解为傅里叶级数。内容包括周期函数的傅里叶级数展开、周期函数波形对称性与傅里叶系数的关系。

第二部分为非正弦周期电流电路的计算。内容包括非正弦周期电流电路的有效值、平均值和平均功率的概念，非正弦周期电流电路的计算。

学习目标：

1. 掌握非正弦周期电路的有效值、平均功率的概念和计算。
2. 掌握谐波分析法。

181

6.1　周期函数分解为傅里叶级数

6.1.1　傅里叶级数

周期函数的傅
里叶级数展开

任意一个周期函数 $f(t)$，在满足狄里赫利条件的情况下可以分解为一个收敛的傅里叶级数，其条件为：

1）函数 $f(t)$ 连续或只有有限个第一类间断点。

2）在任意一个周期内只有有限个极值点。

3）在任意一个周期内，函数绝对值的积分为有限值，即 $\int_0^T |f(t)| \, \mathrm{d}t$ 存在。

在电工技术中，常见的非正弦周期函数一般都能满足上述条件，可以按傅里叶级数进行分解。

设周期函数为

$$f(t) = f(t + kT) \quad (k = 0, 1, 2, \cdots)$$

式中，T 为函数 $f(t)$ 的周期。在函数 $f(t)$ 的连续点处，其傅里叶级数的展开式为

$$f(t) = \frac{a_0}{2} + \sum_{k=1}^{\infty} \left[a_k \cos(k\omega t) + b_k \sin(k\omega t) \right] \tag{6-1}$$

函数 $f(t)$ 由系数 a_0、a_k、b_k 决定，其中

$$\begin{cases} \omega = \dfrac{2\pi}{T} \\[2mm] a_0 = \dfrac{2}{T} \displaystyle\int_0^T f(t) \, \mathrm{d}t = \dfrac{1}{\pi} \int_0^{2\pi} f(t) \, \mathrm{d}\omega t \\[2mm] a_k = \dfrac{2}{T} \displaystyle\int_0^T f(t) \cos(k\omega t) \, \mathrm{d}t = \dfrac{1}{\pi} \int_0^{2\pi} f(t) \cos(k\omega t) \, \mathrm{d}\omega t \\[2mm] b_k = \dfrac{2}{T} \displaystyle\int_0^T f(t) \sin(k\omega t) \, \mathrm{d}t = \dfrac{1}{\pi} \int_0^{2\pi} f(t) \sin(k\omega t) \, \mathrm{d}\omega t \end{cases}$$

设

$$\begin{cases} a_k = A_{km} \cos\psi_k \\ b_k = -A_{km} \sin\psi_k \end{cases}$$

将同频的余弦项和正弦项合并，得到傅里叶级数的另外一种表达形式为

$$f(t) = A_0 + \sum_{k=1}^{\infty} \left[A_{km} \cos(k\omega t + \psi_k) \right]$$

其中

$$\begin{cases} A_0 = \dfrac{a_0}{2} \\[2mm] A_{km} = \sqrt{a_k^2 + b_k^2} \\[2mm] \psi_k = \arctan\left(\dfrac{-b_k}{a_k} \right) \end{cases}$$

式中，A_0 为函数 $f(t)$ 的恒定分量；$A_{km}\cos(k\omega t+\psi_k)$ 为函数 $f(t)$ 的谐波分量。当 $k=1$ 时，$A_{1m}\cos(\omega t+\psi_1)$ 具有和非正弦周期量相同的角频率，称其为 $f(t)$ 的一次谐波分量；当 $k=2$ 时，$A_{2m}\cos(2\omega t+\psi_2)$ 称为 $f(t)$ 的二次谐波分量，频率为一次谐波角频率的 2 倍，依此类推。$k \geqslant 2$ 的各项可统称为高次谐波，高次谐波的角频率为一次谐波角频率的整数倍。由于傅里叶级数是收敛的，一般来说谐波次数越高，振幅越小，因此次数较高的谐波往往可以忽略不计。工程计算中截取项数的多少，要根据级数的收敛速度、电路的频率特性、工程精度要求几个方面考虑。

在电路分析中，为了直观地表示一个周期函数的傅里叶级数所包含的谐波成分及其大小，通常按照角频率由低到高将 A_{km} 用成比例的线段表示，就得到非正弦周期函数的幅度频谱，如图 6-1a 所示，竖线称为谱线，相邻两线之间的距离都等于一次谐波的角频率。如果按照角频率由低到高将 ψ_k 用成比例的线段表示，就得到非正弦周期函数的相位频谱，如图 6-1b 所示，相位频谱表示各次谐波初相位 ψ_k 随 $k\omega$ 变动的情况。

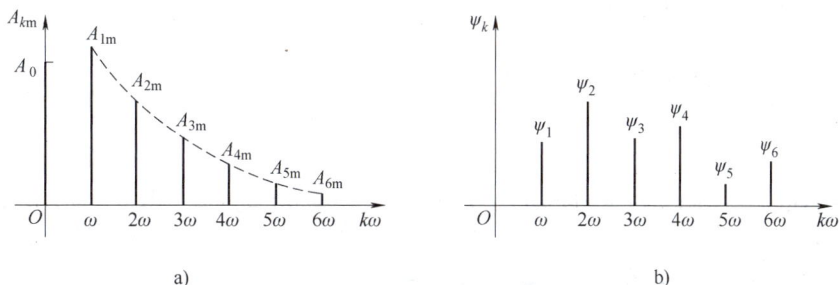

图 6-1 频谱
a) 幅度频谱　b) 相位频谱

【例 6-1】 将图 6-2 所示周期方波展开为傅里叶级数。

解：函数 $f(t)$ 在一个周期内的表达式为

$$f(t)=\begin{cases} E_m & \left(0<t<\dfrac{T}{2}\right) \\ -E_m & \left(\dfrac{T}{2}<t<T\right) \end{cases}$$

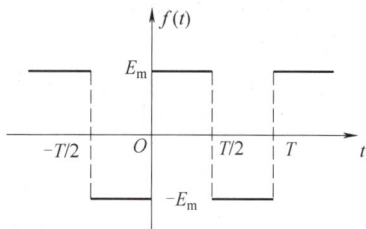

图 6-2 例 6-1 图

根据傅里叶系数求解公式得

$$A_0=\frac{a_0}{2}=\frac{1}{T}\int_0^T f(t)\,\mathrm{d}t=0$$

$$\begin{aligned} a_k &=\frac{1}{\pi}\int_0^{2\pi} f(t)\cos(k\omega t)\,\mathrm{d}\omega t \\ &=\frac{1}{\pi}\int_0^{\pi} E_m\cos(k\omega t)\,\mathrm{d}\omega t+\frac{1}{\pi}\int_{\pi}^{2\pi}(-E_m)\cos(k\omega t)\,\mathrm{d}\omega t \\ &=\frac{E_m}{\pi}\left[\int_0^{\pi}\cos(k\omega t)\,\mathrm{d}\omega t-\int_{\pi}^{2\pi}\cos(k\omega t)\,\mathrm{d}\omega t\right] \\ &=\frac{E_m}{\pi}\left[\frac{1}{k}\sin k\omega t\,\Big|_0^{\pi}-\frac{1}{k}\sin k\omega t\,\Big|_{\pi}^{2\pi}\right] \\ &=0 \end{aligned}$$

$$b_k = \frac{1}{\pi} \int_0^{2\pi} f(t) \sin(k\omega t)\, \mathrm{d}\omega t = \frac{1}{\pi} \int_0^{\pi} E_{\mathrm{m}} \sin(k\omega t)\, \mathrm{d}\omega t + \frac{1}{\pi} \int_{\pi}^{2\pi} (-E_{\mathrm{m}}) \sin(k\omega t)\, \mathrm{d}\omega t$$

$$= \frac{E_{\mathrm{m}}}{\pi} \left[\int_0^{\pi} \sin(k\omega t)\, \mathrm{d}\omega t - \int_{\pi}^{2\pi} \sin(k\omega t)\, \mathrm{d}\omega t \right]$$

$$= \frac{E_{\mathrm{m}}}{\pi} \left[\left(-\frac{1}{k} \cos k\omega t \right) \bigg|_0^{\pi} - \left(-\frac{1}{k} \cos k\omega t \right) \bigg|_{\pi}^{2\pi} \right]$$

$$= \frac{E_{\mathrm{m}}}{k\pi} \left[(-\cos k\omega t) \big|_0^{\pi} + \cos k\omega t \big|_{\pi}^{2\pi} \right]$$

$$= \frac{E_{\mathrm{m}}}{k\pi} \left[(-\cos k\pi + 1) + (\cos 2k\pi - \cos k\pi) \right]$$

$$= \frac{2E_{\mathrm{m}}}{k\pi} (1 - \cos k\pi)$$

$$= \begin{cases} 0 & (k\ \text{为偶数}) \\ \dfrac{4E_{\mathrm{m}}}{k\pi} & (k\ \text{为奇数}) \end{cases}$$

由此可得

$$f(t) = \frac{4E_{\mathrm{m}}}{\pi} \left(\sin\omega t + \frac{1}{3} \sin 3\omega t + \frac{1}{5} \sin 5\omega t + \cdots \right) = \sum_{k=1,3,5,\cdots}^{\infty} \frac{4E_{\mathrm{m}}}{k\pi} \sin(k\omega t) = \sum_{k=1,3,5,\cdots}^{\infty} \frac{4E_{\mathrm{m}}}{k\pi} \cos\left(k\omega t - \frac{\pi}{2} \right)$$

6.1.2 周期函数波形对称性与傅里叶系数的关系

对周期函数进行傅里叶级数分解时，关键在于求解傅里叶系数。实际工作中遇到的非正弦周期函数的波形常具有某种对称性。波形的对称性与傅里叶系数关系密切，可以利用波形的对称性直接判断函数中是否存在某些谐波分量，使求解过程得以简化。

1. 奇对称

奇函数 $f(t)$ 的波形关于原点对称，如图 6-3a 所示，称为奇对称。函数满足关系

$$f(t) = -f(-t)$$

那么

$$-f(-t) = -\frac{a_0}{2} + \sum_{k=1}^{\infty} \left[-a_k \cos(k\omega t) + b_k \sin(k\omega t) \right] \tag{6-2}$$

对比式（6-1）和式（6-2）得

$$a_0 = 0, \quad a_k = 0$$

$$b_k = \frac{1}{\pi} \int_0^{2\pi} f(t) \sin(k\omega t)\, \mathrm{d}\omega t = \frac{2}{\pi} \int_0^{\pi} f(t) \sin(k\omega t)\, \mathrm{d}\omega t$$

函数 $f(t)\sin(k\omega t)$ 在每半个周期内的积分相等，所以计算时，只对半个周期进行积分再乘以 2，就可以确定傅里叶系数，即

$$f(t) = \sum_{k=1}^{\infty} b_k \sin(k\omega t)$$

2. 偶对称

偶函数 $f(t)$ 的波形关于纵轴对称，如图 6-3b 所示，称为偶对称。函数满足关系

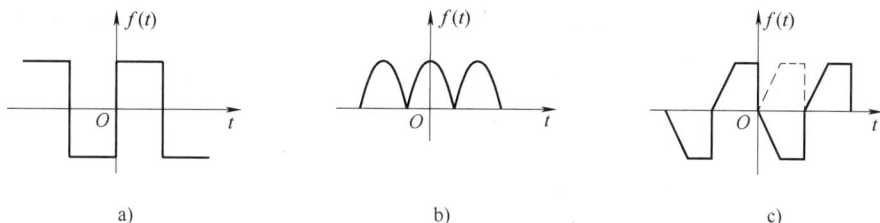

图 6-3　对称波形

a) 奇对称　b) 偶对称　c) 镜像对称

$$f(t) = f(-t)$$

那么

$$f(-t) = \frac{a_0}{2} + \sum_{k=1}^{\infty} \left[a_k \cos(k\omega t) - b_k \sin(k\omega t) \right] \qquad (6-3)$$

对比式（6-1）和式（6-3）得

$$b_k = 0$$

$$\frac{a_0}{2} = \frac{1}{T} \int_0^T f(t)\,\mathrm{d}t$$

$$a_k = \frac{1}{\pi} \int_0^{2\pi} f(t) \cos(k\omega t)\,\mathrm{d}\omega t = \frac{2}{\pi} \int_0^{\pi} f(t) \cos(k\omega t)\,\mathrm{d}\omega t$$

函数 $f(t)\cos(k\omega t)$ 在每半个周期内的积分相等，所以计算时，只对半个周期进行积分再乘以 2，就可以确定傅里叶系数，即

$$f(t) = \frac{a_0}{2} + \sum_{k=1}^{\infty} \left[a_k \cos(k\omega t) \right]$$

3. 镜像对称

若 $f(t)$ 的波形上、下半波对称，或者说波形移动半个周期后与原波形关于横轴对称，如图 6-3c 所示，称为镜像对称。函数满足关系

$$f(t) = -f\left(t \pm \frac{T}{2}\right)$$

那么

$$-f\left(t \pm \frac{T}{2}\right) = -\left(a_0 + \sum_{k=1}^{\infty} \left[a_k \cos k\omega\left(t \pm \frac{T}{2}\right) + b_k \sin k\omega\left(t \pm \frac{T}{2}\right) \right]\right)$$

将 $T = \frac{2\pi}{\omega}$ 代入得

$$-f\left(t \pm \frac{T}{2}\right) = -\left(a_0 + \sum_{k=1}^{\infty} \left[a_k \cos(k\omega t \pm k\pi) + b_k \sin(k\omega t \pm k\pi) \right]\right)$$

$$= \begin{cases} -\left(a_0 + \displaystyle\sum_{k=1}^{\infty} \left[-a_k \cos(k\omega t) - b_k \sin(k\omega t) \right]\right) & (k \text{ 为奇数}) \\ -\left(a_0 + \displaystyle\sum_{k=1}^{\infty} \left[a_k \cos(k\omega t) + b_k \sin(k\omega t) \right]\right) & (k \text{ 为偶数}) \end{cases} \qquad (6-4)$$

对比式（6-1）和式（6-4）得 k 为奇数时，$a_0 = 0$，$a_k = \dfrac{2}{\pi}\int_0^\pi f(t)\cos(k\omega t)\,\mathrm{d}\omega t$，$b_k = \dfrac{2}{\pi}\int_0^\pi f(t)$ $\sin(k\omega t)\,\mathrm{d}\omega t$；$k$ 为偶数时，$a_0 = 0$，$a_k = 0$，$b_k = 0$。

所以有

$$f(t) = \sum_{k=1,3,5,\cdots}^\infty \left[a_k\cos(k\omega t) + b_k\sin(k\omega t)\right]$$

上式中只含有奇次项，不含直流分量和偶次项，把这种函数称为奇谐函数。

为了便于对一些常见的非正弦周期函数进行谐波分析，表 6-1 中列出了它们的傅里叶级数展开式，仅供参考选用。

表 6-1　常见非正弦周期函数的傅里叶级数展开式

$f(t)$ 的波形	$f(t)$ 分解为傅里叶级数	有效值	平均值
	$f(t) = F_m\sin\omega t$	$\dfrac{F_m}{\sqrt{2}}$	$\dfrac{2F_m}{\pi}$
	$f(t) = \dfrac{4F_m}{\pi}\left(\dfrac{1}{2} + \dfrac{1}{1\times3}\cos2\omega t - \dfrac{1}{3\times5}\cos4\omega t + \cdots\right)$	$\dfrac{F_m}{\sqrt{2}}$	$\dfrac{2F_m}{\pi}$
	$f(t) = \dfrac{8F_m}{\pi^2}\left(\sin\omega t - \dfrac{1}{3^2}\sin3\omega t + \dfrac{1}{5^2}\sin5\omega t - \cdots\right)$	$\dfrac{F_m}{\sqrt{3}}$	$\dfrac{F_m}{2}$
	$f(t) = F_m\left[\dfrac{1}{2} - \dfrac{1}{\pi}\left(\sin\omega t + \dfrac{1}{2}\sin2\omega t + \dfrac{1}{3}\sin3\omega t + \cdots\right)\right]$	$\dfrac{F_m}{\sqrt{3}}$	$\dfrac{F_m}{2}$
	$f(t) = \dfrac{4F_m}{\alpha\pi}\left(\sin\alpha\sin\omega t + \dfrac{1}{3^2}\sin3\alpha\sin3\omega t + \dfrac{1}{5^2}\sin5\alpha\sin5\omega t + \cdots\right)$ $\left(\text{式中},\alpha = \dfrac{2\pi d}{T}\right)$	$F_m\sqrt{1 - \dfrac{4\alpha}{3\pi}}$	$F_m\left(1 - \dfrac{\alpha}{\pi}\right)$
	$f(t) = F_m\left[\alpha + \dfrac{2}{\pi}\left(\sin\alpha\pi\cos\omega t + \dfrac{1}{2}\sin2\alpha\pi\cos2\omega t + \dfrac{1}{3}\sin3\alpha\pi\cos3\omega t + \cdots\right)\right]$	$\sqrt{\alpha}F_m$	αF_m

6.2　非正弦周期电流电路的计算

6.2.1　有效值

设非正弦周期量为

$$f(t) = A_0 + \sum_{k=1}^{\infty} \left[A_{km} \cos(k\omega t + \psi_k) \right]$$

其有效值为 F，则根据有效值的定义可得

$$F = \sqrt{\frac{1}{T} \int_0^T f^2(t) \, dt} = \sqrt{\frac{1}{T} \int_0^T \left[A_0 + \sum_{k=1}^{\infty} A_{km} \cos(k\omega t + \psi_k) \right]^2 dt}$$

计算后得

$$F = \sqrt{A_0^2 + \sum_{k=1}^{\infty} A_k^2} \tag{6-5}$$

非正弦周期量的有效值为恒定分量与各次谐波有效值二次方之和的二次方根。

【例 6-2】　计算 $u = \left[10 + 5\sqrt{2} \cos(\omega t + 30°) + 2\sqrt{2} \cos(3\omega t + 60°) \right] \text{V}$ 的有效值。

解： 根据式（6-5）可得

$$U = \sqrt{U_0^2 + U_1^2 + U_3^2} = \sqrt{10^2 + 5^2 + 2^2} \, \text{V} = 11.36\text{V}$$

6.2.2　平均值

对于一个在一个周期内具有正、负波形的周期量而言，其平均值可能很小或等于零。如 $f(t) = F + F\cos\omega t$，其平均值为 F，由于函数的第二项在一个周期内的横轴上、下波形相等，因此平均值为零。为了对周期量进行测量和分析，把非正弦周期量的平均值定义为非正弦周期量的绝对值在一个周期内的平均值，即

$$F_{av} = \frac{1}{T} \int_0^T |f(t)| \, dt$$

根据定义，$f(t) = F + F\cos\omega t$ 的平均值为 $F_{av} = F + \dfrac{2}{\pi} F$。

在电工实验中，由于不同仪表的指针偏转角与非正弦量的不同值对应，所以测量时应按所测物理量进行选择。磁电系仪表的指针偏转角与流过仪表线圈的电流直流分量成正比，所以测量非正弦量的直流分量时选用磁电系仪表；电磁系或电动系仪表的指针偏转角与流过仪表线圈的电流有效值成正比，所以测量非正弦量的有效值时选用电磁系或电动系仪表；带有整流器的磁电系仪表的指针偏转角与流过仪表线圈的电流平均值成正比，所以测量非正弦量的平均值时选用整流磁电系仪表。

6.2.3　平均功率

设一端口网络的端口电压和电流分别为

$$u = U_0 + \sum_{k=1}^{\infty} \sqrt{2} \, U_k \cos(k\omega t + \psi_{uk})$$

$$i = I_0 + \sum_{k=1}^{\infty} \sqrt{2} I_k \cos(k\omega t + \psi_{ik})$$

则一端口网络吸收的平均功率为

$$P = \frac{1}{T}\int_0^T p\,\mathrm{d}t = U_0 I_0 + \sum_{k=1}^{\infty} U_k I_k \cos(\psi_{uk} - \psi_{ik}) = U_0 I_0 + \sum_{k=1}^{\infty} U_k I_k \cos(\varphi_k) \qquad (6\text{-}6)$$

即非正弦周期量的平均功率等于恒定分量的平均功率与各次谐波平均功率之和。不同频率的电压和电流不构成平均功率。

【例 6-3】 已知一端口网络的端口电压 $u = \left[\dfrac{\sqrt{2}}{5}\cos(\omega t + 60°) + 5\sqrt{2}\cos3\omega t\right]$ V，电流 $i = \left[10 + 5\sqrt{2}\cos(\omega t) + 4\sqrt{2}\cos(3\omega t + 30°)\right]$ A，计算一端口网络吸收的平均功率。

解： 根据式（6-6）可得

$$P = U_0 I_0 + \sum_{k=1}^{\infty} U_k I_k \cos(\varphi_k) = \left[0 \times 10 + \frac{1}{5} \times 5\cos(60°) + 5 \times 4\cos(-30°)\right]\text{W} = 17.82\text{W}$$

6.2.4 非正弦周期电流电路的计算方法

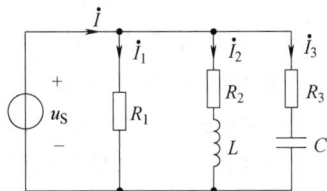

非正弦周期电流电路的分析计算方法是基于正弦交流电路的相量法和叠加定理相结合的方法，称为谐波分析法。在非正弦周期量作为电路激励和电路参数已知的条件下，电路响应的计算步骤如下：

1）将给定的非正弦周期激励进行傅里叶级数分解，即将激励看作各次谐波分量的串联。

2）分别计算恒定分量及各次谐波分量单独作用时产生的响应。

3）应用叠加定理，将响应的恒定分量和各次谐波分量在时域内进行叠加。

在分析和计算时应注意：电感和电容元件对于不同频率的谐波分量表现出不同的感抗和容抗，即

$$X_L = k\omega L, \quad -X_C = \frac{1}{k\omega C}$$

【例 6-4】 电路如图 6-4 所示，已知 $u_S = [10 + 5\cos\omega t + 25\cos(5\omega t + 60°)]$ V，$\omega = 10^3$ rad/s，$R_1 = 10\Omega$，$R_2 = 5\Omega$，$R_3 = 2\Omega$，$L = 5$mH，$C = 100\mu$F。计算各支路电流及电源发出的平均功率。

解： 由已知条件可知，非正弦周期电压的傅里叶级数展开式已给定，所以求解步骤可以从第 2）步开始。

（1）直流分量单独作用：$U_S^{(0)} = 10$V，求解电路如图 6-5a 所示。

图 6-4 例 6-4 图

$$I_1^{(0)} = \frac{10}{10}\text{A} = 1\text{A}, \quad I_2^{(0)} = \frac{10}{5}\text{A} = 2\text{A}, \quad I_3^{(0)} = 0\text{A}, \quad I^{(0)} = \frac{10}{10/\!/5}\text{A} = 3\text{A}$$

（2）一次谐波单独作用：$\dot{U}_{Sm}^{(1)} = 5\underline{/0°}$V，求解电路如图 6-5b 所示。

$$\dot{I}_{1m}^{(1)} = \frac{5\underline{/0°}}{10}\text{A} = 0.5\text{A}$$

$$\dot{I}_{2m}^{(1)} = \frac{5\underline{/0°}}{5+j5}A = \frac{5\underline{/0°}}{5\sqrt{2}\underline{/45°}}A = 0.707\underline{/-45°}\,A$$

$$\dot{I}_{3m}^{(1)} = \frac{5\underline{/0°}}{2-j10}A = \frac{5\underline{/0°}}{10.2\underline{/-78.69°}}A = 0.49\underline{/78.69°}\,A$$

根据 KCL 得

$$\dot{I}_m^{(1)} = \dot{I}_{1m}^{(1)} + \dot{I}_{2m}^{(1)} + \dot{I}_{3m}^{(1)} = 1.096\underline{/-1.05°}\,A$$

（3）五次谐波单独作用：$\dot{U}_{Sm}^{(5)} = 25\underline{/60°}\,V$，求解电路如图 6-5c 所示。感抗 $5\omega L = 25\Omega$，容抗 $\dfrac{1}{5\omega C} = 2\Omega$。

$$\dot{I}_{1m}^{(5)} = \frac{25\underline{/60°}}{10}A = 2.5\underline{/60°}\,A$$

$$\dot{I}_{2m}^{(5)} = \frac{25\underline{/60°}}{5+j25}A = \frac{25\underline{/60°}}{25.5\underline{/78.69°}}A = 0.98\underline{/-18.69°}\,A$$

$$\dot{I}_{3m}^{(5)} = \frac{5\underline{/60°}}{2-j2}A = \frac{25\underline{/60°}}{2\sqrt{2}\underline{/-45°}}A = 8.84\underline{/105°}\,A$$

根据 KCL 得

$$\dot{I}_m^{(5)} = \dot{I}_{1m}^{(5)} + \dot{I}_{2m}^{(5)} + \dot{I}_{3m}^{(5)} = 10.4\underline{/90.6°}\,A$$

将以上各谐波分量时域叠加，得到各支路的电流分别为

$$i_1 = [1+0.5\cos\omega t + 2.5\cos(5\omega t + 60°)]\,A$$
$$i_2 = [2+0.707\cos(\omega t - 45°) + 0.98\cos(5\omega t - 18.69°)]\,A$$
$$i_3 = [0.49\cos(\omega t + 78.69°) + 8.84\cos(5\omega t + 105°)]\,A$$
$$i = [3+1.096\cos(\omega t - 1.05°) + 10.4\cos(5\omega t + 90.6°)]\,A$$

电源发出的平均功率为

$$P = U_0 I_0 + U^{(1)} I^{(1)}\cos\varphi_1 + U^{(5)} I^{(5)}\cos\varphi_5$$

$$= 10\times3\,W + \frac{5\times1.096}{2}\cos1.05°\,W + \frac{25\times10.4}{2}\cos(60°-90.6°)\,W$$

$$= 30\,W + 2.74\,W + 111.9\,W$$

$$= 144.64\,W$$

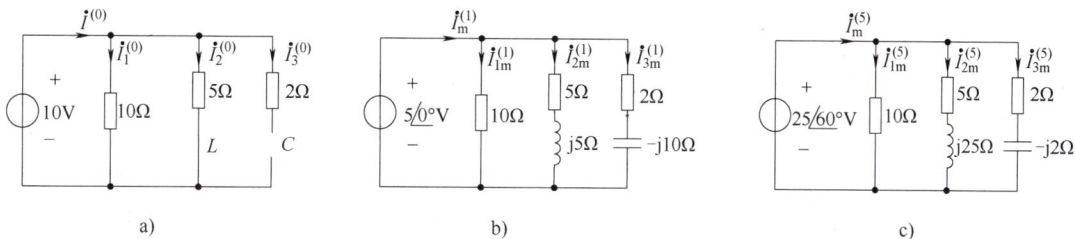

图 6-5 例 6-4 解图

a）直流分量单独作用于电路 b）一次谐波单独作用于电路 c）五次谐波单独作用于电路

【例 6-5】 电路如图 6-6 所示，已知 $u_S = (U_{1m}\cos200t + U_{2m}\cos400t + U_{3m}\cos600t)\,V$

$C_1 = 25\mu\text{F}$，$L_2 = \dfrac{1}{36}\text{H}$。若使二次谐波和三次谐波的电流不通过负载 R，求 L_1 和 C_2 的值。

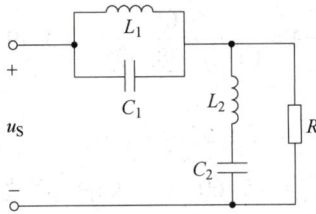

图 6-6 例 6-5 图

解：若要使二次、三次谐波的电流不通过 R，可令 L_1、C_1 对二次谐波发生并联谐振，L_2、C_2 对三次谐波发生谐振，或者 L_1、C_1 对三次谐波发生并联谐振，L_2、C_2 对二次谐波发生谐振，即

$$\begin{cases} 2\omega C_1 = \dfrac{1}{2\omega L_1} \\ 3\omega L_2 = \dfrac{1}{3\omega C_2} \end{cases} \quad \text{或} \quad \begin{cases} 3\omega C_1 = \dfrac{1}{3\omega L_1} \\ 2\omega L_2 = \dfrac{1}{2\omega C_2} \end{cases}$$

由此解得

$$\begin{cases} L_1 = \dfrac{1}{4\omega^2 C_1} = 0.25\text{H} \\ C_2 = \dfrac{1}{9\omega^2 L_2} = 100\mu\text{F} \end{cases} \quad \text{或} \quad \begin{cases} L_1 = \dfrac{1}{9\omega^2 C_1} = \dfrac{1}{9}\text{H} \\ C_2 = \dfrac{1}{4\omega^2 L_2} = 225\mu\text{F} \end{cases}$$

习题

6-1 图 6-7 所示电路中，已知 $u_{S1} = (12 + 5\sqrt{2}\cos\omega t)$ V，$u_{S2} = 5\sqrt{2}\cos(\omega t + 240°)$ V。计算电压表的读数（电压表指示有效值）。

6-2 已知某电路在五次谐波分量输入下的感抗 $X_{L5} = 15\Omega$，容抗 $X_{C5} = -4\Omega$，对应此电路在四次谐波分量输入下的感抗和容抗分别是多少？

6-3 已知 RL 电路中在基波分量作用下的等效阻抗 $|Z| = 5\Omega$，其中电阻 $R = 3\Omega$，那么该 RL 串联电路在三次谐波分量作用下的等效阻抗是多少？

6-4 图 6-8 所示电路中，已知 $u = [20 + 20\sqrt{2}\cos\omega t + 15\sqrt{2}\cos(3\omega t + 90°)]$V，$R_1 = 1\Omega$，$R_2 = 4\Omega$，$\omega L_1 = 5\Omega$，$\dfrac{1}{\omega C_1} = 45\Omega$，$\omega L_2 = 40\Omega$。试求电流表及电压表的读数（图 6-8 中仪表均为电磁式仪表）。

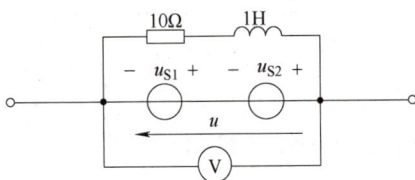

图 6-7 题 6-1 图

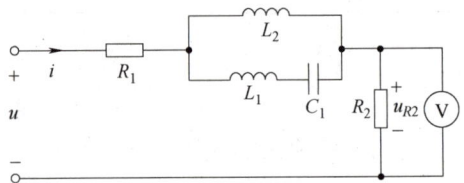

图 6-8 题 6-4 图

6-5　电路如图 6-9a 所示，其中 $u_\mathrm{S}(t)=(10\sin\omega t+8\sin 3\omega t)\mathrm{V}$，$i_\mathrm{S}(t)=2\sin\omega t\mathrm{A}$，$R_1=10\Omega$，$R_2=4\Omega$，其诺顿等效电路如图 6-9b 所示，计算诺顿等效参数。

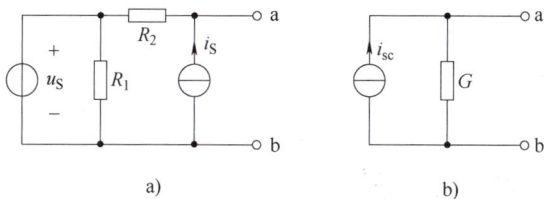

图 6-9　题 6-5 图

6-6　图 6-10 所示电路中，$u_1=(50+50\cos 2000t)\mathrm{V}$，$R=10\Omega$，$C=100\mu\mathrm{F}$，计算电容电压 u_2 的有效值。

6-7　有一 RL 串联电路接到电压为 8V 的直流电源上，流经的电流为 2A，而接到电压为 10V 的正弦电源上时，电流为 2A。当同一 RL 串联电路接到有效值为 50V 的非正弦周期电源上时，电流有效值为 9A。已知该非正弦电源只含有基波和三次谐波，且其周期与上述的正弦电源的周期相等，求电源电压各谐波电压有效值。

6-8　RLC 串联电路两端的电压为 $u_\mathrm{S}(t)=(40\cos 2t+40\cos 4t)\mathrm{V}$，电流 $i(t)=[10\cos 2t+8\cos(4t-\varphi)]\mathrm{A}$，试求：（1）$R$、$L$、$C$ 值。（2）φ 值。（3）功率 P。

6-9　图 6-11 所示电路中，$u_\mathrm{S1}=60\sqrt{2}\cos(2\omega t+45°)\mathrm{V}$，$u_\mathrm{S2}=30\sqrt{2}\cos\omega t\mathrm{V}$，$\omega L_1=20\Omega$，$\omega L_2=7.5\Omega$，$\omega M=5\Omega$，$\dfrac{1}{\omega C}=20\Omega$。求 i_1、i_2 及 u。

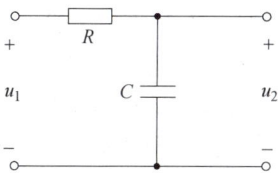

图 6-10　题 6-6 图

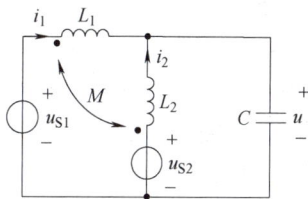

图 6-11　题 6-9 图

6-10　图 6-12 所示电路中，已知直流电压源 $U_\mathrm{S1}=10\mathrm{V}$，正弦电压源 $u_\mathrm{S2}=5\cos 10^3 t\mathrm{V}$，求图中电容电压 u_C。

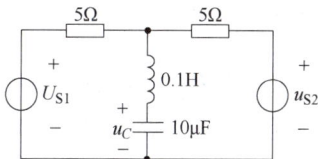

图 6-12　题 6-10 图

答案详解 6

第 7 章

动 态 电 路

在电路的稳态分析中，无论是直流电路还是采用相量法进行分析的正弦交流电路，所有元件的伏安关系均为代数方程，因此在求解电路的响应时，根据基尔霍夫定律及元件的伏安关系所建立的电路方程，也是代数方程。稳态电路的分析归结为建立和求解代数方程。在电路的动态分析中，储能元件的伏安关系为微分或积分的形式，因此在求解电路的响应时，根据基尔霍夫定律及元件的伏安关系所建立的电路方程，在一般情况下，是以电容的电压或电感的电流为变量的微分方程，所以，线性动态电路的分析归结为建立和求解微分方程。

在一阶动态电路（简称一阶电路）中，我们采用经典分析法求解电路。经典分析法是以时间为自变量直接求解微分方程的方法。由于电路中仅有一个等效的储能元件，因此在求解时，将电路中含激励源和电阻的部分等效为戴维南等效电路或诺顿等效电路，使原电路成为除激励源以外，仅含有一个电阻元件和一个储能元件的电路。对于高阶动态电路来说，经典分析法的求解过程过于复杂，因此，通过拉普拉斯变换将时域变量转换为复频域变量，将时域内求解微分方程的问题转化为复频域内求解代数方程的问题，这种方法称为复频域分析法，也称为运算法，它的分析和求解方式与正弦稳态电路中的相量法类似，都是采用变换的方法将复杂的数学运算转换为代数运算，简化电路的分析和求解过程。

本章包含三个部分：

第一部分为一阶电路的时域分析。内容包括换路定则、一阶电路的零输入响应、一阶电路的零状态响应、一阶电路的全响应、一阶电路的阶跃响应和一阶电路的冲激响应。

第二部分为动态电路的复频域分析。内容包括拉普拉斯变换及其性质、电路元件的复频域模型和运用运算法求解电路。

第三部分介绍网络函数。内容包括网络函数的定义、网络函数与冲激响应的关系和网络函数的零极点。

学习目标：

1. 掌握电路初始值的计算方法。
2. 掌握一阶电路的零输入响应和零状态响应。

3. 掌握一阶电路的全响应和"三要素"法。
4. 理解一阶电路的阶跃响应和冲激响应。
5. 掌握应用运算法分析线性电路的方法及步骤。
6. 掌握网络函数的概念。
7. 掌握网络函数的零极点。
8. 掌握网络函数零极点的分布与时域响应的关系。

7.1 动态电路的基本概念和换路定则

7.1.1 动态电路的基本概念

【引例7-1】 电阻电路如图7-1a所示，当 $t<0$ 时，开关未动作，电路中的电流为

$$i = \frac{U_S}{R_1 + R_2} \tag{7-1}$$

当 $t=0$ 时，开关闭合，电路中电流为

$$i = \frac{U_S}{R_2} \tag{7-2}$$

当 $t>0$ 时，电路中的电流保持不变，$i = U_S/R_2$，其特性曲线如图7-1b所示。式（7-1）和式（7-2）均为代数方程。

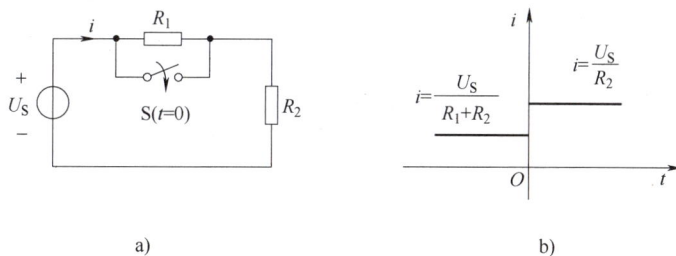

动态电路的
基本概念（一）

图 7-1　电阻电路及其特性曲线
a）电阻电路　b）开关动作前后的特性曲线

【引例7-2】 电路如图7-2a所示，电路中除了电源外，只有一个电阻和一个电容，称为 RC 电路。当 $t<0$ 时，开关在1位置上，假设开关在1位置已经很久了，电路已经处于稳定状态，此时电路中的 $u_C=0V$，$i_C=0A$；当 $t=0$ 时，开关由1位置拂到2位置，电源开始为电容充电；当 $t>0$ 时，电容充电；当 $t\rightarrow\infty$ 时，充电完成，此时 $u_C=U_S$，$i_C=0A$，电容相当于开路，电路进入新的稳定状态。在两种稳态之间，电路要经历一个变化的过程，在这个过程中，电源为电容充电，把这个过程称为过渡过程。在这个过程中，电路一直处于变化的状态，所以过渡过程也称为动态过程，由于动态过程是暂时存在于电路中的，所以也称为暂态过程。RC 充电电路在开关动作前后的特性曲线如图7-2b所示。

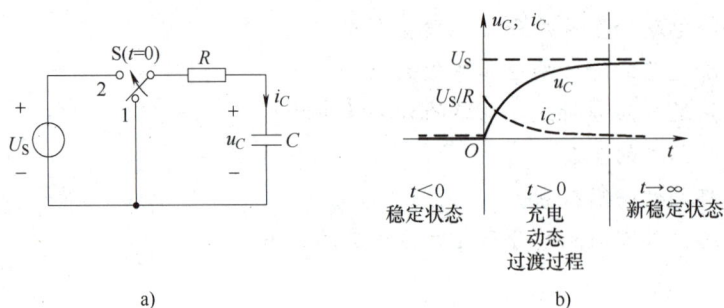

a)   b)

图 7-2 *RC* 电路及其特性曲线

a）*RC* 充电电路   b）*RC* 充电电路在开关动作前后的特性曲线

根据基尔霍夫电压定律，当 $t>0$ 时，电路方程为

$$Ri_c + u_c = U_s \tag{7-3}$$

将 $i_c = C\dfrac{\mathrm{d}u_c}{\mathrm{d}t}$ 代入式（7-3）得

$$RC\frac{\mathrm{d}u_c}{\mathrm{d}t} + u_c = U_s \tag{7-4}$$

这是一个以 u_c 为变量的一阶常系数非齐次线性微分方程，描述了电容在充电过程中电容电压的变化规律，因此式（7-4）也称为动态方程。

【引例 7-3】 电路如图 7-3a 所示，这是一个 *RL* 电路，假设开关在 1 位置上已经很久了，电路已经处于稳定状态，当 $t<0$ 时，$i_L = \dfrac{U_s}{R} = I_0$，$u_L = 0\text{V}$，电感相当于短路；当 $t=0$ 时，开关由 1 位置掷到 2 位置；当 $t>0$ 时，电感放电；当 $t\to\infty$ 时，放电完成，此时 $i_L = 0\text{A}$，$u_L = 0\text{V}$，电路进入新的稳定状态。在两种稳态之间，电路也要经历一个变化的过程，在这个过程中，电感放电，把这个过程称为过渡过程。*RL* 放电电路在开关动作前后的特性曲线如图 7-3b 所示。

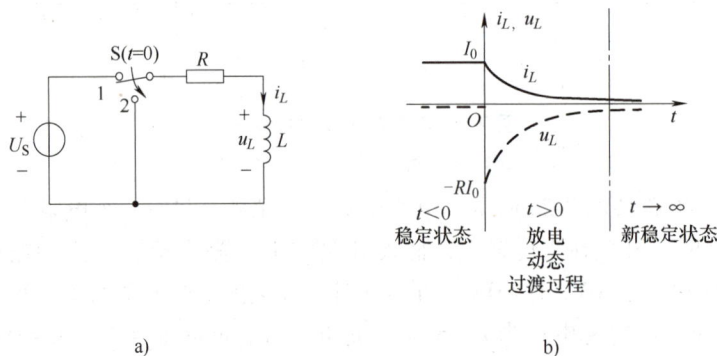

a)   b)

图 7-3 *RL* 电路及其特性曲线

a）*RL* 放电电路   b）*RL* 放电电路在开关动作前后的特性曲线

根据基尔霍夫电压定律，当 $t>0$ 时，有

$$Ri_L + u_L = 0 \tag{7-5}$$

将 $u_L = L\dfrac{\mathrm{d}i_L}{\mathrm{d}t}$ 代入式（7-5）得

$$Ri_L + L\frac{\mathrm{d}i_L}{\mathrm{d}t} = 0$$

该式是一个以 i_L 为变量的一阶常系数齐次线性微分方程，描述了电感在放电过程中电感电流的变化规律。

从这 3 个引例中能够归纳出，当电路中不含动态元件时，无论开关如何动作，电路都不会有过渡过程，电路会从一种稳定状态直接跳变到另一种稳定状态。描述电路的方程为代数方程。当电路中含有动态元件时，电路中开关的动作改变了电路结构，使动态元件的电场能量或磁场能量发生改变，动态元件的电磁场能量在一般情况下不能突变，因此，电路从一种稳定状态到另一种稳定状态，需要经历一个过渡过程。当然，电路中参数的骤然改变，也会引起电容的电场能量和电感的磁场能量变化，使电路经历过渡过程。如 RC 电路中，突然增加电源的电压值，会使电容电压和电流值增加，电容电压增加必然伴随着电场能量的改变。实际上无论是通过开关的接通、断开，还是元件参数的骤然改变，都会引起电路中动态元件电磁场能量的变化，使电路经历过渡过程，我们把这些改变统称为换路。

显然，电路中出现过渡过程的原因有两个，一个是电路中含有储能元件，另一个是电路换路时动态元件的储能发生改变。

【引例 7-4】 电路如图 7-4 所示，这是一个 RLC 串联电路，根据 KVL，列写电路方程为

$$Ri + u_L + u_C = U_\mathrm{S}$$

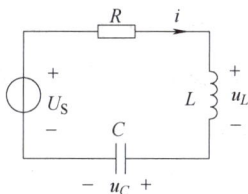

图 7-4 *RLC* 串联电路

动态电路的基本概念（二）

代入电容元件和电感元件的伏安关系，有

$$LC\frac{\mathrm{d}^2 u_C}{\mathrm{d}t^2} + RC\frac{\mathrm{d}u_C}{\mathrm{d}t} + u_C = U_\mathrm{S}$$

这是一个二阶微分方程，与之前的 RC 电路和 RL 电路相比较发现，当电路中只含有一个储能元件时，列写的电路方程是一阶微分方程，当电路中含有两个储能元件时，列写的就是二阶微分方程，那么，是不是动态电路方程的阶数等于电路中所含动态元件的个数呢？电路如图 7-5a 所示，电路中含有两个并联的电容元件，这两个电容并联后可以等效为一个电容 C_eq，如图 7-5b 所示，所以列写的电路方程仍为一阶微分方程。通过上述分析可以得到这样的结论：

1）描述动态电路的方程为微分方程。

2）用一阶微分方程描述的电路称为一阶动态电路，用二阶微分方程描述的电路称为二阶动态电路，以此类推，用 n 阶微分方程描述的电路称为 n 阶动态电路。

a)   b)

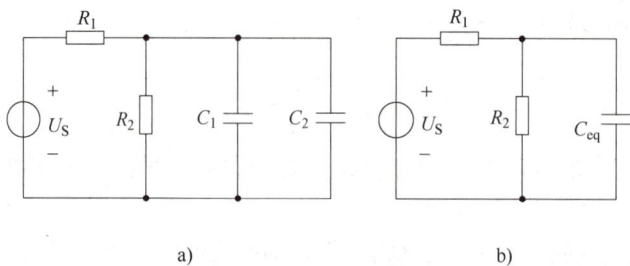

图 7-5   一阶 RC 电路

7.1.2   换路定则

用经典法求解电路的微分方程时,需要用响应的初始值来确定积分常数,而响应的初始值由换路定则确定。为了能用数学形式来表达换路定则,假定换路是瞬间完成的,设 $t=0$ 表示换路进行的瞬间,则以 $t=0_-$ 代表换路前的最终时刻,其数学意义为 t 由负值趋近于零为极限,即它和 $t=0$ 之间的时间间隔趋近于零;以 $t=0_+$ 代表换路后的最初时刻,其数学意义为 t 由正值趋近于零为极限,即它和 $t=0$ 之间的时间间隔也趋近于零。那么 $0_-\sim 0_+$ 代表换路经历的时间。

电容元件的伏安关系为

$$u_C(t) = \frac{1}{C}\int_{-\infty}^{t} i(\zeta)\,\mathrm{d}\zeta = \frac{1}{C}\int_{-\infty}^{0_-} i(\zeta)\,\mathrm{d}\zeta + \frac{1}{C}\int_{0_-}^{t} i(\zeta)\,\mathrm{d}\zeta$$

该式的第一项表示电路换路前的电容电压,因为电路此时已经处于稳定状态,所以用换路前最终时刻的电压 $u_C(0_-)$ 表示,第二项表示电路换路后的电容电压,因此有

$$u_C(t) = u_C(0_-) + \frac{1}{C}\int_{0_-}^{t} i(\zeta)\,\mathrm{d}\zeta \tag{7-6}$$

将 $t=0_+$ 代入式(7-6)得

$$u_C(0_+) = u_C(0_-) + \frac{1}{C}\int_{0_-}^{0_+} i(\zeta)\,\mathrm{d}\zeta$$

换路瞬间,若电容电流保持为有限值,则电容电压换路前后保持不变,即

$$u_C(0_+) = u_C(0_-) \tag{7-7}$$

对于线性电容来说 $q=Cu$,所以有

$$q(0_+) = q(0_-) \tag{7-8}$$

电感元件的伏安关系为

$$i_L(t) = \frac{1}{L}\int_{-\infty}^{t} u(\zeta)\,\mathrm{d}\zeta = \frac{1}{L}\int_{-\infty}^{0_-} u(\zeta)\,\mathrm{d}\zeta + \frac{1}{L}\int_{0_-}^{t} u(\zeta)\,\mathrm{d}\zeta$$

该式的第一项表示电路换路前的电感电流,因为电路此时已经处于稳定状态,所以用换路前最终时刻的电流 $i_L(0_-)$ 表示,第二项表示电路换路后的电感电流,因此有

$$i_L(t) = i_L(0_-) + \frac{1}{L}\int_{0_-}^{t} u(\zeta)\,\mathrm{d}\zeta \tag{7-9}$$

将 $t=0_+$ 代入式(7-9)得

换路定则

$$i_L(0_+) = i_L(0_-) + \frac{1}{L}\int_{0_-}^{0_+} u(\zeta)\,\mathrm{d}\zeta$$

换路瞬间，若电感电压保持为有限值，则电感电流换路前后保持不变，即

$$i_L(0_+) = i_L(0_-) \tag{7-10}$$

对于线性电感来说 $\Psi = Li$，所以有

$$\Psi(0_+) = \Psi(0_-) \tag{7-11}$$

在电路中不论过渡过程是如何产生的，在换路瞬间，电容元件的电流为有限值时，电容电压和电荷保持换路前一瞬间的数值，电容电压和电荷不能跃变；电感元件的电压为有限值时，电感电流和磁链保持换路前一瞬间的数值，电感电流和磁链不能跃变，这个规律称为换路定则。$u_C(0_-)$ 和 $q(0_-)$ 为换路前最终时刻电容的电压和电荷，$i_L(0_-)$ 和 $\Psi(0_-)$ 为换路前最终时刻电感的电流和磁链，所以这 4 个值可以由换路前的电路求出。$u_C(0_+)$、$q(0_+)$、$i_L(0_+)$ 和 $\Psi(0_+)$ 为响应换路后最初时刻的值，称为初始值，由换路定则确定，即式（7-7）、式（7-8）、式（7-10）、式（7-11）。在应用时要注意，电容电流和电感电压为有限值，是换路定则成立的条件。

【例 7-1】 电路如图 7-6 所示，$t < 0$ 时电路已经处于稳定状态，开关 S 在 $t = 0$ 时闭合，计算 $t = 0_+$ 时刻的 $i_L(t)$、$u_L(t)$、$i_C(t)$、$u_C(t)$ 和 $i(t)$。

解：$t < 0$ 时，电路已经处于稳定状态，由于电路所加的激励为直流激励，所以电路稳态时，电感相当于短路，电容相当于开路，有

$$i_L(0_-) = \frac{48}{4+2}\mathrm{A} = 8\mathrm{A}$$

$$u_L(0_-) = 0\mathrm{V}$$

$$i_C(0_-) = 0\mathrm{A}$$

$$u_C(0_-) = 2i_L(0_-) = 16\mathrm{V}$$

$$i(0_-) = i_L(0_-) = 8\mathrm{A}$$

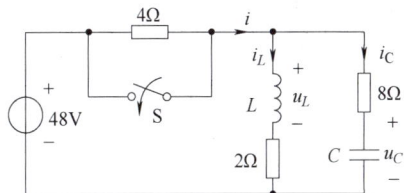

图 7-6 例 7-1 图

$t = 0$ 时，开关闭合，4Ω 电阻被短接，根据换路定则，有

$$i_L(0_+) = i_L(0_-) = 8\mathrm{A}$$

$$u_C(0_+) = u_C(0_-) = 16\mathrm{V}$$

根据 KCL 和 KVL，得

$$u_L(0_+) = 48 - 2i_L(0_+) = 32\mathrm{V}$$

$$i_C(0_+) = \frac{48 - u_C(0_+)}{8} = 4\mathrm{A}$$

$$i(0_+) = i_L(0_+) + i_C(0_+) = 12\mathrm{A}$$

由计算结果可以看出，$i_L(0_+)$ 和 $u_C(0_+)$ 由换路定则直接确定，而电路中其他的电压和电流初始值由 $i_L(0_+)$ 和 $u_C(0_+)$ 确定。在换路瞬间 $i_L(0_+)$ 和 $u_C(0_+)$ 不发生跃变，其他的电压和电流在换路瞬间可能会发生跃变，如电容的电流在换路瞬间由 0A 跃变到 4A，电感的电压由 0V 跃变到 32V。因此，也把换路定则称为独立初始条件，电路中其他的电压和电流在 0_+ 时刻的值称为非独立初始条件，非独立初始条件由独立初始条件确定，因此在确定初始值的计算中，首先根据换路定则确定电容电压的初始值或电感电流的初始值，然后根据这两个初始值，确定电路中其他电压或电流的初始值。具体的求解步骤如下：

1）由换路前的电路求 $u_C(0_-)$ 和 $i_L(0_-)$。

2）由换路定则得出 $u_C(0_+)$ 和 $i_L(0_+)$。

3）由 0_+ 时刻的电路求解电路中其他电压和电流的初始值。

7.2 一阶电路的零输入响应

一阶电路中，在没有外加激励的作用下，电路的响应完全是由储能元件的初始储能引起的，这样的响应称为一阶电路的零输入响应。

7.2.1 一阶 RC 电路的零输入响应

电路如图 7-7a 所示，$t<0$ 时，开关 S 在 1 位置，电路已处于稳定状态，此时有

一阶 *RC* 电路
的零输入响应

$$u_C(0_-) = U_S, \quad i_C(0_-) = 0, \quad u_R(0_-) = 0$$

$t=0$ 时，开关由 1 位置掷到 2 位置，根据换路定则，有

$$u_C(0_+) = u_C(0_-) = U_S \tag{7-12}$$

$t>0$ 时，根据 KVL 列写电路方程为

$$Ri_C + u_C = 0 \tag{7-13}$$

将电容元件的伏安关系

$$i_C = C\frac{\mathrm{d}u_C}{\mathrm{d}t}$$

代入式（7-13），得

$$RC\frac{\mathrm{d}u_C}{\mathrm{d}t} + u_C = 0 \tag{7-14}$$

式（7-14）为一阶常系数齐次线性微分方程，求解方程如下：

$$\frac{\mathrm{d}u_C}{u_C} = -\frac{1}{RC}\mathrm{d}t$$

$$\ln|u_C| = -\int\frac{1}{RC}\mathrm{d}t + C_1$$

$$e^{\ln|u_C|} = e^{-\int\frac{1}{RC}\mathrm{d}t + C_1}$$

$$|u_C| = e^{-\int\frac{1}{RC}\mathrm{d}t}e^{C_1}$$

$$u_C = \pm e^{C_1}e^{-\int\frac{1}{RC}\mathrm{d}t} = Ae^{-\frac{1}{RC}t} \tag{7-15}$$

$$u_C = Ae^{pt} \tag{7-16}$$

式（7-16）为式（7-14）的通解，其中

$$p = -\frac{1}{RC}$$

联立式（7-12）和式（7-15），得

$$A = u_C(0_+) = U_S$$

代入式（7-15），得

$$u_C(t) = u_C(0_+) \mathrm{e}^{-\frac{1}{RC}t} = U_S \mathrm{e}^{-\frac{1}{RC}t} \quad (t \geqslant 0_+)$$

根据电容元件的伏安关系，得

$$i_C = C \frac{\mathrm{d}u_C}{\mathrm{d}t} = -\frac{u_C(0_+)}{R} \mathrm{e}^{-\frac{1}{RC}t} = -\frac{U_S}{R} \mathrm{e}^{-\frac{1}{RC}t} \quad (t \geqslant 0_+)$$

电阻元件的电压为

$$u_R(t) = Ri_C = -u_C(0_+) \mathrm{e}^{-\frac{t}{RC}} = -U_S \mathrm{e}^{-\frac{t}{RC}} \quad (t \geqslant 0_+)$$

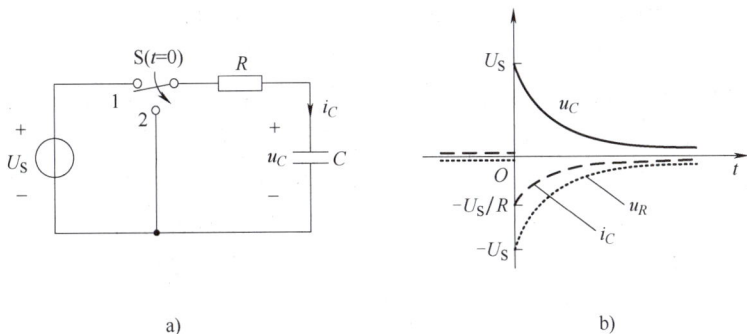

图 7-7　一阶 *RC* 电路的零输入响应

a) 一阶 *RC* 电路的零输入响应电路　b) 一阶 *RC* 电路的零输入响应曲线

　　零输入响应曲线如图 7-7b 所示。$u_C(t)$ 的变化曲线是以 $u_C(0_+)$（或 U_S）为初始值，按指数规律衰减的函数，当 $t \to \infty$ 时，放电结束，$u_C(t)$ 趋近于零；$i_C(t)$ 在换路瞬间由零跃变到 $-U_S/R$，然后按照与 $u_C(t)$ 相同的指数规律衰减，当 $t \to \infty$ 时，放电结束，$i_C(t)$ 趋近于零，$-U_S/R$ 是电路换路后 $i_C(t)$ 的初始值，可以用 $i_C(0_+)$ 表示；$u_R(t)$ 在换路瞬间由零跃变到 $-U_S$，然后按照与 $u_C(t)$ 相同的指数规律衰减，当 $t \to \infty$ 时，放电结束，$u_R(t)$ 趋近于零，$-U_S$ 是电路换路后 $u_R(t)$ 的初始值，可以用 $u_R(0_+)$ 表示。$u_C(t)$、$i_C(t)$ 和 $u_R(t)$ 是随时间按同一指数规律衰减的函数，响应与初始值呈线性关系，其衰减快慢与 *RC* 有关。*RC* 越大，曲线越平缓，衰减速度越慢，动态过程时间越长；*RC* 越小，曲线越陡，衰减速度越快，动态过程时间越短。显然，*RC* 是衡量电压和电流衰减快慢的物理量。当电阻以欧姆（Ω）为单位、电容以法拉（F）为单位时，有

$$[\Omega][F] = \frac{[V]}{[A]} \frac{[C]}{[V]} = [s]$$

RC 乘积的单位为秒（s），这是一个关于时间的常数，与电路的初始情况无关，称为时间常数，用 τ 表示，即

$$\tau = RC$$

　　在相同初始值的前提下，τ 越大，曲线越平缓，电路历经的过渡过程越长；τ 越小，曲线越陡，电路历经的过渡过程越短，所以时间常数决定了零输入响应衰减的快慢，如图 7-8 所示。在实际电路中，可以通过适当地调整 *R* 或 *C* 的大小来改变电路的时间常数，从而控制放电的快慢。当电压初始值一定时，在 *R* 不变的情况下，*C* 越大，它所储存的能量越多，放电所需时间越长；在 *C* 不变的情况下，*R* 越大，放电电流越小，放电所需时间越长。给出了参数 τ 后，有

$$u_C(t) = u_C(0_+)e^{-\frac{t}{\tau}} \quad (t \geqslant 0_+)$$

$$i_C = i_C(0_+)e^{-\frac{t}{\tau}} \quad (t \geqslant 0_+)$$

$$u_R(t) = u_R(0_+)e^{-\frac{t}{\tau}} \quad (t \geqslant 0_+)$$

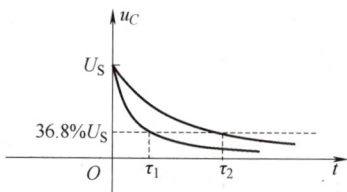

图 7-8 不同 τ 值的 u_C 曲线

显然，在求解电路时，只要确定响应初始值和电路的时间常数，就可以确定电路的零输入响应。

换路后，电容开始放电，$u_C(t)$ 从初始值开始，经过一个时间常数衰减至 $0.368u_C(0_+)$，或者也可以说，时间常数是按指数衰减到它初始值的 36.8% 所需的时间，如图 7-9a 所示。当经过两个时间常数时，$u_C(t)$ 衰减至 $0.135u_C(0_+)$；当经过 3 个时间常数时，$u_C(t)$ 衰减至 $0.05u_C(0_+)$；当经过 4 个时间常数时，$u_C(t)$ 衰减至 $0.018u_C(0_+)$；当经过 5 个时间常数时，$u_C(t)$ 衰减至 $0.007u_C(0_+)$。理论上讲，当 $t \rightarrow \infty$ 时，$u_C(t)$ 衰减至零。但工程上认为，经过 $3\tau \sim 5\tau$ 的时间，过渡过程结束。

时间常数 $\tau = RC$，仅与电路结构和电路参数有关，与外加激励无关。在已知电路结构和元件参数的情况下，可通过公式计算电路的时间常数。当电路结构和元件参数未知时，可以通过示波器观察 RC 电路的放电曲线，估算电路的时间常数。如图 7-9b 所示，在放电曲线上任取一点 A，如果以该时刻的变化率衰减下去，经历一个时间常数曲线将衰减到零。

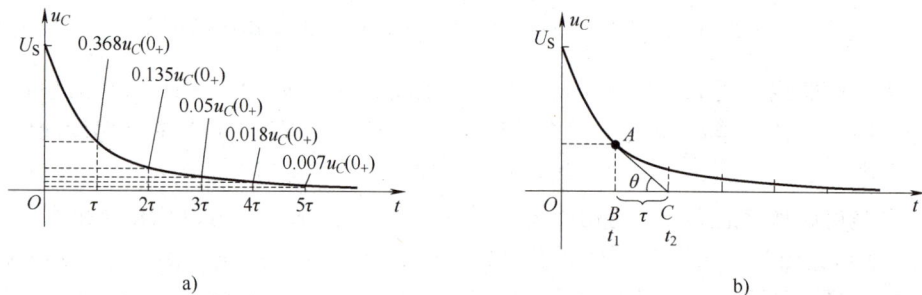

图 7-9 一阶 RC 电路放电时 $u_C(t)$ 随时间的变化曲线
a）$u_C(t)$ 的衰减情况 b）通过放电曲线估算 τ 值

证明如下：

$$|BC| = \frac{|AB|}{|\tan\theta|} = \frac{|u_C(t_1)|}{\left|\dfrac{\mathrm{d}u_C(t_1)}{\mathrm{d}t}\right|} = \frac{\left|U_S e^{-\frac{t_1}{\tau}}\right|}{\left|-\dfrac{1}{\tau}U_S e^{-\frac{t_1}{\tau}}\right|} = \tau$$

电容在放电过程中放出的能量为

$$W_C = \frac{1}{2}Cu_C(0_+)^2$$

电阻在电容的放电过程中吸收的能量为

$$W_R = \int_0^{+\infty} Ri(t)^2 \mathrm{d}t = \int_0^{+\infty} R\left(\frac{u_C(0_+)}{R}e^{-\frac{t}{RC}}\right)^2 \mathrm{d}t = \frac{u_C(0_+)^2}{R}\left(-\frac{RC}{2}e^{-\frac{2}{RC}t}\right)\bigg|_0^{+\infty} = \frac{1}{2}Cu_C(0_+)^2$$

电容的放电过程是电场能量逐渐释放的过程，电容不断释放的能量被电阻吸收，直至将原来存储在电容中的电场能量全部转换成热能消耗，此时，放电完成。

【例 7-2】 电路如图 7-10 所示，电路已处于稳定状态，当 $t=0$ 时，开关由 1 位置掷到 2 位置，求电路换路后 $u_C(t)$ 和 $i(t)$ 的变化规律。

解： 当 $t<0$ 时，电路已处于稳定状态，所以电容相当于开路，可得

$$u_C(0_-)=\frac{5}{2+4+5}\times 11\mathrm{V}=5\mathrm{V}$$

当 $t=0$ 时，开关由 1 位置掷到 2 位置，此时有

$$u_C(0_+)=u_C(0_-)=5\mathrm{V}$$

电路的时间常数为

$$\tau=RC=(4/\!/5)\times 1\mathrm{s}=\frac{20}{9}\mathrm{s}$$

所以有

$$u_C(t)=5\mathrm{e}^{-\frac{9}{20}t}\mathrm{V}\quad(t\geqslant 0_+)$$

$$i(t)=-\frac{u_C(t)}{4}=-\frac{5}{4}\mathrm{e}^{-\frac{9}{20}t}\mathrm{A}\quad(t\geqslant 0_+)$$

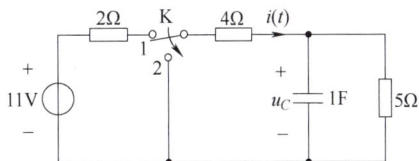

图 7-10　例 7-2 图

一阶 *RL* 电路
的零输入响应

7.2.2　一阶 *RL* 电路的零输入响应

电路如图 7-11a 所示，当 $t<0$ 时，开关 S 在 1 位置，电路已处于稳定状态，由于外加激励为直流源，所以电感相当于短路，此时有

$$i_L(0_-)=\frac{U_S}{R},\ u_L(0_-)=0,\ u_R(0_-)=Ri_L(0_-)=U_S$$

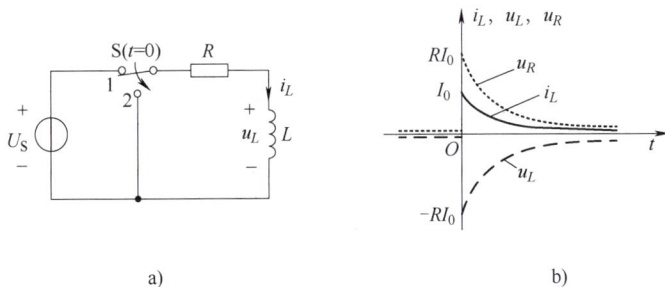

图 7-11　一阶 *RL* 电路的零输入响应

a）一阶 *RL* 电路的零输入响应电路　b）一阶 *RL* 电路的零输入响应曲线

设 $U_S/R=I_0$，当 $t=0$ 时，开关由 1 位置掷到 2 位置，根据换路定则，有

$$i_L(0_+)=i_L(0_-)=I_0 \tag{7-17}$$

当 $t>0$ 时，根据 KVL 列写电路方程为

$$Ri_L+u_L=0 \tag{7-18}$$

将电感元件的伏安关系

$$u_L=L\frac{\mathrm{d}i_L}{\mathrm{d}t}$$

代入式（7-18），得

$$L \frac{\mathrm{d}i_L}{\mathrm{d}t} + Ri_L = 0 \tag{7-19}$$

式（7-19）是一个一阶常系数齐次线性微分方程，其通解为

$$i_L = Ae^{pt} \tag{7-20}$$

将式（7-20）代入式（7-19），得

$$LpAe^{pt} + RAe^{pt} = 0$$

其特征方程为

$$Lp + R = 0$$

得

$$p = -\frac{1}{L/R}$$

所以有

$$i_L = Ae^{-\frac{t}{L/R}} \tag{7-21}$$

联立式（7-17）和式（7-21），得

$$A = i_L(0_+) = I_0$$

代入式（7-21），得

$$i_L(t) = i_L(0_+) e^{-\frac{t}{L/R}} = I_0 e^{-\frac{t}{L/R}} \quad (t \geqslant 0_+)$$

根据电感元件的伏安关系，得

$$u_L = L \frac{\mathrm{d}i_L}{\mathrm{d}t} = -Ri_L(0_+) e^{-\frac{t}{L/R}} = -RI_0 e^{-\frac{t}{L/R}} \quad (t \geqslant 0_+)$$

电阻元件的电压为

$$u_R(t) = Ri_L = Ri_L(0_+) e^{-\frac{t}{L/R}} = RI_0 e^{-\frac{t}{L/R}} \quad (t \geqslant 0_+)$$

零输入响应曲线如图 7-11b 所示。$i_L(t)$ 的变化曲线是以 $i_L(0_+)$（或 I_0）为初始值，按指数规律衰减的函数，当 $t \to \infty$ 时，放电结束，$i_L(t)$ 趋近于零；$u_L(t)$ 在换路瞬间由零跃到 $-RI_0$，然后按照与 $i_L(t)$ 相同的指数规律衰减，当 $t \to \infty$ 时，放电结束，$u_L(t)$ 趋近于零，$-RI_0$ 是电路换路后 $u_L(t)$ 的初始值，可以用 $u_L(0_+)$ 表示；$u_R(t)$ 在换路瞬间由零跃到 RI_0，然后按照与 $i_L(t)$ 相同的指数规律衰减，当 $t \to \infty$ 时，放电结束，$u_R(t)$ 趋近于零，RI_0 是电路换路后 $u_R(t)$ 的初始值，可以用 $u_R(0_+)$ 表示。$i_L(t)$、$u_L(t)$ 和 $u_R(t)$ 是随时间按同一指数规律衰减的函数，响应与初始值呈线性关系，其衰减快慢与 L/R 有关。L/R 越大，曲线越平缓，衰减速度越慢，动态过程时间越长；L/R 越小，曲线越陡，衰减速度越快，动态过程时间越短。显然，L/R 是衡量电压和电流衰减快慢的物理量。当电阻以欧姆（Ω）为单位、电感以亨利（H）为单位时，有

$$\frac{[\mathrm{H}]}{[\Omega]} = \frac{[\mathrm{Wb}]}{[\mathrm{A}]} \frac{[\mathrm{A}]}{[\mathrm{V}]} = [\mathrm{s}]$$

L/R 的单位为秒（s），这也是一个关于时间的常数，与电路的初始情况无关，也称为时间常数，用 τ 表示，即

$$\tau = \frac{L}{R}$$

τ 与 L 成正比，与 R 成反比。当电流初始值一定时，在 R 不变的情况下，L 越大，它所储存的磁场能量越多，放电所需时间越长；在 L 不变的情况下，R 越大，消耗的能量越多，放电时间越短。在实际电路中，适当地选择 L 或 R，可改变电路的时间常数，从而控制放电速度。给出了参数 τ 后，有

$$i_L(t) = i_L(0_+) e^{-\frac{t}{\tau}} \quad (t \geqslant 0_+)$$

$$u_L(t) = u_L(0_+) e^{-\frac{t}{\tau}} \quad (t \geqslant 0_+)$$

$$u_R(t) = u_R(0_+) e^{-\frac{t}{\tau}} \quad (t \geqslant 0_+)$$

在求解电路时，只要确定响应初始值和电路的时间常数，就可以确定电路的零输入响应。

电感在放电过程中放出的能量为

$$W_L = \frac{1}{2} L i_L(0_+)^2$$

电阻在电容的放电过程中吸收的能量为

$$W_R = \int_0^{+\infty} R i(t)^2 dt = \int_0^{+\infty} R (i_L(0_+) e^{-\frac{R}{L}t})^2 dt = R i_L(0_+)^2 \left(-\frac{L}{2R} e^{-\frac{2R}{L}t} \right) \Bigg|_0^{+\infty} = \frac{1}{2} L i_L(0_+)^2$$

电感的放电过程是磁场能量逐渐释放的过程，电感不断释放的能量被电阻吸收，直至将原来存储在电感中的磁场能量全部转换成热能消耗，此时，放电完成。

【例 7-3】 电路如图 7-12 所示，电路已处于稳定状态，当 $t=0$ 时，开关由 1 位置掷到 2 位置，求电路换路后 $i_L(t)$ 和 $u_L(t)$ 的变化规律。

解： 当 $t<0$ 时，电路已处于稳定状态，所以电感相当于短路，可得

$$i_L(0_-) = \frac{10}{1+4} A = 2A$$

当 $t=0$ 时，开关由 1 位置掷到 2 位置，此时有

$$i_L(0_+) = i_L(0_-) = 2A$$

电路的时间常数为

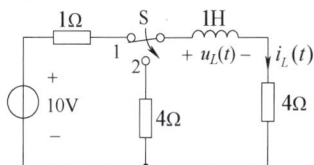

图 7-12 例 7-3 图

$$\tau = \frac{L}{R} = \frac{1}{4+4} s = \frac{1}{8} s$$

所以有

$$i_L(t) = 2 e^{-8t} A \quad (t \geqslant 0_+)$$

$$u_L(t) = L \frac{d i_L(t)}{dt} = -16 e^{-8t} V \quad (t \geqslant 0_+)$$

对于求解一阶电路的零输入响应，无论是 RC 电路还是 RL 电路，如果电路的零输入响应为 $f(t)$，则电路方程的一般形式为

$$\tau \frac{df(t)}{dt} + f(t) = 0$$

零输入响应的一般形式为

$$f(t) = f(0_+) e^{-\frac{t}{\tau}} \quad (t \geqslant 0_+)$$

式中，$f(0_+)$ 为响应初始值，零输入响应与它的初状态成正比。如果是 RC 电路，则 $\tau = RC$；如果是 RL 电路，则 $\tau = L/R$。

7.3 一阶电路的零状态响应

一阶电路中，储能元件在换路前没有初始储能，换路后电路的响应完全是由外加激励引起的，这样的响应称为一阶电路的零状态响应。

7.3.1 一阶 *RC* 电路在直流激励作用下的零状态响应

电路如图 7-13a 所示，当 $t<0$ 时，开关 S 在 2 位置，电路已处于稳定状态，此时

$$u_C(0_-)=0, \quad i_C(0_-)=0, \quad u_R(0_-)=0$$

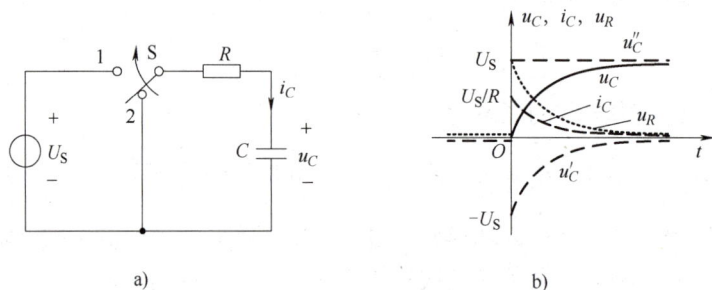

图 7-13 一阶 *RC* 电路的零状态响应

a) 一阶 *RC* 电路的零状态响应电路 b) 一阶 *RC* 电路的零状态响应曲线

当 $t=0$ 时，开关由 2 位置掷到 1 位置，根据换路定则，有

$$u_C(0_+)=u_C(0_-)=0 \tag{7-22}$$

当 $t>0$ 时，根据 KVL 列写电路方程为

$$Ri_C+u_C=U_S \tag{7-23}$$

将电容元件的伏安关系

$$i_C=C\frac{\mathrm{d}u_C}{\mathrm{d}t}$$

代入式（7-23），得

$$RC\frac{\mathrm{d}u_C}{\mathrm{d}t}+u_C=U_S \tag{7-24}$$

式（7-24）是一个一阶常系数非齐次线性微分方程。一阶常系数非齐次线性微分方程如下：

$$\tau\frac{\mathrm{d}f(t)}{\mathrm{d}t}+f(t)=Q(t)$$

方程的解由两部分组成，一部分是非齐次微分方程对应的齐次微分方程的通解，另一部分是非齐次微分方程的特解，特解一般与 $Q(t)$ 具有相同的形式。实际上，任何一个满足微分方程的解都可以作为微分方程的特解，微分方程描述的是换路后电路响应的变化规律，当时间趋于无穷大时，电路进入新的稳定状态，此时的电路响应一定是满足微分方程的，特解可以是电路换路后进入新的稳定状态的解，用 $f(\infty)$ 表示，所以微分方程的解为

$$f(t)=A\mathrm{e}^{-\frac{t}{\tau}}+f(\infty) \tag{7-25}$$

设 $f(0_+)$ 为 $f(t)$ 的初值,代入式(7-25),得

$$A = f(0_+) - f(\infty)$$

所以微分方程的解为

$$f(t) = f(\infty) + [f(0_+) - f(\infty)] e^{-\frac{t}{\tau}}$$

对于式(7-24),方程的解为

$$u_C = u_C(\infty) + [u_C(0_+) - u_C(\infty)] e^{-\frac{t}{\tau}}$$

将式(7-22)代入得

$$u_C = u_C(\infty) - u_C(\infty) e^{-\frac{t}{\tau}} \tag{7-26}$$

式(7-26)中的第一个分量是由外加激励强制建立的,与外加激励的变化规律相同,所以称为强制分量。当激励为直流或正弦量时,强制分量也称为稳态分量。如果激励是衰减的指数函数,则强制分量也将是相同衰减的指数函数,在这种情况下强制分量就不再是稳态分量了。式(7-26)中的第二个分量按指数规律衰减,当时间趋近于无穷大时,这个分量就会消失,所以称这个分量为响应的暂态分量,暂态分量的变化规律与外加激励无关,由电路结构和元件参数决定,所以也称为自由分量。如图7-13b所示,零状态响应 $u_C(t)$ 在换路后,从零开始按指数规律变化,当 $t \to \infty$ 时充电完成,此时 $u_C(t) = u_C(\infty) = U_S$。图中 u_C' 为 u_C 的自由分量,u_C'' 为 u_C 的强制分量。式(7-26)中的 $\tau = RC$ 为电路的时间常数,决定了电路充电的快慢。当 $t = \tau$ 时,$u_C(\tau) = (1 - e^{-1}) U_S = 0.632 U_S$,当 $t = 3\tau$ 时,$u_C(3\tau) = (1 - e^{-3}) U_S = 0.95 U_S$,当 $t = 5\tau$ 时,$u_C(5\tau) = (1 - e^{-5}) U_S = 0.993 U_S$。因此经过 $3\tau \sim 5\tau$ 的时间可以认为充电已经完成,电路进入稳定状态。

电容的电流为

$$i_C = C \frac{du_C}{dt} = \frac{u_C(\infty)}{R} e^{-\frac{t}{\tau}} = \frac{U_S}{R} e^{-\frac{t}{\tau}} \quad (t \geq 0_+)$$

它随时间的变化曲线如图7-13b所示。在换路瞬间由零跃变到 U_S/R,然后按照与 u_C 相同的变化规律变化,当 $t \to \infty$ 时,充电已经完成,$i_C = 0$。

电阻的电压为

$$u_R = R i_C = u_C(\infty) e^{-\frac{t}{\tau}} = U_S e^{-\frac{t}{\tau}} \quad (t \geq 0_+)$$

它随时间的变化曲线如图7-13b所示。在换路瞬间由零跃变到 U_S,然后按照与 u_C 相同的变化规律变化,当 $t \to \infty$ 时,充电已经完成,$u_R = 0$。

i_C 和 u_R 的变化曲线如图7-13b所示。

在充电过程中,电源提供的能量为

$$W_{U_S} = U_S \int_0^{+\infty} i dt = U_S q = C U_S^2$$

电容存储的能量为

$$W_C = \frac{1}{2} C u_C^2(\infty) = \frac{1}{2} C U_S^2$$

电阻消耗的能量为

$$W_R = \int_0^{+\infty} R i_C^2(t) dt = \int_0^{+\infty} R \left(\frac{u_C(\infty)}{R} e^{-\frac{t}{\tau}} \right)^2 dt$$

$$= \frac{u_C^2(\infty)}{R}\left(-\frac{\tau}{2}\right)\mathrm{e}^{-\frac{2t}{\tau}}\bigg|_0^{+\infty}$$

$$= \frac{1}{2}Cu_C^2(\infty)$$

$$= \frac{1}{2}CU_S^2$$

由此可见，电源提供的能量，一半消耗在电阻上，一半转换成电场能量储存在电容中。

【例 7-4】 电路如图 7-14 所示，开关动作前电路已经处于稳定状态，当 $t=0$ 时，开关 S 闭合，求电路换路后的电流 $i(t)$。

解：图 7-14 所示电路为零状态响应电路，有

$$u_C(0_+) = u_C(0_-) = 0$$

电路的稳态响应为

$$u_C(\infty) = \frac{6}{3+6}\times 9\mathrm{V} = 6\mathrm{V}$$

电路换路后的时间常数为

$$\tau = RC = \frac{3\times 6}{3+6}\times 0.5\mathrm{s} = 1\mathrm{s}$$

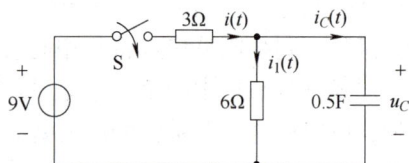

图 7-14 例 7-4 图

所以有

$$u_C(t) = 6(1-\mathrm{e}^{-t})\,\mathrm{V} \quad (t \geqslant 0_+)$$

根据电容元件的伏安关系，得

$$i_C(t) = C\frac{\mathrm{d}u_C(t)}{\mathrm{d}t} = 3\mathrm{e}^{-t}\mathrm{A} \quad (t \geqslant 0_+)$$

根据电阻元件的伏安关系，得

$$i_1(t) = \frac{u_C(t)}{6} = (1-\mathrm{e}^{-t})\,\mathrm{A}$$

根据 KCL 有

$$i(t) = i_C(t) + i_1(t)$$

所以有

$$i(t) = (1+2\mathrm{e}^{-t})\,\mathrm{A} \quad (t \geqslant 0_+)$$

7.3.2 一阶 *RL* 电路在直流激励作用下的零状态响应

电路如图 7-15a 所示，当 $t<0$ 时，开关 S 在 2 位置，电路已处于稳定状态，此时有

$$i_L(0_-) = 0,\ u_L(0_-) = 0,\ u_R(0_-) = 0$$

当 $t=0$ 时，开关由 2 位置掷到 1 位置，根据换路定则，有

$$i_L(0_+) = i_L(0_-) = 0 \tag{7-27}$$

当 $t>0$ 时，根据 KVL 列写电路方程为

$$Ri_L + u_L = U_S \tag{7-28}$$

将电感元件的伏安关系

$$u_L = L\frac{\mathrm{d}i_L}{\mathrm{d}t}$$

代入式（7-28），得

$$\frac{L}{R}\frac{\mathrm{d}i_L}{\mathrm{d}t}+i_L=\frac{U_S}{R} \qquad (7\text{-}29)$$

式（7-29）是一个一阶常系数非齐次线性微分方程。设 $\dfrac{U_S}{R}=I_0$，则有

$$\frac{L}{R}\frac{\mathrm{d}i_L}{\mathrm{d}t}+i_L=I_0$$

一阶常系数非齐次线性微分方程解的形式为

$$f(t)=f(\infty)+[f(0_+)-f(\infty)]\mathrm{e}^{-\frac{t}{\tau}}$$

于是有

$$i_L=i_L(\infty)+[i_L(0_+)-i_L(\infty)]\mathrm{e}^{-\frac{t}{\tau}} \quad (t\geqslant0_+)$$

将式（7-27）代入得

$$i_L=i_L(\infty)-i_L(\infty)\mathrm{e}^{-\frac{t}{\tau}} \qquad (7\text{-}30)$$

式（7-30）中的第一项称为强制分量，由外加激励强制建立，与外加激励变化规律相同，响应的第二项为自由分量，与外加激励无关，由电路结构和元件参数决定。换路后，$i_L(t)$ 从零开始按指数规律变化，当 $t\rightarrow\infty$ 时充电完成，$i_L(t)=i_L(\infty)=U_S/R=I_0$。$i_L(t)$ 随时间的变化曲线如图 7-15b 所示其中 i_L' 为 i_L 的自由分量，i_L'' 为 i_L 的预测分量。电感的电压为

$$u_L=L\frac{\mathrm{d}i_L}{\mathrm{d}t}=Ri_L(\infty)\mathrm{e}^{-\frac{t}{\tau}}=U_S\mathrm{e}^{-\frac{t}{\tau}} \quad (t\geqslant0_+)$$

它随时间的变化曲线如图 7-15b 所示，在换路瞬间由零跃变到 U_S，然后按照与 $i_L(t)$ 相同的指数规律变化，当 $t\rightarrow\infty$ 时，$u_L=0$。电阻的电压为

$$u_R=Ri_L=Ri_L(\infty)-Ri_L(\infty)\mathrm{e}^{-\frac{t}{\tau}}=U_S-U_S\mathrm{e}^{-\frac{t}{\tau}} \quad (t\geqslant0_+)$$

它随时间的变化曲线如图 7-15b 所示，换路后，从零开始按照与 $i_L(t)$ 同一指数规律变化。当 $t\rightarrow\infty$ 时，电感相当于短路，此时 $u_R=U_S$。

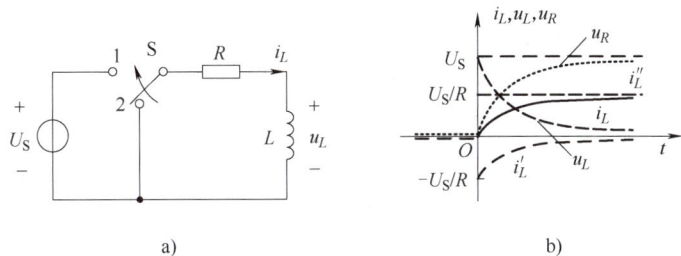

图 7-15 一阶 *RL* 电路的零状态响应

a）一阶 *RL* 电路的零状态响应电路 b）一阶 *RL* 电路的零状态响应曲线

在充电过程中，电源提供的能量为

$$W_{U_S}=\int_0^{+\infty}\frac{U_S}{R}u\mathrm{d}t=\int_0^{+\infty}I_0u\mathrm{d}t=I_0\psi=LI_0^2$$

电感存储的能量为

$$W_L = \frac{1}{2}Li_L^2(\infty) = \frac{1}{2}L\left(\frac{U_S}{R}\right)^2 = \frac{1}{2}LI_0^2$$

电阻吸收的能量为

$$W_R = \int_0^{+\infty} Ri_L^2(t)\,\mathrm{d}t = \int_0^{+\infty} R\left(\frac{U_S}{R}\mathrm{e}^{-\frac{t}{\tau}}\right)^2\mathrm{d}t = \int_0^{+\infty} R\left(I_0\mathrm{e}^{-\frac{t}{\tau}}\right)^2\mathrm{d}t$$

$$= RI_0^2\left(-\frac{L}{2R}\right)\mathrm{e}^{-\frac{2t}{\tau}}\bigg|_0^{+\infty}$$

$$= \frac{1}{2}LI_0^2$$

由此可见，电源提供的能量，一半消耗在电阻上，一半转换成磁场能量储存在电感中。

【例 7-5】 电路如图 7-16 所示，开关动作前电路已经处于稳定状态，当 $t=0$ 时，开关 S 闭合，求电路换路后的电流 $i_L(t)$。

解：图 7-16 所示电路为零状态响应电路，有

$$i_L(0_+) = i_L(0_-) = 0$$

电路换路后的稳态响应为

$$i_L(\infty) = \frac{27}{6+3/\!/1}\times\frac{3}{3+1}\mathrm{A} = 3\mathrm{A}$$

电路的时间常数为

$$\tau = \frac{L}{R} = \frac{1}{\dfrac{3\times6}{3+6}+1}\mathrm{s} = \frac{1}{3}\mathrm{s}$$

图 7-16 例 7-5 图

所以有

$$i_L(t) = i_L(\infty)\left(1-\mathrm{e}^{-\frac{t}{\tau}}\right) = 3(1-\mathrm{e}^{-3t})\mathrm{A} \quad (t\geqslant0_+)$$

7.3.3 一阶 *RL* 电路在正弦激励作用下的零状态响应

电路如图 7-17a 所示，设外加激励 $u_S = U_m\cos(\omega t+\psi_u)$，当 $t<0$ 时，开关 S 在 2 位置，电路已处于稳定状态，此时有

$$i_L(0_-) = 0$$

当 $t=0$ 时，开关由 2 位置掷到 1 位置，根据换路定则，有

$$i_L(0_+) = i_L(0_-) = 0$$

当 $t>0$ 时，根据 KVL 列写电路方程为

$$L\frac{\mathrm{d}i_L}{\mathrm{d}t} + Ri_L = U_m\cos(\omega t+\psi_u)$$

其解为

$$i_L = i_L' + i_L''$$

i_L' 为通解，可得

$$i_L' = A\mathrm{e}^{-\frac{t}{\tau}}$$

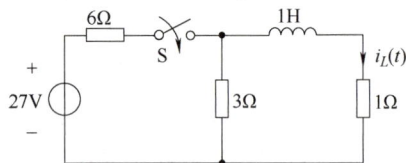

正弦激励作用下的零状态响应和全响应

i_L'' 为特解，是电路进入稳定状态后的稳态解，解的形式与 u_S 相同，响应记作 $i_L''=i_{L\infty}(t)$，用相量法求解，电路如图 7-17b 所示。设外加激励电压的相量形式为

$$\dot{U}_{Sm}=U_m\underline{/\psi_u}$$

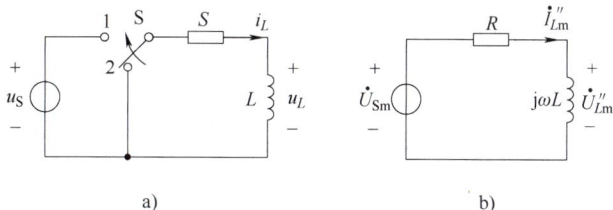

图 7-17　一阶 *RL* 电路在正弦激励作用下的零状态响应
a）零状态响应电路　b）稳态响应电路

电路的复数阻抗为

$$Z=R+j\omega L=|Z|\underline{/\varphi}$$

式中，$\varphi=\arctan\dfrac{\omega L}{R}$。图 7-17b 所示电路的电流为

$$\dot{I}_{Lm}''=\frac{\dot{U}_{Sm}}{Z}=\frac{U_m\underline{/\psi_u}}{|Z|\underline{/\varphi}}=\frac{U_m}{|Z|}\underline{/\psi_u-\varphi}$$

所以，稳态响应为

$$i_L''=\frac{U_m}{|Z|}\cos(\omega t+\psi_u-\varphi)$$

电路的零状态响应为

$$i_L=Ae^{-\frac{t}{\tau}}+\frac{U_m}{|Z|}\cos(\omega t+\psi_u-\varphi) \tag{7-31}$$

代入初始条件 $i_L(0_+)=i_L(0_-)=0\text{A}$，则有

$$A=-\frac{U_m}{|Z|}\cos(\psi_u-\varphi)=-i_{L\infty}(0_+) \tag{7-32}$$

式中，$i_{L\infty}(0_+)$ 为电路稳态时 $t=0$ 时刻的值，称为稳态初始值。将式（7-32）代入式（7-31）得

$$i_L(t)=\frac{U_m}{|Z|}\cos(\omega t+\psi_u-\varphi)-\frac{U_m}{|Z|}\cos(\psi_u-\varphi)e^{-\frac{t}{\tau}} \quad (t\geq0_+) \tag{7-33}$$

式（7-33）中的第一项为响应的强制分量，是与激励同频的正弦量；第二项为响应的自由分量，以 $-i_{L\infty}(0_+)$ 为初始值，$\tau=L/R$ 为时间常数按指数规律变化，在 $t=0$ 时，有

$$i_L(0)=\frac{U_m}{|Z|}\cos(\psi_u-\varphi)-\frac{U_m}{|Z|}\cos(\psi_u-\varphi)=0$$

响应曲线如图 7-18a 所示。换路时如果 $\psi_u-\varphi=\pm\dfrac{\pi}{2}$，即在电压源电压的初相 $\psi_u=\varphi\pm\dfrac{\pi}{2}$ 时换路，则式（7-33）响应中的自由分量为零，电路响应为

$$i_L=i_L''=\mp\frac{U_m}{|Z|}\sin\omega t$$

电路换路后不经历过渡过程，直接进入稳态。如果 $\psi_u-\varphi=0°$ 或 $\psi_u-\varphi=180°$ 时换路，则响应为

$$i_L=\frac{U_m}{|Z|}\cos(\omega t)-\frac{U_m}{|Z|}e^{-\frac{t}{\tau}}\quad(\psi_u-\varphi=0°)$$

或

$$i_L=-\frac{U_m}{|Z|}\cos(\omega t)+\frac{U_m}{|Z|}e^{-\frac{t}{\tau}}\quad(\psi_u-\varphi=180°)$$

此时，响应的自由分量的初始值最大，等于稳态响应的最大值 $I_m=\frac{U_m}{|Z|}$，如果电路的时间常数 τ 很大，则 i'_L 衰减很慢，经过半个周期，电流 $i_L(t)$ 的瞬时值最大，几乎为其稳态分量 i''_L 最大值的两倍，这种情况下，过渡过程出现"过电流"现象，波形如图 7-18b 所示。

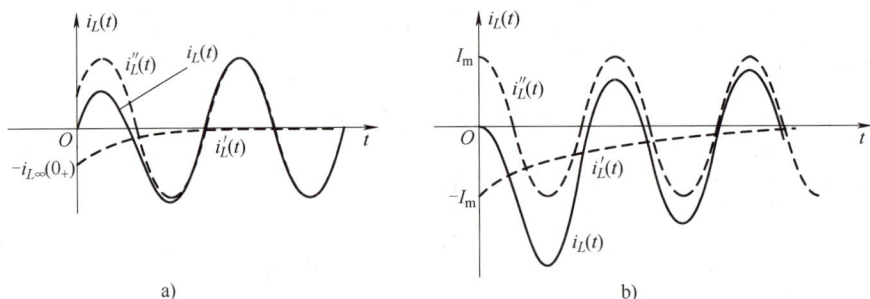

图 7-18　一阶 RL 电路在正弦激励作用下的零状态响应曲线
a）零状态响应曲线　b）$\psi_u-\varphi=0°$ 时的响应曲线

求解一阶电路的零状态响应，无论是 RC 电路，还是 RL 电路，如果设电路的响应为 $f(t)$，则电路方程的一般形式为

$$\tau\frac{df(t)}{dt}+f(t)=Q(t)$$

在直流激励作用下响应的一般形式为

$$f(t)=f(\infty)-f(\infty)e^{-\frac{t}{\tau}}\quad(t\geqslant0_+)$$

在正弦激励作用下响应的一般形式为

$$f(t)=f_\infty(t)-f_\infty(0_+)e^{-\frac{t}{\tau}}\quad(t\geqslant0_+)$$

如果是 RC 电路，则 $\tau=RC$；如果是 RL 电路，则 $\tau=L/R$。

7.4　一阶电路的全响应

一阶电路的全响应是指具有初始储能的动态元件和外加激励共同作用于电路产生的响应。根据线性电路的叠加性可知，电路的全响应等于储能元件初始储能引起的零输入响应与外加激励引起的零状态响应的叠加。下面以 RC 电路为例进行说明。

电路如图 7-19a 所示，当 $t<0$ 时，设 $u_C(0_-)=U_0$，当 $t=0$ 时，开关　　　一阶电路的全响应

闭合，有

$$u_C(0_+)=u_C(0_-)=U_0$$

当 $t>0$ 时，根据 KVL 列写电路方程为

$$RC\frac{\mathrm{d}u_C}{\mathrm{d}t}+u_C=U_\mathrm{S}$$

一阶常系数非齐次线性微分方程解的形式为

$$f(t)=f(\infty)+\left[f(0_+)-f(\infty)\right]\mathrm{e}^{-\frac{t}{\tau}}$$

所以直接写出

$$u_C=u_C(\infty)+\left[u_C(0_+)-u_C(\infty)\right]\mathrm{e}^{-\frac{t}{\tau}}$$

由于

$$u_C(0_+)=U_0,\ \ u_C(\infty)=U_\mathrm{S},\ \ \tau=RC$$

所以有

$$u_C=U_\mathrm{S}+(U_0-U_\mathrm{S})\mathrm{e}^{-\frac{t}{\tau}}\quad(t\geqslant 0_+)\tag{7-34}$$

$$i_C=C\frac{\mathrm{d}u_C}{\mathrm{d}t}=C(U_\mathrm{S}-U_0)\frac{1}{RC}\mathrm{e}^{-\frac{t}{\tau}}=\frac{U_\mathrm{S}-U_0}{R}\mathrm{e}^{-\frac{t}{\tau}}\quad(t\geqslant 0_+)$$

全响应曲线如图 7-19b、c 所示。

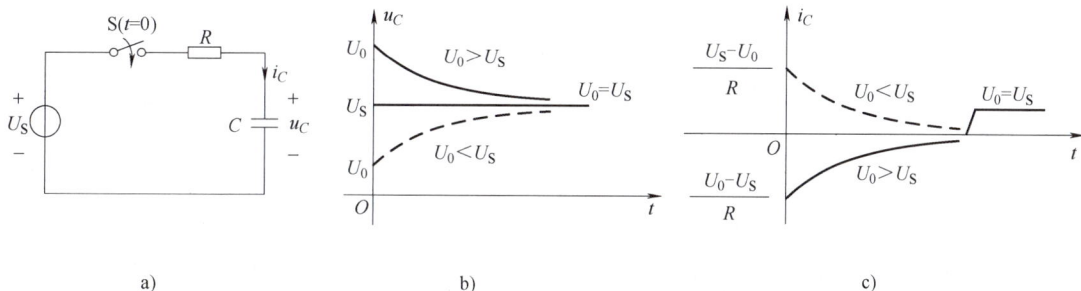

图 7-19　一阶 RC 电路的全响应

a）一阶 RC 电路　b）u_C 的全响应曲线　c）i_C 的全响应曲线

当 $U_0>U_\mathrm{S}$ 时，$i_C<0$，电容放电，u_C 逐渐降低，从最初的 U_0 放电至最终值 U_S；当 $U_0<U_\mathrm{S}$ 时，$i_C>0$，电容充电，u_C 逐渐升高，从最初的 U_0 充电至最终值 U_S；当 $U_0=U_\mathrm{S}$ 时，电路未经任何充放电过程，直接进入新的稳定状态，电路没有过渡过程。

式（7-34）中 u_C 由两个分量组成，第一项为强制分量，由外加激励强制建立，与外加激励的变化规律相同；第二项为自由分量，按指数规律衰减，其变化规律与外加激励无关，由电路结构和元件参数决定。电路的全响应可以表示为强制分量与自由分量这两种工作状态之和的形式，即全响应=强制分量+自由分量。式（7-34）也可以改写为

$$u_C=U_0\mathrm{e}^{-\frac{t}{\tau}}+U_\mathrm{S}\left(1-\mathrm{e}^{-\frac{t}{\tau}}\right)$$

即全响应=零输入响应（第一项）+零状态响应（第二项），该表达式表示为零输入响应与零状态响应的叠加的形式，反映了响应与激励的因果关系。

对于一阶电路来说，无论是 RC 电路，还是 RL 电路，如果设电路的响应为 $f(t)$，则电路方程的一般形式为

$$\tau \frac{\mathrm{d}f(t)}{\mathrm{d}t} + f(t) = Q(t)$$

在直流激励作用下，全响应的一般形式为

$$f(t) = f(\infty) + [f(0_+) - f(\infty)]\mathrm{e}^{-\frac{t}{\tau}} \quad (t \geq 0_+) \tag{7-35}$$

在正弦激励作用下，全响应的一般形式为

$$f(t) = f_\infty(t) + [f(0_+) - f_\infty(0_+)]\mathrm{e}^{-\frac{t}{\tau}} \quad (t \geq 0_+) \tag{7-36}$$

式中，$f_\infty(t)$ 为强制分量，是与激励同频的正弦量，可以根据换路后电路进入新的稳定状态后的电路用相量法求解；$f(0_+)$ 为响应初始值；$f_\infty(0_+)$ 为稳态初始值，是电路进入新的稳定状态后 $t=0$ 时刻的值；τ 为时间常数，如果是 RC 电路，则 $\tau = RC$，如果是 RL 电路，则 $\tau = L/R$。电路中任意一个响应总是从初始值开始，按指数规律增长或衰减至新稳态值，响应变化的快慢取决于电路的时间常数。因此称初始值、新稳态值和时间常数为一阶电路的 3 个要素。在计算时，可以直接计算这 3 个要素，写出电路响应，而不需要列写和求解微分方程，把这种求解电路的方法称为三要素法。

【例 7-6】 电路如图 7-20 所示，当 $t<0$ 时，电路已经处于稳定状态，当 $t=0$ 时开关闭合，求电路在 $t>0$ 时，电流 $i(t)$ 的变化规律。

解：响应 $i(t)$ 即为电感的电流，因此可以应用换路定则确定其初始值 $i(0_+)$。当 $t=0$ 时，电路换路，所以有

$$i(0_+) = i(0_-) = \frac{4}{4+2} \times 6\mathrm{A} = 4\mathrm{A}$$

时间常数为

$$\tau = \frac{L}{R} = \frac{3}{2}\mathrm{s}$$

换路后，当电路进入新的稳定状态，电感相当于短路，所以有

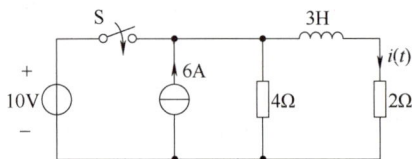

图 7-20 例 7-6 图

$$i(\infty) = \frac{10}{2}\mathrm{A} = 5\mathrm{A}$$

根据式 (7-35) 得

$$i(t) = \left[5 + (4-5)\mathrm{e}^{-\frac{2}{3}t}\right]\mathrm{A} = \left(5 - \mathrm{e}^{-\frac{2}{3}t}\right)\mathrm{A} \quad (t \geq 0_+)$$

【例 7-7】 电路如图 7-21 所示，当 $t<0$ 时，电路已经处于稳定状态，当 $t=0$ 时开关由 1 位置掷到 2 位置，求电路在 $t>0$ 时，电压 $u_C(t)$ 的变化规律。

解：开关在 1 位置时电路已经处于稳定状态，所以有

$$u_C(0_-) = 10\mathrm{V}$$

当 $t=0$ 时开关由 1 位置掷到 2 位置，此时有

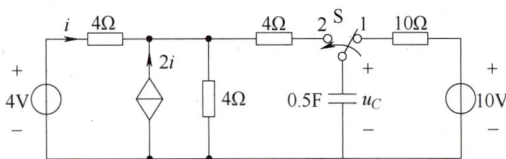

图 7-21 例 7-7 图

$$u_C(0_+) = u_C(0_-) = 10\mathrm{V}$$

当 $t>0$ 时，将储能元件开路，如图 7-22a 所示，设端口的电压和电流分别为 u_1 和 i_1，则有

$$\begin{cases} l_1: & u_1 = 4i_1 + 4(i' + 2i' + i_1) \\ l_2: & 4 = 4i' + 4(i' + 2i' + i_1) \end{cases}$$

解得

$$u_1 = 5i_1 + 3$$

因此得戴维南等效电路如图 7-22b 所示，则有

$$u_C(\infty) = 3V$$

$$\tau = RC = 5 \times 0.5s = 2.5s$$

所以电路的响应为

$$u_C(t) = u_C(\infty) + [u_C(0_+) - u_C(\infty)]e^{-\frac{t}{\tau}} = \left(3 + 7e^{-\frac{2}{5}t}\right)V \quad (t \geqslant 0_+)$$

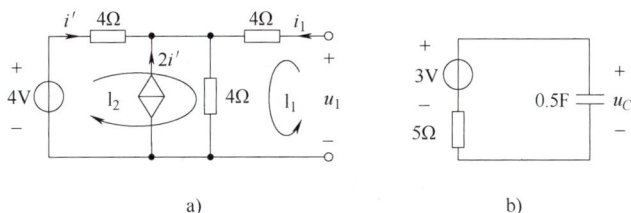

a)

b)

图 7-22　戴维南等效电路

a）有源一端口网络　b）原电路的戴维南等效电路

【例 7-8】　电路如图 7-23a 所示，已知 $u_S = 100\cos(1000t + 30°)V$，$R_1 = 60\Omega$，$R_2 = 40\Omega$，$R_3 = 30\Omega$，$L = 0.1H$，当 $t < 0$ 时，电路已经处于稳定状态，当 $t = 0$ 时开关闭合，求电路换路后的电流 $i_L(t)$。

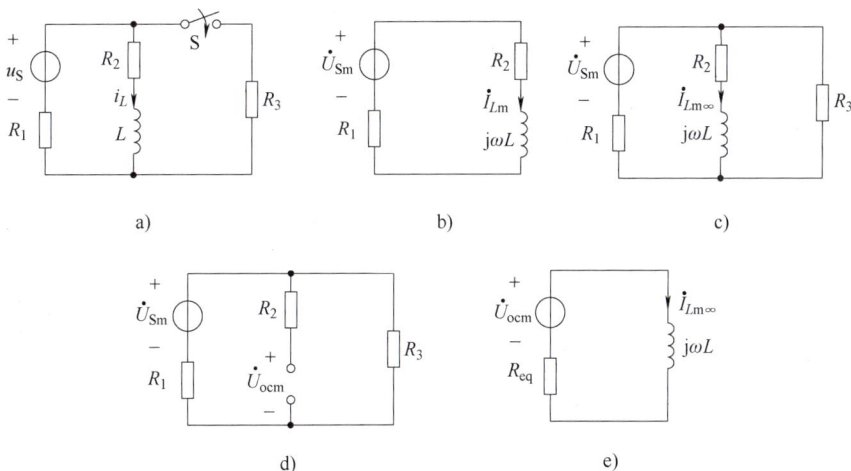

a)

b)

c)

d)

e)

图 7-23　例 7-8 图

a）原电路　b）$t < 0$ 时的电路　c）$t \to \infty$ 时的电路　d）$t \to \infty$ 时有源一端口网络　e）$t \to \infty$ 时的戴维南等效电路

解：（1）根据图 7-23b 求 $t < 0$ 时的响应 $i_L(t)$。由图可得

$$\dot{I}_{Lm} = \frac{\dot{U}_{Sm}}{R_1 + R_2 + j\omega L} = \frac{100\underline{/30°}}{60 + 40 + j1000 \times 0.1}A = 0.707\underline{/-15°}\ A$$

所以有

$$i_L(t) = 0.707\cos(1000t - 15°)\,\text{A} \quad (t<0)$$

（2）当 $t=0$ 时，有

$$i_L(0_+) = i_L(0_-) = 0.707\cos(-15°)\,\text{A} = 0.683\,\text{A}$$

（3）当 $t>0$ 时，根据图 7-23c 求电路进入新的稳态时的稳态解 $i_{L\infty}(t)$。将储能元件开路，如图 7-23d 所示，可得

$$\dot{U}_{ocm} = \frac{R_3}{R_1+R_3}\dot{U}_{Sm} = \frac{30}{60+30}\times 100\underline{/30°}\,\text{V} = 33.3\underline{/30°}\,\text{V}$$

$$R_{eq} = R_2 + \frac{R_1 R_3}{R_1+R_3} = 60\,\Omega$$

戴维南等效电路如图 7-23e 所示，因此有

$$\dot{I}_{Lm\infty} = \frac{\dot{U}_{ocm}}{R_{eq}+j\omega L} = \frac{33.3\underline{/30°}}{60+j100}\,\text{A} = 0.286\underline{/-29°}\,\text{A}$$

所以有

$$i_{L\infty}(t) = 0.286\cos(1000t - 29°)\,\text{A}$$

稳态解的初始值为

$$i_{L\infty}(0_+) = 0.286\cos(-29°)\,\text{A} = 0.25\,\text{A}$$

电路的时间常数为

$$\tau = \frac{L}{R_{eq}} = \frac{0.1}{60}\,\text{s} = \frac{1}{600}\,\text{s}$$

根据式（7-36）有

$$i_L(t) = i_{L\infty}(t) + [i_L(0_+) - i_{L\infty}(0_+)]\,\text{e}^{-\frac{t}{\tau}}$$

$$i_L(t) = [0.286\cos(1000t - 29°) + 0.433\text{e}^{-600t}]\,\text{A} \quad (t\geqslant 0_+)$$

7.5 一阶电路的阶跃响应

7.5.1 阶跃函数及其作用

1. 单位阶跃函数

单位阶跃函数用 $\varepsilon(t)$ 表示，定义为

$$\varepsilon(t) = \begin{cases} 0 & (t<0) \\ 1 & (t>0) \end{cases}$$

其波形如图 7-24a 所示，当 $t<0$ 时，$\varepsilon(t)=0$；当 $t=0$ 时，$\varepsilon(t)$ 由 0 跃变到 1；$t>0$ 时，$\varepsilon(t)=1$。

2. 阶跃函数

如果将 $\varepsilon(t)$ 乘以任意常数 A，便得到了阶跃函数的一般形式，即

$$A\varepsilon(t) = \begin{cases} 0 & (t<0) \\ A & (t>0) \end{cases}$$

一阶电路的
阶跃响应

其波形如图 7-24b 所示。

3. 延时阶跃函数

如果阶跃函数发生在 $t=t_0$（$t_0>0$）时刻，则称为延时阶跃函数，即图 7-24b 所示曲线向右平移 t_0，如图 7-24c 所示，其表达式为

$$A\varepsilon(t-t_0)=\begin{cases}0 & (t<t_0)\\A & (t>t_0)\end{cases}$$

当 $A=1$ 时，称为单位延时阶跃函数，用 $\varepsilon(t-t_0)$ 表示。

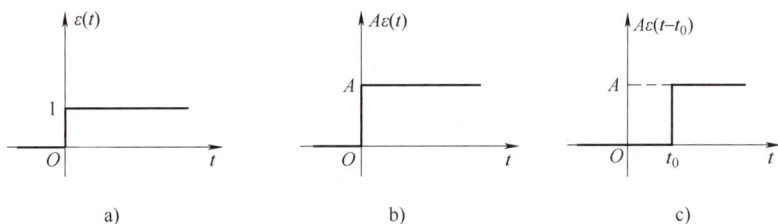

图 7-24 阶跃函数的波形

a）单位阶跃函数 b）一般形式的阶跃函数 c）延时阶跃函数

4. 单位阶跃函数在电路中可以用来描述开关的动作

如果电路的外加激励为单位阶跃函数，如图 7-25 所示，则相当于在 $t=0$ 时，将 1V 的直流电压源或 1A 的直流电流源接入电路，当 $t>0$ 时，电源为储能元件充电，因此，阶跃函数在电路中是开关的数学模型，所以有时也将其称为开关函数。

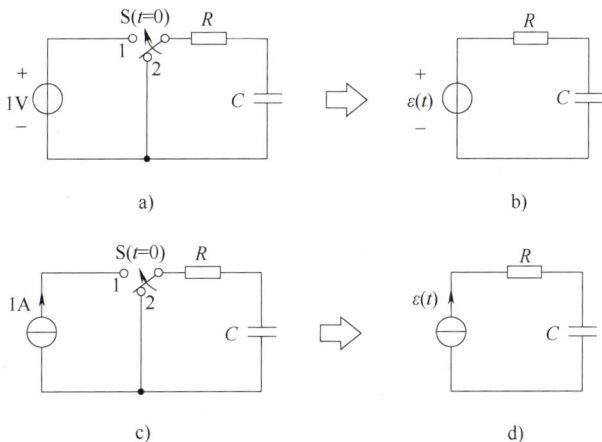

图 7-25 单位阶跃函数为开关函数

a）$t=0$ 时 1V 电压源作用于 RC 电路 b）单位阶跃电压源作为 RC 电路的激励

c）$t=0$ 时 1A 电流源作用于 RC 电路 d）单位阶跃电流源作为 RC 电路的激励

5. 阶跃函数可以方便地表示矩形脉冲函数

图 7-26a 所示曲线为幅度为 A 的矩形脉冲，可以把它看成是 $A\varepsilon(t-t_1)$ 与 $-A\varepsilon(t-t_2)$ 的组合，如图 7-26b 所示，其函数表达式为

$$f(t)=A[\varepsilon(t-t_1)-\varepsilon(t-t_2)]$$

图 7-26c 所示波形的函数表达式为

$$u(t)=\varepsilon(t+1)+\varepsilon(t)-3\varepsilon(t-1)+\varepsilon(t-2)$$

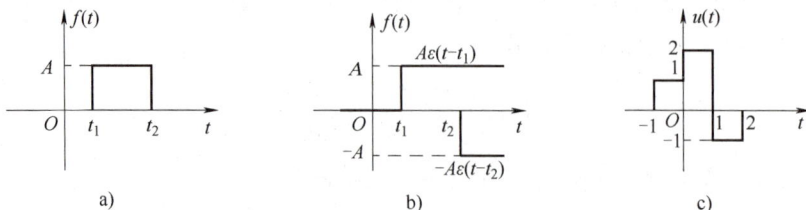

图 7-26 用阶跃函数表示脉冲函数
a）矩形脉冲 b）两个延时阶跃函数 c）阶梯波形

6. 单位阶跃函数可用来"起始"任意一个时间函数

图 7-27 所示曲线的实线部分，其函数表达式为

$$f(t)\varepsilon(t-t_0)=\begin{cases}0 & (t<t_0)\\ f(t) & (t>t_0)\end{cases}$$

相当于 $f(t)$ 在 $t<t_0$ 的部分等于零，保留了 $t>t_0$ 的部分。

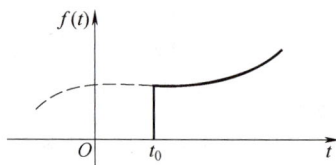

图 7-27 单位阶跃函数"起始"任意一个时间函数

7.5.2 阶跃响应

电路在阶跃函数作用下的零状态响应称为单位阶跃响应，用 $s(t)$ 表示。下面以 RC 电路为例进行说明。电路如图 7-28 所示，设 $u_S=\varepsilon(t)$，电路相当于在 $t=0$ 时与电源接通，用三要素法进行求解。

当 $t=0$ 时，有

$$u_C(0_+)=u_C(0_-)=0$$

当 $t\to\infty$ 时，有

$$u_C(\infty)=\varepsilon(t)$$

电路的时间常数为

$$\tau=RC$$

所以有

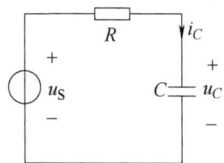

图 7-28 单位阶跃电压源作用下的 RC 电路

$$u_C=\left(1-e^{-\frac{t}{\tau}}\right)\varepsilon(t)$$

$$i_C=\frac{u_S-u_C}{R}=\frac{1}{R}e^{-\frac{t}{\tau}}\varepsilon(t)$$

如果外加激励 $u_S=U_S\varepsilon(t)$，则 $t=0$ 时，$u_C(0_+)=u_C(0_-)=0$，$t\to\infty$ 时，$u_C(\infty)=U_S\varepsilon(t)$，电路的响应为

$$u_C=U_S\left(1-e^{-\frac{t}{\tau}}\right)\varepsilon(t)$$

$$i_C=\frac{U_S}{R}e^{-\frac{t}{\tau}}\varepsilon(t)$$

如果外加激励 $u_S=U_S\varepsilon(t-t_0)$，则 $t=0$ 时，$u_C(0_+)=u_C(0_-)=0$，$t\to\infty$ 时，$u_C(\infty)=U_S\varepsilon(t-t_0)$，电路的响应为

$$u_C = U_S \left(1 - e^{-\frac{t-t_0}{\tau}} \right) \varepsilon(t-t_0)$$

$$i_C = \frac{U_S}{R} e^{-\frac{t-t_0}{\tau}} \varepsilon(t-t_0)$$

实际上，当外加激励为 $u_S = U_S \varepsilon(t-t_0)$ 时，表示电路在 t_0 时刻换路。电路的响应整体右移 t_0，在响应表达式中，只要把所有的 t 改为 $t-t_0$ 就可以了。在所有的阶跃响应表达式中，由于阶跃函数的存在，在响应的表达式后不需要添加时间范围。$\varepsilon(t)$ 在 $t<0$ 时等于 0，在 $t>0$ 时等于 1，它的定义域是整个时间轴，而响应中的 $t \geq 0_+$ 是指响应只定义在 $t \geq 0_+$ 的范围里，至于 $t<0$ 没有定义，响应的表达式只反映 $t \geq 0_+$ 的部分。对于线性非时变电路来说，如果设激励为 $\varepsilon(t)$，它的响应为 $s(t)$，那么当激励为 $A\varepsilon(t)$ 时，响应为 $As(t)$，当激励为 $A\varepsilon(t-t_0)$ 时，响应为 $As(t-t_0)$，因此在求解电路时，只要求解出单位阶跃响应，其他的阶跃响应可以按照线性电路的齐次性关系和延时性质直接写出。

【例 7-9】 电路如图 7-29a 所示，已知 u_S 的波形如图 7-29b 所示，求在此过程中 u_C 的变化规律。

解：根据图 7-29b 所示波形图可知，u_S 可以用两个阶跃函数表示，如图 7-30a 所示，为

$$u_S = U_S \varepsilon(t) - U_S \varepsilon(t-t_0)$$

应用叠加定理，$U_S \varepsilon(t)$ 作用下的电路响应为

$$u_C' = U_S \left(1 - e^{-\frac{t}{\tau}} \right) \varepsilon(t)$$

$-U_S \varepsilon(t-t_0)$ 作用下的电路响应为

$$u_C'' = -U_S \left(1 - e^{-\frac{t-t_0}{\tau}} \right) \varepsilon(t-t_0)$$

所以有

$$u_C = U_S \left(1 - e^{-\frac{t}{\tau}} \right) \varepsilon(t) - U_S \left(1 - e^{-\frac{t-t_0}{\tau}} \right) \varepsilon(t-t_0) \tag{7-37}$$

式中，$\tau = RC$。曲线如图 7-30b 所示。

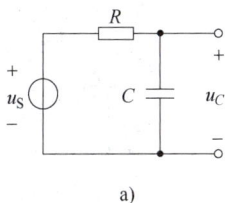

a)

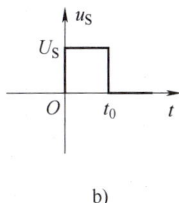

b)

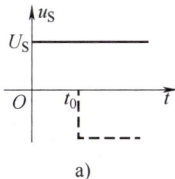

a)

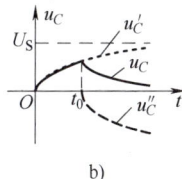

b)

图 7-29 例 7-9 图

a) RC 电路 b) u_S 的波形图

图 7-30 u_S 和 u_C 的曲线

a) u_S 的曲线 b) u_C 的曲线

在电路中，由于阶跃函数是开关函数，所以例 7-9 还可以看作是开关在 $t=0$ 时刻电源与电路接通，在 $t=t_0$ 时刻电源与电路断开的两次换路问题。

在 $t=0$ 时刻电路接通电源，电路响应为零状态响应，则有

$$u_C = U_S \left(1 - e^{-\frac{t}{\tau}} \right) \quad (0 \leq t < t_0) \tag{7-38}$$

在 $t=t_0$ 时刻电源与电路断开，电路响应为零输入响应，响应初始值为零状态响应在 $t=t_0$ 的值，即

$$u_C(t_{0+}) = u_C(t_{0-}) = U_S \left(1 - e^{-\frac{t_0}{\tau}}\right)$$

所以有

$$u_C = u_C(t_{0+})e^{-\frac{t-t_0}{\tau}} = U_S \left(1 - e^{-\frac{t_0}{\tau}}\right)e^{-\frac{t-t_0}{\tau}} \quad (t \geqslant t_{0+}) \tag{7-39}$$

两种解法所得结果表达形式不同，但实际是一样的。当 $0 \leqslant t < t_0$ 时，式（7-37）中的第二项为零，所以此时式（7-37）与式（7-38）相同；当 $t \geqslant t_{0+}$ 时，式（7-37）中两项均不为零，将式（7-37）做如下变换：

$$
\begin{aligned}
u_C &= U_S - U_S e^{-\frac{t}{\tau}} - U_S + U_S e^{-\frac{t-t_0}{\tau}} \\
&= -U_S e^{-\frac{t}{\tau}} + U_S e^{-\frac{t-t_0}{\tau}} \\
&= -U_S e^{-\frac{t-t_0}{\tau}} e^{-\frac{t_0}{\tau}} + U_S e^{-\frac{t-t_0}{\tau}} \\
&= U_S \left(1 - e^{-\frac{t_0}{\tau}}\right) e^{-\frac{t-t_0}{\tau}}
\end{aligned}
$$

其结果与式（7-39）相同。由此可见，在求解电路时，选择合适的方法，是快速解决问题的关键。

7.6 一阶电路的冲激响应

电路中，对于某些作用时间极短、数值极大而效果有限的物理量可以用冲激函数来描述。如力学中瞬间作用的冲击力极大，作用时间极短，而冲量有限，冲击力可看作冲激函数；又如电路中电容在充、放电过程中，电压发生跃变时所需的电流极大，作用时间极短，而瞬间转移的电荷有限，电容的充、放电电流可看作冲激函数。

在动态电路分析中，电路中引入冲激响应的主要原因是为了提供一种求解任意输入作用下电路响应的方法，运用这一方法解决某些复杂函数进行积分运算的问题。

7.6.1 冲激函数及其性质

1. 单位矩形脉冲函数

单位矩形脉冲函数定义为

冲激函数
及其性质

$$p(t) = \begin{cases} 0 & (t<0) \\ \dfrac{1}{\Delta t} & (0<t<\Delta t) \\ 0 & (t>\Delta t) \end{cases}$$

如图7-31a所示，曲线的宽度为 Δt，高度为 $1/\Delta t$，曲线与坐标轴所围面积等于1。

单位脉冲函数的特点是，脉冲宽度 Δt 减小时，脉冲的高度 $1/\Delta t$ 增加，当 Δt 趋近于零时，高度趋近于无穷大，但面积仍为1，把这样的单位脉冲函数定义为单位冲激函数，用 $\delta(t)$ 表示，即

$$\delta(t) = \lim_{\Delta t \to 0} p(t) = \begin{cases} \infty & (t=0) \\ 0 & (t \neq 0) \end{cases}$$

其图形如图7-31b所示。当 $t \neq 0$ 时，$\delta(t) = 0$；当 $t = 0$ 时，$\delta(t) \to \infty$，但冲激函数在 $-\infty$ 到 $+\infty$ 区

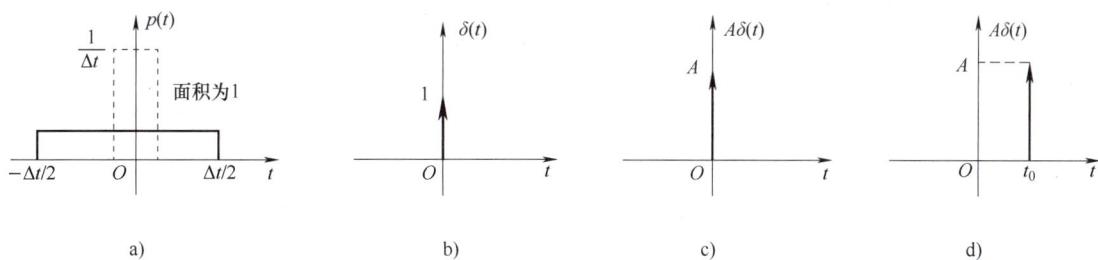

图 7-31　单位矩形脉冲与冲激函数
a)单位矩形脉冲函数　b)单位冲激函数　c)冲激函数　d)延时冲激函数

间的定积分等于 1 （实际积分范围为 0_- 到 0_+），即

$$\begin{cases} \delta(t) = 0 & (t \neq 0) \\ \int_{-\infty}^{+\infty} \delta(t)\,\mathrm{d}t = 1 \end{cases}$$

箭头的高度表示脉冲的面积，将面积的大小标注在箭头旁。单位冲激函数可以设想为，在原点处宽度趋近于零而幅度趋近于无限大但具有单位面积的脉冲。

2. 冲激函数

如果将 $\delta(t)$ 乘以任意常数 A，便得到了冲激函数的一般形式，用 $A\delta(t)$ 表示，即

$$\begin{cases} A\delta(t) = 0 & (t \neq 0) \\ \int_{-\infty}^{+\infty} A\delta(t)\,\mathrm{d}t = A \end{cases}$$

当 $t \neq 0$ 时，$A\delta(t) = 0$；当 $t = 0$ 时，$A\delta(t) \to \infty$，但 $A\delta(t)$ 在 $-\infty$ 到 $+\infty$ 区间的定积分等于 A，如图 7-31c 所示。把冲激函数所含面积称为冲激函数的强度，因此冲激函数可以设想为在原点处宽度趋近于零而幅度趋近于无限大但面积为 A 的脉冲，A 称为冲激量，用来表征冲激函数的冲激强度。当 $A = 1$ 时，为单位冲激函数。

如果用 $A\delta(t)$ 表示冲激电流，那么它与坐标轴所围面积的单位是安·秒（A·s），即为库［仑］（C），也就是说，冲激电流 $A\delta(t)$ 在极短的时间 $\mathrm{d}t$ 内，移动的电荷为 A 库。因此，虽然电流幅度极大，但在极短的时间内移动的电荷量却有限。同样，如果 $A\delta(t)$ 表示的是冲激电压，那么，冲激量的单位是伏·秒（V·s），即为韦［伯］（Wb），冲激电压在瞬间建立起 A 韦的磁通链，电压幅度极大，但在瞬间建立的磁通链却有限。

3. 延时冲激函数

如果冲激量为 A 的冲激函数在 $t = t_0$ 时发生，即

$$\begin{cases} A\delta(t-t_0) = 0 & (t \neq t_0) \\ \int_{-\infty}^{+\infty} A\delta(t-t_0)\,\mathrm{d}t = A \end{cases}$$

称为延时冲激函数，记作 $A\delta(t-t_0)$，如图 7-31d 所示。如果 $A = 1$，则称为单位延时冲激函数。

4. 单位冲激函数与单位阶跃函数的关系

根据单位冲激函数的定义可知

$$\int_{-\infty}^{t} \delta(\zeta)\,\mathrm{d}\zeta = \begin{cases} 1 & (t>0) \\ 0 & (t<0) \end{cases} = \varepsilon(t)$$

这个积分表达式符合单位阶跃函数的定义式，从而得

$$\frac{\mathrm{d}\varepsilon(t)}{\mathrm{d}t} = \delta(t)$$

即单位阶跃函数的导数是单位冲激函数。

5. 单位冲激函数的筛分性质

单位冲激函数除了在原点外，对所有的 t 有 $\delta(t)=0$，因此，除了 $t=0$ 外，对所有的 t，任意函数 $f(t)$ 乘以 $\delta(t)$ 都等于零。而在 $t=0$ 时刻，函数 $f(t)=f(0)$，故得

$$f(t)\delta(t) = f(0)\delta(t) \tag{7-40}$$

若在 $t\in(-\infty,+\infty)$ 区间内对式（7-40）进行积分，则有

$$\int_{-\infty}^{+\infty} f(t)\delta(t)\,\mathrm{d}t = \int_{-\infty}^{+\infty} f(0)\delta(t)\,\mathrm{d}t = f(0)$$

同理可得

$$\int_{-\infty}^{+\infty} f(t)\delta(t-t_1)\,\mathrm{d}t = f(t_1)$$

依此类推，冲激函数能把函数 $f(t)$ 在冲激存在时刻的函数值筛分出来，把冲激函数的这一性质，称为冲激函数的筛分性质，如图 7-32 所示。

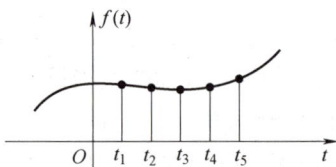

图 7-32 一阶电路冲激响应的筛分性质

7.6.2 冲激响应

冲激响应是指冲激函数作用下的零状态响应，用 $h(t)$ 表示。冲激函数作为激励作用于零状态响应电路，其冲激响应可分两个阶段进行：

1）第一阶段为 $t=0$ 时刻，也就是在 $t=0_-$ 到 $t=0_+$ 区间，由于 $\delta(t)\neq0$，电路在换路瞬间建立初始状态，电路的响应为零状态响应。

冲激响应

2）第二阶段为 $t>0$ 时，由于 $\delta(t)=0$，电路的响应为初始状态引起的零输入响应。

图 7-33a 所示电路为冲激电流源作用下的 RC 电路。对电容来说，其伏安关系可表示为

$$u_C(t) = u_C(0_-) + \frac{1}{C}\int_{0_-}^{t} i_C(\zeta)\,\mathrm{d}\zeta$$

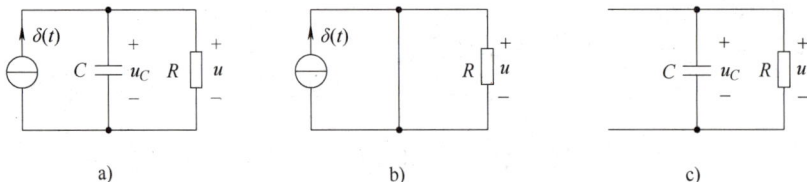

图 7-33 冲激电流源作用于 RC 电路
a) RC 电路由冲激电流源激励 b) $t=0_+$ 时刻的等效电路 c) $t>0$ 时的等效电路

设 $t = 0_+$，则有

$$u_C(0_+) = u_C(0_-) + \frac{1}{C}\int_{0_-}^{0_+} i_C(\zeta)\,\mathrm{d}\zeta$$

由于冲激电流源的存在，已不能保证在 $t = 0$ 瞬间电容的电流为有限值。

设 $i_C(t) = A\delta(t)$，则有

$$u_C(0_+) = u_C(0_-) + \frac{1}{C}\int_{0_-}^{0_+} A\delta(t)\,\mathrm{d}t$$

$$= u_C(0_-) + \frac{A}{C}$$

由于

$$w_C = \frac{1}{2}Cu_C^2(t)$$

电容的储能为有限值，所以电容的电压也为有限值，电容两端不应出现冲激电压，因此，电阻支路的电流不是冲激电流。这就是说，冲激激励作用于电路瞬间，电容支路应看成短路，而不论电容原来是否有电压，其等效电路如图 7-33b 所示。若 $u_C(0_-) = 0$，则有

$$u_C(0_+) = \frac{A}{C}$$

它是冲激激励 $A\delta(t)$ 作用下的零状态响应。当 $t > 0$ 时，$A\delta(t) = 0$，冲激电流源相当于开路，电路响应 $u_C(t)$ 相当于初始状态为 $u_C(0_+)$ 引起的零输入响应，其等效电路如图 7-33c 所示，此时有

$$u_C(t) = \frac{A}{C}\mathrm{e}^{-\frac{t}{RC}}\varepsilon(t)$$

根据电容元件伏安关系的微分形式可得电容的电流为

$$i_C(t) = C\frac{\mathrm{d}u_C}{\mathrm{d}t} = A\delta(t) - \frac{A}{RC}\mathrm{e}^{-\frac{t}{RC}}\varepsilon(t)$$

综上可知，在 $t = 0$ 时，冲激电流通过电容，电容瞬间获得 $A/C\mathrm{V}$ 的电压，$t > 0$ 时，电容的电流从 $-A/(RC)$ 开始按指数规律衰减直至为零。

图 7-34a 所示电路为冲激电压源作用下的 RL 电路。对电感来说，其伏安关系可表示为

$$i_L(t) = i_L(0_-) + \frac{1}{L}\int_{0_-}^{t} u_L(\zeta)\,\mathrm{d}\zeta$$

设 $t = 0_+$，则有

$$i_L(0_+) = i_L(0_-) + \frac{1}{L}\int_{0_-}^{0_+} u_L(\zeta)\,\mathrm{d}\zeta$$

由于冲激电压源的存在，已不能保证在 $t = 0$ 时瞬间电感的电压为有限值。

设 $u_L(t) = A\delta(t)$，则有

$$i_L(0_+) = i_L(0_-) + \frac{1}{L}\int_{0_-}^{0_+} A\delta(t)\,\mathrm{d}t$$

$$= i_L(0_-) + \frac{A}{L}$$

由于

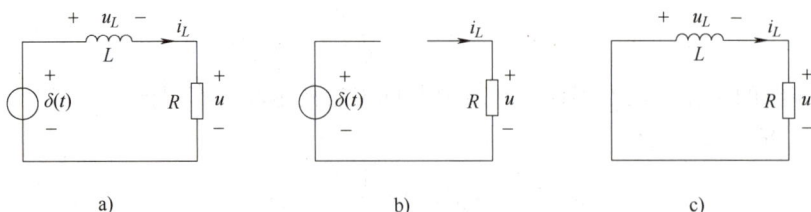

图 7-34 冲激电压源作用于 *RL* 电路

a) *RL* 电路由冲激电压源激励 b) *t*=0₊时刻的等效电路 c) *t*>0 时的等效电路

$$w_L = \frac{1}{2}Li_L^2(t)$$

电感的储能为有限值，所以电感的电流也为有限值，电感中不应有冲激电流流过，冲激激励作用于电路瞬间，电感支路应看成开路，而不论电感原来是否有电流流过，其等效电路如图 7-34b 所示。若 $i_L(0_-)=0$，则有

$$i_L(0_+)=\frac{A}{L}$$

它是冲激激励 $A\delta(t)$ 作用下的零状态响应。当 $t>0$ 时，$A\delta(t)=0$，冲激电压源相当于短路，电路响应 $i_L(t)$ 相当于初始状态为 $i_L(0_+)$ 引起的零输入响应，其等效电路如图 7-34c 所示，此时有

$$i_L(t)=\frac{A}{L}e^{-\frac{R}{L}t}\varepsilon(t)$$

根据电感元件伏安关系的微分形式可得电感的电压为

$$u_L(t)=L\frac{di_L}{dt}=A\delta(t)-\frac{R}{L}Ae^{-\frac{R}{L}t}\varepsilon(t)$$

综上可知，正是由于冲激电压的存在，电感瞬间获得了 A/LA 的电流，t>0 时，$i_L(t)$ 从 A/L 开始按指数规律衰减，$u_L(t)$ 从 -(RA/L) 开始，按与电感电流相同的指数规律衰减，当时间趋近于无穷大时衰减完成。

7.6.3 单位冲激响应与单位阶跃响应的关系

单位脉冲函数可用两个单位阶跃函数之差表示，即

$$p(t)=\frac{1}{\Delta t}[\varepsilon(t)-\varepsilon(t-\Delta t)]$$

若已知电路对单位阶跃函数 $\varepsilon(t)$ 的响应为 $s(t)$，那么，电路对单位脉冲的响应为

$$r(t)=\frac{1}{\Delta t}[s(t)-s(t-\Delta t)]$$

当 $\Delta t\to 0$ 时，得电路的冲激响应为

$$h(t)=\lim_{\Delta t\to 0}\frac{s(t)-s(t-\Delta t)}{\Delta t}=\frac{ds(t)}{dt} \tag{7-41}$$

即单位冲激响应在数值上可以通过单位阶跃响应对时间的导数求得。从数学的观点来看，由于

单位阶跃函数在 $t=0$ 时刻无定义，因此式（7-41）不成立。但在实际应用中，这两种函数之间的关系却十分有用。因为实际工程中，既不存在绝对的冲激，也不存在绝对的阶跃，它们都是一种理想化信号，阶跃函数可以看作是一种 $t=0$ 时上升速率极高的波形，对这种波形求导的结果是获得一个宽度极为窄小而幅度极大的脉冲，这种脉冲可以近似地看作冲激。

对于线性电路来说，激励之间具有什么样的关系，其响应之间也具有什么样的关系。利用这一关系，可以通过阶跃响应求解电路的冲激响应。

【例 7-10】　电路如图 7-35 所示，已知电路的外加激励 $i_s(t)=\delta(t)$，求冲激响应 $i_L(t)$。

解法 1： 当 $t=0$ 时，电路的零状态响应为

$$i_L(0_+)=i_L(0_-)+\frac{1}{L}\int_{0_-}^{0_+}u_L(t)\,\mathrm{d}t$$

而

$$u_L(t)=\frac{5\times10}{5+5+10}\delta(t)\,\mathrm{V}=2.5\delta(t)\,\mathrm{V}$$

所以有

$$i_L(0_+)=5\mathrm{A}$$

电路的时间常数为

$$\tau=\frac{L}{R}=\frac{0.5}{\dfrac{(5+5)\times10}{(5+5)+10}}\mathrm{s}=0.1\mathrm{s}$$

当 $t>0$ 时，电路的零输入响应为

$$i_L(t)=i_L(0_+)\mathrm{e}^{-\frac{t}{\tau}}=5\mathrm{e}^{-10t}\varepsilon(t)\,\mathrm{A}$$

解法 2： 设外加激励为 $\varepsilon(t)$，用三要素法，求电路的单位阶跃响应，有

$$i_{L\varepsilon}(0_+)=i_{L\varepsilon}(0_-)=0\mathrm{A}$$

$$i_{L\varepsilon}(\infty)=\frac{5}{5+5}\mathrm{A}=0.5\mathrm{A}$$

$$\tau=0.1\mathrm{s}$$

所以有

$$i_{L\varepsilon}(t)=0.5(1-\mathrm{e}^{-10t})\varepsilon(t)\,\mathrm{A}$$

根据单位冲激响应与单位阶跃响应的关系，得冲激响应为

$$i_L(t)=\frac{\mathrm{d}i_{L\varepsilon}(t)}{\mathrm{d}t}=5\mathrm{e}^{-10t}\varepsilon(t)+0.5(1-\mathrm{e}^{-10t})\delta(t)$$

根据式（7-40）得

$$i_L(t)=5\mathrm{e}^{-10t}\varepsilon(t)\,\mathrm{A}$$

7.7　拉普拉斯变换

7.7.1　拉普拉斯正变换

拉普拉斯变换法的核心是通过积分把时间函数 $f(t)$ 与复变函数 $F(s)$ 联系起来，把时

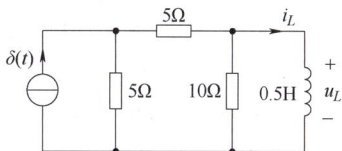
图 7-35　例 7-10 图

域问题通过数学积分变换为复频域问题，把时域的微分方程变换为复频域的代数方程，以便于求解。应用拉普拉斯变换进行电路分析的方法称为电路的复频域分析法，也称为运算法。

如果函数 $f(t)$ 满足在 $t \geqslant 0$ 时有定义，且积分

$$\int_0^{+\infty} f(t) \mathrm{e}^{-st} \mathrm{d}t$$

在 s 的某一域内收敛，则由此积分确定的函数写为

$$F(s) = \int_0^{+\infty} f(t) \mathrm{e}^{-st} \mathrm{d}t \tag{7-42}$$

把式（7-42）称为函数 $f(t)$ 的拉普拉斯变换式，简称拉氏变换式，记为

$$F(s) = \mathscr{L}[f(t)]$$

$F(s)$ 称为 $f(t)$ 的拉氏变换（或象函数）；$f(t)$ 称为 $F(s)$ 的拉氏反变换（或原函数），记为

$$f(t) = \mathscr{L}^{-1}[F(s)]$$

在电路理论中，式（7-42）的积分下限为 $t = 0_-$，是为了计及 $t = 0$ 时 $f(t)$ 可能包含的冲激函数，以便得到完整的结果。式（7-42）中 $s = \sigma + \mathrm{j}\omega$ 为复变量，它和频率具有相同的量纲，其单位为赫兹（Hz），因此也把 s 称为复频率。s 的实部 σ 应为足够大的正数，这样才能使函数 $f(t)\mathrm{e}^{-\sigma t}$ 的幅度在 $t \to +\infty$ 的过程中不断衰减以趋近于零，即满足

$$\int_{0_-}^{+\infty} |f(t)| \mathrm{e}^{-\sigma t} \mathrm{d}t < +\infty \tag{7-43}$$

$f(t)$ 的拉普拉斯变换才存在。$\mathrm{e}^{-\sigma t}$ 起收敛作用，称为收敛因子。电路分析中所遇到的函数 $f(t)$ 通常满足式（7-43）的条件，所以一般不必关注拉普拉斯变换的存在问题。

7.7.2　常用函数的拉普拉斯变换

1. 单位阶跃函数的象函数
若 $f(t) = \varepsilon(t)$，则有

$$F(s) = \mathscr{L}[\varepsilon(t)] = \int_{0_-}^{+\infty} \varepsilon(t) \mathrm{e}^{-st} \mathrm{d}t = \int_{0_-}^{+\infty} \mathrm{e}^{-st} \mathrm{d}t = -\frac{1}{s} \mathrm{e}^{-st} \bigg|_0^{+\infty} = \frac{1}{s}$$

2. 单位冲激函数的象函数
若 $f(t) = \delta(t)$，则有

$$F(s) = \mathscr{L}[\delta(t)] = \int_{0_-}^{+\infty} \delta(t) \mathrm{e}^{-st} \mathrm{d}t = \int_{0_-}^{0_+} \delta(t) \mathrm{e}^{-s0} \mathrm{d}t = 1$$

3. 指数函数的象函数
若 $f(t) = \mathrm{e}^{\pm\alpha t}$，则有

$$F(s) = \mathscr{L}[\mathrm{e}^{\pm\alpha t}] = \int_{0_-}^{+\infty} \mathrm{e}^{\pm\alpha t} \mathrm{e}^{-st} \mathrm{d}t = -\frac{1}{s \mp \alpha} \mathrm{e}^{-(s \mp \alpha)t} \bigg|_{0_-}^{+\infty} = \frac{1}{s \mp \alpha}$$

4. 斜坡函数的象函数
若 $f(t) = t$，则有

$$F(s) = \mathscr{L}[t] = \int_{0_-}^{+\infty} t\mathrm{e}^{-st} \mathrm{d}t \overset{\text{分部积分}}{=} \int_{0_-}^{+\infty} t\mathrm{d}\left(\frac{\mathrm{e}^{-st}}{-s}\right) = t\frac{\mathrm{e}^{-st}}{-s} \bigg|_{0_-}^{+\infty} - \int_{0_-}^{+\infty} \frac{\mathrm{e}^{-st}}{-s} \mathrm{d}t = -\frac{1}{s}\frac{1}{s}\mathrm{e}^{-st} \bigg|_{0_-}^{+\infty} = \frac{1}{s^2}$$

7.7.3 拉普拉斯变换的 5 个基本性质

1. 线性性质

若已知 $\mathscr{L}[f_1(t)] = F_1(s)$，$\mathscr{L}[f_2(t)] = F_2(s)$，且 A_1 和 A_2 为任意常数，则有

$$\mathscr{L}[A_1 f_1(t) \pm A_2 f_2(t)] = A_1 F_1(s) \pm A_2 F_2(s)$$

线性性质表明，函数线性组合的拉普拉斯变换等于各函数拉普拉斯变换的线性组合。

证明：

$$\mathscr{L}[A_1 f_1(t) \pm A_2 f_2(t)] = \int_{0_-}^{+\infty} [A_1 f_1(t) \pm A_2 f_2(t)] e^{-st} dt$$

$$= \int_{0_-}^{+\infty} A_1 f_1(t) e^{-st} dt \pm \int_{0_-}^{+\infty} A_2 f_2(t) e^{-st} dt$$

$$= A_1 F_1(s) \pm A_2 F_2(s)$$

【例 7-11】 求 $f(t) = A(1 - e^{-\alpha t})$ 的象函数。

解： $\mathscr{L}[A(1 - e^{-\alpha t})] = A\left(\dfrac{1}{s} - \dfrac{1}{s+\alpha} \right)$

【例 7-12】 求 $f(t) = \sin\omega t$ 的象函数。

解： $\mathscr{L}[\sin\omega t] = \mathscr{L}\left[\dfrac{e^{j\omega t} - e^{-j\omega t}}{2j} \right] = \dfrac{1}{2j}\left(\dfrac{1}{s - j\omega} - \dfrac{1}{s + j\omega} \right) = \dfrac{\omega}{s^2 + \omega^2}$

2. 微分性质

若已知 $\mathscr{L}[f(t)] = F(s)$，则有

$$\mathscr{L}\left[\frac{df(t)}{dt} \right] = sF(s) - f(0_-)$$

式中，$f(0_-)$ 为原函数 $f(t)$ 在 $t = 0_-$ 时刻的值。微分性质表明，一个函数微分后的拉普拉斯变换等于这个函数的象函数乘以复变量 s，再减去原函数 $f(t)$ 在 $t = 0_-$ 时刻的值。

证明：

$$\mathscr{L}\left[\frac{df(t)}{dt} \right] = \int_{0_-}^{+\infty} \frac{df(t)}{dt} e^{-st} dt$$

$$= \int_{0_-}^{+\infty} e^{-st} df(t) = e^{-st} f(t) \Big|_{0_-}^{+\infty} - \int_{0_-}^{+\infty} e^{-st} f(t)(-s) dt$$

$$= sF(s) - f(0_-)$$

【例 7-13】 求 $f(t) = \cos\omega t$ 的象函数。

解： $\mathscr{L}[\cos\omega t] = \mathscr{L}\left[\dfrac{1}{\omega} \dfrac{d(\sin\omega t)}{dt} \right] = \dfrac{1}{\omega}\left(\dfrac{\omega}{s^2 + \omega^2} s - 0 \right) = \dfrac{s}{s^2 + \omega^2}$

推广：当求解 $f(t)$ 的 n 阶导数的象函数时，可以重复应用微分性质。如 2 阶导数的象函数为

$$\mathscr{L}\left[\frac{d^2 f(t)}{dt^2} \right] = \mathscr{L}\left[\frac{d}{dt} f'(t) \right] = s[sF(s) - f(0_-)] - f'(0_-) = s^2 F(s) - sf(0_-) - f'(0_-)$$

式中，$f'(0_-) = \dfrac{df(t)}{dt}\bigg|_{t=0_-}$。$n$ 阶导数的象函数为

$$\mathscr{L}\left[\frac{\mathrm{d}^n f(t)}{\mathrm{d}t^n}\right]=s^n F(s)-s^{n-1}f(0_-)-\cdots-f^{n-1}(0_-)$$

3. 积分性质

若已知 $\mathscr{L}[f(t)]=F(s)$，则有

$$\mathscr{L}\left[\int_{0_-}^{t}f(t)\,\mathrm{d}t\right]=\frac{F(s)}{s}$$

积分性质表明，一个函数积分后的拉普拉斯变换等于这个函数的象函数与复变量 s 的比值。

证明：

$$\mathscr{L}\left[\int_{0_-}^{t}f(t)\,\mathrm{d}t\right]=\int_{0_-}^{+\infty}\left(\int_{0_-}^{t}f(\zeta)\,\mathrm{d}\zeta\right)\mathrm{e}^{-st}\mathrm{d}t=\int_{0_-}^{+\infty}\left(\int_{0_-}^{t}f(\zeta)\,\mathrm{d}\zeta\right)\mathrm{d}\left(\frac{\mathrm{e}^{-st}}{-s}\right)$$

$$=\frac{\mathrm{e}^{-st}}{-s}\left(\int_{0_-}^{t}f(\zeta)\,\mathrm{d}\zeta\right)\Bigg|_{0_-}^{+\infty}-\int_{0_-}^{+\infty}\frac{\mathrm{e}^{-st}}{-s}\mathrm{d}\left(\int_{0_-}^{t}f(\zeta)\,\mathrm{d}\zeta\right)$$

$$=\frac{1}{s}\int_{0_-}^{+\infty}\mathrm{e}^{-st}f(t)\,\mathrm{d}t=\frac{F(s)}{s}$$

【例 7-14】 利用积分性质求 $f(t)=\sin\omega t$ 的象函数。

解：$\mathscr{L}[\sin\omega t]=\mathscr{L}\left[\omega\int_{0_-}^{t}\cos\omega t\mathrm{d}t\right]=\omega\frac{1}{s}\frac{s}{s^2+\omega^2}=\frac{\omega}{s^2+\omega^2}$

【例 7-15】 求 $f(t)=t\varepsilon(t)$ 的象函数。

解：$\mathscr{L}[t\varepsilon(t)]=\mathscr{L}\left[\int_{0_-}^{+\infty}\varepsilon(t)\,\mathrm{d}t\right]=\frac{1}{s}\frac{1}{s}=\frac{1}{s^2}$

4. 延迟性质

若已知 $\mathscr{L}[f(t)]=F(s)$，则有

$$\mathscr{L}[f(t-t_0)\varepsilon(t-t_0)]=\mathrm{e}^{-st_0}F(s)$$

延迟性质表明，一个函数延迟 t_0 后的拉普拉斯变换等于这个函数的象函数与 e^{-st_0} 的乘积。

证明：

$$\mathscr{L}[f(t-t_0)]=\mathscr{L}\left[\int_{0_-}^{+\infty}f(t-t_0)\mathrm{e}^{-st}\mathrm{d}t\right]\overset{\diamondsuit\tau=t-t_0}{=}\int_{0_-}^{+\infty}f(\tau)\mathrm{e}^{-s(\tau+t_0)}\mathrm{d}\tau$$

$$=\mathrm{e}^{-st_0}\int_{0_-}^{+\infty}f(\tau)\mathrm{e}^{-s\tau}\mathrm{d}\tau$$

$$=\mathrm{e}^{-st_0}F(s)$$

【例 7-16】 写出 $f(t)=\varepsilon(t)-\varepsilon(t-T)$ 的象函数。

解：$\mathscr{L}[\varepsilon(t)-\varepsilon(t-T)]=\frac{1}{s}-\frac{1}{s}\mathrm{e}^{-sT}$

【例 7-17】 写出 $f(t)=t[\varepsilon(t-1)-\varepsilon(t-2)]$ 的象函数。

解：$\mathscr{L}[t[\varepsilon(t-1)-\varepsilon(t-2)]]=\mathscr{L}[t\varepsilon(t-1)-t\varepsilon(t-2)]$

$$=\mathscr{L}[(t-1)\varepsilon(t-1)+\varepsilon(t-1)-(t-2)\varepsilon(t-2)-2\varepsilon(t-2)]$$

$$=\mathrm{e}^{-s}\frac{1}{s^2}+\mathrm{e}^{-s}\frac{1}{s}-\mathrm{e}^{-2s}\frac{1}{s^2}-\mathrm{e}^{-2s}\frac{2}{s}$$

$$=\frac{\mathrm{e}^{-s}}{s^2}(1+s-\mathrm{e}^{-s}-2s\mathrm{e}^{-s})$$

5. 位移性质

若已知 $\mathscr{L}[f(t)] = F(s)$，则有

$$\mathscr{L}[e^{\alpha t}f(t)] = F(s-\alpha)$$

位移性质表明，一个函数在时域内乘以一个指数函数 $e^{\alpha t}$ 后的拉普拉斯变换相当于这个函数的象函数在复频域中坐标平移的距离为 α。

证明：

$$\mathscr{L}[e^{\alpha t}f(t)] = \int_{0_-}^{+\infty} e^{\alpha t}f(t)e^{-st}dt = \int_{0_-}^{+\infty} e^{-(s-\alpha)t}f(t)dt = F(s-\alpha)$$

【例 7-18】 写出 $f(t) = te^{-\alpha t}\varepsilon(t)$ 的象函数。

解：$\mathscr{L}[te^{-\alpha t}\varepsilon(t)] = \dfrac{1}{(s+\alpha)^2}$

【例 7-19】 写出 $f(t) = e^{-\alpha t}\cos\omega t\varepsilon(t)$ 的象函数。

解：$\mathscr{L}[e^{-\alpha t}\cos\omega t\varepsilon(t)] = \dfrac{s+\alpha}{(s+\alpha)^2+\omega^2}$

7.7.4 拉普拉斯反变换的部分分式展开法

拉普拉斯反变换的定义式为

$$f(t) = \frac{1}{2\pi j}\int_{\sigma-j\infty}^{\sigma+j\infty} F(s)e^{st}ds \quad (t>0)$$

这是一个复变函数的积分，与式（7-42）构成拉普拉斯变换对。由于复变函数的积分计算较为复杂，所以通常采用部分分式法进行求解。对于线性集中参数电路来说，响应的象函数 $F(s)$ 通常是 s 的有理分式，即象函数的一般形式为

$$F(s) = \frac{N(s)}{D(s)} = \frac{a_m s^m + a_{m-1}s^{m-1} + \cdots + a_1 s + a_0}{b_n s^n + b_{n-1}s^{n-1} + \cdots + b_1 s + b_0}$$

式中，m、n 为正整数；a_0，a_1，$\cdots$，a_m、b_0，b_1，$\cdots$，b_n 为实数；$N(s)$ 和 $D(s)$ 都为实系数多项式。

若 $n>m$，$F(s)$ 为真分式，根据 $D(s)=0$ 的根的形式，可分为 3 种情况对 $F(s)$ 进行展开。

1. $D(s)=0$ 的根为单实根

设 $D(s)=0$ 有 n 个不相等的实根，分别为 p_1，p_2，$\cdots$，p_n，于是有

$$F(s) = \frac{N(s)}{D(s)} = \frac{N(s)}{b_n(s-p_1)(s-p_2)\cdots(s-p_n)} \tag{7-44}$$

将象函数展开为若干简单分式，得

$$F(s) = \frac{k_1}{s-p_1} + \frac{k_2}{s-p_2} + \cdots + \frac{k_n}{s-p_n} \tag{7-45}$$

式中，k_1，k_2，$\cdots$，k_n 为待定系数。

确定待定系数 k 的方法有两种：

方法 1：将式（7-45）两边同时乘以 $(s-p_1)$，得

$$(s-p_1)F(s) = (s-p_1)\left(\frac{k_1}{s-p_1}+\frac{k_2}{s-p_2}+\cdots+\frac{k_n}{s-p_n}\right)$$

消去相同的因子，代入 $s=p_1$，可得第一个待定系数 k_1 的值为

$$k_1 = (s-p_1)F(s)\big|_{s=p_1}$$

同理可以确定式（7-45）中各待定系数的公式为

$$k_i = (s-p_i)F(s)\big|_{s=p_i} \quad (i=1,2,\cdots,n)$$

方法 2：将式（7-44）两边同时乘以 $(s-p_1)$，得

$$(s-p_1)F(s) = \frac{N(s)}{D(s)} = \frac{(s-p_1)N(s)}{b_n(s-p_1)(s-p_2)\cdots(s-p_n)} \tag{7-46}$$

相同的因子不约分，当 $s=p_1$ 时，式（7-46）为 $\dfrac{0}{0}$ 型不定式，应用洛必达法则确定待定系数 k_1 的值，为

$$k_1 = \lim_{s\to p_1}\frac{(s-p_1)N(s)}{D(s)} = \lim_{s\to p_1}\frac{N'(s)(s-p_1)+N(s)}{D'(s)} = \frac{N(s)}{D'(s)}\bigg|_{s=p_1} = \frac{N(p_1)}{D'(p_1)}$$

由此可得

$$k_i = \frac{N(s)}{D'(s)}\bigg|_{s=p_i} = \frac{N(p_i)}{D'(p_i)} \quad (i=1,2,\cdots,n)$$

确定了各部分分式的系数后，对各部分分式进行拉普拉斯反变换，即可得 $F(s)$ 的原函数为

$$f(t) = \mathscr{L}^{-1}[F(s)] = k_1\mathrm{e}^{p_1 t}+k_2\mathrm{e}^{p_2 t}+\cdots+k_n\mathrm{e}^{p_n t} = \sum_{i=1}^{n}k_i\mathrm{e}^{p_i t}$$

【例 7-20】 求 $F(s)=\dfrac{4s+5}{s^2+5s+6}$ 的原函数 $f(t)$。

解：令 $D(s)=s^2+5s+6=0$，则方程的根为 $p_1=-2$，$p_2=-3$，故有

$$F(s) = \frac{4s+5}{s^2+5s+6} = \frac{k_1}{s+2}+\frac{k_2}{s+3}$$

应用方法 1 确定待定系数：

$$k_1 = \frac{4s+5}{s+3}\bigg|_{s=-2} = -3$$

$$k_2 = \frac{4s+5}{s+2}\bigg|_{s=-3} = 7$$

应用方法 2 确定待定系数：

$$k_1 = \frac{N(s)}{D'(s)}\bigg|_{s=-2} = \frac{4s+5}{2s+5}\bigg|_{s=-2} = -3$$

$$k_2 = \frac{N(s)}{D'(s)}\bigg|_{s=-3} = \frac{4s+5}{2s+5}\bigg|_{s=-3} = 7$$

所以有

$$F(s) = \frac{-3}{s+2} + \frac{7}{s+3}$$

原函数为

$$f(t) = -3\mathrm{e}^{-2t} + 7\mathrm{e}^{-3t}$$

2. $D(s)=0$ 含有复数根

复数也是一种单根，可通过部分分式展开法求得待定系数。由于 $D(s)$ 是 s 的实系数多项式，所以 $D(s)=0$ 的复数根必然共轭成对。成对共轭复数根为一个分解单元，若设 $D(s)=0$ 的一对共轭复数根分别为 $p_1 = \alpha + \mathrm{j}\omega$，$p_2 = p_1^* = \alpha - \mathrm{j}\omega$，则 $F(s)$ 的展开式为

$$F(s) = \frac{N(s)}{D(s)} = \frac{k_1}{s - p_1} + \frac{k_2}{s - p_2} + R(s) \tag{7-47}$$

式中，$R(s)$ 为展开式中其他各项之和。在此仅对式（7-47）的前两项有复数根的情况进行分析。由于 $N(s)$ 也是 s 的实系数多项式，所以系数 k_1 和 k_2 也必然共轭成对，有

$$k_1 = (s - p_1) F(s) \big|_{s=p_1} = |k| \mathrm{e}^{\mathrm{j}\theta}$$

$$k_2 = k_1^* = (s - p_2) F(s) \big|_{s=p_2} = |k| \mathrm{e}^{-\mathrm{j}\theta}$$

确定了各部分分式的系数后，对各部分分式进行拉普拉斯反变换，即可得 $F(s)$ 的原函数为

$$\begin{aligned} f(t) &= \left[k_1 \mathrm{e}^{(\alpha+\mathrm{j}\omega)t} + k_2 \mathrm{e}^{(\alpha-\mathrm{j}\omega)t} \right] + r(t) \\ &= \left[|k| \mathrm{e}^{\mathrm{j}\theta} \mathrm{e}^{(\alpha+\mathrm{j}\omega)t} + |k| \mathrm{e}^{-\mathrm{j}\theta} \mathrm{e}^{(\alpha-\mathrm{j}\omega)t} \right] + r(t) \\ &= |k| \mathrm{e}^{\alpha t} \left[\mathrm{e}^{\mathrm{j}(\omega t+\theta)} + \mathrm{e}^{-\mathrm{j}(\omega t+\theta)} \right] + r(t) \\ &= 2|k| \mathrm{e}^{\alpha t} \cos(\omega t + \theta) + r(t) \end{aligned}$$

式中的第一项为共轭复数根对应的原函数，是以指数曲线为包络线的余弦函数，当 $\alpha > 0$ 时，是一个增强的余弦函数；当 $\alpha < 0$ 时，是一个衰减的余弦函数。式中的第二项 $r(t)$ 为 $R(s)$ 的原函数。

【例 7-21】　求 $F(s) = \dfrac{s}{s^2+2s+5}$ 的原函数 $f(t)$。

解：令 $D(s) = s^2+2s+5 = 0$，则方程有一对共轭复数根，$p_1 = -1+\mathrm{j}2$，$p_2 = -1-\mathrm{j}2$，$F(s)$ 的展开式可写为

$$F(s) = \frac{k_1}{s-(-1+\mathrm{j}2)} + \frac{k_2}{s-(-1-\mathrm{j}2)}$$

确定待定系数如下：

$$k_1 = \frac{s}{s-(-1-\mathrm{j}2)} \bigg|_{s=-1+\mathrm{j}2} = 0.5 + \mathrm{j}0.25 = 0.559 \underline{/26.6°}$$

$$k_2 = \frac{s}{s-(-1+\mathrm{j}2)} \bigg|_{s=-1-\mathrm{j}2} = 0.559 \underline{/-26.6°}$$

故 $F(s)$ 的原函数为

$$f(t) = 1.118 \mathrm{e}^{-t} \cos(2t + 26.6°)$$

此题还可以利用拉普拉斯变换的性质进行求解，即

$$F(s)=\frac{s}{s^2+2s+5}=\frac{s}{(s^2+2s+1)+2^2}=\frac{s+1-1}{(s+1)^2+2^2}=\frac{s+1}{(s+1)^2+2^2}-\frac{1}{(s+1)^2+2^2}$$

故得

$$f(t)=\mathrm{e}^{-t}\cos2t-\frac{1}{2}\mathrm{e}^{-t}\sin2t$$

两种解法所得结果表达的形式不同，但实际是一样的。验证如下：

$$f(t)=1.118\mathrm{e}^{-t}\cos(2t+26.6°)$$
$$=1.118\mathrm{e}^{-t}(\cos2t\cos26.6°-\sin2t\sin26.6°)$$
$$=1.118\mathrm{e}^{-t}(0.894\cos2t-0.448\sin2t)$$
$$=\mathrm{e}^{-t}\cos2t-\frac{1}{2}\mathrm{e}^{-t}\sin2t$$

3. $D(s)=0$ 含有重根

设 $F(s)=\dfrac{a_ms^m+a_{m-1}s^{m-1}+\cdots+a_1s+a_0}{(s-p_1)^q}=\dfrac{N(s)}{(s-p_1)^q}$，$D(s)=0$ 在 $s=p_1$ 处为 q 重根，则 $F(s)$ 的

展开式可写为

$$F(s)=\frac{k_{11}}{(s-p_1)^q}+\frac{k_{12}}{(s-p_1)^{q-1}}+\frac{k_{13}}{(s-p_1)^{q-2}}+\frac{k_{14}}{(s-p_1)^{q-3}}+\cdots+\frac{k_{1(q-1)}}{(s-p_1)^2}+\frac{k_{1q}}{s-p_1}$$

等式两边同时乘以 $(s-p_1)^q$，则 k_{11} 被分离出来，计算如下：

$$(s-p_1)^qF(s)=k_{11}+(s-p_1)^q\left[\frac{k_{12}}{(s-p_1)^{q-1}}+\frac{k_{13}}{(s-p_1)^{q-2}}+\frac{k_{14}}{(s-p_1)^{q-3}}+\cdots+\frac{k_{1(q-1)}}{(s-p_1)^2}+\frac{k_{1q}}{s-p_1}\right]$$
$$=k_{11}+(s-p_1)k_{12}+(s-p_1)^2k_{13}+(s-p_1)^3k_{14}+\cdots+(s-p_1)^{q-1}k_{1q} \qquad(7\text{-}48)$$

令 $s=p_1$，则有

$$k_{11}=\left[(s-p_1)^qF(s)\right]\big|_{s=p_1}$$

对式 (7-48) 求一阶导数，则 k_{12} 被分离出来，计算如下：

$$\left[(s-p_1)^qF(s)\right]'=0+k_{12}+2(s-p_1)k_{13}+3(s-p_1)k_{14}+\cdots+(q-1)(s-p_1)^{q-2}k_{1q}$$

令 $s=p_1$，则有

$$k_{12}=\frac{\mathrm{d}}{\mathrm{d}s}\left[(s-p_1)^qF(s)\right]\big|_{s=p_1}$$

对式 (7-48) 求二阶导数，则 k_{13} 被分离出来，计算如下：

$$\left[(s-p_1)^qF(s)\right]''=0+2!k_{13}+3\cdot2(s-p_1)k_{14}+\cdots+(q-1)(q-2)(s-p_1)^{q-3}k_{1q}$$

令 $s=p_1$，则有

$$k_{13}=\frac{1}{2!}\frac{\mathrm{d}^2}{\mathrm{d}s^2}\left[(s-p_1)^qF(s)\right]\big|_{s=p_1}$$

依此类推，得

$$k_{1q}=\left[\frac{1}{(q-1)!}\frac{\mathrm{d}^{q-1}}{\mathrm{d}s^{q-1}}(s-p_1)^qF(s)\right]\bigg|_{s=p_1}$$

确定了各部分分式的系数后，对各部分分式进行拉普拉斯反变换，即可得 $F(s)$ 的原函数为

$$f(t) = \sum_{i=1}^{q} k_{1i} \frac{1}{(q-i)!} t^{(q-i)} \mathrm{e}^{p_1 t}$$

【例 7-22】 求 $F(s) = \dfrac{s+4}{s(s+1)^2}$ 的原函数 $f(t)$。

解：令 $D(s) = s(s+1)^2 = 0$，则 $p_1 = 0$ 为单实根，$p_2 = -1$ 为二重根。$F(s)$ 的展开式可写为

$$F(s) = \frac{s+4}{s(s+1)^2} = \frac{k_1}{s} + \frac{k_{21}}{(s+1)^2} + \frac{k_{22}}{(s+1)}$$

确定待定系数如下：

$$k_1 = \frac{s+4}{(s+1)^2} \bigg|_{s=0} = 4$$

$$k_{21} = \frac{s+4}{s} \bigg|_{s=-1} = -3$$

$$k_{22} = \frac{\mathrm{d}}{\mathrm{d}s} \left[(s+1)^2 F(s) \right] \bigg|_{s=-1} = \frac{\mathrm{d}}{\mathrm{d}s} \left[\frac{s+4}{s} \right] \bigg|_{s=-1} = -4$$

所以有

$$F(s) = \frac{s+4}{s(s+1)^2} = \frac{4}{s} + \frac{-3}{(s+1)^2} + \frac{4}{(s+1)}$$

故 $F(s)$ 的原函数为

$$f(t) = 4 - 3t\mathrm{e}^{-t} - 4\mathrm{e}^{-t}$$

若 $n \leqslant m$，$F(s)$ 为假分式，对 $F(s)$ 应用部分分式展开法求解步骤如下：

1）将 $F(s)$ 化成真分式和多项式之和。

$$F(s) = A + \frac{N_0(s)}{D(s)}$$

式中，A 为 s 的多项式。

2）求真分式分母的根，确定分解单元。

$$F(s) = A + \frac{k_1}{s-p_1} + \frac{k_2}{s-p_2} + \cdots + \frac{k_n}{s-p_n}$$

3）将真分式展开成部分分式，求各部分分式的待定系数。

4）对每个部分分式和多项式逐项求拉普拉斯反变换。

【例 7-23】 求 $F(s) = \dfrac{s^2+9s+11}{s^2+5s+6}$ 的原函数 $f(t)$。

解：$F(s)$ 是假分式，先将其化为真分式和多项式之和，然后对真分式部分分式展开，并确定各部分分式的系数，即

$$F(s) = \frac{s^2+9s+11}{s^2+5s+6} = 1 + \frac{4s+5}{s^2+5s+6} = 1 + \frac{-3}{s+2} + \frac{7}{s+3}$$

则其时域函数为

$$f(t)=\delta(t)+(7\mathrm{e}^{-3t}-3\mathrm{e}^{-2t})$$

象函数成为假分式是原函数中存在冲激函数及其导数的标志。假分式只在某些理想条件下（如无损耗电路）、激励为冲激函数等场合出现。

7.8 线性电路的复频域分析——运算法

用拉普拉斯变换法分析电路的过渡过程，是利用拉普拉斯正变换将微分方程变换为以 s 为变量的代数方程，根据这个代数方程求出响应的象函数，然后应用拉普拉斯反变换得出电路的时域响应。

【例 7-24】 已知图 7-36 所示电路中 $i_s=\delta(t)$，$u_C(0_-)=0$。求冲激响应 $u_C(t)$。

运算法

解： 根据 KCL 列写电路的微分方程为

$$C\frac{\mathrm{d}u_C(t)}{\mathrm{d}t}+\frac{u_C(t)}{R}=\delta(t)$$

对微分方程两边同时进行拉普拉斯变换，得

$$C[sU_C(s)-U_C(0_-)]+\frac{1}{R}U_C(s)=1$$

因 $u_C(0_-)=0$，所以得

$$U_C(s)=\frac{R}{RCs+1}=\frac{\frac{1}{C}}{s+\frac{1}{RC}}$$

拉普拉斯反变换得到电路的时域响应为

$$u_C=\frac{1}{C}\mathrm{e}^{-\frac{t}{RC}}\varepsilon(t)$$

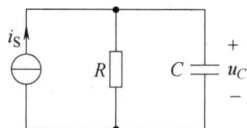

图 7-36 例 7-24 图

实际上，上述求解过程仍然可以进一步简化。在正弦稳态电路的分析中，通过引入电路定律和元件伏安关系的相量形式后，直接根据复频域的电路模型列出电路相量形式的代数方程对电路进行求解。与此类似，在动态电路的分析中，首先引入电路定律和元件伏安关系的复频域形式（或运算形式），直接建立电路的复频域模型，再列写电路复频域形式的代数方程，计算出电路响应的象函数，最后经过拉普拉斯反变换得到响应的时域函数表达式。在求解电路的过程中不需要列写电路的微分方程。

7.8.1 电路定律的运算形式

基尔霍夫定律时域表示为

$$\sum i(t)=0 \quad \text{（对任意节点）}$$

$$\sum u(t)=0 \quad \text{（对任意回路）}$$

对时域方程两边同时进行拉普拉斯变换，得基尔霍夫定律的运算形式为

$$\sum I(s) = 0 \qquad （对任意节点）$$

$$\sum U(s) = 0 \qquad （对任意回路）$$

7.8.2　电路元件伏安关系的运算形式

1. 电阻元件 VCR 的运算形式

电阻元件的时域模型如图 7-37a 所示，设电阻元件的电压和电流为关联参考方向，有

$$u_R(t) = Ri_R(t)$$

对该式两边同时进行拉普拉斯变换，得

$$U(s) = RI(s) \tag{7-49}$$

或

$$I(s) = GU(s) \tag{7-50}$$

式（7-49）和式（7-50）为电阻元件 VCR 的运算形式，据此可以画出电阻元件的运算模型如图 7-37b 所示。

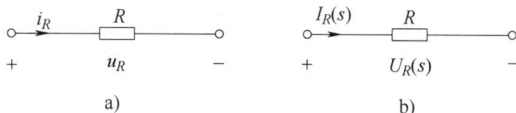

图 7-37　电阻元件的模型

a）电阻元件的时域模型　b）电阻元件的运算模型

2. 电感元件 VCR 的运算形式

电感元件的时域模型如图 7-38a 所示，设电感元件的电压和电流为关联参考方向，则有

$$u_L(t) = L\frac{di_L(t)}{dt}$$

对该式两边同时进行拉普拉斯变换，得

$$U_L(s) = sLI_L(s) - Li_L(0_-) \tag{7-51}$$

或

$$I_L(s) = \frac{1}{sL}U_L(s) + \frac{i_L(0_-)}{s} \tag{7-52}$$

式（7-51）和式（7-52）为电感元件 VCR 的运算形式，据此可以画出电感元件的运算模型如图 7-38b、c 所示，图 7-38b、c 互为等效电路。其中 sL 称为电感元件的运算阻抗，$Li_L(0_-)$ 是伏安关系中的常数部分，为电感元件附加电压源的电压，附加电压源是由储能元件的初始储能引起的，它的参考方向与时域电路中电流 $i_L(t)$ 的方向相反；$\dfrac{1}{sL}$ 称为电感元件的运算导纳，$\dfrac{i_L(0_-)}{s}$ 为电感元件附加电流源的电流，它的参考方向与时域电路中电流 $i_L(t)$ 的方向相同。

3. 电容元件 VCR 的运算形式

电容元件的时域模型如图 7-39a 所示，设电容元件的电压和电流为关联参考方向，则有

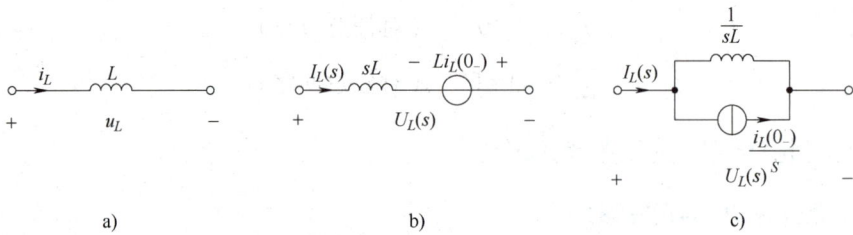

图 7-38 电感元件的模型

a）电感元件的时域模型 b）电感元件的电压源形式的运算模型

c）电感元件的电流源形式的运算模型

$$i_C(t) = C\frac{\mathrm{d}u_C(t)}{\mathrm{d}t}$$

对该式两边同时进行拉普拉斯变换，得

$$I_C(s) = sCU_C(s) - CU_C(0_-) \qquad (7\text{-}53)$$

或

$$U_C(s) = \frac{1}{sC}I_C(s) + \frac{u_C(0_-)}{s} \qquad (7\text{-}54)$$

式（7-53）和式（7-54）为电容元件 VCR 的运算形式，据此可以画出电容元件的运算模型如图 7-39b、c 所示，图 7-39b、c 互为等效电路。其中 sC 称为电容元件的运算导纳，$Cu_C(0_-)$ 是伏安关系中的常数部分，为电容元件附加电流源的电流，附加电流源是由储能元件的初始储能引起的，它的参考方向与时域电路中电压 $u_C(t)$ 的方向相反；$\frac{1}{sC}$ 称为电容元件的运算阻抗，$\frac{u_C(0_-)}{s}$ 为电容元件附加电压源的电压，它的参考方向与时域电路中电压 $u_C(t)$ 的方向相同。

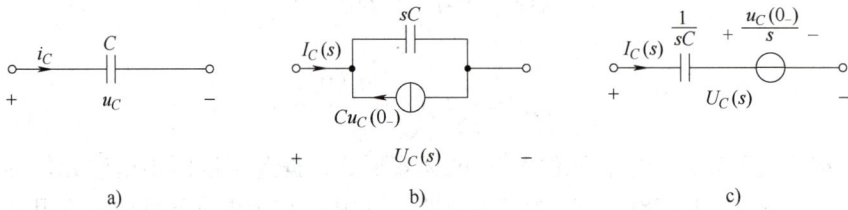

图 7-39 电容元件的模型

a）电容元件的时域模型 b）电容元件的电流源形式的运算模型

c）电容元件的电压源形式的运算模型

4. 互感元件 VCR 的运算形式

互感元件的时域模型如图 7-40a 所示，有

$$\begin{cases} u_1 = L_1\dfrac{\mathrm{d}i_1}{\mathrm{d}t} + M\dfrac{\mathrm{d}i_2}{\mathrm{d}t} \\[2mm] u_2 = M\dfrac{\mathrm{d}i_1}{\mathrm{d}t} + L_2\dfrac{\mathrm{d}i_2}{\mathrm{d}t} \end{cases}$$

对该式两边同时进行拉普拉斯变换，得

$$\begin{cases} U_1(s)=sL_1I_1(s)-L_1i_1(0_-)+sMI_2(s)-Mi_2(0_-) \\ U_2(s)=sMI_1(s)-Mi_1(0_-)+sL_2I_2(s)-L_2i_2(0_-) \end{cases}$$

其运算模型如图 7-40b 所示。

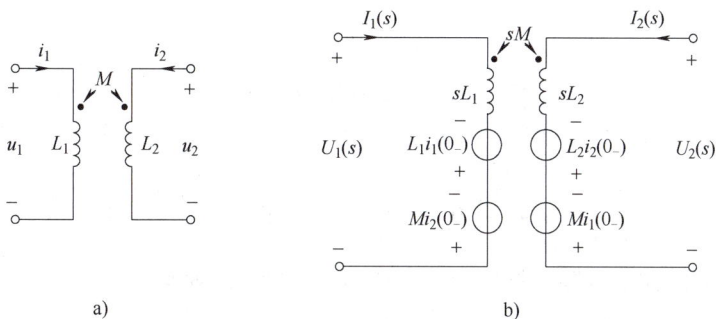

图 7-40 互感元件的模型

a）互感元件的时域模型 b）互感元件的运算模型

5. 受控源 VCR 的运算形式

图 7-41a 所示电路为电压控制电压源的时域模型，有

$$\begin{cases} i_1=0 \\ u_2=\mu u_1 \end{cases}$$

对该式两边同时进行拉普拉斯变换，得

$$\begin{cases} I_1(s)=0 \\ U_2(s)=\mu U_1(s) \end{cases}$$

其运算模型如图 7-41b 所示。

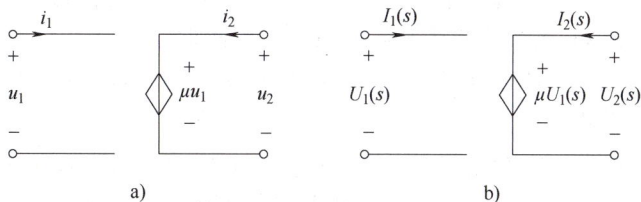

图 7-41 电压控制电压源的模型

a）电压控制电压源的时域模型 b）电压控制电压源的运算模型

7.8.3 运算法

运算法是应用拉普拉斯变换求解线性动态电路过渡过程的方法。图 7-42a 为 *RLC* 串联电路的时域模型，设电容电压初始值为 $u_C(0_-)$，电感电流初始值为 $i_L(0_-)$，$t=0$ 时开关闭合，电路的运算模型如图 7-42b 所示。由于拉普拉斯变换是从 0_- 到 $+\infty$ 的积分，所以在运算电路的模型中没有开关。

根据 KVL 的运算形式列写电路的方程为

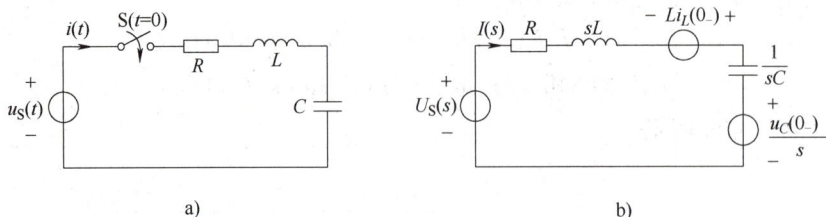

图 7-42 RLC 串联电路的模型

a) *RLC* 串联电路的时域模型 b) *RLC* 串联电路的运算模型

$$\left(R+sL+\frac{1}{sC}\right)I(s)=U_\text{S}(s)+Li(0_-)-\frac{u_C(0_-)}{s}$$

如果储能元件的初始储能为零，即 $u_C(0_-)=0$，$i_L(0_-)=0$，则有

$$\left(R+sL+\frac{1}{sC}\right)I(s)=U_\text{S}(s)$$

得

$$\frac{U_\text{S}(s)}{I(s)}=R+sL+\frac{1}{sC}=Z(s)$$

$$\frac{I(s)}{U_\text{S}(s)}=\frac{1}{R+sL+\dfrac{1}{sC}}=Y(s)$$

式中，$Z(s)$ 称为运算阻抗，$Z(s)=R+sL+\dfrac{1}{sC}$，是零状态响应元件端电压 $U(s)$ 与电流 $I(s)$

之比；$Y(s)$ 称为运算导纳，$Y(s)=\dfrac{1}{Z(s)}$，是零状态响应元件电流 $I(s)$ 与电压 $U(s)$ 之比。

运算阻抗和运算导纳与正弦稳态电路中的复数阻抗和复数导纳具有类似的形式。$Z(s)$ 的量纲仍为电阻的量纲，$Y(s)$ 的量纲仍为电导的量纲。因此把

$$U(s)=Z(s)I(s) \text{ 或 } I(s)=Y(s)U(s)$$

称为欧姆定律的运算形式。

如果线性时不变电路为零初始状态，则用运算法分析动态电路的方法与用相量法分析正弦稳态电路的方法完全相同。只要将相量法中相量模型的 $j\omega$ 换成 s 便可以得到同一电路的运算模型。另外需要指出，虽然 $Z(s)$ 和 $Y(s)$ 的写法与 $U(s)$ 和 $I(s)$ 相似，但 $U(s)$ 和 $I(s)$ 是时域函数的象函数，而 $Z(s)$ 和 $Y(s)$ 不是某一时域函数的象函数。

应用运算法求解电路的一般步骤：

1）由换路前的电路计算 $u_C(0_-)$ 和 $i_L(0_-)$。

2）画运算电路图，注意运算阻抗的表示和附加电源的作用。

3）应用电路分析方法列出运算方程，求响应的象函数。

4）应用拉普拉斯反变换求得电路的时域响应。

【例 7-25】 图 7-43a 所示电路已经处于稳定状态，$t=0$ 时将开关断开，用运算法求开关断开后，电路中的 i_1、u_1 和 u_2 随时间的变化规律。

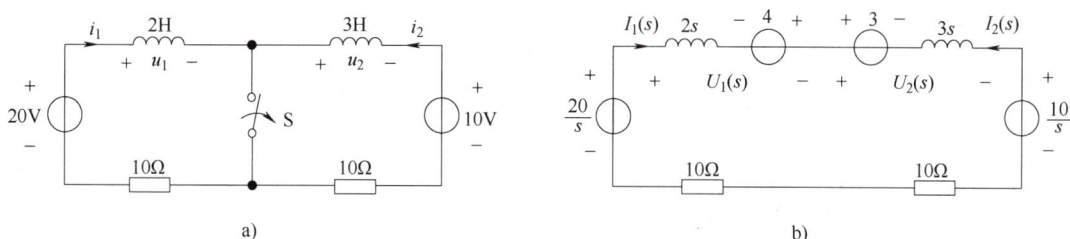

图 7-43 例 7-25 图

a）时域电路 b）运算电路

解： 由 $t = 0_-$ 时刻的电路，可解得

$$i_1(0_-) = \frac{20}{10}\text{A} = 2\text{A}, \quad i_2(0_-) = \frac{10}{10}\text{A} = 1\text{A}$$

相应的运算电路如图 7-43b 所示。注意附加电压源的参考方向，且电感电压 $U_1(s)$、$U_2(s)$ 包含附加电压源。

由图 7-43b 得电流 i_1，电压 u_1、u_2 的象函数分别为

$$I_1(s) = \frac{\frac{20}{s} + 4 - 3 - \frac{10}{s}}{2s + 3s + 10 + 10} = \frac{s + 10}{s(5s + 20)} = \frac{0.5}{s} + \frac{-0.3}{s + 4}$$

$$U_1(s) = 2sI_1(s) - 4 = \frac{0.4s + 4}{s + 4} - 4 = \frac{2.4}{s + 4} - 3.6$$

$$U_2(s) = 3sI_1(s) + 3 = \frac{0.6s + 6}{s + 4} + 3 = \frac{3.6}{s + 4} + 3.6$$

拉普拉斯反变换得电流 i_1，电压 u_1、u_2 分别为

$$i_1(t) = (0.5 - 0.3\text{e}^{-4t})\varepsilon(t)\text{A}$$

$$u_1(t) = [2.4\text{e}^{-4t}\varepsilon(t) - 3.6\delta(t)]\text{V}$$

$$u_2(t) = [3.6\text{e}^{-4t}\varepsilon(t) + 3.6\delta(t)]\text{V}$$

【例 7-26】 图 7-44a 所示运算电路的戴维南等效电路如图 7-44b 所示，计算等效电路的参数。

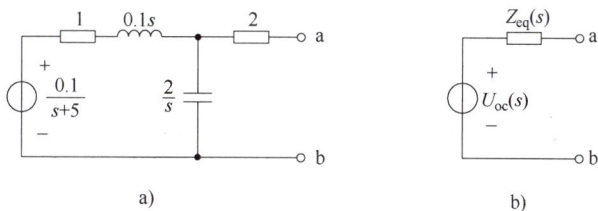

图 7-44 例 7-26 图

a）运算电路 b）戴维南等效电路

解： 由图 7-44a 可知，开路电压 $U_{oc}(s)$ 为 $\frac{2}{s}$ 两端的电压，所以根据分压公式得

$$U_{oc}(s) = \frac{\frac{2}{s}}{1 + 0.1s + \frac{2}{s}} \cdot \frac{0.1}{s + 5} = \frac{2}{(s + 5)(s^2 + 10s + 20)}$$

等效运算阻抗为

$$Z_{eq}(s) = \frac{(1+0.1s)\dfrac{2}{s}}{1+0.1s+\dfrac{2}{s}}+2 = \frac{2s^2+22s+60}{s^2+10s+20}$$

【例 7-27】　电路如图 7-45a 所示，已知开关 S 闭合前电路已经处于稳定状态，且 $u_{C2}(0_-)=0V$，$t=0$ 时将开关闭合，用运算法求开关闭合后的响应 u_{C2}。

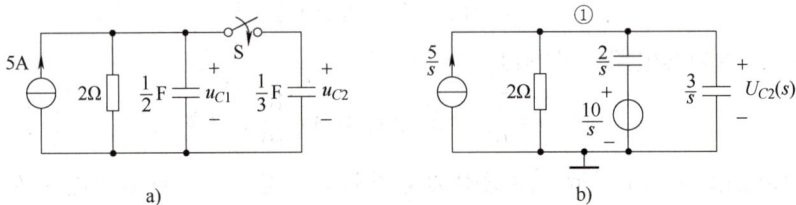

图 7-45　例 7-27 图
a）时域电路　b）运算电路

解： 由 $t=0_-$ 时刻电路可解得

$$u_{C1}(0_-)=10V$$

相应的运算电路如图 7-45b 所示，应用节点电压法求 $U_{C2}(s)$，得

$$U_{C2}(s)=\frac{\dfrac{5}{s}+\dfrac{10}{s}\dfrac{s}{2}}{\dfrac{1}{2}+\dfrac{s}{2}+\dfrac{s}{3}}=\frac{6(s+1)}{s(s+0.6)}=\frac{10}{s}+\frac{-4}{s+0.6}$$

对该式进行拉普拉斯反变换得

$$u_{C2}=(10-4e^{-0.6t})\varepsilon(t)V$$

7.9　网络函数

7.9.1　网络函数的定义

一个线性系统可以用一个常系数线性微分方程来描述，如在一阶 RC 电路中，如图 7-46a 所示，电容电压满足的关系式为

$$RC\frac{du_c(t)}{dt}+u_c(t)=e(t)$$

通常 $e(t)$ 为这个系统（或电路）的输入，$u_c(t)$ 为系统的输出，这样就可以把 RC 串联电路看成一个有输入端和输出端的线性系统，在图 7-46 所示电路中，用点画线框表示这样的一个线性系统，在电路理论中称为线性网络（简称网络），网络的输出（响应）由输入（激励）和网络本身的特性决定。在线性网络的分析中，其目标是要确定网络的输入和输出关系，而不论其内部结构如何，因此线性网络可以用图 7-46b 所示的形式描述。

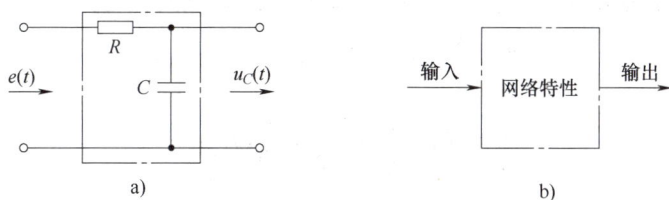

图 7-46 线性网络

a) 一阶 RC 电路 b) 线性网络示意图

网络特性通过网络函数表达。网络函数定义为，线性电路在零初始条件下，单一激励作用于电路时，响应 $r(t)$ 的象函数 $R(s)$ 与激励 $e(t)$ 的象函数 $E(s)$ 之比，用 $H(s)$ 表示，即

$$H(s) = \frac{R(s)}{E(s)} \tag{7-55}$$

通常网络函数为 s 的有理分式。若将复变量 s 都换成 $j\omega$，则得到正弦激励作用下稳态时的网络函数为

$$H(j\omega) = \frac{R(j\omega)}{E(j\omega)} \tag{7-56}$$

对于电阻电路，网络函数为实数。显然，在运算电路中学习的运算阻抗和运算导纳、在正弦稳态电路中学习的复数阻抗和复数导纳以及在直流电路中学习的电阻和电导都是网络函数。

7.9.2 网络函数的分类

根据响应与激励的位置不同，把网络函数分为驱动点函数和转移函数（传递函数）。如果响应与激励属于同一对端子，则称为驱动点函数。根据响应和激励的量纲不同，把驱动点函数又分为两种：当响应是电压、激励是电流时，称为驱动点阻抗；当响应是电流、激励是电压时，称为驱动点导纳。如果响应和激励不属于同一对端子，则称为转移函数（传递函数）。同样，根据响应和激励的量纲不同，可以把转移函数分为 4 种：当响应是电压、激励是电流时，称为转移阻抗；当响应是电流、激励是电压时，称为转移导纳；当响应和激励都为电压时，称为转移电压比；当响应和激励都为电流时，称为转移电流比。

【例 7-28】 电路如图 7-47a 所示，求 $H_1(s) = \dfrac{I_2(s)}{I_S(s)}$ 及 $H_2(s) = \dfrac{U_1(s)}{I_S(s)}$。

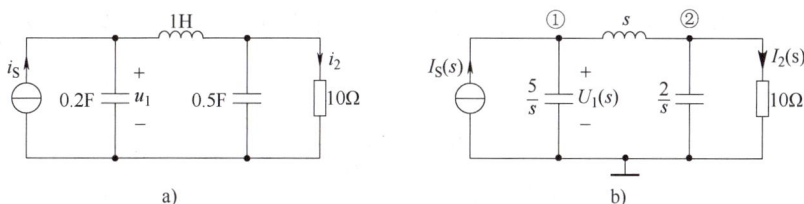

图 7-47 例 7-28 图

a) 时域电路图 b) 运算电路图

解：画运算电路如图 7-47b 所示，用节点电压法求解电路，可列出

$$\begin{cases} \left(\dfrac{s}{5}+\dfrac{1}{s}\right)U_{n1}(s)-\dfrac{1}{s}U_{n2}(s)=I_S(s) \\ -\dfrac{1}{s}U_{n1}(s)+\left(\dfrac{1}{s}+\dfrac{s}{2}+\dfrac{1}{10}\right)U_{n2}(s)=0 \end{cases}$$

解得

$$\begin{cases} U_1(s)=U_{n1}(s)=\dfrac{5s^2+s+10}{s^3+0.2s^2+7s+1}I_S(s) \\ I_2(s)=\dfrac{U_{n2}(s)}{R}=\dfrac{1}{s^3+0.2s^2+7s+1}I_S(s) \end{cases}$$

所以有

$$H_1(s)=\frac{I_2(s)}{I_S(s)}=\frac{1}{s^3+0.2s^2+7s+1} \quad （转移电流比）$$

$$H_2(s)=\frac{U_1(s)}{I_S(s)}=\frac{5s^2+s+10}{s^3+0.2s^2+7s+1} \quad （驱动点阻抗）$$

7.9.3　网络函数与冲激响应

假定某一个线性网络的网络函数为

$$H(s)=\frac{R(s)}{E(s)}$$

当外加激励为冲激激励时，即 $e(t)=\delta(t)$，则其象函数为 $E(s)=1$。

电路响应的象函数为

$$R(s)=H(s)E(s)=H(s)$$

电路的冲激响应为

$$r(t)=h(t)=\mathscr{L}^{-1}[H(s)]$$

该式表明，网络函数与冲激响应之间构成拉普拉斯变换对。对于任意一个线性网络的冲激响应，可以通过求已知网络的网络函数再进行拉普拉斯反变换求出，反之，网络函数可以通过外加冲激激励计算网络冲激响应的象函数获取。因此网络函数不仅能表征一个线性网络的特性，而且也为求解网络对任意激励作用下的响应提供了一条捷径。

【例 7-29】 已知冲激输入 $\delta(t)$ 作用于线性网络引起的输出为 $e^{-4t}\varepsilon(t)$，计算输入为 $e^{-t}\varepsilon(t)$ 和输入为 $4\cos(3t+45°)$ 时的输出。

解：因为 $\mathscr{L}[\delta(t)]=1$，$\mathscr{L}[e^{-4t}\varepsilon(t)]=\dfrac{1}{s+4}$，根据式（7-55）得线性网络的网络函数为

$$H(s)=\frac{1}{s+4}$$

当激励为 $e^{-t}\varepsilon(t)$ 时，响应的象函数为

$$R(s)=H(s)E(s)=\frac{1}{s+4}\frac{1}{s+1}=\frac{1}{3}\left(\frac{1}{s+1}-\frac{1}{s+4}\right)$$

所以时域响应为

$$r(t) = \mathscr{L}^{-1}\left[\frac{1}{3}\left(\frac{1}{s+1} - \frac{1}{s+4}\right)\right] = \frac{1}{3}(e^{-t} - e^{-4t})\varepsilon(t)$$

当激励为 $4\cos(3t+45°)$ 时，根据式（7-56）得

$$H(j\omega) = \frac{1}{j\omega+4} = \frac{1}{4+j3}$$

所以响应的相量形式为

$$R(j\omega) = H(j\omega)E(j\omega) = \frac{1}{4+j3} \times 4\underline{/45°} = 0.8\underline{/8.1°}$$

所以时域响应为

$$r(t) = 0.8\cos(3t+8.1°)$$

7.9.4 网络函数的零点和极点

网络函数的一般表达式写为

$$H(s) = \frac{N(s)}{D(s)} = \frac{a_m s^m + a_{m-1}s^{m-1} + \cdots + a_1 s + a_0}{b_n s^n + b_{n-1}s^{n-1} + \cdots + b_1 s + b_0}$$

该式的分子和分母均为 s 的实系数多项式，将分子、分母分别因式分解后，得

$$H(s) = \frac{H_0(s-z_1)(s-z_2)\cdots(s-z_m)}{(s-p_1)(s-p_2)\cdots(s-p_n)} = H_0 \frac{\prod\limits_{i=1}^{m}(s-z_i)}{\prod\limits_{j=1}^{n}(s-p_j)}$$

式中，H_0 为实数。当 $s=z_1$，z_2，$\cdots$，z_m 时，$H(s)=0$，称 z_1，z_2，$\cdots$，z_m 为网络函数的零点；当 $s=p_1$，p_2，$\cdots$，p_n 时，$H(s)\to\infty$，称 p_1，p_2，$\cdots$，p_n 为网络函数的极点。零点和极点可以是实数、纯虚数或复数。以 $s=\sigma+j\omega$ 的实部作为横轴，虚部作为纵轴构造的坐标平面称为复平面（或 s 平面）。在复平面上用"○"表示零点，用"×"表示极点，把零点和极点在复平面上的分布称为零极点图。

【例 7-30】 已知 $H(s) = \dfrac{s^2+4}{s^3+8s^2+21s+20}$，绘出其零极点图。

解：$H(s) = \dfrac{s^2+4}{s^3+8s^2+21s+20} = \dfrac{(s+j2)(s-j2)}{(s+4)(s+2+j)(s+2-j)}$

网络函数的零点为 $z_1=j2$，$z_2=-j2$；网络函数的极点为 $p_1=-4$，$p_2=-2-j$，$p_3=-2+j$。网络函数的零极点分布图如图 7-48 所示。

【例 7-31】 电路如图 7-49a 所示，电路激励 $i_S(t) = \delta(t)$，求冲激响应 $h(t)$，即电容电压 $u_C(t)$。

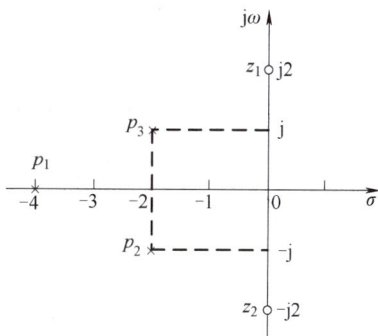

图 7-48 例 7-30 零极点分布图

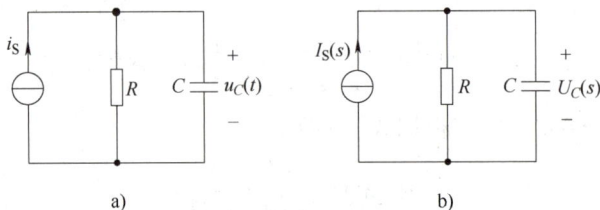

图 7-49 例 7-31 图
a) 一阶 RC 电路 b) 一阶 RC 电路的运算电路

解:

$$H(s)=\frac{U_C(s)}{I_S(s)}=\frac{U_C(s)}{1}=\frac{1}{sC+\dfrac{1}{R}}=\frac{\dfrac{1}{C}}{s+\dfrac{1}{RC}}$$

$$h(t)=u_C(t)=\mathscr{L}^{-1}[H(s)]=\mathscr{L}^{-1}\left[\frac{\dfrac{1}{C}}{s+\dfrac{1}{RC}}\right]=\frac{1}{C}e^{-\frac{1}{RC}t}\varepsilon(t)$$

由此可知，电路的时间常数 $\tau=RC$，网络函数的极点为 $p=-\dfrac{1}{RC}$，因此，把网络函数的极点称为网络响应的固有频率，反映了响应随时间的变化规律，仅与电路结构和电路参数有关，与外加激励无关。$\left|-\dfrac{1}{RC}\right|$ 越大，τ 越小，响应衰减得越快。这就是说，在复平面上，极点越远离原点，响应的自由分量衰减得越快。可见，系统过渡过程的形态与网络的零极点的分布有着密切的关系。

下面根据单极点网络函数在复平面的分布情况，定性地对网络的时域响应特性进行简要分析。极点分布如图 7-50 所示。

1) 当 $\omega=0$ 时，极点位于实轴上，时域响应为指数函数。如果 $\sigma>0$，极点在正实轴上，响应随时间增长，这种网络称为非渐近稳定网络；如果 $\sigma<0$，极点在负实轴上，响应随时间衰减，这种网络称为渐近稳定网络；如果 $\sigma=0$，电路的频率为零，此时为直流电路。

2) $\omega\neq0$ 时，极点位于复平面上，响应为按指数规律变化的振荡曲线。如果 $\sigma>0$，极点位于 I 、IV 象限，曲线发散，系统不稳定；如果 $\sigma<0$，极点位于 II 、III 象限，曲线收敛，系统渐近稳定；如果 $\sigma=0$，极点位于虚轴上，曲线为等幅振荡的曲线，系统处于临界稳定。正弦稳态响应是复频域网络函数对应于 $s=j\omega$ 的一种特殊情况。

一般情况下，响应为

$$R(s)=H(s)E(s)=\frac{N(s)}{D(s)}\frac{P(s)}{Q(s)}$$

响应中分为两类极点：一类是网络函数的极点，另一类是外加激励的极点，设它们都是单极点，则其部分分式展开为

$$R(s)=\sum_{i=1}^{n}\frac{k_i}{s-p_i}-\sum_{j=1}^{m}\frac{k_j}{s-p_j}$$

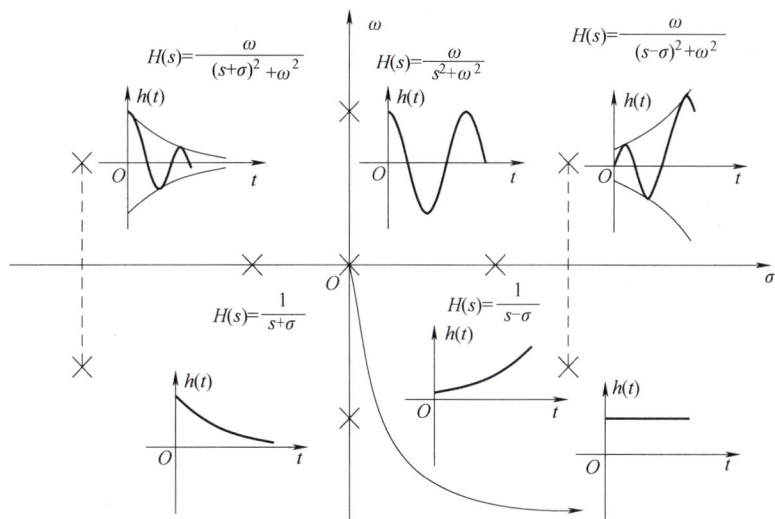

图 7-50 极点分布图

时域响应为

$$r(t) = \sum_{i=1}^{n} k_i \mathrm{e}^{p_i t} - \sum_{j=1}^{m} k_j \mathrm{e}^{p_j t}$$

网络的时域响应由两部分组成：一部分的变化规律取决于 $H(s)$ 的极点 p_i，完全由网络结构和内部元件决定，反映了网络的固有性质，这部分极点称为网络的固有频率，代表 $r(t)$ 的自由分量；另一部分的变化规律取决于外加激励 $E(s)$ 的极点，表示 $r(t)$ 的强制分量，与外加激励具有相同的变化规律。$H(s)$ 的极点在复平面上的分布决定了网络响应 $r(t)$ 的暂态特性；$E(s)$ 的极点在复平面上的分布决定了网络响应 $r(t)$ 的稳态特性。对于一个实际的线性电路，网络函数的极点一定位于复平面的左半平面。零点位置只影响系数 k_i 和 k_j 的大小和相位，而不影响响应的变化规律，所以根据网络函数的极点分布情况和激励的变化规律不难预见时域响应的全部特性。关于网络函数更深入的内容，将在相关的专业课程中继续学习，在此不再赘述。

习题

7-1 图 7-51 所示电路在换路前已达稳态。当 $t=0$ 时开关 S 闭合，求 $t>0$ 时的 $u_C(t)$。

7-2 图 7-52 所示电路中，电容原未充电，$U_S = 100\mathrm{V}$，$R = 500\Omega$，$C = 10\mu\mathrm{F}$。当 $t=0$ 时开关 S 闭合，求：(1) $t \geq 0$ 时的 u_C 和 i。(2) u_C 达到 80V 所需时间。

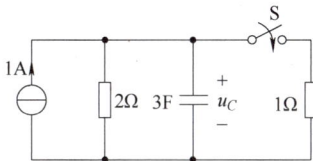

图 7-51 题 7-1 图

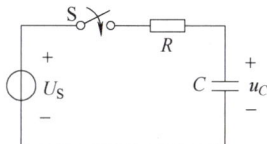

图 7-52 题 7-2 图

7-3 图 7-53 所示电路中，开关 S 在 $t=0$ 时刻闭合，开关动作前电路已处于稳态，求 $t \geq 0$ 时的 $i(t)$。

7-4 电路如图 7-54 所示，当 $t=1\mathrm{s}$ 时开关闭合，闭合前电路已达稳态。试求 $t \geqslant 1\mathrm{s}$ 时的电流 $i(t)$。

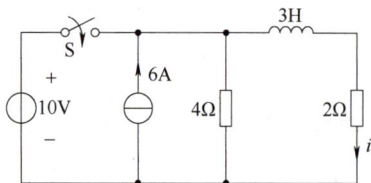

图 7-53 题 7-3 图

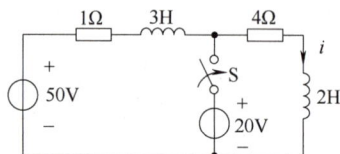

图 7-54 题 7-4 图

7-5 求图 7-55 所示电路中 $-\infty < t < +\infty$ 时的 $u_C(t)$ 和 $i_C(t)$。

7-6 电路如图 7-56 所示，开关 S 在 $t=0$ 时刻打开，开关动作前电路已处于稳态。求 $t \geqslant 0$ 时的 $u_C(t)$。

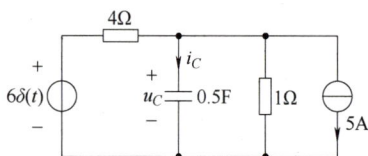

图 7-55 题 7-5 图

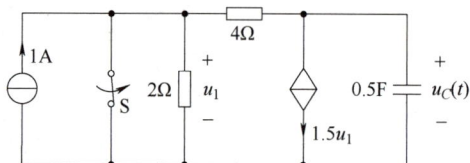

图 7-56 题 7-6 图

7-7 图 7-57 所示电路中，$u_{S1}=8\varepsilon(t)\mathrm{V}$，$u_{S2}=10\mathrm{e}^{-t}\varepsilon(t)\mathrm{V}$，全响应 $u_C(t)=(5\mathrm{e}^{-t}-3\mathrm{e}^{-2t}+2)\varepsilon(t)\mathrm{V}$。求：（1）$u_{S1}$、$u_{S2}$ 单独作用时的零状态响应 u_C' 和 u_C''。（2）计算零输入响应 u_{C3}。

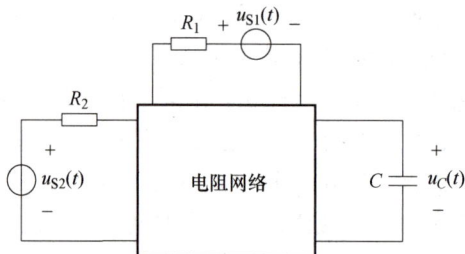

图 7-57 题 7-7 图

7-8 图 7-58a 所示电路中，激励 u_S 的波形如图 7-58b 所示，求响应 $u_C(t)$。

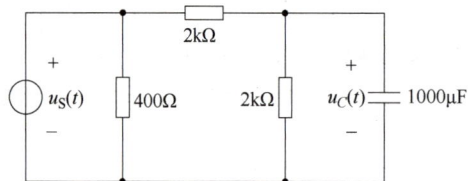

a)

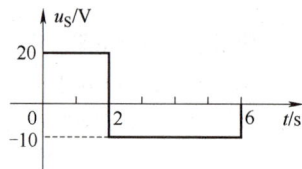

b)

图 7-58 题 7-8 图

7-9 图 7-59 所示电路中，激励为单位冲激函数 $\delta(t)\mathrm{A}$，求零状态响应 $i_L(t)$。

7-10 图 7-60 所示电路中，$i_S=5\delta(t)\mathrm{\mu A}$，$u_S=6\varepsilon(t)\mathrm{V}$，求 $t>0$ 时的响应 u。

7-11 计算下列各式的拉普拉斯反变换式。

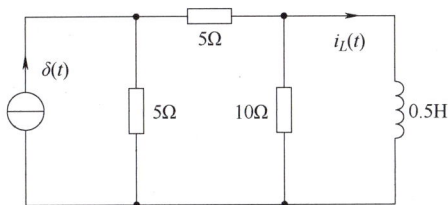

图 7-59　题 7-9 图

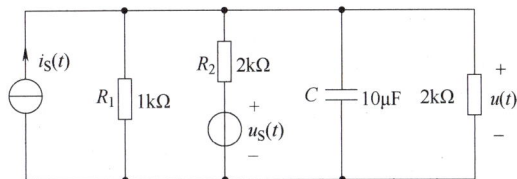

图 7-60　题 7-10 图

(1) $\dfrac{2s}{s^2+6s+8}$　　　　(2) $\dfrac{1}{s(s+2)(s+4)}$　　　　(3) $\dfrac{s^3+2s^2+0.5s+1}{(s+1)(s+2)(s+3)(s+4)}$

(4) $\dfrac{s+1}{s^2+2s+10}$　　　　(5) $\dfrac{2s+4}{s^2+4s+13}$　　　　(6) $\dfrac{s+0.5}{s^2+s+2.5}$

7-12　在图 7-61 所示电路中，$u_C(0_-)=4\mathrm{V}$，$i_L(0_-)=2\mathrm{A}$，$u_S=2\varepsilon(t)\mathrm{V}$，计算电流 $i(t)$ 的零状态响应的象函数和零输入响应的象函数。

7-13　计算图 7-62 所示电路中，响应 $U_2(s)$ 的象函数。

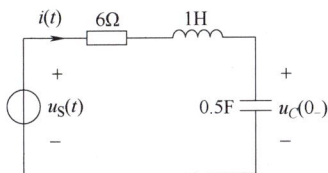

图 7-61　题 7-12 图

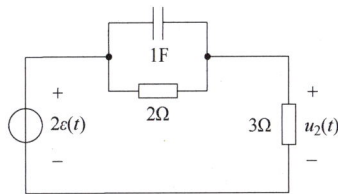

图 7-62　题 7-13 图

7-14　计算图 7-63 所示电路的运算阻抗。

7-15　计算图 7-64 所示电路的运算导纳。

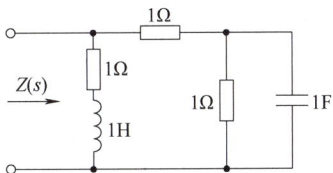

图 7-63　题 7-14 图

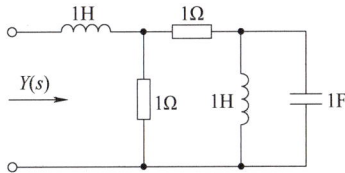

图 7-64　题 7-15 图

7-16　图 7-65 所示电路已处于稳态，$i_S=6\mathrm{mA}$，在 $t=0$ 时合上开关 S，用运算法求电流 i_C。

7-17　图 7-66 所示电路中，$u_S=4\mathrm{V}$，电路已处于稳态，在 $t=0$ 时打开开关 S，用运算法求电压 u_C。

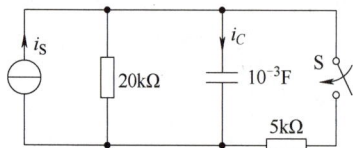

图 7-65　题 7-16 图

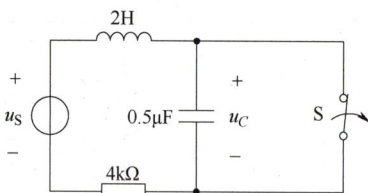

图 7-66　题 7-17 图

7-18　在图 7-67a 所示的电路中，u_S 为一个幅度为 10V、宽度为 1ms 的矩形脉冲，如图 7-67b 所示。求输出电压 $u(t)$。

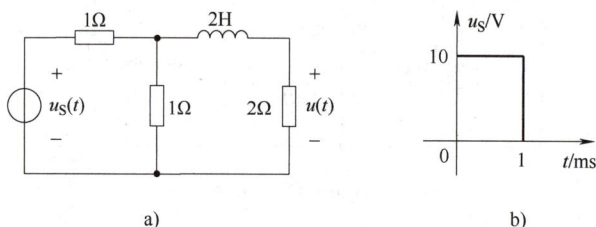

a)

b)

图 7-67　题 7-18 图

7-19　图 7-68 所示电路中，开关 S 在 $t=0$ 时刻闭合，开关动作前电路已处于稳态。已知 $R_1=1\Omega$，$R_2=2\Omega$，$L=0.1\text{H}$，$C=0.5\text{F}$，$u(t)=0.1\text{e}^{-5t}\text{V}$，计算 $i(t)$。

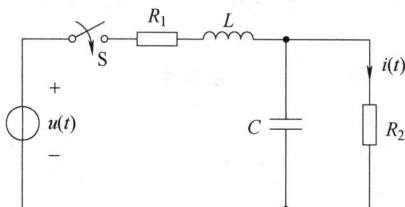

图 7-68　题 7-19 图

7-20　电路如图 7-69 所示。已知 $u_S=\varepsilon(t)\text{V}$，试用运算法求零状态响应 $u_o(t)$。

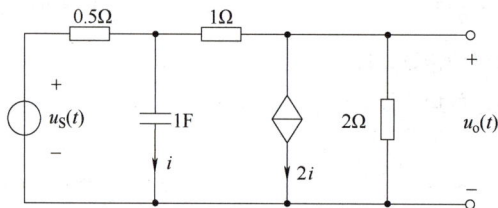

图 7-69　题 7-20 图

7-21　计算图 7-70 所示电路的转移电压比 $\dfrac{U_C(s)}{U_S(s)}$。

7-22　计算图 7-71 所示电路 a、b 端的驱动点导纳函数 $Y(\text{j}\omega)$。

7-23　计算图 7-72 所示电路 a、b 端的驱动点阻抗函数。

7-24　图 7-73 所示电路中，已知 $R_1=R_2=2\text{k}\Omega$，$C_1=200\mu\text{F}$，$\mu=20$，$C_2=500\mu\text{F}$。求：（1）网络函数

$H(s) = \dfrac{U_o(s)}{U_i(s)}$。（2）网络函数零点、极点及其在 s 平面上的分布。

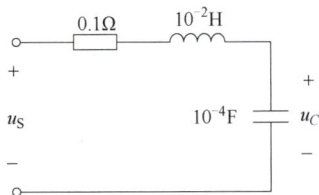

图 7-70　题 7-21 图

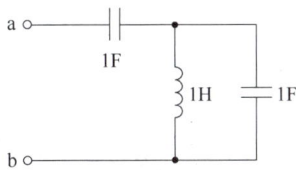

图 7-71　题 7-22 图

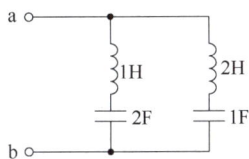

图 7-72　题 7-23 图

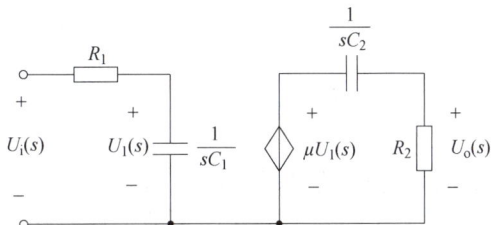

图 7-73　题 7-24 图

7-25　图 7-74 所示电路中，i_S 为激励，u_C 为响应。试求：（1）网络函数。（2）单位阶跃响应。（3）$i_S = e^{-3t}\varepsilon(t)$ A 时的零状态响应。

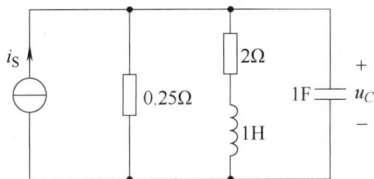

图 7-74　题 7-25 图

答案详解 7

第8章

二端口网络

一般而言，把具有 $2n$ 个对外引出端的网络称为 $2n$ 端网络。在实际应用中，网络的对外引出端要结成对使用，当一对端子满足从一端流入的电流全部从另外一端流出时，把这样的一对端子称为一个端口，相应的这对端子上的电流关系称为端口条件。若要使图 8-1a 所示四端网络成为二端口网络，则需满足条件 $i_1 = i_1'$，$i_2 = i_2'$。如果在端子 1、2 之间接一个电阻，如图 8-1b 所示，假设 $i_1 = i_1'$，$i_2 = i_2'$，则 1-1'、2-2' 仍然是二端口网络。由于在端子 3 处，$i_3 = i_1 - i$，而在端子 3' 处，$i_3' = i_1'$，所以有 $i_3 \neq i_3'$，因此 3-3' 不是一个端口，同理，4-4' 也不是一个端口，显然，在连接了电阻后，端口条件被破坏，由 3-3' 和 4-4' 构成的不再是二端口网络，而是四端网络。

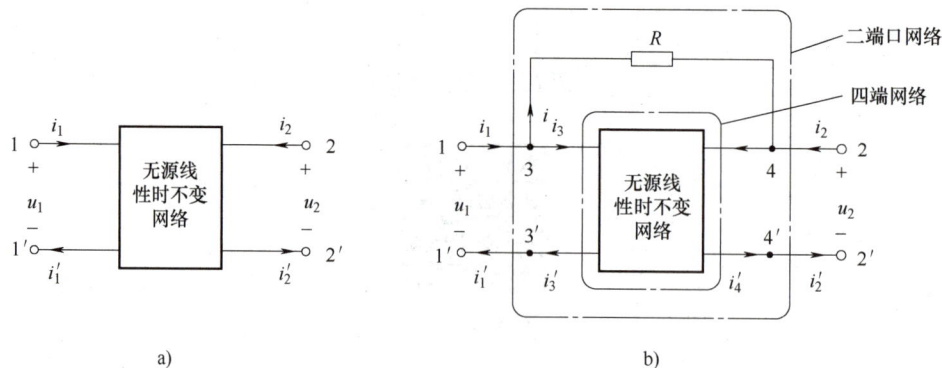

图 8-1 二端口网络和四端网络的区别

a）二端口网络 b）二端口网络与四端网络

常见的二端口网络如图 8-2 所示。二端口网络的电路符号如同一种"黑箱"，"黑箱"不能反映网络的内部元件及其连接关系。尽管对于某些具体问题，有时网络内部元件和结构可见，但实际的许多电路中，如集成电路元件、自动化环节等，只能通过端口进行外部测试和分析来研究网络特性，进而判断其结构、评价其质量、比较其性能。所以对于普遍情况而言，用网络端口的电压和电流关系描述网络特性更有意义。

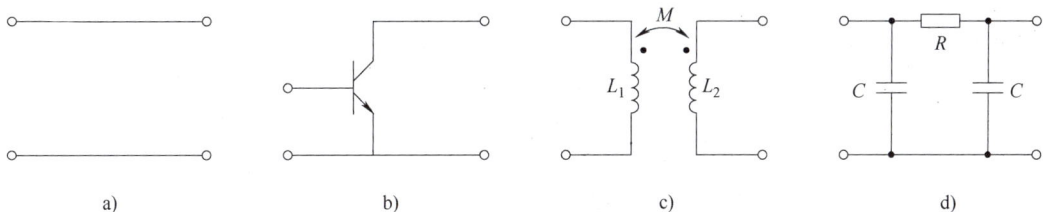

图 8-2　常见的二端口网络
a）传输线　b）晶体管　c）变压器　d）滤波器

本章学习的是初始条件为零的线性无源二端口网络。二端口网络的电性能通过端口上的电压（u_1、u_2）和电流（i_1、i_2）之间的相互关系来描述，其描述方式如同一端口网络一样，用一个端口的变量（自变量）描述另外一个变量（因变量），如 $u = Ri$。二端口网络有两个端口、4 个电路变量，因此，可以用任意两个变量表示另外两个变量，这样可以构成的方程数有 6 个，从这些方程出发，一共可以定义 6 种二端口网络参数。由于每种参数都与方程对应，因此在表征一个二端口网络的电性能方面，参数与方程的作用相同，也就是说，一旦参数确定，二端口网络的方程也就确定了。为了便于与前面的电路知识衔接，我们采用端口电压和电流的相量形式来描述二端口网络的方程，因此本章所讲述的内容是在正弦稳态的情况下采用相量法进行的，当然所有的内容也可以采用运算法进行。

本章内容包含三个部分：

第一部分为二端口网络的参数及其方程。内容包括导纳参数及其方程、阻抗参数及其方程、传输参数及其方程和混合参数及其方程。

第二部分为二端口网络的分析。内容包括二端口网络的等效电路、具有端接的二端口网络分析和二端口网络的连接。

第三部分为回转器和负阻抗变换器的介绍。内容包括回转器和负阻抗变换器的方程及其功能。

学习目标：

1. 掌握二端口网络的参数及其方程。
2. 掌握二端口网络的等效电路。
3. 能完成二端口网络简单的综合计算。
4. 掌握回转器的变阻抗特性。

8.1　二端口网络的参数及其方程

8.1.1　导纳参数及其方程

二端口网络如图 8-3a 所示，假定二端口网络的两个端口电压 $\dot{U}_1$ 和 $\dot{U}_2$ 为已知量，端口电流 $\dot{I}_1$ 和 $\dot{I}_2$ 为待求量，则二端口网络的电压和电流关系为用端口的电压表示端口的电流。

在求解时可以先利用替代定理将端口电压看成两个电压源，如图 8-3b 所示，然后应用叠加定理求解电流。如电路方程为

$$\begin{cases} \dot{I}_1 = Y_{11}\dot{U}_1 + Y_{12}\dot{U}_2 \\ \dot{I}_2 = Y_{21}\dot{U}_1 + Y_{22}\dot{U}_2 \end{cases} \tag{8-1}$$

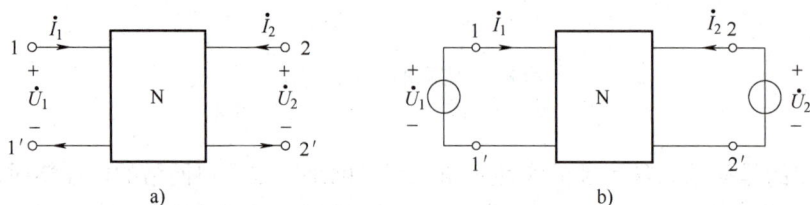

图 8-3　二端口网络和由两个电压源驱动的二端口网络
a) 二端口网络　b) 由两个电压源驱动的二端口网络

式 (8-1) 的矩阵形式为

$$\begin{bmatrix} \dot{I}_1 \\ \dot{I}_2 \end{bmatrix} = \begin{bmatrix} Y_{11} & Y_{12} \\ Y_{21} & Y_{22} \end{bmatrix} \begin{bmatrix} \dot{U}_1 \\ \dot{U}_2 \end{bmatrix}$$

即

$$\dot{I} = Y\dot{U}$$

式中

$$Y = \begin{bmatrix} Y_{11} & Y_{12} \\ Y_{21} & Y_{22} \end{bmatrix}$$

当 $\dot{U}_1$ 单独作用时，$\dot{U}_2 = 0$（端口 2-2′短路），得

$$Y_{11} = \left. \frac{\dot{I}_1}{\dot{U}_1} \right|_{\dot{U}_2=0} \quad （驱动点导纳）$$

$$Y_{21} = \left. \frac{\dot{I}_2}{\dot{U}_1} \right|_{\dot{U}_2=0} \quad （转移导纳）$$

当 $\dot{U}_2$ 单独作用时，$\dot{U}_1 = 0$（端口 1-1′短路），得

$$Y_{12} = \left. \frac{\dot{I}_1}{\dot{U}_2} \right|_{\dot{U}_1=0} \quad （转移导纳）$$

$$Y_{22} = \left. \frac{\dot{I}_2}{\dot{U}_2} \right|_{\dot{U}_1=0} \quad （驱动点导纳）$$

Y_{11}、Y_{12}、Y_{21}、Y_{22} 均为复数，仅由二端口网络的内部结构和元件参数决定，并均具有导纳的量纲，因此，称 Y 为导纳参数矩阵或 Y 参数矩阵，称式 (8-1) 为导纳参数方程。导纳参数方程表达的是把二端口网络的端口电压 $\dot{U}_1$ 和 $\dot{U}_2$，映射成端口电流 $\dot{I}_1$ 和 $\dot{I}_2$ 的一种线性关系。由于 Y 参数是在端口短路时得到的参数，所以 Y 参数也称为短路导纳参数。

【例 8-1】　计算图 8-4a 所示二端口网络的 Y 参数矩阵。

解： 图 8-4a 所示二端口网络为 Π 形电路，令 $\dot{U}_2 = 0$，如图 8-4b 所示，得

$$Y_{11} = \frac{\dot{I}_1}{\dot{U}_1}\bigg|_{\dot{U}_2=0} = Y_a + Y_b$$

$$Y_{21} = \frac{\dot{I}_2}{\dot{U}_1}\bigg|_{\dot{U}_2=0} = -Y_b$$

令 $\dot{U}_1 = 0$，如图 8-4c 所示，得

$$Y_{12} = \frac{\dot{I}_1}{\dot{U}_2}\bigg|_{\dot{U}_1=0} = -Y_b$$

$$Y_{22} = \frac{\dot{I}_2}{\dot{U}_2}\bigg|_{\dot{U}_1=0} = Y_b + Y_c$$

则有

$$Y = \begin{bmatrix} Y_a + Y_b & -Y_b \\ -Y_b & Y_b + Y_c \end{bmatrix}$$

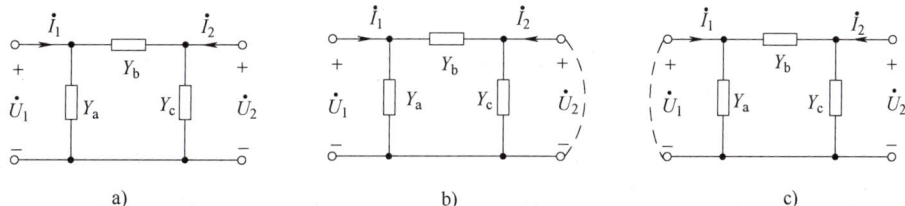

图 8-4　例 8-1 图

a）Π 形电路　b）输出端短路的二端口网络　c）输入端短路的二端口网络

【例 8-2】　计算图 8-5 所示二端口网络的 Y 参数矩阵。

解法 1：定义求解。

令 $\dot{U}_2 = 0$，如图 8-6a 所示，Y_b 所在支路的电流为 $Y_b\dot{U}_1$，根据 KCL，得

$$Y_{11} = \frac{\dot{I}_1}{\dot{U}_1}\bigg|_{\dot{U}_2=0} = \frac{Y_a\dot{U}_1 + Y_b\dot{U}_1}{\dot{U}_1} = Y_a + Y_b$$

$$Y_{21} = \frac{\dot{I}_2}{\dot{U}_1}\bigg|_{\dot{U}_2=0} = \frac{g\dot{U}_1 - Y_b\dot{U}_1}{\dot{U}_1} = g - Y_b$$

令 $\dot{U}_1 = 0$，如图 8-6b 所示，受控电流源相当于开路，得

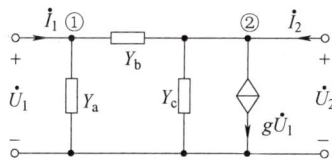

图 8-5　例 8-2 图

$$Y_{12} = \frac{\dot{I}_1}{\dot{U}_2}\bigg|_{\dot{U}_1=0} = -Y_b$$

$$Y_{22} = \frac{\dot{I}_2}{\dot{U}_2}\bigg|_{\dot{U}_1=0} = Y_b + Y_c$$

所以有

$$Y = \begin{bmatrix} Y_a + Y_b & -Y_b \\ -Y_b & Y_b + Y_c \end{bmatrix}$$

解法 2：列写电路方程求解。

分别对节点①和②列 KCL 方程，得

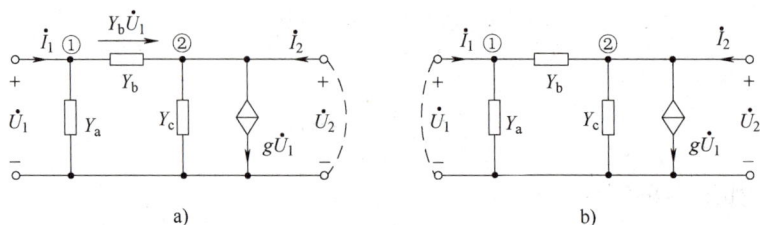

图 8-6 例 8-2 解法 1 图

$$\begin{cases} \dot{I}_1 = Y_a\dot{U}_1 + Y_b(\dot{U}_1 - \dot{U}_2) \\ \dot{I}_2 = g\dot{U}_1 + Y_c\dot{U}_2 + Y_b(\dot{U}_2 - \dot{U}_1) \end{cases}$$

整理方程得

$$\begin{cases} \dot{I}_1 = (Y_a + Y_b)\dot{U}_1 - Y_b\dot{U}_2 \\ \dot{I}_2 = (g - Y_b)\dot{U}_1 + (Y_b + Y_c)\dot{U}_2 \end{cases}$$

所以有

$$Y = \begin{bmatrix} Y_a + Y_b & -Y_b \\ g - Y_b & Y_b + Y_c \end{bmatrix}$$

比较例 8-1 和例 8-2 可知，当电路中不含受控源时，有 $Y_{12} = Y_{21}$，当网络内部含有受控源时，有 $Y_{12} \neq Y_{21}$。实际上对于无源的二端口网络来说，只用 3 个参数就可以表示端口的电压和电流关系，因此二端口网络的 Y 参数矩阵中有 3 个参数是独立的。如果一个无源二端口网络还存在 $Y_{11} = Y_{22}$ 的关系，则此二端口网络为对称的二端口网络。对称的二端口网络是指二端口网络的两个端口互换位置后与外电路连接，其外部特性保持不变。对称的二端口网络的 Y 参数矩阵中只有两个独立参数。

【例 8-3】 计算图 8-7a 所示二端口网络的 Y 参数矩阵。

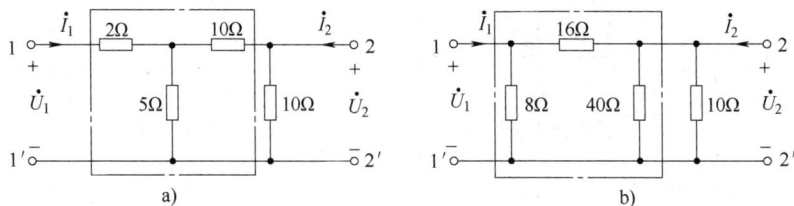

图 8-7 例 8-3 图

解：对图 8-7a 所示电路进行星形-三角形变换（Y→△），如图 8-7b 所示，得

$$Y = \begin{bmatrix} \left(\dfrac{1}{8} + \dfrac{1}{16}\right) & -\dfrac{1}{16} \\ -\dfrac{1}{16} & \left(\dfrac{1}{16} + \dfrac{1}{40} + \dfrac{1}{10}\right) \end{bmatrix} S = \begin{bmatrix} \dfrac{3}{16} & -\dfrac{1}{16} \\ -\dfrac{1}{16} & \dfrac{3}{16} \end{bmatrix} S$$

因为所得参数满足 $Y_{12} = Y_{21}$，$Y_{11} = Y_{22}$，所以这是一个对称的二端口网络。在例 8-1 中，若 $Y_a = Y_c$，则 $Y_{11} = Y_{22}$，电路结构对称。显然，结构对称的二端口网络一定是对称的二端口网络，但对称的二端口网络不一定意味着结构一定对称。验证如下，当将图 8-7a 所示电路的

两个端口互换位置，如图 8-8a 所示，对图 8-8a 所示二端口网络进行星形-三角形变换，如图 8-8b 所示，得

$$Y = \begin{bmatrix} \left(\dfrac{1}{16}+\dfrac{1}{40}+\dfrac{1}{10}\right) & -\dfrac{1}{16} \\ -\dfrac{1}{16} & \left(\dfrac{1}{8}+\dfrac{1}{16}\right) \end{bmatrix} S = \begin{bmatrix} \dfrac{3}{16} & -\dfrac{1}{16} \\ -\dfrac{1}{16} & \dfrac{3}{16} \end{bmatrix} S$$

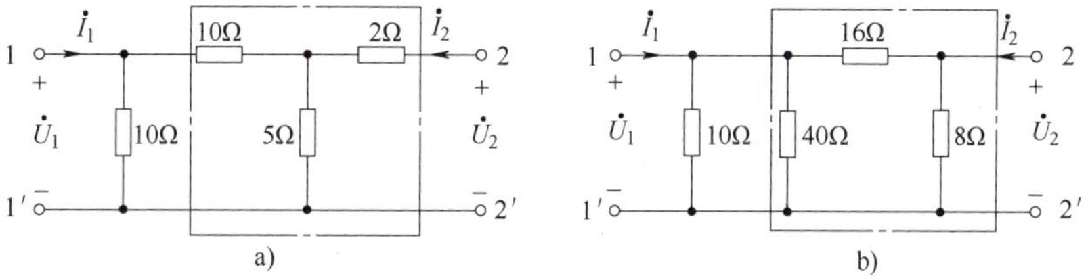

图 8-8 将图 8-7 端口互换位置并进行星形-三角形变换后的二端口网络

当对调了两个端口后，二端口网络的 Y 参数矩阵不变。图 8-7a 所示电路结构并不对称，但它仍然是对称的二端口。

【例 8-4】 计算图 8-9 所示二端口网络的 Y 参数矩阵。

解：根据 KCL 得

$$\begin{cases} \dot{I}_1 = 5\dot{U}_1 + 6(\dot{U}_1 - \dot{U}_2) \\ \dot{I}_2 = -7\dot{U}_1 + 6(\dot{U}_2 - \dot{U}_1) \end{cases}$$

整理方程得

$$\begin{cases} \dot{I}_1 = 11\dot{U}_1 - 6\dot{U}_2 \\ \dot{I}_2 = -13\dot{U}_1 + 6\dot{U}_2 \end{cases}$$

图 8-9 例 8-4 图

所以有

$$Y = \begin{bmatrix} 11 & -6 \\ -13 & 6 \end{bmatrix} S$$

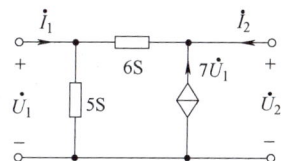

8.1.2 阻抗参数及其方程

二端口网络如图 8-10a 所示，假定二端口网络的两个端口电流 $\dot{I}_1$ 和 $\dot{I}_2$ 为已知量，端口电压 $\dot{U}_1$ 和 $\dot{U}_2$ 为待求量，则二端口网络的电压和电流关系为用端口的电流表示端口的电压。在求解时可以先利用替代定理将端口电流看成两个电流源，然后应用叠加定理求解电压。如图 8-10b 所示，$\dot{U}_1$ 和 $\dot{U}_2$ 等于 $\dot{I}_1$ 和 $\dot{I}_2$ 单独作用时产生的电压的代数和，故得

$$\begin{cases} \dot{U}_1 = Z_{11}\dot{I}_1 + Z_{12}\dot{I}_2 \\ \dot{U}_2 = Z_{21}\dot{I}_1 + Z_{22}\dot{I}_2 \end{cases} \tag{8-2}$$

式（8-2）的矩阵形式为

$$\begin{bmatrix} \dot{U}_1 \\ \dot{U}_2 \end{bmatrix} = \begin{bmatrix} Z_{11} & Z_{12} \\ Z_{21} & Z_{22} \end{bmatrix} \begin{bmatrix} \dot{I}_1 \\ \dot{I}_2 \end{bmatrix}$$

即

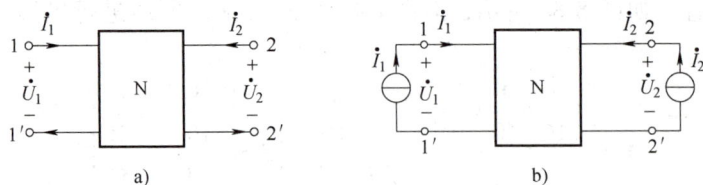

图 8-10 二端口网络和由两个电流源驱动的二端口网络

a) 二端口网络　b) 由两个电流源驱动的二端口网络

$$\dot{U} = Z\dot{I}$$

式中

$$Z = \begin{bmatrix} Z_{11} & Z_{12} \\ Z_{21} & Z_{22} \end{bmatrix}$$

当 $\dot{I}_1$ 单独作用时，即 $\dot{I}_2 = 0$（端口 2-2′ 开路），得

$$Z_{11} = \left. \frac{\dot{U}_1}{\dot{I}_1} \right|_{i_2=0} \quad （驱动点阻抗）$$

$$Z_{21} = \left. \frac{\dot{U}_2}{\dot{I}_1} \right|_{i_2=0} \quad （转移阻抗）$$

当 $\dot{I}_2$ 单独作用时，即 $\dot{I}_1 = 0$（端口 1-1′ 开路），得

$$Z_{12} = \left. \frac{\dot{U}_1}{\dot{I}_2} \right|_{i_1=0} \quad （转移阻抗）$$

$$Z_{22} = \left. \frac{\dot{U}_2}{\dot{I}_2} \right|_{i_1=0} \quad （驱动点阻抗）$$

Z_{11}、Z_{12}、Z_{21}、Z_{22} 均为复数，仅由二端口网络的内部结构和元件参数决定，并均具有阻抗的量纲，因此，称 Z 为阻抗参数矩阵或 Z 参数矩阵，称式（8-2）为阻抗参数方程。阻抗参数方程表达的是把二端口网络的端口电流 $\dot{I}_1$ 和 $\dot{I}_2$，映射成端口电压 $\dot{U}_1$ 和 $\dot{U}_2$ 的一种线性关系。由于 Z 参数是在端口开路时得到的参数，所以 Z 参数也称为开路阻抗参数。

【例 8-5】　计算图 8-11 所示二端口网络的 Z 参数矩阵。

解： 图 8-11 所示二端口网络为 T 形电路，令 $\dot{I}_2 = 0$，即端口 2-2′ 开路，得

$$Z_{11} = \left. \frac{\dot{U}_1}{\dot{I}_1} \right|_{i_2=0} = Z_a + Z_b$$

$$Z_{21} = \left. \frac{\dot{U}_2}{\dot{I}_1} \right|_{i_2=0} = Z_b$$

令 $\dot{I}_1 = 0$，即端口 1-1′ 开路，得

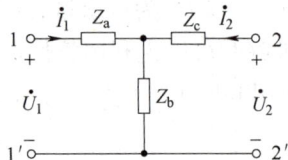

图 8-11 例 8-5 图

$$Z_{12} = \left. \frac{\dot{U}_1}{\dot{I}_2} \right|_{i_1=0} = Z_b$$

$$Z_{22} = \left. \frac{\dot{U}_2}{\dot{I}_2} \right|_{i_1=0} = Z_b + Z_c$$

则有

$$Z = \begin{bmatrix} Z_a + Z_b & Z_b \\ Z_b & Z_b + Z_c \end{bmatrix}$$

【例 8-6】　计算图 8-12 所示二端口网络的 Z 参数矩阵。

解法 1： 定义求解

令 $\dot{I}_2 = 0$，则有

$$Z_{11} = \left. \frac{\dot{U}_1}{\dot{I}_1} \right|_{\dot{I}_2 = 0} = Z_a + Z_b$$

$$Z_{21} = \left. \frac{\dot{U}_2}{\dot{I}_1} \right|_{\dot{I}_2 = 0} = \frac{r\dot{I}_1 + Z_b \dot{I}_1}{\dot{I}_1} = r + Z_b$$

令 $\dot{I}_1 = 0$，受控电压源相当于短路，所以有

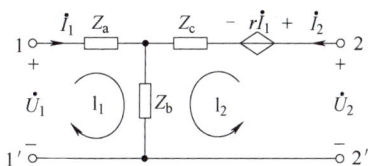

图 8-12　例 8-6 图

$$Z_{12} = \left. \frac{\dot{U}_1}{\dot{I}_2} \right|_{\dot{I}_1 = 0} = Z_b$$

$$Z_{22} = \left. \frac{\dot{U}_2}{\dot{I}_2} \right|_{\dot{I}_1 = 0} = Z_b + Z_c$$

解法 2： 列写电路方程求解

分别对图 8-12 所示电路中两个回路列写 KVL 方程，得

$$\begin{cases} \dot{U}_1 = Z_a \dot{I}_1 + Z_b(\dot{I}_1 + \dot{I}_2) \\ \dot{U}_2 = r\dot{I}_1 + Z_c \dot{I}_2 + Z_b(\dot{I}_1 + \dot{I}_2) \end{cases}$$

整理方程得

$$\begin{cases} \dot{U}_1 = (Z_a + Z_b)\dot{I}_1 + Z_b \dot{I}_2 \\ \dot{U}_2 = (r + Z_b)\dot{I}_1 + (Z_b + Z_c)\dot{I}_2 \end{cases}$$

所以有

$$Z = \begin{bmatrix} Z_a + Z_b & Z_b \\ r + Z_b & Z_b + Z_c \end{bmatrix}$$

比较例 8-5 和例 8-6 可知，当电路中不含受控源时，有 $Z_{12} = Z_{21}$，当网络内部含有受控源时，有 $Z_{12} \neq Z_{21}$，因此对于无源的二端口网络来说，二端口网络的 Z 参数矩阵中只有 3 个独立参数。当一个无源二端口网络还存在 $Z_{11} = Z_{22}$ 的关系时，则此二端口网络为对称的二端口网络。对称的二端口网络的 Z 参数矩阵中，有两个参数是独立的。

【例 8-7】　计算图 8-7a 所示二端口网络的 Z 参数矩阵。

解： 将图 8-7a 所示电路中，5Ω、10Ω 和 10Ω 构成的 Π 形电路变换为 T 形电路，如图 8-13 所示，得

$$Z = \begin{bmatrix} 6 & 2 \\ 2 & 6 \end{bmatrix} \Omega$$

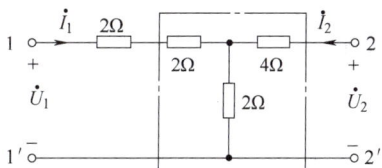

图 8-13　例 8-7 图

这是一个对称的二端口网络，当对调了两个端口后，二端口网络的外特性不变。

对于同一个二端口网络，如果其导纳参数矩阵和阻抗参数矩阵同时存在，则二者互为逆矩阵，即

$$\dot{U} = Z\dot{I}$$
$$Z^{-1}\dot{U} = Z^{-1}Z\dot{I}$$

所以有

$$\dot{I} = Z^{-1}\dot{U} = Y\dot{U}$$

即

$$Y = Z^{-1}$$

同理，可以推出

$$Z = Y^{-1}$$

假定

$$Z = \begin{bmatrix} a & b \\ c & d \end{bmatrix}$$

则有

$$Y = Z^{-1} = \begin{bmatrix} a & b \\ c & d \end{bmatrix}^{-1} = \frac{1}{ad-bc}\begin{bmatrix} d & -b \\ -c & a \end{bmatrix}$$

【例 8-8】 计算图 8-14 所示二端口网络的 Y 参数矩阵。

解：因图 8-14 所示电路为 T 形电路，易得其 Z 参数矩阵为

$$Z = \begin{bmatrix} 5+j3 & j3 \\ j3 & -j \end{bmatrix} \Omega$$

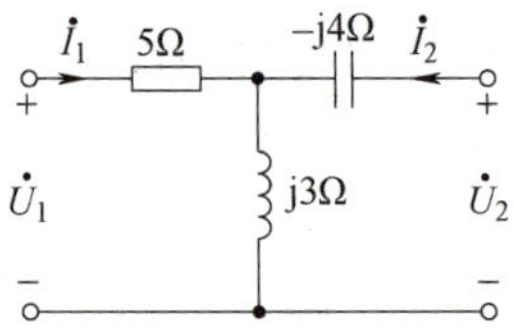

则有

$$Y = Z^{-1} = \begin{bmatrix} 5+j3 & j3 \\ j3 & -j \end{bmatrix}^{-1} \text{S} = \frac{1}{12-j5}\begin{bmatrix} -j & -j3 \\ -j3 & 5+j3 \end{bmatrix} \text{S} = \begin{bmatrix} \dfrac{5-j12}{169} & \dfrac{15-j36}{169} \\ \dfrac{15-j36}{169} & \dfrac{45+j61}{169} \end{bmatrix} \text{S}$$

图 8-14 例 8-8 图

在求解二端口网络参数时也可以通过列方程的方法进行求解。图 8-14 所示电路的 Z 参数方程为

$$\begin{cases} \dot{U}_1 = (5+j3)\dot{I}_1 + j3\dot{I}_2 \\ \dot{U}_2 = j3\dot{I}_1 - j\dot{I}_2 \end{cases}$$

通过 Z 参数方程，导出 Y 参数方程为

$$\begin{cases} \dot{I}_1 = \dfrac{5-j12}{169}\dot{U}_1 + \dfrac{15-j36}{169}\dot{U}_2 \\ \dot{I}_2 = \dfrac{15-j36}{169}\dot{U}_1 + \dfrac{45+j61}{169}\dot{U}_2 \end{cases}$$

所以有

$$Y = \begin{bmatrix} \dfrac{5-j12}{169} & \dfrac{15-j36}{169} \\ \dfrac{15-j36}{169} & \dfrac{45+j61}{169} \end{bmatrix} \text{S}$$

通过例 8-8 可知，对于一个无源的二端口网络，网络的参数矩阵之间或参数方程之间可以相互表示。那么在求解网络参数或参数方程时，可以先列写出网络的参数方程，再通过参数之间或方程之间的关系求解电路。

8.1.3　传输参数及其方程

在实际工作中，为了便于描述能量和信号的传输情况，采用传输参数方程建立两个端口的电压和电流关系。假定网络端口 2-2′ 为输出端，则端口 1-1′ 为输入端，那么，传输参数方程反映的就是二端口网络输入和输出之间的关系。二端口网络如图 8-15 所示，假定网络端口 2-2′ 的 $\dot{U}_2$ 和 $\dot{I}_2$ 为已知量，端口 1-1′ 的 $\dot{U}_1$ 和 $\dot{I}_1$ 为待求量，则传输方程为

$$\begin{cases} \dot{U}_1 = A\dot{U}_2 + B(-\dot{I}_2) \\ \dot{I}_1 = C\dot{U}_2 + D(-\dot{I}_2) \end{cases} \quad (8\text{-}3)$$

式 (8-3) 的矩阵形式为

$$\begin{bmatrix} \dot{U}_1 \\ \dot{I}_1 \end{bmatrix} = \begin{bmatrix} A & B \\ C & D \end{bmatrix} \begin{bmatrix} \dot{U}_2 \\ -\dot{I}_2 \end{bmatrix}$$

由 A、B、C、D 组成的矩阵用 $\boldsymbol{T}$ 表示，即

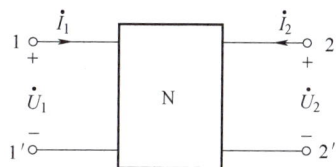

图 8-15　二端口网络

$$\boldsymbol{T} = \begin{bmatrix} A & B \\ C & D \end{bmatrix}$$

当 $-\dot{I}_2 = 0$ 时，即端口 2-2′ 开路，得

$$A = \left. \frac{\dot{U}_1}{\dot{U}_2} \right|_{-\dot{I}_2 = 0} \quad （转移电压比）$$

$$C = \left. \frac{\dot{I}_1}{\dot{U}_2} \right|_{-\dot{I}_2 = 0} \quad （转移导纳）$$

当 $\dot{U}_2 = 0$ 时，即端口 2-2′ 短路，得

$$B = \left. \frac{\dot{U}_1}{-\dot{I}_2} \right|_{\dot{U}_2 = 0} \quad （转移阻抗）$$

$$D = \left. \frac{\dot{I}_1}{-\dot{I}_2} \right|_{\dot{U}_2 = 0} \quad （转移电流比）$$

因 A、B、C、D 分别反映的是两个端口的电压、电流关系，所以 4 个参数均为转移函数，称 $\boldsymbol{T}$ 为传输参数矩阵或 T 参数矩阵，称式 (8-3) 为传输参数方程。传输参数方程表达了二端口网络的输出端电压 $\dot{U}_2$ 和电流 $\dot{I}_2$ 与输入端电压 $\dot{U}_1$ 和电流 $\dot{I}_1$ 的一种线性关系。式 (8-3) 中输出电流为 $-\dot{I}_2$，这是因为从传输能量的角度来看，输出端口的电流宜选取离开端口的方向为正，在二端口网络端口电压和电流对端口为关联参考方向的前提下，$-\dot{I}_2$ 表示离开端口的电流。

由于二端口网络的参数矩阵之间或参数方程之间可以相互表示，所以在求解 T 参数矩阵或 T 参数方程时，可以根据参数之间或方程之间的关系进行求解。下面以 Y 参数

为例进行说明。

根据式（8-1）第二式得

$$\dot{U}_1 = -\frac{Y_{22}}{Y_{21}}\dot{U}_2 + \frac{1}{Y_{21}}\dot{I}_2$$

代入式（8-1）第一式得

$$\dot{I}_1 = -\frac{Y_{11}Y_{22}-Y_{21}Y_{12}}{Y_{21}}\dot{U}_2 + \frac{Y_{11}}{Y_{21}}\dot{I}_2$$

所以有

$$A = -\frac{Y_{22}}{Y_{21}}, \quad B = -\frac{1}{Y_{21}}, \quad C = -\frac{Y_{11}Y_{22}-Y_{21}Y_{12}}{Y_{21}}, \quad D = -\frac{Y_{11}}{Y_{21}}$$

当二端口网络为无源二端口网络时，$Y_{12}=Y_{21}$，所以有

$$AD-BC = \left(-\frac{Y_{22}}{Y_{21}}\right)\left(-\frac{Y_{11}}{Y_{21}}\right) - \left(-\frac{1}{Y_{21}}\right)\left(-\frac{Y_{11}Y_{22}-Y_{12}Y_{21}}{Y_{21}}\right)$$

$$= \frac{Y_{22}}{Y_{21}}\frac{Y_{11}}{Y_{21}} - \frac{Y_{11}Y_{22}-Y_{12}Y_{21}}{Y_{21}Y_{21}}$$

$$= \frac{Y_{12}Y_{21}}{Y_{21}Y_{21}}$$

$$= 1$$

当无源二端口网络对称时，$Y_{11}=Y_{22}$，所以有

$$A = D$$

【例 8-9】 计算图 8-16 所示二端口网络的 T 参数矩阵、Y 参数矩阵和 Z 参数矩阵。

解： 根据 KVL 和 KCL，可以列写电路方程为

$$\begin{cases} \dot{U}_1 = \dot{U}_2 - Z\dot{I}_2 \\ \dot{I}_1 = -\dot{I}_2 \end{cases} \qquad (8\text{-}4)$$

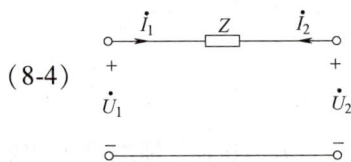

所以，T 参数矩阵为

$$T = \begin{bmatrix} 1 & Z \\ 0 & 1 \end{bmatrix}$$

图 8-16 例 8-9 图

在求解 Y 参数矩阵时，可以将式（8-4）变形为 Y 参数方程的形式，即

$$\begin{cases} \dot{I}_1 = \frac{1}{Z}\dot{U}_1 - \frac{1}{Z}\dot{U}_2 \\ \dot{I}_2 = -\frac{1}{Z}\dot{U}_1 + \frac{1}{Z}\dot{U}_2 \end{cases}$$

因此，得 Y 参数矩阵为

$$Y = \begin{bmatrix} \dfrac{1}{Z} & -\dfrac{1}{Z} \\ -\dfrac{1}{Z} & \dfrac{1}{Z} \end{bmatrix}$$

因为式（8-4）不能变形为 Z 参数方程的形式，所以 Z 参数矩阵不存在。

【**例 8-10**】　计算图 8-17 所示二端口网络的 T 参数矩阵、Y 参数矩阵和 Z 参数矩阵。

解： 根据 KVL 和 KCL，可以列写电路方程为

$$\begin{cases} \dot{U}_1 = \dot{U}_2 \\ \dot{I}_1 = Y\dot{U}_2 - \dot{I}_2 \end{cases} \tag{8-5}$$

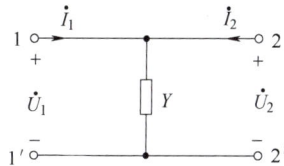

所以，T 参数矩阵为

$$T = \begin{bmatrix} 1 & 0 \\ Y & 1 \end{bmatrix}$$

图 8-17　例 8-10 图

在求解 Z 参数时，可以将式（8-5）变形为电流表示电压的形式，即

$$\begin{cases} \dot{U}_1 = \dfrac{1}{Y}\dot{I}_1 + \dfrac{1}{Y}\dot{I}_2 \\ \dot{U}_2 = \dfrac{1}{Y}\dot{I}_1 + \dfrac{1}{Y}\dot{I}_2 \end{cases}$$

因此，得 Z 参数矩阵为

$$Z = \begin{bmatrix} \dfrac{1}{Y} & \dfrac{1}{Y} \\ \dfrac{1}{Y} & \dfrac{1}{Y} \end{bmatrix}$$

因为式（8-5）不能变形为电压表示电流的形式，所以 Y 参数矩阵不存在。

如果用输入端口的电压 $\dot{U}_1$ 和电流 $\dot{I}_1$ 表示输出端口的电压 $\dot{U}_2$ 和电流 $\dot{I}_2$，则可得到反向传输参数方程为

$$\begin{cases} \dot{U}_2 = A'\dot{U}_1 + B'\dot{I}_1 \\ -\dot{I}_2 = C'\dot{U}_1 + D'\dot{I}_1 \end{cases}$$

矩阵形式为

$$\begin{bmatrix} \dot{U}_2 \\ -\dot{I}_2 \end{bmatrix} = \begin{bmatrix} A' & B' \\ C' & D' \end{bmatrix} \begin{bmatrix} \dot{U}_1 \\ \dot{I}_1 \end{bmatrix}$$

由 A'、B'、C'、D' 组成了反向传输参数矩阵，用 T' 表示，即

$$T' = \begin{bmatrix} A' & B' \\ C' & D' \end{bmatrix}$$

矩阵 T' 和矩阵 T 互为逆矩阵，即

$$T' = T^{-1} \text{ 或 } T = T'^{-1}$$

8.1.4　混合参数及其方程

若二端口网络中 $\dot{I}_1$ 和 $\dot{U}_2$ 为已知量，$\dot{U}_1$ 和 $\dot{I}_2$ 为待求量，则此时列写的参数方程为用 $\dot{I}_1$ 和 $\dot{U}_2$ 表示 $\dot{U}_1$ 和 $\dot{I}_2$，把这样的方程称为混合参数方程，即

$$\begin{cases} \dot{U}_1 = H_{11}\dot{I}_1 + H_{12}\dot{U}_2 \\ \dot{I}_2 = H_{21}\dot{I}_1 + H_{22}\dot{U}_2 \end{cases} \tag{8-6}$$

式（8-6）的矩阵形式为

$$\begin{bmatrix} \dot{U}_1 \\ \dot{I}_2 \end{bmatrix} = \begin{bmatrix} H_{11} & H_{12} \\ H_{21} & H_{22} \end{bmatrix} \begin{bmatrix} \dot{I}_1 \\ \dot{U}_2 \end{bmatrix}$$

设

$$H = \begin{bmatrix} H_{11} & H_{12} \\ H_{21} & H_{22} \end{bmatrix}$$

H 称为混合参数矩阵。当 $\dot{U}_2 = 0$ 时，即端口 2-2′短路，得

$$H_{11} = \left. \frac{\dot{U}_1}{\dot{I}_1} \right|_{\dot{U}_2=0} \quad （驱动点阻抗）$$

$$H_{21} = \left. \frac{\dot{I}_2}{\dot{I}_1} \right|_{\dot{U}_2=0} \quad （转移电流比）$$

当 $\dot{I}_1 = 0$ 时，即端口 1-1′开路，得

$$H_{12} = \left. \frac{\dot{U}_1}{\dot{U}_2} \right|_{\dot{I}_1=0} \quad （转移电压比）$$

$$H_{22} = \left. \frac{\dot{I}_2}{\dot{U}_2} \right|_{\dot{I}_1=0} \quad （驱动点导纳）$$

在给定了 Y 参数的前提下，可以根据式（8-1）第一式得

$$\dot{U}_1 = \frac{1}{Y_{11}} \dot{I}_1 - \frac{Y_{12}}{Y_{11}} \dot{U}_2$$

代入式（8-1）第二式得

$$\dot{I}_2 = \frac{Y_{21}}{Y_{11}} \dot{I}_1 + \frac{Y_{11}Y_{22} - Y_{12}Y_{21}}{Y_{11}} \dot{U}_2$$

所以有

$$H_{11} = \frac{1}{Y_{11}}, \ H_{12} = -\frac{Y_{12}}{Y_{11}}, \ H_{21} = \frac{Y_{21}}{Y_{11}}, \ H_{22} = \frac{Y_{11}Y_{22} - Y_{12}Y_{21}}{Y_{11}}$$

当二端口网络为无源二端口网络时，$Y_{12} = Y_{21}$，所以有
$$H_{12} = -H_{21}$$
当无源二端口网络对称时，$Y_{11} = Y_{22}$，所以有
$$H_{11}H_{22} - H_{12}H_{21} = 1$$

【例 8-11】 计算图 8-18 所示二端口网络的混合参数矩阵。

解：根据 KVL 和 KCL 列写电路方程如下：

$$\begin{cases} \dot{U}_1 = R_1 \dot{I}_1 \\ \dot{I}_2 = \beta \dot{I}_1 + \frac{1}{R_2} \dot{U}_2 \end{cases}$$

则混合参数矩阵为

$$H = \begin{bmatrix} R_1 & 0 \\ \beta & 1/R_2 \end{bmatrix}$$

如果用输入端口的电压 $\dot{U}_1$ 和输出端口的电流 $\dot{I}_2$ 表示输入端口的电流 $\dot{I}_1$ 和输出端口的电压 $\dot{U}_2$，则可得到反向混合参数方程，即

$$\begin{cases} \dot{I}_1 = G_{11}\dot{U}_1 + G_{12}\dot{I}_2 \\ \dot{U}_2 = G_{21}\dot{U}_1 + G_{22}\dot{I}_2 \end{cases}$$

矩阵形式为

$$\begin{bmatrix} \dot{I}_1 \\ \dot{U}_2 \end{bmatrix} = \begin{bmatrix} G_{11} & G_{12} \\ G_{21} & G_{22} \end{bmatrix} \begin{bmatrix} \dot{U}_1 \\ \dot{I}_2 \end{bmatrix}$$

设

$$\boldsymbol{G} = \begin{bmatrix} G_{11} & G_{12} \\ G_{21} & G_{22} \end{bmatrix}$$

矩阵 $\boldsymbol{G}$ 和矩阵 $\boldsymbol{H}$ 互为逆矩阵，即

$$\boldsymbol{G} = \boldsymbol{H}^{-1} \text{或} \boldsymbol{H} = \boldsymbol{G}^{-1}$$

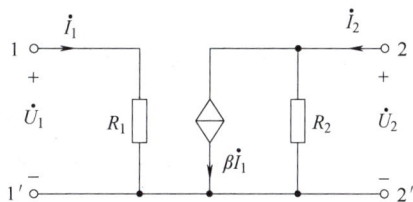

图 8-18　例 8-11 图

通过上述分析可知，用来描述二端口网络特征的参数之间互不独立，可以相互表示，因此在已知了其中一个参数后，若其他参数存在，则可通过这个参数（或方程）求得，表 8-1 给出了各参数之间的关系。

表 8-1　同一个二端口网络的参数矩阵转换表

参数矩阵	用 Z 参数表示	用 Y 参数表示	用 T 参数表示	用 H 参数表示
Z	$\begin{bmatrix} Z_{11} & Z_{12} \\ Z_{21} & Z_{22} \end{bmatrix}$	$\begin{bmatrix} \dfrac{Y_{22}}{\Delta Y} & -\dfrac{Y_{12}}{\Delta Y} \\ -\dfrac{Y_{21}}{\Delta Y} & \dfrac{Y_{11}}{\Delta Y} \end{bmatrix}$	$\begin{bmatrix} \dfrac{A}{C} & \dfrac{\Delta T}{C} \\ \dfrac{1}{C} & \dfrac{D}{C} \end{bmatrix}$	$\begin{bmatrix} \dfrac{\Delta H}{H_{22}} & -\dfrac{H_{12}}{H_{22}} \\ -\dfrac{H_{21}}{H_{22}} & \dfrac{1}{H_{22}} \end{bmatrix}$
Y	$\begin{bmatrix} \dfrac{Z_{22}}{\Delta Z} & -\dfrac{Z_{12}}{\Delta Z} \\ -\dfrac{Z_{21}}{\Delta Z} & \dfrac{Z_{11}}{\Delta Z} \end{bmatrix}$	$\begin{bmatrix} Y_{11} & Y_{12} \\ Y_{21} & Y_{22} \end{bmatrix}$	$\begin{bmatrix} \dfrac{D}{B} & -\dfrac{\Delta T}{B} \\ -\dfrac{1}{B} & \dfrac{A}{B} \end{bmatrix}$	$\begin{bmatrix} \dfrac{1}{H_{11}} & -\dfrac{H_{12}}{H_{11}} \\ \dfrac{H_{21}}{H_{11}} & \dfrac{\Delta H}{H_{11}} \end{bmatrix}$
T	$\begin{bmatrix} \dfrac{Z_{11}}{Z_{21}} & \dfrac{\Delta Z}{Z_{21}} \\ \dfrac{1}{Z_{21}} & \dfrac{Z_{22}}{Z_{21}} \end{bmatrix}$	$\begin{bmatrix} -\dfrac{Y_{22}}{Y_{21}} & -\dfrac{1}{Y_{21}} \\ -\dfrac{\Delta Y}{Y_{21}} & -\dfrac{Y_{11}}{Y_{21}} \end{bmatrix}$	$\begin{bmatrix} A & B \\ C & D \end{bmatrix}$	$\begin{bmatrix} -\dfrac{\Delta H}{H_{21}} & -\dfrac{H_{11}}{H_{21}} \\ -\dfrac{H_{22}}{H_{21}} & -\dfrac{1}{H_{21}} \end{bmatrix}$
H	$\begin{bmatrix} \dfrac{\Delta Z}{Z_{22}} & \dfrac{Z_{12}}{Z_{22}} \\ -\dfrac{Z_{21}}{Z_{22}} & \dfrac{1}{Z_{22}} \end{bmatrix}$	$\begin{bmatrix} \dfrac{1}{Y_{11}} & -\dfrac{Y_{12}}{Y_{11}} \\ \dfrac{Y_{21}}{Y_{11}} & \dfrac{\Delta Y}{Y_{11}} \end{bmatrix}$	$\begin{bmatrix} \dfrac{B}{D} & -\dfrac{\Delta T}{D} \\ -\dfrac{1}{D} & \dfrac{C}{D} \end{bmatrix}$	$\begin{bmatrix} H_{11} & H_{12} \\ H_{21} & H_{22} \end{bmatrix}$
无源网络	$Z_{12} = Z_{21}$	$Y_{12} = Y_{21}$	$\Delta T = 1$	$H_{12} = -H_{21}$
对称网络	$Z_{11} = Z_{22}$	$Y_{11} = Y_{22}$	$A = D$	$\Delta H = 1$

注：$\Delta Z = Z_{11}Z_{22} - Z_{12}Z_{21}$，$\Delta Y = Y_{11}Y_{22} - Y_{12}Y_{21}$，$\Delta T = AD - BC$，$\Delta H = H_{11}H_{22} - H_{12}H_{21}$

8.2 二端口网络的等效电路

线性无源二端口网络如同一端口网络，在不改变端口对外特性的前提下也有等效模型。T形电路和 Π 形电路是构成二端口网络的基本单元，也是最简单的二端口网络，对于无源二端口网络，在给定 Z 参数或 Y 参数时，可用 T 形电路或 Π 形电路等效。

8.2.1 Y 参数表示的 Π 形等效电路

如果已知二端口网络的 Y 参数，则根据 Y 参数方程，即式（8-1）可以直接得到用导纳参数和受控源表示的二端口网络的等效电路，如图 8-19 所示。

如果线性二端口网络为无源网络，则有 3 个独立的导纳参数，易得 Π 形等效电路，如图 8-20a 所示，此时只要确定图中的 Y_a、Y_b 和 Y_c 3 个参数即可。对图 8-20a 所示的 Π 形等效电路列写 KCL 方程，有

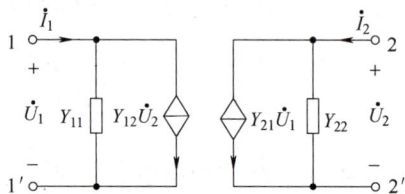

图 8-19 导纳参数和受控源表示的二端口网络等效电路

$$\begin{cases} \dot{I}_1 = (Y_a + Y_b)\dot{U}_1 - Y_b\dot{U}_2 \\ \dot{I}_2 = -Y_b\dot{U}_1 + (Y_b + Y_c)\dot{U}_2 \end{cases} \tag{8-7}$$

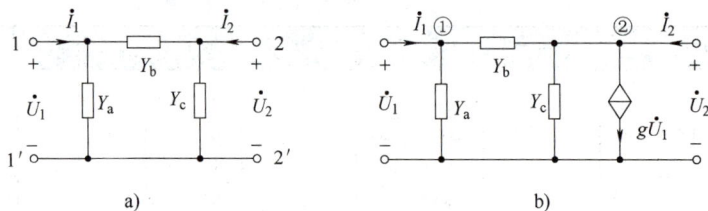

图 8-20 Y 参数表示的 Π 形等效电路

a）线性无源二端口网络的 Π 形等效电路　b）含受控源的 Π 形等效电路

将式（8-7）与式（8-1）进行比较，得

$$\begin{cases} Y_a + Y_b = Y_{11} \\ -Y_b = Y_{12} = Y_{21} \\ Y_b + Y_c = Y_{22} \end{cases}$$

故

$$\begin{cases} Y_a = Y_{11} + Y_{12} \\ Y_b = -Y_{12} = -Y_{21} \\ Y_c = Y_{22} - Y_{12} \end{cases}$$

当二端口网络中含有受控源时，可用图 8-20b 所示电路进行等效，对图 8-20b 所示等效电路中两个节点列写 KCL 方程，有

$$\begin{cases} \dot{I}_1 = Y_a\dot{U}_1 + Y_b(\dot{U}_1 - \dot{U}_2) = (Y_a + Y_b)\dot{U}_1 - Y_b\dot{U}_2 \\ \dot{I}_2 = Y_c\dot{U}_2 + Y_b(\dot{U}_2 - \dot{U}_1) + g\dot{U}_1 = (g - Y_b)\dot{U}_1 + (Y_b + Y_c)\dot{U}_2 \end{cases} \tag{8-8}$$

将式（8-8）与式（8-1）进行比较，得

$$\begin{cases} Y_a + Y_b = Y_{11} \\ -Y_b = Y_{12} \\ g - Y_b = Y_{21} \\ Y_b + Y_c = Y_{22} \end{cases}$$

故

$$\begin{cases} Y_a = Y_{11} + Y_{12} \\ Y_b = -Y_{12} \\ Y_c = Y_{22} + Y_{12} \\ g = Y_{21} - Y_{12} \end{cases}$$

若二端口网络为无源二端口网络，则有 $Y_{12} = Y_{21}$，此时 $g = Y_{21} - Y_{12} = 0$，受控源相当于开路。

8.2.2　Z 参数表示的 T 形等效电路

如果已知二端口网络的 Z 参数，则根据 Z 参数方程，即式（8-2）可以直接得到用阻抗参数和受控源表示的二端口网络的等效电路，如图 8-21 所示。

如果线性二端口网络为无源网络，则有 3 个独立的阻抗参数，易得 T 形等效电路，如图 8-22a 所示，此时只要确定图中的 Z_a、Z_b 和 Z_c 3 个参数即可。对图 8-22a 所示的 T 形等效电路列写 KVL 方程，有

$$\begin{cases} \dot{U}_1 = (Z_a + Z_b)\dot{I}_1 + Z_b\dot{I}_2 \\ \dot{U}_2 = Z_b\dot{I}_1 + (Z_b + Z_c)\dot{I}_2 \end{cases} \quad (8\text{-}9)$$

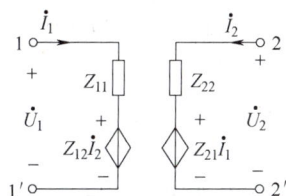

图 8-21　用阻抗参数和受控源表示的二端口网络等效电路

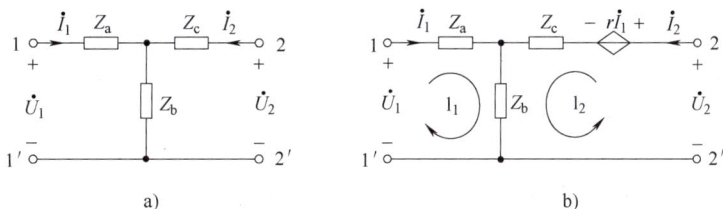

图 8-22　Z 参数表示的 T 形等效电路

a）线性无源二端口网络的 T 形等效电路　b）含受控源的 T 形等效电路

将式（8-9）与式（8-2）进行比较，得

$$\begin{cases} Z_a + Z_b = Z_{11} \\ Z_b = Z_{12} = Z_{21} \\ Z_b + Z_c = Z_{22} \end{cases}$$

故

$$\begin{cases} Z_a = Z_{11} - Z_{12} \\ Z_b = Z_{12} = Z_{21} \\ Z_c = Z_{22} - Z_{12} \end{cases}$$

当二端口网络中含有受控源时，可用图 8-22b 所示电路进行等效，对图 8-22b 所示的 T 形等效电路列写 KVL 方程，有

$$\begin{cases} \dot{U}_1 = Z_a \dot{I}_1 + Z_b (\dot{I}_1 + \dot{I}_2) = (Z_a + Z_b) \dot{I}_1 + Z_b \dot{I}_2 \\ \dot{U}_2 = r \dot{I}_1 + Z_c \dot{I}_2 + Z_b (\dot{I}_1 + \dot{I}_2) = (r + Z_b) \dot{I}_1 + (Z_b + Z_c) \dot{I}_2 \end{cases} \tag{8-10}$$

将式（8-10）与式（8-2）进行比较，得

$$\begin{cases} Z_a + Z_b = Z_{11} \\ Z_b = Z_{12} \\ r + Z_b = Z_{21} \\ Z_b + Z_c = Z_{22} \end{cases}$$

故

$$\begin{cases} Z_a = Z_{11} - Z_{12} \\ Z_b = Z_{12} \\ Z_c = Z_{22} - Z_{12} \\ r = Z_{21} - Z_{12} \end{cases}$$

若二端口网络为无源二端口网络，则有 $Z_{12} = Z_{21}$，此时 $r = Z_{21} - Z_{12} = 0$，受控源相当于短路。

值得注意的是：

1）一个二端口网络在满足相同参数方程的条件下，其等效电路模型不是唯一的。

2）Ⅱ 形和 T 形等效电路可以互换，根据其他参数与 Y、Z 参数的关系，可以得到用其他参数表示的 Ⅱ 形和 T 形等效电路。

【例 8-12】 图 8-23a 所示二端口网络的 T 形等效电路如图 8-23b 所示，求等效电路中的参数。

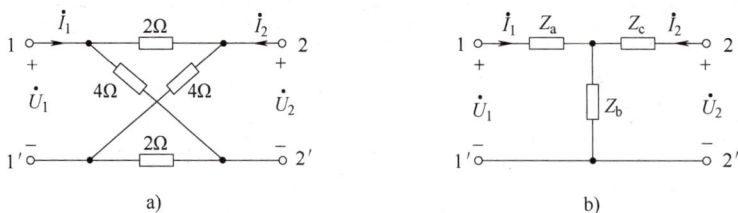

图 8-23 例 8-12 图

解：先求图 8-23a 所示电路的 Z 参数，令 $\dot{I}_2 = 0$，可得

$$Z_{11} = \frac{\dot{U}_1}{\dot{I}_1} \bigg|_{\dot{I}_2 = 0} = 3\,\Omega$$

$$Z_{21} = \frac{\dot{U}_2}{\dot{I}_1} \bigg|_{\dot{I}_2 = 0}$$

因为

$$\dot{U}_2 = \frac{4}{2+4} \dot{U}_1 - \frac{2}{4+2} \dot{U}_1 = \frac{\dot{U}_1}{3} = \frac{3\dot{I}_1}{3} = \dot{I}_1$$

所以有

$$Z_{21} = \frac{\dot{U}_2}{\dot{I}_1}\bigg|_{\dot{I}_2=0} = 1\,\Omega$$

因为图 8-23a 所示电路为无源对称二端口网络，所以有

$$Z_{22} = Z_{11} = 3\,\Omega$$

$$Z_{12} = Z_{21} = 1\,\Omega$$

图 8-23b 所示 T 形等效电路的 Z 参数方程为

$$\begin{cases} \dot{U}_1 = (Z_a + Z_b)\dot{I}_1 + Z_b\dot{I}_2 \\ \dot{U}_2 = Z_b\dot{I}_1 + (Z_b + Z_c)\dot{I}_2 \end{cases}$$

所以有

$$Z_a = 2\,\Omega, \quad Z_b = 1\,\Omega, \quad Z_c = 2\,\Omega$$

8.3　具有端接的二端口网络

在许多实际应用中，二端口网络为了实现某种功能，如放大、变压、滤波等，连接在电源和负载之间起着耦合两部分电路的作用，其功能通常是通过网络函数描述或指定的。接入电源的端口，称为输入端口；接入负载的端口，称为输出端口，图 8-24 所示电路为二端口网络双端接电路。在分析这类电路时，可以把电路分为左、中、右 3 个部分。左侧为电源端，其约束方程为

$$\dot{U}_1 = \dot{U}_S - Z_S\dot{I}_1 \tag{8-11}$$

中间为二端口网络，可以用给定的参数或方程来表征，如二端口网络用阻抗参数表征，其约束方程为

$$\begin{cases} \dot{U}_1 = Z_{11}\dot{I}_1 + Z_{12}\dot{I}_2 \\ \dot{U}_2 = Z_{21}\dot{I}_1 + Z_{22}\dot{I}_2 \end{cases} \tag{8-12}$$

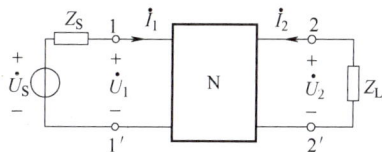

图 8-24　具有双端接的二端口网络

右侧为负载端，其约束方程为

$$\dot{U}_2 = -Z_L\dot{I}_2 \tag{8-13}$$

当消去方程中的变量 $\dot{U}_2$ 和 $\dot{I}_2$，便可以得到从输入端口 1-1′ 看进去的输入阻抗 Z_{in}，如图 8-25a 所示，则有

$$Z_{in} = \frac{\dot{U}_1}{\dot{I}_1} = Z_{11} - \frac{Z_{12}Z_{21}}{Z_{22} + Z_L}$$

该式表明，输入阻抗不仅与网络的参数有关，而且与负载阻抗有关，对于不同的二端口网络，Z_{in} 与 Z_L 关系不同，因此，二端口网络具有变换阻抗的作用。

如果将电源 $\dot{U}_S$ 移至输出端口 2-2′，则输出端口的电压 $\dot{U}_2$ 和电流 $\dot{I}_2$ 之比称为输出阻抗，用 Z_o 表示，如图 8-25b 所示，则有

$$Z_o = \frac{\dot{U}_2}{\dot{I}_2} = Z_{22} - \frac{Z_{12}Z_{21}}{Z_S + Z_{11}}$$

该式表明，输出阻抗不仅与网络的参数有关，而且与电源内阻抗有关。上述关系是在给定

了二端口网络的阻抗参数下获得的，当给定二端口网络的其他参数时，同样可以获得用其他参数表示的输入阻抗和输出阻抗。

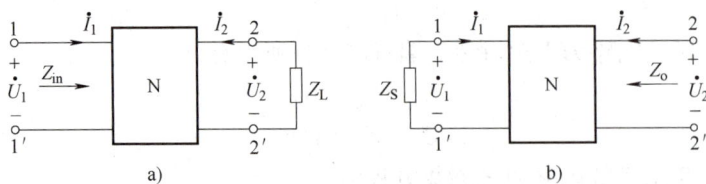

图 8-25　具有双端接二端口网络的输入阻抗和输出阻抗

对于电源来说，二端口网络及其端接的负载阻抗一起构成了电源的负载，此时该负载的阻抗为输入阻抗 Z_{in}，如图 8-26a 所示；对于负载阻抗 Z_L 来说，电源与二端口网络构成了含源一端口网络，可以用戴维南等效电路或诺顿等效电路等效，如图 8-26b 所示，其中等效阻抗为输出阻抗 Z_o，开路电压 $\dot{U}_{oc}$ 可以在 $\dot{I}_2=0$ 的条件下求得，即

$$\dot{U}_{oc}=\frac{Z_{21}}{Z_{11}+Z_S}\dot{U}_S$$

当 $Z_{in}=Z_S$，$Z_L=Z_o$ 时，二端口网络具有较好的传输效果。

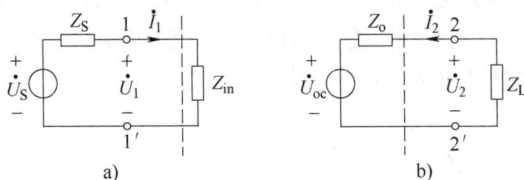

图 8-26　具有端接的二端口网络的等效电路

a）电源端的等效电路　b）戴维南等效电路

同理，从具有双端接的二端口网络的 3 组方程，即式（8-11）、式（8-12）和式（8-13）中消去 $\dot{U}_1$、$\dot{I}_1$ 和 $\dot{I}_2$，可以得到二端口网络的电压转移函数为

$$\frac{\dot{U}_2}{\dot{U}_S}=\frac{Z_{21}Z_L}{(Z_{11}+Z_S)(Z_{22}+Z_L)-Z_{12}Z_{21}}$$

图 8-24 所示电路中，当只计及电源的内阻抗 Z_S 或只计及负载阻抗 Z_L 时，这种情况下的二端口网络为单端接的二端口网络。显然，有端接二端口网络的转移函数不仅与网络参数有关，还与端接阻抗有关。当二端口网络没有外接负载及电源没有内阻抗时，为无端接的二端口网络。例如，已知二端口网络的 Z 参数方程，当二端口网络无端接时，若令 $\dot{I}_2=0$，则有

$$\begin{cases}\dot{U}_1=Z_{11}\dot{I}_1\\\dot{U}_2=Z_{21}\dot{I}_1\end{cases}$$

此时可得二端口网络的电压转移函数为

$$\frac{\dot{U}_2}{\dot{U}_1}=\frac{Z_{21}}{Z_{11}}$$

转移阻抗为

$$\frac{\dot{U}_2}{\dot{I}_1} = Z_{21}$$

若令 $\dot{U}_2 = 0$，则有

$$\begin{cases} \dot{U}_1 = Z_{11}\dot{I}_1 + Z_{12}\dot{I}_2 \\ 0 = Z_{21}\dot{I}_1 + Z_{22}\dot{I}_2 \end{cases}$$

此时可得二端口网络的电流转移函数为

$$\frac{\dot{I}_2}{\dot{I}_1} = -\frac{Z_{21}}{Z_{22}}$$

转移导纳为

$$\frac{\dot{I}_2}{\dot{U}_1} = \frac{Z_{21}}{Z_{12}Z_{21} - Z_{11}Z_{22}}$$

同理，可得其他参数表示的无端接二端口网络的转移函数。

以上学习的内容均为在正弦稳态下用相量表示的，如果用运算法分析二端口网络，则所有的参数均为复变量 s 的函数。

【例 8-13】 电路如图 8-27 所示，试用 H 参数表示双端接二端口网络的电压转移函数 $\dfrac{U_2(s)}{U_S(s)}$。

解： 由 H 参数方程及端口外电路的伏安关系得

$$\begin{cases} U_1(s) = U_S(s) - Z_S(s)I_1(s) \\ U_1(s) = H_{11}(s)I_1(s) + H_{12}(s)U_2(s) \\ I_2(s) = H_{21}(s)I_1(s) + H_{22}(s)U_2(s) \\ U_2(s) = -Z_L(s)I_2(s) \end{cases}$$

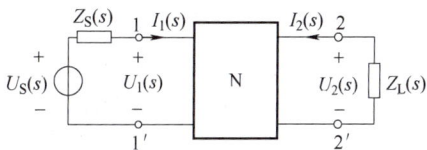

图 8-27 例 8-13 图

消去 $I_1(s)$ 得

$$\left[H_{12}(s) - \frac{1}{H_{21}(s)}\left(\frac{1}{Z_L(s)} + H_{22}(s) \right)(Z_S(s) + H_{11}(s)) \right] U_2(s) = U_S(s)$$

所以有

$$\frac{U_2(s)}{U_S(s)} = \frac{H_{21}(s)}{H_{12}(s)H_{21}(s) - \left(\dfrac{1}{Z_L(s)} + H_{22}(s) \right)(Z_S(s) + H_{11}(s))}$$

【例 8-14】 已知图 8-28a 所示二端口网络的阻抗参数 $Z = \begin{bmatrix} 100 & -500 \\ 600 & 10 \end{bmatrix} \Omega$，$\dot{I}_S = 1A$，$Z_S = 500\Omega$。求 Z_L 为何值时吸收的功率最大。

解： 将端口 2-2′ 左侧看作含源一端口网络，则计算戴维南等效阻抗的电路如图 8-28b 所示，有

$$\dot{U}_1 = -500\dot{I}_1$$

$$\dot{U}_1 = 100\dot{I}_1 - 500\dot{I}_2$$

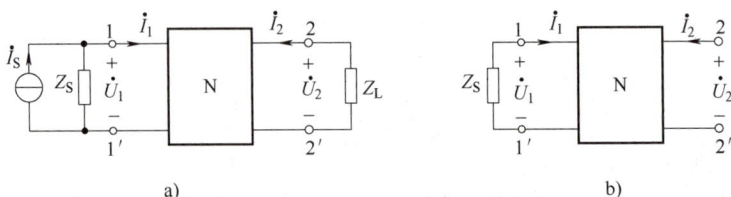

图 8-28　例 8-14 图

a）例 8-14 二端口网络　b）计算戴维南等效阻抗的电路

$$\dot{U}_2 = 600\dot{I}_1 + 10\dot{I}_2$$

从以上 3 式消去 $\dot{U}_1$ 和 $\dot{I}_1$，得

$$Z_o = \frac{\dot{U}_2}{\dot{I}_2} = 510\Omega$$

所以，当 $Z_L = 510\Omega$ 时吸收功率最大。

8.4　二端口网络的连接

一个复杂的二端口网络可以看作是由若干个简单的二端口网络按某种方式连接而成，也可将一个复杂的二端口网络分解成若干个简单的二端口网络，这样的合成与分解有利于网络的设计和问题的分析。

8.4.1　级联

当一个二端口网络 N_a 的输出端直接与另一个二端口网络 N_b 的输入端连接，称为两个二端口网络的级联，如图 8-29 所示。

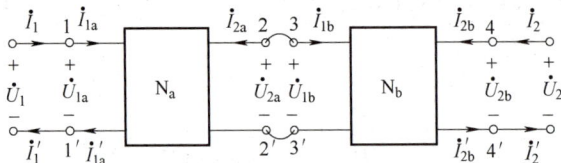

图 8-29　两个二端口网络的级联

其中二端口网络 N_a 的传输参数方程为

$$\begin{bmatrix} \dot{U}_{1a} \\ \dot{I}_{1a} \end{bmatrix} = T_a \begin{bmatrix} \dot{U}_{2a} \\ -\dot{I}_{2a} \end{bmatrix}$$

二端口网络 N_b 的传输参数方程为

$$\begin{bmatrix} \dot{U}_{1b} \\ \dot{I}_{1b} \end{bmatrix} = T_b \begin{bmatrix} \dot{U}_{2b} \\ -\dot{I}_{2b} \end{bmatrix}$$

因为

$$\begin{bmatrix} \dot{U}_1 \\ \dot{I}_1 \end{bmatrix} = \begin{bmatrix} \dot{U}_{1a} \\ \dot{I}_{1a} \end{bmatrix}, \quad \begin{bmatrix} \dot{U}_{2a} \\ -\dot{I}_{2a} \end{bmatrix} = \begin{bmatrix} \dot{U}_{1b} \\ \dot{I}_{1b} \end{bmatrix}, \quad \begin{bmatrix} \dot{U}_2 \\ \dot{I}_2 \end{bmatrix} = \begin{bmatrix} \dot{U}_{2b} \\ \dot{I}_{2b} \end{bmatrix}$$

所以有

$$\begin{bmatrix} \dot{U}_1 \\ \dot{I}_1 \end{bmatrix} = \boldsymbol{T}_a \boldsymbol{T}_b \begin{bmatrix} \dot{U}_2 \\ -\dot{I}_2 \end{bmatrix}$$

级联后所得复合二端口网络的传输参数矩阵等于级联的二端口网络传输参数矩阵相乘，即

$$\boldsymbol{T} = \boldsymbol{T}_a \boldsymbol{T}_b$$

值得注意的是，级联时，传输参数是矩阵相乘的关系，不满足交换律，即

$$\boldsymbol{T}_a \boldsymbol{T}_b \neq \boldsymbol{T}_b \boldsymbol{T}_a$$

级联时，各二端口网络的端口条件不会被破坏。上述结论可推广到 n 个二端口网络级联的关系，即

$$\boldsymbol{T} = \boldsymbol{T}_1 \boldsymbol{T}_2 \cdots \boldsymbol{T}_n$$

【例 8-15】 计算图 8-30 所示电路的传输参数。

解：图 8-30 所示电路可以看作 N_1 和 N_2 两个二端口网络的级联，N_1 为并臂二端口网络，其传输参数矩阵为

$$\boldsymbol{T}_1 = \begin{bmatrix} 1 & 0 \\ \dfrac{1}{j\omega L} & 1 \end{bmatrix}$$

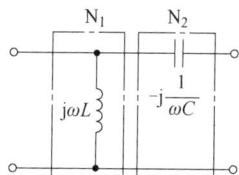

图 8-30 例 8-15 图

N_2 为串臂二端口网络，其传输参数矩阵为

$$\boldsymbol{T}_2 = \begin{bmatrix} 1 & \dfrac{1}{j\omega C} \\ 0 & 1 \end{bmatrix}$$

级联后，构成新的二端口网络的传输参数矩阵为

$$\boldsymbol{T} = \boldsymbol{T}_1 \boldsymbol{T}_2 = \begin{bmatrix} 1 & 0 \\ \dfrac{1}{j\omega L} & 1 \end{bmatrix} \begin{bmatrix} 1 & \dfrac{1}{j\omega C} \\ 0 & 1 \end{bmatrix} = \begin{bmatrix} 1 & \dfrac{1}{j\omega C} \\ \dfrac{1}{j\omega L} & 1 - \dfrac{1}{\omega^2 LC} \end{bmatrix}$$

8.4.2 串联

两个二端口网络的输入端和输出端分别进行串联的连接方式称为二端口网络的串联，如图 8-31 所示。

其中二端口网络 N_a 的阻抗参数方程为

$$\begin{bmatrix} \dot{U}_{1a} \\ \dot{U}_{2a} \end{bmatrix} = \boldsymbol{Z}_a \begin{bmatrix} \dot{I}_{1a} \\ \dot{I}_{2a} \end{bmatrix}$$

二端口网络 N_b 的阻抗参数方程为

$$\begin{bmatrix} \dot{U}_{1b} \\ \dot{U}_{2b} \end{bmatrix} = \boldsymbol{Z}_b \begin{bmatrix} \dot{I}_{1b} \\ \dot{I}_{2b} \end{bmatrix}$$

因为

$$\begin{bmatrix} \dot{U}_1 \\ \dot{U}_2 \end{bmatrix} = \begin{bmatrix} \dot{U}_{1a} + \dot{U}_{1b} \\ \dot{U}_{2a} + \dot{U}_{2b} \end{bmatrix} = \begin{bmatrix} \dot{U}_{1a} \\ \dot{U}_{2a} \end{bmatrix} + \begin{bmatrix} \dot{U}_{1b} \\ \dot{U}_{2b} \end{bmatrix}$$

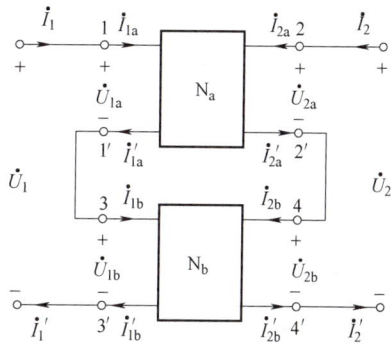

图 8-31 两个二端口网络的串联

若满足端口条件 $\dot{I}_{1a}=\dot{I}'_{1a}$，$\dot{I}_{2a}=\dot{I}'_{2a}$，$\dot{I}_{1b}=\dot{I}'_{1b}$，$\dot{I}_{2b}=\dot{I}'_{2b}$，则有

$$\begin{bmatrix} \dot{U}_1 \\ \dot{U}_2 \end{bmatrix} = \mathbf{Z}_a \begin{bmatrix} \dot{I}_{1a} \\ \dot{I}_{2a} \end{bmatrix} + \mathbf{Z}_b \begin{bmatrix} \dot{I}_{1b} \\ \dot{I}_{2b} \end{bmatrix} = (\mathbf{Z}_a + \mathbf{Z}_b) \begin{bmatrix} \dot{I}_1 \\ \dot{I}_2 \end{bmatrix}$$

在二端口网络串联前后，若仍然满足端口条件，则串联后所得复合二端口网络的阻抗参数矩阵等于串联的二端口网络阻抗参数矩阵相加，即

$$\mathbf{Z} = \mathbf{Z}_a + \mathbf{Z}_b \tag{8-14}$$

二端口网络串联后，$\dot{I}_1 = \dot{I}'_1$、$\dot{I}_2 = \dot{I}'_2$ 仍然成立，这是因为激励和负载分别看作一个节点，即流入节点的电流等于流出节点的电流，所以构成的新网络仍然是二端口网络。二端口网络串联后，网络 N_a 端口特性 $\dot{I}_{1a}=\dot{I}'_{1a}$、$\dot{I}_{2a}=\dot{I}'_{2a}$ 以及网络 N_b 端口特性 $\dot{I}_{1b}=\dot{I}'_{1b}$、$\dot{I}_{2b}=\dot{I}'_{2b}$ 是否仍然成立，这就涉及串联二端口网络的 Z 参数是否需要重新测量和计算的问题，若原二端口网络连接后端口特性未被破坏，则称为连接有效，$\mathbf{Z} = \mathbf{Z}_a + \mathbf{Z}_b$，否则，就要重新计算。

【例 8-16】 已知图 8-32a 所示电路为两个二端口网络串联，试计算构成的新二端口网络的阻抗参数。

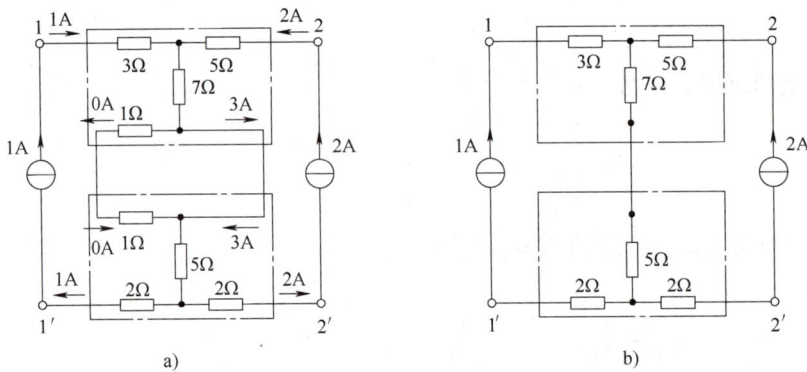

图 8-32 不满足端口条件的两个二端口网络串联的计算

a) 两个二端口网络串联　b) 二端口网络等效电路

解： 由图 8-32a 所示电路可知，两个串联的二端口网络不满足端口条件，因此不能应用式（8-14）直接进行计算。图 8-32a 所示电路的等效电路如图 8-32b 所示，阻抗参数矩阵为

$$\mathbf{Z} = \begin{bmatrix} 17 & 12 \\ 12 & 19 \end{bmatrix} \Omega$$

有效性验证：

串联后得到的新二端口网络能否利用式（8-14）进行计算，可以做两个二端口网络串联的有效性验证。

将两个二端口左侧输入端串联，并在端口处接入电流源 $\dot{I}_S$，右侧端口开路，如图 8-33所示。由于 KCL 的制约，左侧端口有 $\dot{I}_1 = \dot{I}'_1 = \dot{I}_S$，两个二端口网络 N_a、N_b 对于 $\dot{I}_{1a}$ 和 $\dot{I}'_{1a}$、$\dot{I}_{1b}$和 $\dot{I}'_{1b}$ 来说都是节点，因此有 $\dot{I}_{1a}=\dot{I}'_{1a}$、$\dot{I}_{1b}=\dot{I}'_{1b}$。在端子 2′和 4 间接一块电压表，若电压表指示为零，说明端子 2′和 4 等电位。将两个等电位点连接，其连线上没有电流，也就是 $\dot{I}'_{2a} = \dot{I}_{2b} = 0$，因此将端子 2′和 4 连接后不会改变 $\dot{I}_{1a}=\dot{I}'_{1a}$、$\dot{I}_{1b}=\dot{I}'_{1b}$，所以左侧两个二端口网络串联

后，端口特性不变，串联为有效连接。同理，右侧也做类似的验证即可。由图 8-34 可知，具有公共端的两个二端口网络，将公共端串联时，不会破坏端口条件。

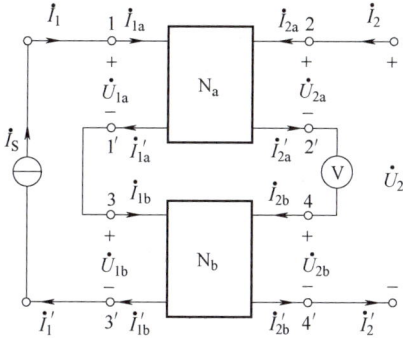

图 8-33　二端口网络串联有效性验证

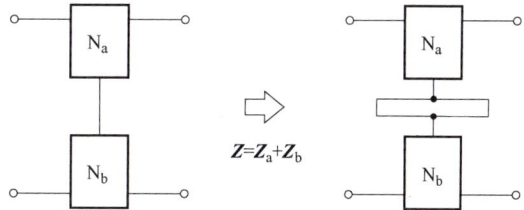

图 8-34　具有公共端的两个二端口网络串联

8.4.3　并联

两个二端口网络的输入端和输出端分别进行并联的连接方式称为二端口网络的并联，如图 8-35 所示。

已知两个二端口网络的导纳参数方程为

$$\begin{bmatrix} \dot I_{1a} \\ \dot I_{2a} \end{bmatrix} = \boldsymbol Y_a \begin{bmatrix} \dot U_{1a} \\ \dot U_{2a} \end{bmatrix}, \quad \begin{bmatrix} \dot I_{1b} \\ \dot I_{2b} \end{bmatrix} = \boldsymbol Y_b \begin{bmatrix} \dot U_{1b} \\ \dot U_{2b} \end{bmatrix}$$

因为

$$\begin{cases} \dot U_1 = \dot U_{1a} = \dot U_{1b} \\ \dot U_2 = \dot U_{2a} = \dot U_{2b} \end{cases}, \quad \begin{cases} \dot I_1 = \dot I_{1a} + \dot I_{1b} \\ \dot I_2 = \dot I_{2a} + \dot I_{2b} \end{cases}$$

若满足端口条件 $\dot I_{1a} = \dot I_{1a}'$，$\dot I_{2a} = \dot I_{2a}'$，$\dot I_{1b} = \dot I_{1b}'$，$\dot I_{2b} = \dot I_{2b}'$，则有

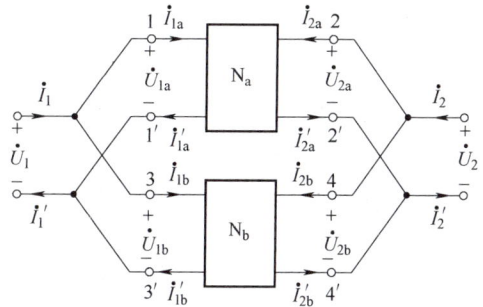

图 8-35　两个二端口网络的并联

$$\begin{bmatrix} \dot I_1 \\ \dot I_2 \end{bmatrix} = \begin{bmatrix} \dot I_{1a} + \dot I_{1b} \\ \dot I_{2a} + \dot I_{2b} \end{bmatrix} = \begin{bmatrix} \dot I_{1a} \\ \dot I_{2a} \end{bmatrix} + \begin{bmatrix} \dot I_{1b} \\ \dot I_{2b} \end{bmatrix} = \boldsymbol Y_a \begin{bmatrix} \dot U_{1a} \\ \dot U_{2a} \end{bmatrix} + \boldsymbol Y_b \begin{bmatrix} \dot U_{1b} \\ \dot U_{2b} \end{bmatrix} = (\boldsymbol Y_a + \boldsymbol Y_b) \begin{bmatrix} \dot U_1 \\ \dot U_2 \end{bmatrix}$$

在二端口网络并联前后，若仍然满足端口条件，则并联后所得复合二端口网络的导纳参数矩阵等于并联的二端口网络导纳参数矩阵相加，即

$$\boldsymbol Y = \boldsymbol Y_a + \boldsymbol Y_b \tag{8-15}$$

当两个二端口网络并联后，端口条件被破坏，则原来的两个二端口网络就是两个四端网络，新的二端口网络需要重新计算。

【例 8-17】 已知图 8-36a 所示电路为两个二端口网络并联，试计算构成的新二端口网络的导纳参数矩阵。

解：由图 8-36a 所示电路可知，两个并联的二端口网络不满足端口条件，因此不能应用式（8-15）直接进行计算。图 8-36a 所示电路的等效电路如图 8-36b 所示，导纳参数矩阵为

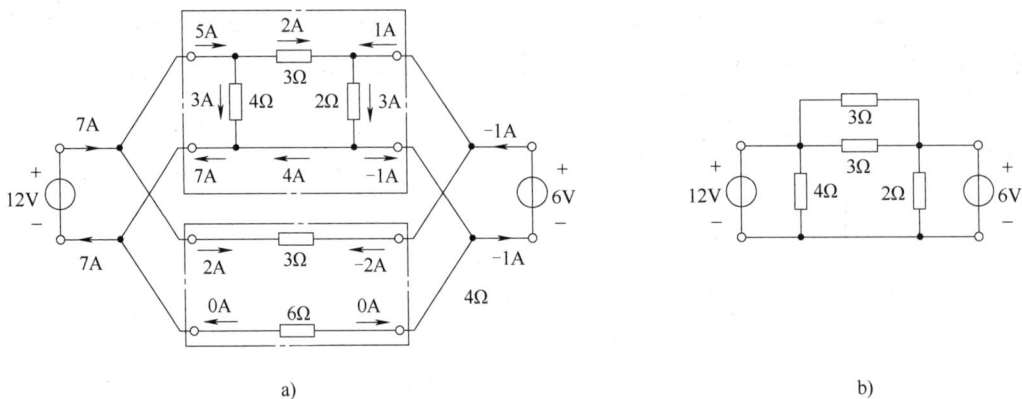

图 8-36　不满足端口条件的两个二端口网络并联的计算

a）两个二端口网络并联　b）等效二端口网络

$$Y = \begin{bmatrix} \dfrac{11}{12} & -\dfrac{2}{3} \\ -\dfrac{2}{3} & \dfrac{7}{6} \end{bmatrix} S$$

有效性验证：

并联后得到的新二端口网络能否利用式（8-15）进行计算，可以做两个二端口网络并联的有效性验证。

将两个二端口网络左侧输入端并联，并在端口处接入电压源 $\dot{U}_S$，右侧端口短路，如图 8-37 所示。由于 KCL 的制约，左侧端口有 $\dot{i}_1 = \dot{i}_1'$，两个二端口网络 N_a、N_b 对于 $\dot{i}_{1a}$ 和 $\dot{i}_{1a}'$、$\dot{i}_{1b}$ 和 $\dot{i}_{1b}'$ 来说都是节点，因此有 $\dot{i}_{1a} = \dot{i}_{1a}'$、$\dot{i}_{1b} = \dot{i}_{1b}'$。在输出端口接一块电压表，若电压表指示为零，说明端子 2、2′、4 和 4′ 等电位，

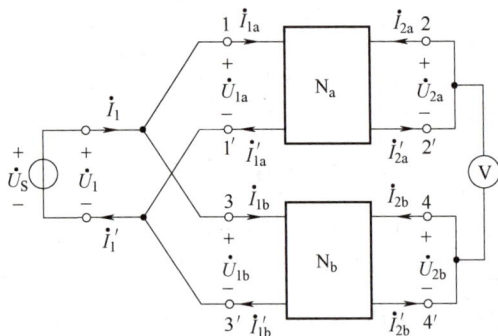

图 8-37　二端口网络并联有效性验证

其连线上没有电流。因此将端子 2 和 4 连接、端子 2′ 和 4′ 连接后不会改变 $\dot{i}_{1a} = \dot{i}_{1a}'$、$\dot{i}_{1b} = \dot{i}_{1b}'$，所以左侧两个二端口网络并联后，端口特性不变，并联为有效连接。同理，右侧也做类似的验证即可。由图 8-38 可知，具有公共端的两个二端口网络，将公共端并联时，不会破坏端口条件。

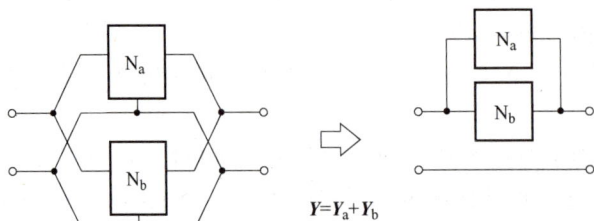

$$Y = Y_a + Y_b$$

图 8-38　具有公共端的两个二端口并联

8.5 回转器和负阻抗变换器

8.5.1 回转器

理想回转器的电路模型如图 8-39 所示，图中箭号的方向表示回转方向，r 和 g 表示回转电阻和回转电导，二者互为倒数，统称为回转常数，是表征回转器特征的参数。回转器两个端口之间的电压、电流关系为

$$\begin{cases} u_1 = -ri_2 \\ u_2 = ri_1 \end{cases} \text{或} \begin{cases} i_1 = gu_2 \\ i_2 = -gu_1 \end{cases} \tag{8-16}$$

从式（8-16）可知，回转器是一个能把入口的电流转换成出口电压，同时把出口电流转换成入口电压的电阻性元件，其回转特征通过回转参数表征。

将式（8-16）用矩阵形式表示为

$$\begin{bmatrix} u_1 \\ u_2 \end{bmatrix} = \begin{bmatrix} 0 & -r \\ r & 0 \end{bmatrix} \begin{bmatrix} i_1 \\ i_2 \end{bmatrix} \text{或} \begin{bmatrix} i_1 \\ i_2 \end{bmatrix} = \begin{bmatrix} 0 & g \\ -g & 0 \end{bmatrix} \begin{bmatrix} u_1 \\ u_2 \end{bmatrix}$$

故得回转器的阻抗参数矩阵和导纳参数矩阵为

$$\boldsymbol{Z} = \begin{bmatrix} 0 & -r \\ r & 0 \end{bmatrix}, \quad \boldsymbol{Y} = \begin{bmatrix} 0 & g \\ -g & 0 \end{bmatrix}$$

将式（8-16）变形为

$$\begin{cases} u_1 = -ri_2 \\ i_1 = \dfrac{1}{r}u_2 \end{cases} \text{或} \begin{cases} u_1 = -\dfrac{1}{g}i_2 \\ i_1 = gu_2 \end{cases}$$

故得回转器的传输参数矩阵为

$$\boldsymbol{T} = \begin{bmatrix} 0 & r \\ \dfrac{1}{r} & 0 \end{bmatrix} \text{或} \boldsymbol{T} = \begin{bmatrix} 0 & \dfrac{1}{g} \\ g & 0 \end{bmatrix}$$

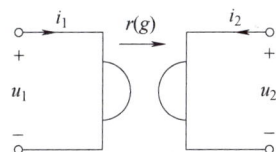

图 8-39 理想回转器的电路模型

由于任一瞬间回转器的功率消耗为

$$p = p_1 + p_2 = u_1 i_1 + u_2 i_2 = -ri_1 i_2 + ri_1 i_2 = 0$$

因此，回转器是既不储能也不耗能的无源线性二端口元件。

若在回转器输出端口接入负载阻抗，如图 8-40 所示，则其输入阻抗为

$$Z_{\text{in}} = \frac{\dot{U}_1}{\dot{I}_1} = \frac{-r\dot{I}_2}{\dfrac{1}{r}\dot{U}_2} = -\frac{r^2}{Z_L}$$

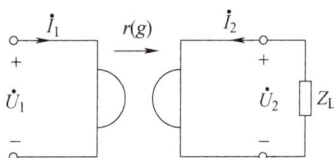

图 8-40 回转器输出端口接入负载阻抗

若 $Z_L = \dfrac{1}{j\omega C}$，则 $Z_{\text{in}} = j\omega r^2 C = j\omega L_{\text{eq}}$，这说明回转器

输出端口接入一个电容性阻抗后，从输入端看，可以获得一个量值为 $r^2 C$ 的电感。

【例 8-18】 电路如图 8-41 所示，回转器输出端口接入 $C = 1\mu\text{F}$ 的电容，若 $r = 10\text{k}\Omega$，求回转器的输入阻抗 Z_{in}。

解： 因为

$$Z_{in} = \frac{\dot{U}_1}{\dot{I}_1} = j\omega r^2 C = j\omega L_{eq}$$

故

$$L_{eq} = r^2 C = (10\times10^3)^2 \times 1\times10^{-6} H = 100H$$

由于回转器具有变换阻抗的作用，因此可以用带有
电容负载的回转器来获得一个较大的电感，解决了电感
因体积较大而难以集成的问题。上述回转器所能实现的是一端接地的电感，若要得到两端均
可自由接线的浮地电感，可采用图 8-42a 所示回转器电路。

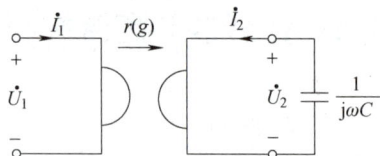

图 8-41　例 8-18 图

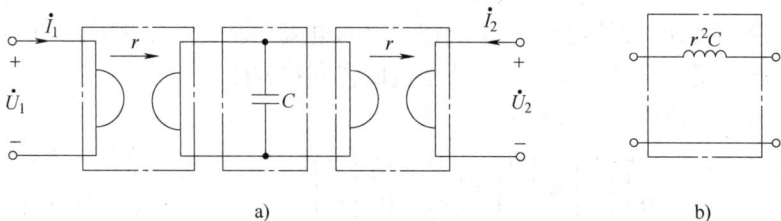

a)　　　　　　　　　　　b)

图 8-42　用回转器实现浮地电感

图 8-42a 所示电路可以看作 3 个二端口网络的级联，则传输参数矩阵为

$$T = T_1 T_2 T_3 = \begin{bmatrix} 0 & r \\ 1/r & 0 \end{bmatrix}\begin{bmatrix} 1 & 0 \\ j\omega C & 1 \end{bmatrix}\begin{bmatrix} 0 & r \\ 1/r & 0 \end{bmatrix} = \begin{bmatrix} 1 & j\omega r^2 C \\ 0 & 1 \end{bmatrix}$$

显然得到的传输参数矩阵是一个串臂二端口网络，其等效电路如图 8-42b 所示。

回转器与理想变压器一样，都是既不储能也不耗能，并具有变换阻抗作用的二端口元
件，但二者又有不同，理想变压器在变换阻抗时只改变负载阻抗的大小，不改变负载阻抗的
性质；而回转器在变换阻抗时既改变负载阻抗的大小，又改变负载阻抗的性质。

【例 8-19】 电路如图 8-43 所示，若要使负载获得最大功率，试确定两个回转常数 r_1 和
r_2 的关系。

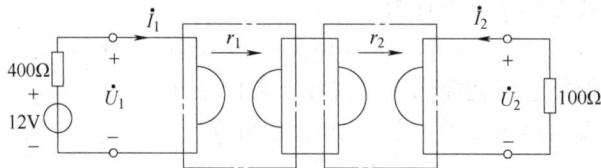

图 8-43　例 8-19 图

解： 图 8-43 所示电路的中间部分为两个回转器级联，其传输参数矩阵为

$$T = \begin{bmatrix} 0 & r_1 \\ \dfrac{1}{r_1} & 0 \end{bmatrix}\begin{bmatrix} 0 & r_2 \\ \dfrac{1}{r_2} & 0 \end{bmatrix} = \begin{bmatrix} \dfrac{r_1}{r_2} & 0 \\ 0 & \dfrac{r_2}{r_1} \end{bmatrix}$$

故传输参数方程为

$$\begin{cases} \dot{U}_1 = \dfrac{r_1}{r_2}\dot{U}_2 \\ \dot{I}_1 = -\dfrac{r_2}{r_1}\dot{I}_2 \end{cases}$$

该方程为理想变压器的电压、电流关系方程，所以图 8-43 所示电路中两个回转器级联的部分，其功能与理想变压器相同，因此，理想变压器的电压比为

$$n = \frac{r_1}{r_2}$$

所以，要想实现负载的最大功率匹配，有

$$400 = n^2 100$$

可得 $n = 2$，故有

$$r_1 = 2r_2$$

8.5.2　负阻抗变换器

负阻抗变换器（NIC）是一个能将阻抗按一定比例进行变换并改变其符号的二端口元件，可以用晶体管电路或运算放大器来实现。负阻抗变换器分为电流反向型负阻抗变换器（INIC）和电压反向型负阻抗变换器（UNIC）两种，其图形符号如图 8-44 所示。

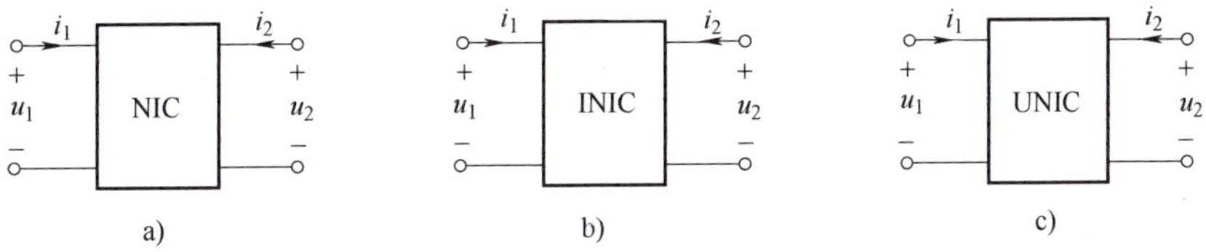

图 8-44　负阻抗变换器图形符号

a）负阻抗变换器　b）电流反向型负阻抗变换器　c）电压反向型负阻抗变换器

电流反向型负阻抗变换器两个端口的电压、电流关系为

$$\begin{cases} u_1 = u_2 \\ i_1 = k i_2 \end{cases}$$

其传输参数矩阵为

$$\boldsymbol{T} = \begin{bmatrix} 1 & 0 \\ 0 & -k \end{bmatrix}$$

电压反向型负阻抗变换器两个端口的电压、电流关系为

$$\begin{cases} u_1 = -k u_2 \\ i_1 = -i_2 \end{cases}$$

其传输参数矩阵为

$$\boldsymbol{T} = \begin{bmatrix} -k & 0 \\ 0 & 1 \end{bmatrix}$$

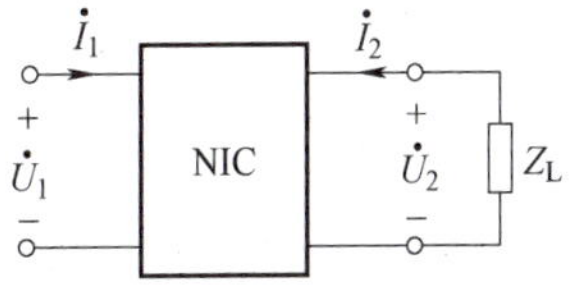

若在负阻抗变换器输出端口接入负载阻抗，如图 8-45 所示，则其输入阻抗为

图 8-45　负阻抗变换器接入负载阻抗

$$Z_{in} = \frac{\dot{U}_1}{\dot{I}_1} = \frac{\dot{U}_2}{k\dot{I}_2} = -\frac{Z_L}{k} \quad （电流反向型）$$

$$Z_{in} = \frac{\dot{U}_1}{\dot{I}_1} = \frac{-k\dot{U}_2}{-\dot{I}_2} = -kZ_L \quad （电压反向型）$$

【例 8-20】 电路如图 8-46 所示，电压反向型负阻抗变换器的参数 $k = 2$，计算电路的输入阻抗 Z_{in}。

解： 因为 UNIC 的输入阻抗为 $Z_1 = -kZ_2$，所以有

$$Z_{in} = 10 - kZ_2 = [10 - 2(3+j3)]\Omega = (4-j6)\Omega$$

由例 8-20 可知，用 UNIC 和 RL 元件组成的电路可以实现 RC 串联电路。

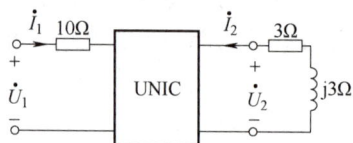

图 8-46　例 8-20 图

习题

8-1 计算图 8-47 所示二端口网络的 Z 参数矩阵。

8-2 计算图 8-48 所示二端口网络的 Y 参数矩阵。

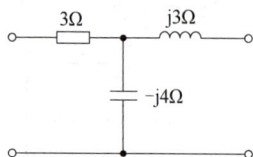

图 8-47　题 8-1 图

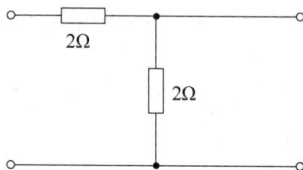

图 8-48　题 8-2 图

8-3 计算图 8-49 所示二端口网络的 Y 参数矩阵。

8-4 计算图 8-50 所示二端口网络的传输参数矩阵。

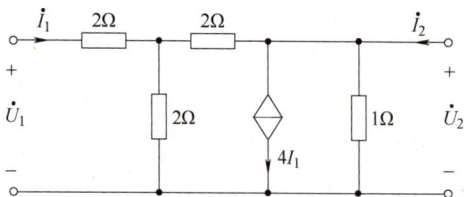

图 8-49　题 8-3 图

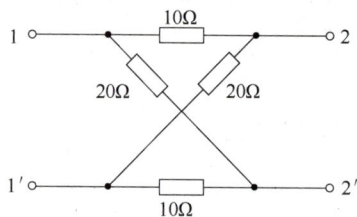

图 8-50　题 8-4 图

8-5 计算图 8-51 所示二端口网络的 H 参数矩阵。

8-6 已知某二端口网络的 Y 参数矩阵为 $Y = \begin{bmatrix} 5 & -2 \\ -2 & 3 \end{bmatrix}$ S，如图 8-52 所示，求其 Π 形等效电路中的 Y_1、Y_2、Y_3。

8-7 图 8-53 所示电路中二端口网络 N_2 的方程为 $\begin{bmatrix} \dot{U}_1 \\ \dot{I}_1 \end{bmatrix} = \begin{bmatrix} 6 & 8 \\ 2 & 10 \end{bmatrix} \begin{bmatrix} \dot{U}_2 \\ -\dot{I}_2 \end{bmatrix}$。试求网络 N_1、N_2 和 N_3 各自发出或吸收的功率。

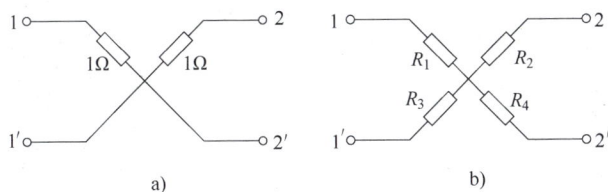

图 8-51　题 8-5 图

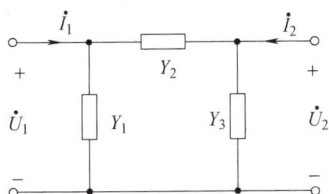

图 8-52　题 8-6 图

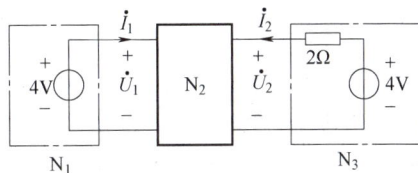

图 8-53　题 8-7 图

8-8　试计算图 8-54 所示二端口网络的传输参数矩阵。

8-9　不含独立源二端口网络输入端口接内阻为 100Ω、电压为 3V 的电源，输出端口接 100Ω 的负载，若已知此时二端口网络的输入阻抗 $Z_{in} = 100\Omega$，转移电流比 $A_i = \dfrac{I_2}{I_1} = \dfrac{1}{3}$，计算负载端的电压 U_2。

8-10　图 8-55 所示电路中，不含独立源二端口网络 N 的 Z 参数矩阵为 $\begin{bmatrix} 2 & 1 \\ 1 & 2 \end{bmatrix}\Omega$，试求网络 N 消耗的有功功率。

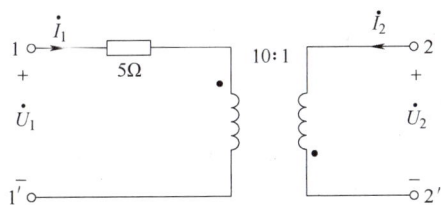

图 8-54　题 8-8 图

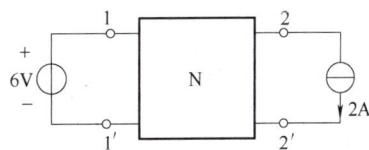

图 8-55　题 8-10 图

答案详解 8

参 考 文 献

[1] 俞大光. 电工基础：上册 [M]. 北京：人民教育出版社，1958.

[2] 俞大光. 电工基础：中册 [M]. 北京：人民教育出版社，1959.

[3] 李瀚荪. 简明电路分析基础 [M]. 北京：高等教育出版社，2002.

[4] 邱关源，罗先觉. 电路 [M]. 5 版. 北京：高等教育出版社，2006.

[5] 江泽佳. 电路原理：上册 [M]. 北京：人民教育出版社，1979.

[6] 蔡元宇. 电路及磁路：上册 [M]. 北京：高等教育出版社，1991.

[7] 蔡元宇. 电路及磁路：下册 [M]. 北京：高等教育出版社，1992.

[8] 狄苏尔，葛守仁. 电路基本理论 [M]. 林争辉，译. 北京：人民教育出版社，1979.

[9] 康泰兆. 电工基础 [M]. 北京：北京工业大学出版社，1991.

[10] 卡拉汉，麦克尼，麦克马洪. 现代电路分析导论 [M]. 方孝慈，孙性如，朱涤心，等译. 北京：
人民教育出版社，1979.

[11] NILSSON J W，RIEDEL S A. 电路：第 8 版 [M]. 周玉坤，冼立勤，李莉，等译. 北京：电子工业
出版社，2008.

[12] 塔特尔. 电路 [M]. 刘胜利，译. 南昌：江西人民出版社，1980.

[13] 夏德钤. 自动控制理论 [M]. 北京：机械工业出版社，1990.

[14] 胡翔骏. 电路基础 [M]. 北京：高等教育出版社，1996.

[15] ALEXANDER C K，SADIKU M N O. 电路基础 [M]. 刘巽亮，倪国强，译. 北京：电子工业出版社，
2003.

[16] FLOYD T L. 电路基础：第 6 版 [M]. 夏琳，施慧琼，译. 北京：清华大学出版社，2006.

[17] 张年凤，王宏远. 电路基本理论 [M]. 北京：北京交通大学出版社，2004.

[18] 王竹萍，张涛，黄昆. 电路高效学习指导 [M]. 北京：高等教育出版社，2015.

[19] 齐超，刘洪臣，张涛，等. 工程电路分析基础 [M]. 2 版. 北京：高等教育出版社，2022.